Kleines Iran-Lexikon

Michael Gorges

Kleines Iran-Lexikon

Hintergrundwissen für das erfolgreiche Iran-Geschäft

 Springer Gabler

Michael Gorges
Aachen, Deutschland

ISBN 978-3-658-23697-7   ISBN 978-3-658-23698-4 (eBook)
https://doi.org/10.1007/978-3-658-23698-4

Die Deutsche Nationalbibliothek verzeichnet diese Publikation in der Deutschen Nationalbibliografie; detaillierte bibliografische Daten sind im Internet über http://dnb.d-nb.de abrufbar.

Springer Gabler
© Springer Fachmedien Wiesbaden GmbH, ein Teil von Springer Nature 2019
Das Werk einschließlich aller seiner Teile ist urheberrechtlich geschützt. Jede Verwertung, die nicht ausdrücklich vom Urheberrechtsgesetz zugelassen ist, bedarf der vorherigen Zustimmung des Verlags. Das gilt insbesondere für Vervielfältigungen, Bearbeitungen, Übersetzungen, Mikroverfilmungen und die Einspeicherung und Verarbeitung in elektronischen Systemen.
Die Wiedergabe von Gebrauchsnamen, Handelsnamen, Warenbezeichnungen usw. in diesem Werk berechtigt auch ohne besondere Kennzeichnung nicht zu der Annahme, dass solche Namen im Sinne der Warenzeichen- und Markenschutz-Gesetzgebung als frei zu betrachten wären und daher von jedermann benutzt werden dürften.
Der Verlag, die Autoren und die Herausgeber gehen davon aus, dass die Angaben und Informationen in diesem Werk zum Zeitpunkt der Veröffentlichung vollständig und korrekt sind. Weder der Verlag noch die Autoren oder die Herausgeber übernehmen, ausdrücklich oder implizit, Gewähr für den Inhalt des Werkes, etwaige Fehler oder Äußerungen. Der Verlag bleibt im Hinblick auf geografische Zuordnungen und Gebietsbezeichnungen in veröffentlichten Karten und Institutionsadressen neutral.

Springer Gabler ist ein Imprint der eingetragenen Gesellschaft Springer Fachmedien Wiesbaden GmbH und ist ein Teil von Springer Nature
Die Anschrift der Gesellschaft ist: Abraham-Lincoln-Str. 46, 65189 Wiesbaden, Germany

Für meine Kinder und Christoph

Vorwort

Es gibt wenige Länder wie Iran, die in den Medien eine Dauerpräsenz zu haben scheinen, vielleicht noch die USA und Russland, die beiden wichtigsten Akteure der Weltpolitik. Verglichen mit anderen Staaten ist Iran seit Bestehen der Islamischen Republik ein Land, das seit fast 40 Jahren nicht zur Ruhe kommt und nicht kommen kann, wie die aktuellen Ereignisse seit Jahresbeginn wieder zeigen (Verfall der Landeswährung, Demonstrationen, US-Sanktionen). Iran erscheint dem westlichen Beobachter wie eine einzige Negation dessen, was wir als modern und aufgeklärt empfinden. Vor der Islamischen Revolution waren es der Prunk und die Verschwendungssucht des letzten persischen „Kaisers" Mohammed Reza Shah Pahlavi und seiner Familie, die das Interesse der Weltöffentlichkeit weckten und Träume bedienten. An die Stelle der Monarchie ist der Gottesstaat getreten, die Herrschaft bärtiger alter Männer in langen Gewändern und Turbanen, die auf uns wirken, als seien sie aus der Zeit gefallen.

Die Islamische Revolution war im Grunde genommen eine iranische Revolution, die ein Regime durch ein anderes ersetzte. Aber der Machtanspruch der bärtigen alten Männer geht über die Grenzen Irans weit hinaus. Denn das Adjektiv „islamisch" steht für eine andere Perspektive, es steht für den Versuch, die Dominanz des sunnitischen Islams zu überwinden und Muslimen eine Alternative anzubieten. Diese Alternative ist der islamische Staat, wie er von Ayatollah Khomeini erdacht wurde.

Die Islamische Republik Iran ist begrifflich und faktisch ein Widerspruch, weil der Islam in seiner politischen Dimension und die Idee der Republik nicht zusammenpassen. Diese Widersprüchlichkeit auf der politischen Ebene spiegelt sich in allen gesellschaftlichen Bereichen und in der persischen Kultur wider. Es ist eine Kultur, die auf eine fast fünftausendjährige Geschichte zurückblicken kann und die einmal als „Pionier der Zivilisation" (Prof. Bert Fragner) bezeichnet wurde, und ist vielen Menschen noch immer fremd und unverständlich.

Diese Ambivalenz, dieses Doppeldeutige zu verstehen helfen soll das vorliegende „Kleine Iran-Lexikon", das in dieser Form auf dem deutschen Buchmarkt eine Premiere darstellt.

Die Auswahl der Stichwörter erfolgte rein subjektiv und selektiv. Ich habe mich an dem orientiert, was meiner Ansicht nach ein interessierter Leser über Iran wissen sollte. Neben Stichwörtern zu historischen und kulturellen Themen gibt es auch solche, die nützliche Informationen für Geschäftsreisende enthalten. Fast allen Artikeln sind Literaturhinweise beigegeben, die auf die Quelle der Information verweisen und zum Weiterlesen anregen. Eine kleine Chronik der iranischen Geschichte und hilfreiche Internetadressen schließen sich dem an.

Ein Buch ist immer das Ergebnis der Zusammenarbeit zwischen dem Autor und seiner ersten Leserin und seinem ersten Leser. In diesem Fall gilt ein ganz besonderer, herzlicher Dank meiner Lektorin, Frau Claudia Rosenbaum, vom Verlag Springer Gabler für ihre hervorragende Unterstützung, das aufmerksame Lesen und für ihre behutsamen Verbesserungsvorschläge, die das Buch nur besser machen konnten und nicht zuletzt für ihre Geduld. Ein herzlicher Dank gebührt auch Herrn Fromm für die Geduld bei der Satzgestaltung. Dem Verlag danke ich für die Bereitschaft und das Interesse, wieder ein Buch zum Iran zu veröffentlichen. *Kheili Mamnun.*

Ich wünsche dem Leser eine anregende Lektüre und Aufgeschlossenheit für eine uns fremde Welt.

Michael Gorges

www.michaelgorges.de

Aachen, im August 2018

Hinweise zur Transkription

Aus Gründen einer leichteren Lesbarkeit habe ich mich bei der Transkription persischer Begriffe an der in Iran üblichen englischen Schreibweise orientiert. Anstelle des im Deutschen üblichen „Schah" wähle ich die englische Version „Shah" ebenso wie bei allen Ortsnamen. Der Name des Propheten Mohammed kann auf Arabisch als „Muhammad" oder wie im Persischen als „Mohammed" gleichermaßen geschrieben werden. Der Buchstabe „J" ist wie das „D" in Dschungel auszusprechen, die Ligatur "Kh" wie ein "ch" in Bach. Es ist letztendlich auch immer eine Frage des Geschmacks.

Themenkomplexe

1. Grundlagen

Aryan · Geschichte · Ayatollah · Auqaf · Blasphemie · Diwan · Dynastien · Fatwa · Feiertage · Feste · Freitagsgebet · Fünfer-Schia · Hadith · Haj · Herrschaft des anerkannten Rechtsgelehrten · Imam · Islam · Islamische Mystik · Koran · Moschee · Muharram · Nowruz · Passionsspiel · Persien · Persischer Golf · Personennamen · Ramadan · Rechtsschulen · Sufismus · Schiiten · Shahada · Trauermonate · Ulama · Umma · Velayat-e Faqih · Wochentage · Zakat · Zwölfer-Schiiten

2. Geschichte (von den Anfängen bis zum 19. Jahrhundert)

Alawiten · Aleviten · Ali ibn Abi Talib · Babismus · Baha'i · Ferdowsi · Hafez · Hussein · Ismailiten · Kufa · Mahdi · Sassaniden · Zaiditen

3. Moderne Geschichte

Ahmadinejad · Alavi · Bazargan · Deutsch-persische Beziehungen · Assassinen · Fedayin-e Khalq · Hamas · Hezbollah · Hoveyda · Iran-Gate · Islamische Republik · Jannati · Khamenei · Khomeini · Larijani, A. · Larijani, S. · Mujaheddin · Nationale Front · Pahlavi Foundation · Mohammed Reza Pahlavi · Parlament · Raisi · Rouhani · Rushdie, S. · Satanischen Verse · Soleimani, Q. · Taleqani · Weiße Revolution · Yazdi · Zanganeh

4. Landeskunde

Abadan · Ahwaz · Alborz-Gebirge · Bandar Anzali · Aras · Arvand · Chabahar · Fars · Flagge · Großstädte · Hafen · Isfahan · Karun · Kish · Maku · Provinzen · Qanate · Qeshm · Qom · Schatt al-Arab · Teheran · Wasser · Zagros-Gebirge

5. Gesellschaft

Aberglaube · Alkoholverbot · Almosen · Amal-Miliz · Anrede · Araber · Armenier · Ashura · Azeri · Baluchen · Basij · Böser Blick · Brautgeld · Derwisch · Drogen · Expertenrat · Esfand · Flüchtlinge · Halal · Haram · Islamische Kleidervorschrift · Juden · Justizwesen · Kopftuch · Kurden · Minderheiten · Mullah · Nomaden · Pasdaran · Politisches System · Prostitution · Safran · Seyyid · Schlichtungsrat · Tschador · Turkmenen · Verschwörungstheorien · Wächterrat · Zeitehe · Zensur

6. Wirtschaft

Alternative Energien · Astan-e Quds Razavi · Banken- und Finanzsysteme · Basar · Bilaterales Investitionsabkommen · Bonyads · FIPPA · Freihandelszonen · Geschäftsanbahnung · Handelspartner · Iran-Embargo · Joint Comprehension Plan of Action (JCPOA) · Korruption · Mostazafan va Janbazan · Rial · Sanktionen · Währung · Wirtschaft · Wirtschaftszonen · Zoll- & Ausfuhrbestimmungen

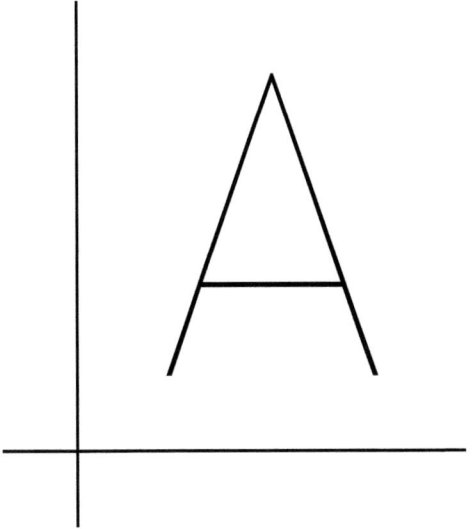

Abadan

Hafenstadt in der Erdöl-Provinz *Khuzestan* (Südwestiran) an der Grenze zum Irak. Die Stadt ist das Zentrum der iranischen Erdölindustrie und besitzt eine der größten Erdöl-Raffinerien. Sie hat 231.476 Menschen (Zensus 2016). Die Stadt liegt 53 km nördlich des Persischen Golfs auf der gleichnamigen Halbinsel (68 km Länge, Breite zwischen 3 bis 19 km). Sie hat drei natürliche Grenzen. Im Westen bildet der *Shatt al-Arab* die natürliche Grenze, im Norden der → Karun, im Osten der *Bahmanshir* und die Grenze im Süden ist der → Persische Golf. Der südliche Verlauf des Flusses (Shatt al-Arab) ist gleichzeitig die Landesgrenze zwischen Iran und Irak. Die klimatischen Bedingungen in Abadan sind ähnlich denen in den übrigen Golfstaaten. In den Sommermonaten können die Temperaturen bis zu 50 °C erreichen.

Die Herkunft des Namens Abadan wird unterschiedlich interpretiert. Arabische Quellen führen den Namen auf den arabischen Wortstamm „abbad" (*Anbeter, Verehrer*) zurück. Die Stadt soll von einem *Abbad ibn Hussein Kabeti* im 8. Jh. als Garnisonsstadt gegründet worden sein. Iranische Quellen behaupten, der Name leite sich aus dem Persischen von „ab" (Wasser) und dem Wortstamm „pa" (schützen, beobachten) ab, daraus ergebe sich Küstenschutzstation. Bereits im 4. vorchristlichen Jh. berichtet *Nearchos*, der General Alexanders des Großen, auf der Rückreise aus Indien über eine Insel namens „Apphana". Ebenso der griechische Geograph *Ptolemäus* in seiner *Geographia* zweihundert Jahre später. Die heutige Bezeichnung „Abadan" wurde 1935 per Dekret von Reza Shah Pahlavi festgelegt.

In Abadan wurde 767 ein Sufi-Kloster gegründet und der Ort war für eine kurze Zeit eine wichtige Pilgerstätte. Die erste namentliche Erwähnung findet sich bei dem arabischen Geographen *Ibn Khordabeh* (864 n. Chr.), der den Ort als eine Garnisonsstadt an der Küste zur Abwehr von Piratenangriffen beschreibt. Nach den Berichten des arabischen Reisenden Ibn Battuta war Abadan im 14. Jh. ein Zentrum für die lokale Seefahrt und eine wichtige Handelsstadt, aus der Salz und gewebte Strohmatten über Basra bis nach Ägypten geliefert wurden. Mit dem Aufstieg konkurrierender Städte wie Basra (im heutigen Irak) und Mohammara (heute *Khorramshahr*) begann der wirtschaftliche Niedergang Abadans. Durch die Schwemmlandablagerungen des Shatt al-Arab entfernte sich die Stadt zudem immer weiter von der Küste. Im 17. Jh. ging die Halbinsel in das Eigentum des arabischen Ka'b-Stammes (*Bani Ka'b*) über. Zu diesem Zeitpunkt war sie nicht mehr als eine Durchgangsstation für arabische Pilger und ausländische Reisende. Um den Ort kam es wegen unterschiedlicher Besitzansprüche immer wieder zu Auseinandersetzungen zwischen iranischen Monarchen und osmanischen Sultanen, bis er schließlich 1847 von Iran erworben werden konnte.

Die moderne Geschichte Abadans beginnt nach 1900 mit der Entdeckung der Erdölvorkommen in der Provinz Khuzestan. Nachdem am 26. Mai 1908 bei

Bohrungen in *Masjed-e Soleiman* (MIS) das erste Erdöl gefunden worden war, wurde Abadan für den Bau einer Raffinerie ausgewählt. Die Stadt galt wegen ihrer topographischen Eigenschaften (keine natürlichen Bodenerhebungen) und der Nähe zum Shatt al-Arab als günstiger Standort. In relativ kurzer Zeit wurde von einem britischen Konsortium die *Anglo-Iranian Oil Company* (AIOC) gegründet (16.07.1909) und die ersten Grundstücke vom Eigentümer Sheikh Kha'zal aus Mohammara erworben, um mit dem Bau der Raffinerie und den Anlagen zu beginnen. Nach dreijähriger Bauzeit erfolgte 1912 die Inbetriebnahme der Raffinerie mit einer jährlichen Kapazität von 12.000 Tonnen Rohöl, die bis 1960 auf 21 Mio. Tonnen gesteigert wurde. Während des Zweiten Weltkriegs wurde von Abadan aus der Nachschub der Alliierten mit Hilfsgütern an die Sowjetunion organisiert. Der wirtschaftliche Aufschwung durch die Ölindustrie wirkte sich positiv auf die Entwicklung der Stadt aus. Bereits 1956 lebten mehr als 226.000 Menschen in Abadan.

Nach dem Wahlsieg der Nationalen Front unter Mohammed Mossadegh wurde 1951 die iranische Erdölindustrie verstaatlicht und die Anglo-Iranian-Oil Co. in die National Iranian Oil Industry (NIOC) umbenannt. Während der Anti-Shah-Proteste wurde am 19.08.1978 ein verheerender Brandanschlag auf das Rex-Kino in Abadan verübt, dem 430 Menschen zum Opfer fielen. Die Shah-Gegner machten seinerzeit den staatlichen Geheimdienst SAVAK für den Anschlag verantwortlich, sodass es zu landesweiten Protesten kam. Nach dem Sieg der Revolation wurde bekannt, dass militante Unterstützer von Khomeini für den Anschlag veranwortlich waren.

Der Wiederaufbau von Abadan begann 1989 nach dem Ende des Krieges, die Raffinerie konnte die Produktion erst 1993 wieder aufnehmen. Die volle Produktionskapazität der Vorkriegszeit wurde erst Ende 1997 wieder erreicht.

LITERATUR Ervand Abrahamian. A History of Modern Iran. Cambridge 2008; James Cable. Intervention at Abadan: Plan Buccaneer. New York 2014; Iranpour Djazani. Wirtschaft und Bevölkerung in Khuzistan unter dem Einfluss des Erdöls. Tübingen 1963; Eckart Ehlers. Iran. Grundzüge einer geographischen Landeskunde. Darmstadt. 1980; Ulrich Gehrke, Harald Mehner. (Hrsg.): Iran. Natur. Bevölkerung. Geschichte. Kultur. Staat. Wirtschaft. Tübingen/Basel 1976; Lawrence Lockhardt. Persian Cities. London 1960; Xavier de Planhol. ĀBĀDĀN ii. Modern Ābādān, in: Encyclopaedia Iranica I/1, Mai 2016, S. 53–57

Aberglaube

(Khorafat)

Mit Aberglauben verbundene Handlungen/Praktiken sind in Iran omnipräsent. Aberglaube beruht auf der Überzeugung von „magischen, geheimnisvoll wirkenden, dem Verstand wie dem religiösen Glauben entzogenen, hilfreichen oder schädigenden Kräften in Natur und Menschenleben". Anders als in westlichen Gesellschaften, ist der Begriff in Iran nicht negativ besetzt. Iraner haben generell eine ambivalente Einstellung zu allen Erscheinungen ihrer natürlichen und sozialen Umwelt. Der Glaube an die Wirksamkeit von übernatürlichen Kräften ist in der Volksreligion weit verbreitet und geht auf vorislamische Quellen zurück und spannt einen Bogen vom Heiligenkult über die Magie bis zum Aberglauben. Die Bandbreite magischen Denkens reicht von den Neujahrsriten wie *Charshanbeh Suri*, über den *Bösen Blick*, den Glauben an die Wirksamkeit von *Kartenlegen, Kaffeesatzlesen, Orakeln*, dem Glauben an Wunder, *Verschwörungstheorien* bis hin zur *Heiligenverehrung*. Die Anfälligkeit für den Glauben an wundersame Dinge nimmt in Zeiten allgemeiner Unsicherheit und Unruhe bekanntlich zu. In Iran hatte das „Geschäft mit der Gutgläubigkeit" immer Konjunktur. Seit der Machtübernahme durch die schiitische Geistlichkeit ist es zu einem Instrument staatlicher Medienpolitik geworden. In den staatlichen Medien wird ständig über die zu erwartende Ankunft des Zwölften Imam → *al-Mahdi* spekuliert. So glaubte der frühere Präsident →Ahmadinejad während seiner Rede vor den Vereinten Nationen 2005 die Anwesenheit des *Emams* im Saal zu verspüren und bat ihn um Beistand. Viele Iranerinnen suchen im Alltag Rat und Hilfe bei professionellen Wahrsagern (*rammal*), die beim Kartenlegen und Kaffeesatzlesen die Zukunft vorherzusagen versprechen.

Häufig wird auch die Hilfe vermeintlicher „Wunderdoktoren" in Anspruch genommen, die für ihre „Dienste" oft stattliche Honorare verlangen und häufig mehr Schaden anrichten als nutzen. Wundergläubige Handlungen sollen den Frauen Fruchtbarkeit bringen, Eheprobleme lösen oder einen bestimmten Mann binden. Dazu werden Mixturen verwendet und in einer rituellen Handlung dem Essen beigemischt, ohne dass der Betroffene es merkt. In vielen Haushalten werden die Gedichte von → Hafez als Orakelbuch benutzt, indem der/die Fragende zufällig eine Seite im Buch aufschlägt und Hafez' Verse so interpretiert, dass sie sich auf die eigene Lebenssituation beziehen. Das Orakelspiel ist bei unverheirateten Frauen besonders populär. Allgegenwärtig ist der Glaube an die Schädlichkeit des *Bösen Blicks*. Um ihn zu bannen und Schaden von einer betroffenen Person abzuwenden, werden Amulette eingesetzt und bestimmte Handlungen vollzogen. Selbst im Koran (Suren 113, 114) finden sich Hinweise auf Phänomene, die in den Bereich des Aberglaubens gehören. So wird an verschiedenen Stellen von Magie, Djinnen oder Wesen aus Feuer gesprochen, die dem Menschen nützlich oder schädlich sein können.

Die bei vielen Muslimen beliebte Heiligenverehrung entspringt dem Glauben an die besondere Kraft der Heiligen sich für das Anliegen des Gläubigen bei Gott einzusetzen. Diese Vorstellung ist ein Relikt aus den alten vorderasiatischen Religionen, deren Rituale in die islamische Praxis übernommen wurden.

Der Heiligenkult hat häufig nur eine regionale Bedeutung und widerspricht den Grundsätzen des Islams, der sich als eine monotheistische Religion versteht. Überall in Iran finden sich zahlreiche *Imamzadehs*, die als beliebte Orte für die religiöse Einkehr genutzt werden. Im Volksglauben sind die Imamzadehs Ruhestätten für die Nachkommen der zwölf Imame, die dort begraben liegen. Meist handelt es sich jedoch um alte zoroastrische Heiligtümer aus vorislamischer Zeit, die durch Namensänderung in den Islam eingepasst wurden. Die Heiligenverehrung ist auch Gegenstand der obligatorischen Pilgerfahrt nach Mekka. Die organisatorische Abwicklung liegt in den Händen staatlicher Agenturen. Pilgerfahrten finden aus Kostengründen häufig innerhalb Irans statt. Beliebte Ziele sind neben Mashad (Schrein des Imam Ali Reza), vor allem die Stadt → Qom (Schrein der Fatimeh). Das religiöse Leben auf dem Land orientiert sich mehr an den Inhalten des Volksislams. Die Frömmigkeit der Landbevölkerung ist auch weniger formal und stärker personenbezogen. In vielen Dörfern werden lokale Kultstätten, sogenannte *Husseiniyehs*, die dem Märtyrer → Hussein gewidmet sind, verehrt.

Von den religiösen und abergläubischen Vorstellungen betroffen sind auch die alltäglichen Konsumgewohnheiten der Muslime. So ist neben dem Genuss von Alkohol und Schweinefleisch auch der Verzehr von schuppenlosen Fischen (Aal, Stör, Hai, Delphin) verboten (→ haram). Viele Iraner glauben, eine Fischvergiftung, die durch den Verzehr von mit Schuppen behafteten Fischen verursacht wird, sei leichter zu überwinden. Fleisch gelangt nur in den Handel, wenn die Tiere vorher durch eine rituelle Schlachtung getötet wurden. Dies kann bei importiertem Fleisch, das im Verdacht steht, nicht nach islamischen Vorschriften hergestellt worden zu sein, mitunter erhebliche wirtschaftliche Konsequenzen haben.

Als eine extreme Form abergläubischen Denkens sind die weit verbreiteten → Verschwörungstheorien anzusehen. Dabei wird anderen Personen oder Mächten unterstellt, unlautere oder feindliche Absichten zu hegen, gegen die es keine wirksamen Gegenmittel gibt. Viele der in Iran kursierenden Verschwörungstheorien sind das Ergebnis historischer Erfahrungen mit den ehemaligen Kolonialmächten Großbritannien, Russland und den USA.

LITERATUR Bess Allen Donaldson. The Wild Rue. A Study of Muhammadan Magic and Folklore in Iran. London 1938; Werner Ende, Udo Steinbach (Hrsg.). Der Islam in der Gegenwart. München 52005; Kornelius Hentschel. Geister, Magier und Muslime. Dämonenwelt und Geisteraustreibung im Islam. München 1997; Rudlof Kriss, Hubert Kriss-Heinrich. Volksglaube im Bereich des Islam. 2 Bde. Wiesbaden 1960-62; Reinhold Loeffler. Islam in Practice. Religious Beliefs in a Persian Village. Albany 1988; Siegfried Seligmann. Der böse Blick und Verwandtes. Ein Beitrag zur Geschichte des Aberglaubens aller Zeiten und Völker. 2 Bde. Berlin 1910; Heinrich Alexander Winkler. Siegel und Charaktere in der Muhammedanischen Zauberei. Berlin/Leipzig 1930

Ahmadinejad [Ahmadi-Nejad], Mahmud

(*28. 10. 1956)

Iranischer Politiker und der sechste Staatspräsident (3.08.2005 bis 3.08.2013) der Islamischen Republik Iran. Er wurde international bekannt als ein sogenannter „populistischer Hardliner" (BBC-News), der das Existenzrecht Israels bestritt und in Teheran eine „Holocaust-Konferenz" durchführte, auf der der „Holocaust" bagatellisiert, die Existenz nationalsozialistischer Gaskammern bestritten und anti-semitische Karikaturen von verschiedenen Zeichnern prämiert wurden. Er war Verfechter des iranischen Atomprogramms und letztendlich mit verantwortlich für die gegen Iran erhobenen internationalen Sanktionen.

Ahmadinejad kam in dem kleinen Ort Aradan, in der Nähe von Garmsar, etwa 60 km südöstlich von Teheran als viertes von sieben Kindern eines Krämers und späteren Inhabers eines Friseurgeschäfts mit Namen *Saborjhian* zur Welt. Mit der Übersiedlung der Familie nach Teheran, wechselte sie auch ihren Namen, um die Herkunft aus bescheidenen, eher ärmlichen Verhältnissen zu verschleiern. Der Familienname ist insofern interessant, als er zum einen Auskunft gibt über den sozialen Status von Ahmadinejads Familie und zum anderen über deren religiöse Orientierung. Saborjhian leitet sich im Persischen von *Sabor* ab und bezeichnet in der Teppichherstellung einen Wollfärber. Es ist in der Teppichindustrie von Semnan, aus der die Familie von Ahmadinejad stammt, eine gering geschätzte Tätigkeit. Der Name *Ahmad* ist ein in religiösen Familien beliebter Vorname und wird mit dem Propheten Mohammed gleichgesetzt im Sinne von „tugendhaft" oder „hochlöblich". *Nejad* bedeutet im Persischen Rasse oder Geschlecht, also aus dem „hochlöblichen Geschlecht Mohammeds" (stammend). Die Wahl des Namens „Ahmadinejad" ist Ausdruck einer devoten Einstellung gegenüber dem Islam. Ahmadinejads biographischer Werdegang aus ärmlichen Verhältnissen prägte nicht nur seine Sympathien für die Unterprivilegierten, sondern bestimmte auch seine öffentlichen Auftritte als Präsident und seine Politik des Populismus.

Die Erfahrungen aus seiner sozialen Klasse und die Sympathie für die unterprivilegierten Lohnarbeiter fanden später ihren Niederschlag in seinen öffentlichen Auftritten als Präsident und in seiner populistischen Politik.

Über Ahmadinejads weiteren biographischen Werdegang gibt es viele widersprüchliche Informationen. Als gesichert kann gelten, dass seine Karriere wie die so vieler Repräsentanten des Regimes durch die Zugehörigkeit zu einem klerikalen-revolutionären Milieu gefördert wurde. Vor der Revolution soll er an den Anti-Shah-Protesten teilgenommen, Flugblätter gedruckt und in Umlauf gebracht haben. Während des Studiums trat er einer von Ayatollah Beheshti gegründeten „Organisation zur Verstärkung der Einheit" bei, deren Aufgabe es war, islamische Studenten gegen den wachsenden Einfluss der → Mujaheddin-e Khalq unter den

Studenten zu mobilisieren. Ahmadinejad soll auch Mitglieder der Freiwilligenorganisation der → Basij unterrichtet haben. Das Studium an der Teheraner Universität für Wissenschaft und Technologie schloss Ahmadinejad mit dem Grad eines Doktors in Verkehrs- und Transportwesen ab. Während des Iran-Irak-Krieges kämpfte er 1986 als Freiwilliger der → Revolutionsgarden an der Kriegsfront im Westen. Als Angehöriger einer Spezialeinheit der Pasdaran in Ramazan (Kermanshah) soll Ahmadinejad iranische Dissidenten misshandelt haben, ebenso im berüchtigten Evin-Gefängnis in Teheran. Darüber hinaus soll er die Ermordung von Regimegegnern im Ausland koordiniert haben, wie die des Kurdenführers *Abdolrahman Qassemlou* im Juli 1989 in Wien.

In den 1980er Jahren amtierte Ahmadinejad für vier Jahre als Gouverneur von → Maku und Khoy in der Provinz Nordwestazerbaijan. Anschließend wurde er für zwei Jahre Berater des Generalgouverneurs der Provinz Kurdistan und erhielt 1993 die Ernennung zum Generalgouverneur der neu geschaffenen Provinz Ardebil im äußersten Nordwesten Irans. Nach dem Amtsantritt des neu gewählten Präsidenten Mohammed Khatami wurde Ahmadinejad 1997 von diesem Posten entlassen und kehrte an die Elm-o Sanaat Universität zurück.

Im Mai 2003 ernannte ihn der von den Konservativen dominierte Stadtrat von Teheran zum Bürgermeister der Hauptstadt. Ahmadinejad trat dieses Amt an mit dem Anspruch, die städtischen Dienstleistungen für die Bürger sowie die Verkehrsinfrastruktur in Teheran zu verbessern. Er sah sich außerdem im Kampf gegen die „westliche Dekadenz" in der Stadt und versprach, einen modernen islamischen Staat mit aufzubauen. Die Bilanz nach zwei Jahren im Amt fiel sehr bescheiden aus, zudem ließ sich der Verbleib von 300 Mio. US-Dollar aus dem städtischen Haushalt bis heute nicht aufklären.

Bis zu den Präsidentschaftswahlen von 2005 war Ahmadinejad ein auf der internationalen Bühne völlig unbekannter Lokalpolitiker und hatte noch nie für ein Amt kandidiert. Mit massiver finanzieller und organisatorischer Unterstützung der konservativen klerikalen Eliten führte Ahmadinejad seine Wahlkampagne für mehr soziale Unterstützung für die Armen und Benachteiligten und sagte der Korruption den Kampf an. Für viele Beobachter völlig überraschend gewann er gegen den hohen Favoriten, den früheren Präsidenten Akbar Hashemi Rafsanjani, die Wahl mit 62 % der Stimmen und erzielte doppelt so viele Stimmen wie sein Gegner. Es war das erste und bislang einzige Mal, dass ein nichtklerikaler Kandidat in das Präsidentenamt gelangte. Bei den Präsidentschaftswahlen am 12. Juli 2009 kandidierte Ahmadinejad für eine zweite Amtszeit gegen den Herausforderer *Mir-Hussein Mousavi*, den Kandidaten der Opposition der „Grünen Bewegung". Trotz Vorwürfen der Opposition wegen „Unregelmäßigkeiten" und Manipulationen bei der Wahl, gewann Ahmadinejad mit 62,63 % der Stimmen, der Gegenkandidat kam auf lediglich 33,75 %. Während und nach der Wahl war es bereits zu teils heftigen Protesten vor allem von jungen Wählern gekommen. Nachdem am 3. August 2009 der Oberste Führer, Ayatollah Khamenei, Ahmadinejad offiziell zum Sieger erklärte, kam es landesweit zu heftigen und wochenlangen Protesten, die durch die staatlichen Sicherheitskräfte von Polizei, Pasdaran und den Basij mit aller Härte beendet werden mussten. Die Kandidaten der Opposition wurden wegen kritischer Äußerungen unter langjährigen Hausarrest gestellt. Monate später gab der Wächterrat die Wahlmanipulation zu.

Mahmud Ahmadinejad trat in der Öffentlichkeit gerne als der Mann-aus-dem-Volke auf, als Diener-des-Volkes, sein äußeres Kennzeichen waren eine sandfarbene Windjacke und einfache Kleidung. Er zeigte sich gerne als der Präsident, der in bescheidenen Verhältnissen lebt und einen alten gebrauchten Pkw fährt. Seine Popularität unter der armen Bevölkerung verdankte er nicht zuletzt den „Sozialschecks", die er bei seinen Audienzen (wie frühere Monarchen) öffentlichkeitswirksam verteilte. Dennoch hat er die gravierendsten Probleme seines Landes (Inflation, hohe Jugendarbeitslosigkeit, Wohnungsnot, Ausbau der Infrastruktur) nicht einmal im Ansatz lösen können.

Ahmadinejads Amtszeit als Präsident ist innenpolitisch gekennzeichnet durch eine Häufung von negativen Merkmalen: Missmanagement auf allen Ebenen, Ausweitung der Korruption, Anstieg der Inflation auf einen zweistelligen Bereich, Nepotismus, indem wichtige Ämter und Führungspositionen im Staat und in der Wirtschaft an Personen aus seinem verwandtschaftlichen und befreundeten Umfeld vergeben wurden. Unter Ahmadinejad wurden die → Revolutionsgarden (Pasdaran) durch die Vergabe öffentlicher Mittel in Millionenhöhe für „staatliche Investitionsvorhaben" und durch Ämterpatronage zu einem bedeutenden Wirtschaftsfaktor in der iranischen Volkswirtschaft. Aus Ahmadinejads Regierungszeit resultieren einige der gegenwärtig massivsten Umweltprobleme (Verschwinden des Urmia-Sees, Wassermangel in 12 von 31 Provinzen, ständig wiederkehrende Sand- und Staubstürme in Khuzestan). Gegen mehrere seiner ehemaligen Mitarbeiter und Berater ist Anklage wegen Korruption und Veruntreuung wie auch gegen ihn selbst erhoben worden. Im April 2017 gab er seine Kandidatur für die bevorstehenden Präsidentschaftswahlen gegen den Amtsinhaber Hassan Rouhani bekannt, dem er Korruption und Missmanagement vorwarf. Die erneute Kandidatur wurde durch den Wächterrat abgelehnt, nachdem bereits vorher der Oberste Führer Khamenei ihn aufgefordert hatte, davon Abstand zu nehmen.

Das außenpolitische „Verdienst" von Ahmadinejad sind die gegen Iran 2006 und 2007 verhängten internationalen Sanktionen. Sie haben das Land in seiner wirtschaftlichen, politischen und gesellschaftlichen Entwicklung um Jahre zurückgeworfen, weil dringend gebrauchte ausländische Investitionen ausblieben. Die

Sanktionen richteten sich primär gegen das in seiner Regierungszeit forcierte iranische Atomprogramm, sie wurden erst 2016 nach jahrelangen Verhandlungen im Rahmen der → JCPOA-Vereinbarungen teilweise wieder zurückgenommen. Ahmadinejad hat Iran durch seine Politik der Konfrontation und durch die Wahl despotischer, antidemokratischer Bündnispartner, außenpolitisch in die Isolation getrieben. Während mehrtätiger Reisen nach Lateinamerika 2006 und 2007 vereinbarte er mit lateinamerikanischen Despoten politische und wirtschaftliche Kooperationsverträge (Venezuela, Nicaragua, Bolivien). Zweifel an seiner Persönlichkeit kamen zudem bei seiner Ansprache vor den Vereinten Nationen 2005 kurz nach seinem Amtsantritt auf. In einer für viele Beobachter wirren Rede brüskierte er in einem Spektakel die gesamte Weltöffentlichkeit, indem er um göttlichen Beistand rief. Ahmadinejad ist Anhänger der *Hojatieh-Sekte*, einer extremen Ausrichtung des schiitischen Islams. Deren Anhänger glauben an die bevorstehende Ankunft des verborgenen Zwölften Imams → al-Mahdi. Sie sind davon überzeugt, dass sich durch das absichtliche Herbeiführen von Krisensituationen die Rückkehr des Mahdi beschleunigen liesse. Ahmadinejads Mentor ist der in → Qom an der Haqqani-Schule lehrende Geistliche Ayatollah Taqi → Mesbah-Yazdi. Die Haqqani-Schule ist eine Art „Think-Tank", die dafür plädiert, Staat und Gesellschaft unter die absolute Kontrolle der schiitischen Geistlichkeit zu stellen. Mesbah-Yazdis extremistische Auffassungen übertreffen bei weitem die von Revolutionsführer Ayatollah → Khomeini.

Ahmadinejad ist verheiratet und hat drei Kinder.

LITERATUR Ali M. Ansari, Iran under Ahmadinejad: The Politics of Confrontation, London 2008; Hussein D. Hassan. Iran: Profile of President Mahmoud Ahmadinejad. CRS Report for Congress, updated July 9, 2008; BBC. Profile: Mahmoud Ahmadinejad, 4. August 2010, unter: http://www.bbc.com/news/world-middle-east-10866484; Mark Hitchcock. The Apocalypse of Ahmadinejad: The Revelation of Iran's Nuclear Prophet. Colorado Springs 2007; Peyman Jafari. Der andere Iran: Geschichte und Kultur von 1900 bis zur Gegenwart. München 2010; Alireza Jafarzadeh. The Iranian Threat: President Ahmadinejad and the Coming Crisis. New York 2008; Kasra Naji. Ahmadinejad: The Secret History of Iran's Radical Leader. London 2007; Christoph Sydow. Iran sucht einen Sündenbock. Vorwürfe gegen Ahmadinejad, Der Spiegel vom 04.01.2018, unter: http://www.spiegel.de/politik/ausland/iran-sucht-seinen-suendenbock-ist-es-mahmoud-ahmadinejad-a-1186212.html; Robert Tait. „Humbling Beginning that Shaped Iran's New Hard Man: Ahmadinejad has Tasted the Poverty He Wants to Eradicate," The Guardian (Manchester, UK), July 2, 2005, p. 15; Maaike Warnaar. Iranian Foreign Policy under Ahmadinejad. New York 2016

Ahwaz

Stadt in Südwestiran. Hauptstadt und wirtschaftliches Zentrum der Provinz Khuzestan. Ahwaz liegt an beiden Ufern des Flusses → *Karun*, der die Stadt durchfließt und bei Khorramshahr, 130 km südwestlich von Abadan, in den *Arvand Rud* mündet. Die Stadt ist 8135,9 km² groß und hat 1.338.126 Einwohner (2018). Bereits in vorislamischer Zeit (6. Jh. v. Chr.) war der Ort als *Tareiana* bekannt und lag an der alten Königsstraße, die von der Winterresidenz der Achämenidenkönige in Susa (pers. *Shush*) über den Karun bis zur Sommerresidenz in *Persepolis* und weiter nach *Pasargadae* führte. Ahwaz ist die Pluralform von *Khuzi*, einem arabischen Stamm, der ursprünglich in der Provinz Khuzestan lebte. Unter den Parthern war Ahwaz eine Fürstenresidenz, nach der Eroberung durch den Sassaniden *Ardashir I.* (224–241 v. Chr.) wurde der Ort ausgebaut und in *Hormoz-Ardashir* umbenannt. Ahwaz erlebte eine kurze Blütezeit als lokales Handelszentrum, bis die Stadt 630 von den muslimischen Arabern überrannt und teilweise zerstört wurde. Von den arabischen Invasoren umbenannt in Suq al-Ahwaz (*Markt von Ahwaz*) blieb die Stadt ein wichtiger Handelsplatz, bis im 9. Jh. der wirtschaftliche Niedergang durch den Aufstand der Zanj einsetzte, der einen Teil des (heutigen) Irak und von Khuzestan erfasste. Die Rebellion ging von schwarzen ehemaligen Sklaven aus und richtete sich gegen das abbasidische Kalifat in Bagdad. Unter dem Buyiden-Fürsten Adud al-Dawla (949–83) wurde Ahwaz wieder aufgebaut. Der Fürst ließ eine neue Brücke über den Karun errichten und entlang des Flusses wurden Wassermühlen und -räder gebaut. Die Stadt wurde über ein → *Qanat*-System mit frischem Trinkwasser versorgt. Ein großer Damm oder Stauwehr unterhalb der Stadt staute den Fluss, sodass die Felder über ein besonderes Bewässerungssystem mit Wasser versorgt werden konnten. Ahwaz war bekannt für die Herstellung von Textilien aus Seide und für die Herstellung von Rohrzucker. Als die Herrschaft der Buyiden zu Ende ging, begann der wirtschaftliche Niedergang der Stadt. Die Mongolen zerstörten den Staudamm, unter den Safaviden versank Ahwaz auf den Status eines Dorfes. Bis ins 19. Jh. wurde die Provinz Khuzestan als *Arabistan* (Land der Araber) bezeichnet und von einem Generalgouverneur regiert. Die Entdeckung der ersten Erdölvorkommen 1908 in Khuzestan (*Masjid-e Suleiman*), die Fertigstellung der ersten Öl-Pipeline zwischen → Abadan und Ahwaz (1939) und die Anbindung an das transiranische Eisenbahnnetz führten zu einem wirtschaftlichen und demographischen Aufschwung. Noch 1940/41 war Ahwaz nicht größer als eine Kleinstadt von etwa 32.000 Einwohnern. Die zentrale Lage innerhalb der aufblühenden Ölwirtschaft und die Ernennung zur Provinzhauptstadt (1926) begünstigten die weitere Entwicklung. Bereits 1956 lebten in der Stadt 226.083 Menschen. Ahwaz ist Sitz der Verwaltungseinrichtungen der *National Iranian Oil Company* (NIOC) und privater Unternehmen, hier sind die Materialdepots und Werkstätten für die Erschließung und Förderung des Öls und hier leben die Ingenieure und Techniker der Ölwirtschaft. Die Stadt hat einen internationalen Flughafen. Weitere wichtige Wirtschaftszweige sind die chemische Industrie, die Stahlindustrie, Landwirtschaft und die Zucker- und Nahrungsmittelindustrie. Die Stadt beherbergt mehrere Hochschulen, darunter die überregional bekannte *Jondi-Shapur-Universität*, die Hochschulen Shahid Camran, Payamenour, die University of Applied Science and Technology, Ramin Agriculture and Natural Resources University, Oil University, Islamic Azad University of Ahwaz und mehrere Colleges. Während des Irak-Iran-Krieges (1989-88) wurde Ahwaz durch die irakischen Angriffe stark beschädigt, zahlreiche Einwohner flohen in die entfernter liegenden Städte wie Shiraz oder → Teheran. Nach Kriegsende begann der Wiederaufbau und die früheren Bewohner kehrten zurück. Das Klima in Ahwaz ist im Jahresschnitt sehr heiß. Die Temperaturen steigen im Sommer oft über 45 °C, während sie in den Wintermonaten von November bis Februar selten unter 10 °C. absinken. Dafür ist die Luftfeuchtigkeit in dieser Jahreszeit sehr hoch. Die Umweltbelastung durch unkontrollierte Emissionen aus den Industrieanlagen (veraltete Kohlekraftwerke, Öl- u. Chemieindustrie) ist extrem hoch. Die wiederholt auftretenden Staubstürme wirbeln Feinstaub auf, der die veralteten Stromgeneratoren außer Betrieb setzt, sodass die Stromversorgung in der Stadt oft für mehrere Tage ausfällt. Atemwegserkrankungen und eine katastrophale Wasserversorgung sorgen für überfüllte Krankenhäuser. Die Stadt wurde 2011 von der Weltgesundheitsorganisation als die weltweit am stärksten von Luftverschmutzung betroffene Stadt gelistet. Die Bevölkerung wehrt sich immer öfter mit teils heftigen Protesten gegen die Provinzverwaltung, die ihrerseits mit dem verstärkten Einsatz von Polizeigewalt reagiert. Unter der Präsidentschaft von Mahmud → Ahmadinedjad (1995-2004) hat die Zerstörung des natürlichen Lebensraumes durch die unkontrollierte Ausbeutung der natürlichen Ressourcen in weiten Teilen von Khuzestan (Austrocknen der Sumpfgebiete von *Hur al-Azim*) und an den Küstengebieten des Persischen Golfes (Lagune Shadegan) für irreparable Umweltschäden gesorgt.

LITERATUR Eckart Ehlers. Iran. Grundzüge einer geographischen Landeskunde. Darmstadt. 1980; Ulrich Gehrke, Harald Mehner (Hrsg.). Iran. Natur, Bevölkerung, Geschichte, Kultur, Staat, Wirtschaft. Tübingen/Basel 1975; Info.: www.ahvaz.ir (pers.); www.english.ahvaz.ir; https://www.huffingtonpost.de/javad-dabiran/iran-ahvaz-menschen-kaemp_b_14925966.html (abgerufen am 28.03.2018); http://iranjournal.org/gesellschaft/atemnot-iranischen-grossstaedten (abgerufen am 28.03.2018)

Alavi, Mahmud

(* 04.05.1954) in Lamerd, Provinz Fars,

Geheimdienstminister im Kabinett von Präsident Rouhani seit 15.08.2013. Alavi ist ein Geistlicher im Rang eines Hojatolleslam und besitzt den Grad eines Doktors der islamischen Jurisprudenz der Ferdowsi Universität in Mashad. Zuvor war er von 2000-2009 Leiter der Abteilung für politisch-ideologische Führung der Armee, bekleidete das Amt des Vize-Verteidigungsministers und war persönlicher Repräsentant des Obersten Führers Khamenei dort. Alavi war von 1981 bis 2000 Mitglied im iranischen Parlament und ist seit 2009 Mitglied des Expertenrats.

Alborz-Gebirge

(Elburs)

Nordiranisches Randgebirge, das sich wie ein Gebirgswall nach Westen hin in das Talesh-Gebirge fortsetzt, nach Osten hin in die Gebirgszüge von Khorassan. Der Alborz ist ein „tertiäres Faltengebirge" und erreicht im Zentralgebirge oft Gipfelhöhen von über 4.000 Metern, die höchsten Erhebungen haben der *Alam Kuh* (4.800 m) und mit 5.670 m der Vulkankegel des *Damavand*, der zugleich Irans höchster Berg ist. Beide Berge sind vergletschert. Die Abdachungen des Gebirgszuges sind aus ökologischer Sicht sehr unterschiedlich. Nach Norden hin Richtung Kaspisches Meer ist der Gebirgszug durch die feuchten kaspischen Winde mit Bergwäldern besetzt, während seine Südseite trocken und waldlos ist und in das zentraliranische Hochland mit ihrem steppen- und wüstenartigen Charakter wechselt. Den Übergang in das inneriranische Hochland markiert ein Saum weiter Fußflächen (Pedimente) als Übergangszonen zwischen Gebirge und Ebene. Auf einer solchen schiefen Ebene liegt die Hauptstadt → Teheran wie alle anderen größeren Städte des iranischen Hochlandes (→ Qom, Yazd, Kerman), weil nur hier Wasser in ausreichender Menge, meist in Form von Grundwasser, zur Verfügung steht. Das Wasser wird durch unterirdische Kanäle, sogenannte → Qanate, transportiert. Kennzeichen des Zentralen Alborz sind seine „Verkehrsfeindlichkeit und Undurchlässigkeit", das Gebirge wirkt wie eine natürliche und kulturelle Trennwand zwischen der kaspischen Tiefebene und dem Hochland von Iran.

LITERATUR Eckart Ehlers. Iran. Grundzüge einer geographischen Landeskunde. Darmstadt 1980; Ulrich Gehrke, H. Mehner (Hrsg.). Iran. Natur, Bevölkerung, Geschichte, Kultur, Staat, Wirtschaft. Tübingen 1975; Kurt Scharlau. Iran, in: Westermann Lexikon der Geographie. Bd. 2. Braunschweig 1969

Alawiten, Alaviten

(arab. Alawiyun, Anhänger Alis), auch Nusairier

Schiitische Sekte in Vorderasien. Ihr Verbreitungsgebiet erstreckt sich von Westsyrien (Latakia) bis in die Türkei. Vereinzelte alawitische Gemeinschaften leben in Syrien im Raum Damaskus und im Landesinnern um die Städte Hama und Homs sowie weiter nördlich auf den von Israel annektierten Golanhöhen. Alawitische Gemeinden leben im Südosten der Türkei in der Provinz Hatay (Antakya, das antike Antiochia) sowie westlich davon in Kilikien (Adana, Mersin und Taurus). Im Libanon siedeln Alawiten vorwiegend in der Stadt Tripolis. Sie sind nicht zu verwechseln mit den türkischen oder kurdischen → Aleviten.

Die Nusairier entstanden im 9. Jh. in Bagdad (Irak) im Umfeld der *Ghulat*-Sekten. Die Sekte wurde von orthodoxen Muslimen ihrer extremen Frömmigkeit wegen als „Übertreiber" und „Extremisten" bezeichnet und als Häretiker verurteilt. In diesem Milieu gründete Muhammad ibn Nusair an-Namiri (†864) die Glaubensgemeinschaft der Nusairier. Er selbst bezeichnete sich um 860 als Prophet und Stellvertreter des zehnten Imams Ali al-Hadi an-Naqi. Um dem Ruf als Ketzer zu entgehen, änderten die syrischen Nusairier um 1920 ihren Namen und bezeichneten sich fortan als „Alawiten" (Alawiyun). Dennoch haben sie ihre ursprünglichen Glaubensinhalte weitgehend beibehalten. Unter der französischen Kolonialmacht von 1920 bis 1946 (französisches Mandat), gelang es den Alawiten in Verwaltung und Militär Fuß zu fassen und so der Verfolgung und sozialen Ausgrenzung zu entgehen.

Alawiten berufen sich auf Imam → Ali ibn Abi Talib, den Stammvater der Schiiten, den sie als den als einzig rechtmäßigen Nachfolger des Propheten anerkennen. Kern der alawitischen Lehre ist eine eigenwillige Kosmogonie, die Vorstellung, Gott (Allah) lebe eigentlich in den Körpern der Imame, die Imame seien keine menschlichen Wesen, sondern nur scheinbare Hüllen, in die Gott schlüpfe. Ferner der Glaube an die Seelenwanderung und die spirituelle Deutung der Offenbarungslehre des Korans und des islamischen Gesetzes. Das islamische Gesetz, das für alle Muslime gleichermaßen gilt, verliert auf diese Weise seinen verbindlichen Charakter (Antinomismus), es muss nicht mehr wörtlich befolgt werden. Charakteristisch ist ebenso die Vergöttlichung → Alis, der als die Reinkarnation des Schöpfergottes (Allahs) gilt und dem Propheten Mohammed übergeordnet ist. In die Regionsgemeinschaft werden ausschließlich Männer aufgenommen, die Aufnahme erfolgt im Rahmen eines Initiationsritus. Frauen werden von dieser Geheimlehre ausgeschlossen, da sie als seelenlose Wesen gelten und als solche unfähig seien, Geheimnisse zu bewahren. Dies rechtfertigt ebenso ihren Ausschluss von den religiösen Riten. Eine Wiedergeburt als Frau gilt als Strafe.

Alawiten praktizieren einen synkretistischen Kult. Sie feiern das persischen Neujahrsfest → Nowruz und das christliche Weihnachtsfest. Trotz des islamischen Alkoholverbots trinken sie bei ihren Zeremonien Wein und lehnen das Fasten im Ramadan ab. Ihre Gebete werden nicht in den Moscheen verrichtet, sondern im Kreis der Familie zu Hause oder im Freien. Zu den fünf → Säulen des Islam haben sie zwei weitere hinzugefügt, den *Jihad,* den bewaffneten heiligen Kampf und die *Waliya,* die Verehrung des Imam Ali und seiner Familie.

Den Sunniten gilt diese Auslegung des Islams und der koranischen Inhalte als Irrlehre, als Häresie. Die Alawiten konnten sich nur durch den Rückzug in die Berge im Westen Syriens (*Jebel Ansariya*) hinter Latakia retten. Es gibt etwa dreieinhalb Millionen Alawiten unter den insgesamt 26 Mio. Syrern, mehr als 5 Mio. Menschen leben gegenwärtig kriegsbedingt im Ausland. Alawiten stellen rund 13,5 % der Bevölkerung, ca. 74 % sind Sunniten, etwa 10 % sind Christen, der Rest verteilt sich auf andere Gruppen. Aus der Religionsgemeinschaft der Alawiten rekrutiert sich ein beträchtlicher Teil der Soldaten der syrischen Armee. Seit dem Putsch von 1970 durch den ehemaligen Staatspräsidenten und Vater des jetzigen Machthabers, Hafiz al-Asad, auch er ein Nusairier, sitzen Alawiten an den wichtigsten Schnittstellen des totalitären Systems. Sie besetzen und kontrollieren den syrischen Partei- und Staatsapparat, sie haben das Kommando über die syrische Armee und sitzen auf allen Ebenen der Geheimdienste.

Im gegenwärtigen syrischen Bürgerkrieg kämpfen Alawiten als berüchtigte *Schabiha*-Banden mit Unterstützung Irans gegen Aufständische und islamistische Gruppen wie den IS (Islamischen Staat). Sie zeichnen sich durch eine besondere Härte und Brutalität aus. Sie fürchten die Machtübernahme durch die sunnitische Bevölkerungsmehrheit. Dann würde das eintreten, was ihnen seit dem 9. Jh. droht.

LITERATUR Werner Arnold. Die Nusairier und ihre Rituale, in: Robert Langer u.a. (Hrsg.): Migration und Ritualtransfer. Religiöse Praxis der Aleviten, Jesiden und Nusairier zwischen Vorderem Orient und Westeuropa (Heidelberger Studien zur Geschichte und Kultur des modernen Vorderen Orients 33). Frankfurt 2005; Ben Bawey. Assads Kampf um die Macht: Eine Einführung zum Syrien-Konflikt (essentials). Wiesbaden 2016; Yann Friedman. The Nuṣīayrī 'Alawīs. An introduction to the religion, history and identity of the leading minority in Syria. Leiden 2010; Werner Ende, Udo Steinbach (Hrsg.): Der Islam in der Gegenwart. München ⁵2005; Daniel Gerlach. Herrschaft über Syrien. Macht und Manipulation unter Assad. Hamburg 2015; Ulrich Haarmann (Hrsg.): Geschichte der arabischen Welt. München 1987; Heinz Halm. Die Schia. Darmstadt 1988; ders., Die islamische Gnosis. Die extreme Schia und die Alawiten. Zürich 1982; Frank Nordhausen. Syrien-Konflikt: „Unser Gott heißt Baschar", Berliner Zeitung vom 05.09.2012, unter: https://www.berliner-zeitung.de/kultur/syrien-konflikt--unser-gott-heisst-baschar--6035636; Volker Perthes. Geheime Gärten – Die neue arabische Welt. Berlin 2002; Eugene Rogan. Die Araber. Eine Geschichte von Unterdrückung und Aufbruch. Berlin 2012; Eugen Wirth. Syrien. Eine geographische Landeskunde. Wissenschaftliche Länderkunde 4/5. Darmstadt 1971

Aleviten

(arab. alawi; türk. Alevi, Ali-Verehrer)

Türkische Religionsgemeinschaft, die sich vorwiegend als islamisch definiert und den Schwiegersohn Mohammeds und Stammvater der Schiiten, → Ali ibn Abi Talib, in besonderer Weise verehren. Eine ältere Bezeichnung für Aleviten ist *Qizilbash*. Die Mehrheit der Aleviten sind Türken und *Turkmenen*, die in Zentral- und in Ostanatolien sowie in Ostthrakien (Balkanhalbinsel) leben. Eine Minderheit der Aleviten sind teils *Kurden* und *Zaza* (Ostanatolien), teilweise auch *Azerbaijaner*. In Iran leben kleinere Gemeinden der Aleviten im iranischen Azerbaijan und in der Nähe von Tabriz. Durch Binnenmigration zogen viele Aleviten in den 1980er-Jahren hauptsächlich aus wirtschaftlichen Gründen in die großen türkischen Städte Ankara, Bursa, Gaziantep, Istanbul oder Izmir.

Aleviten

Die alevitische Glaubensgemeinschaft entstand nach dem Tod Mohammeds durch Abspaltung von den Sunniten. Die türkischen Qizilbash, Rotköpfe wegen ihrer roten Kappen, waren im frühen 15. Jh. Mitglieder eines schiitischen männerbündlerischen Sufi-Ordens (*Derwischorden*) der *Safaviden* (1501-1722). Gemeinsam mit ihrem Ordensmeister *Shah Ismail* eroberten sie 1501 die iranische Stadt Tabriz im Westen, anschließend ganz Iran, den Westen Afghanistans und den Irak. Die Qizilbash rekrutierten ihre Anhänger aus den Turkmenenstämmen in Azerbaijan, Ostanatolien und dem nördlichen Mesopotamien. Unter Shah Ismail bildeten sie eine Art Kriegsadel und bekleideten einflussreiche politische Ämter (*Wezire*).

Nach der militärischen Niederlage 1514 gegen den Osmanen-Sultan Selim I. begann auch ihr gesellschaftlicher Abstieg am Hofe der Safavidenherrscher. Unter *Shah Abbas I.* (1587-1629) ging die enge personelle Verbindung zwischen Politik und Religion verloren, als sie in der Armee durch persische, armenische und georgische Soldaten ersetzt wurden. Auf die Safaviden folgten die Herrscherdynastien der *Afsharen* und *Qajaren*, die sich ebenso aus Turkstämmen rekrutierten. Unter osmanischer Herrschaft erlebten die Qizilbash Jahrhunderte der Unterdrückung und Verfolgung, weil sie als Häretiker (Ketzer) angesehen wurden, bis sie sich schließlich der orthodoxen Zwölfer-Schia unterwarfen. Ihre Nachfahren sind die azeri-sprechenden Schiiten in der Türkei, die sich als Aleviten bezeichnen. Sie sind nicht zu verwechseln mit den *Alawiten (Nusairiern)* in der türkischen Region um Tarsus und Adana. Die Riten der Aleviten sind den *Bektashi*-Orden entlehnt, zu denen sie eine enge Beziehung unterhalten, ihr Verhältnis zum schiitischen Islam ist dagegen eher oberflächlicher Natur. Sie unterscheiden sich von Sunniten durch die Ablehnung der stringenten *Allah-Mohammed-Abfolge*. Der Prophet Mohammed wird durch das *Allah-Ali* ersetzt, was den Anspruch der Schiiten auf eine direkte Rechtsnachfolge unterstreicht. Beim Aussprechen der → Shahada ergänzen sie „Ali wali Allah", Ali ist der Freund Gottes. Eine besondere Zeremonie der Aleviten ist die „Zeremonie der Union", ein Festmahl, das bei der Initiation neuvermählter Paare veranstaltet wird und an dem Männer und Frauen teilnehmen. Bei dieser Gelegenheit wird sybolisch an die Leiden der zwölf Imame erinnert, Musik und Alkohol spielen eine zentrale Rolle. Aleviten stehen in einem distanzierten Verhältnis zu Sunniten und Schiiten, viele der religiösen Riten sehen sie als rein äußerliche Pflichterfüllung. Etwa 12 Mio. Einwohner der Türkei sind Aleviten (15%), die unter Diskriminierung und staatlicher Repression leiden. Anders als z. B. die → Schiiten sind Aleviten Verfechter einer kemalistischen (nach Kemal Atatürk) laizistischen Staatsform, sie sind politisch eher dem linken Spektrum zuzuordnen.

LITERATUR Heinz Halm. Die Schia. Darmstadt 1988; Josef Matuz. Das Osmanische Reich. Grundlinien seiner Geschichte. Darmstadt 1985; Hans Robert Roemer. Die turkmenischen Qïzïlbaš. Gründer und Opfer der safawidischen Theokratie, in: Zeitschrift der deutsch-morgenländischen Gesellschaft 135 (1985), S. 227-240

Ali ibn Abi Talib

(† 661)

Cousin und Schwiegersohn des Propheten Mohammed und Stammvater des schiitischen Zweigs der Muslime. Ali war mit Fatima, der Tochter des Propheten verheiratet und gilt als einer der ersten Anhänger Mohammeds. Nach seinem Tod (632) wurde Ali zum vierten und letzten der „rechtgeleiteten" Kalifen (656-61) gewählt. Bei seiner Wahl wurde ihm von der Familie seines Vorgängers *Uthman* (644-656) vorgeworfen, eine Mitschuld an dessen Tod zu haben. Die Familie Uthmans stellte mit *Mu'awiya* einen Gegenkandidaten für die Nachfolge auf und verließ die Stadt Medina, um sich in Syrien niederzulassen. Nachdem *Aisha*, die Tochter des zweiten Kalifen *Abu Bakr* und dritte Ehefrau Mohammeds, Partei für die Familie von Uthman ergriffen hatte, kam es in den folgenden Jahren wiederholt zu militärischen Auseinandersetzungen (Kamelschlacht) zwischen beiden verfeindeten Lagern. Eine erste offene Auseinandersetzung mit Mu'awiya fand 657 bei Siffin am Euphrat statt, die zunächst unentschieden ausging. Um weiteres Blutvergießen unter den Gläubigen zu vermeiden, einigten sich beide Kontrahenten auf die Einsetzung eines Schiedsgerichts aus ehemaligen Gefährten des Propheten, das sich schließlich auf Mu'awiya als rechtmäßigen Nachfolger einigte. Eine Gruppe von GefolgsleutenAlis, als Kharijiten bekannt, weigerte sich, die Entscheidung des Schiedsgerichts anzuerkennen, kündigte ihm die Gefolgschaft und verließ das gemeinsame Lager. Ihr Auszug wurde von Ali mit einem Bruch der Loyalität gleichgesetzt und in einer Strafaktion geahndet, die nur wenige überlebten. Nur wenige Jahre später, 661, wurde Ali von einem der Überlebenden des Massakers an den *Kharijiten* am Eingang der Moschee in Kufa mit einem Dolch getötet. Sein Mausoleum in Najaf (Irak) ist für die Schiiten eines der wichtigsten Heiligtümer und ein bedeutender Wallfahrtsort. Die schiitischen Wallfahrtsorte sind für wohlhabende Schiiten zugleich begehrte Begräbnisstätten verbunden mit dem Glauben, die Nähe zu einem frommen Imam garantiere ihnen den sicheren Aufstieg in den Himmel. Den Schiiten gilt Ali als Stammvater der Imame mit der Ehrenbezeichnung „Begleiter Gottes" (arab. *wali allah*). Diese Erwähnung wurde später in das schiitische Glaubensbekenntnis aufgenommen. Die Person Alis wird neben den Schiiten auch von anderen islamischen Glaubensgemeinschaften wie den → Alawiten verehrt, die ihm gleichsam einen gottähnlichen Status zuschreiben.

LITERATUR Wilfred Buchta. Schiiten. Kreuzlingen u. München 2004; Werner Ende, U. Steinbach (Hrsg.): Der Islam in der Gegenwart. München 2005; Heinz Halm. Die Schia. Darmstadt 1988; Moojan Momen. An Introduction to Shi'i Islam. The History and Doctrines of Twelver Shi'ism. New Haven u. London. 1985; Roy Mottahedeh. Der Mantel des Propheten, oder das Leben eines persischen Mullah zwischen Religion und Politik. München 1987; Gernot Rotter. Die Umayyaden und der zweite Bürgerkrieg (680-692). Abhandlungen für die Kunde des Morgenlandes. Bd. 45,3. Wiesbaden 1982.

Alkoholverbot

Herstellung, der Verkauf und der Konsum von Alkohol sind in Iran seit Anfang 1979 offiziell verboten. Die Begründung für das staatliche Alkoholverbot liefert der Islam, demnach ist Muslimen generell der Genuss von Alkohol unter Androhung körperlicher Strafen verboten. Das Alkoholverbot gilt nicht für Minderheiten wie Juden und Christen in islamischen Gesellschaften. Nach einhelliger Auffassung der islamischen Rechtsschulen gilt Alkohol als → haram (verboten).

Die Aussagen im Koran sind allerdings widersprüchlich. In Sure 16 (66-69) wird Alkohol noch als bekömmliches und heilendes Getränk bezeichnet, als „eine der guten Gaben Gottes", in Sure 47 (15) wird Wein als Belohnung im Paradies gepriesen „Ströme von Wein, genussreich den Trinkenden", verboten ist lediglich, im Rausch am Gebet teilzunehmen, „ihr, die ihr glaubt, naht euch nicht betrunken dem Gebet, bis ihr wisst, was ihr sagt" (4:43). Eine spätere Sure aus der Zeit des Propheten in Medina sagt, dass der Wein sowohl schaden als auch nutzen könne (2:219), wobei der Schaden überwiege. Der Wein wird schließlich als Satanswerk verdammt (5:90-91), weil er die Gläubigen von ihren Pflichten ablenke.

Trotz des Alkoholverbots wird der Genuss von Wein in der klassischen persischen Dichtung (Sa'adi, Khaiyam, → Hafez) ebenso gefeiert wie in den Gedichten der Sufis. Zeitgenössische Berichte aus den Fürstenhöfen in Bagdad, Persien und vom Hof der Moguln in Indien erzählen von rauschenden Festen. Dennoch galt bei Verstößen gegen das Alkoholverbot, wenn sie von vier Augenzeugen bestätigt wurden, ein Strafmaß von vierzig, später achtzig in der Öffentlichkeit vollzogenen Peitschenhieben. Eine Kehrseite des Verbots ist die Tatsache, dass viele Konsumenten auf andere, nicht verbotene Drogen (Opium, Haschisch, Qat) auswichen. Mit diesem Problem hat die iranische Gesellschaft gegenwärtig sehr zu kämpfen. In Iran sind aktuell 6-7 Mio. Menschen drogensüchtig, die Drogenkonsumenten kommen aus allen sozialen Schichten.

Trotz des strikten Alkoholverbots konsumiert die iranische Bevölkerung 60 Mio. Liter Alkohol im Jahr, das entspricht einer durchschnittlichen Menge von 1,25 Litern pro Kopf und Jahr und ist verglichen mit Deutschland (106,6 Liter pro Kopf/ Jahr) relativ wenig.

Nach Angaben des iranischen Sozial- und Arbeitsministeriums ist das „eine schlechte bis krisenartige Entwicklung". Verstöße werden mit Geldstrafen, und im Wiederholungsfall auch mit Peitschenhieben geahndet, die allerdings keine Wirkung zeigen, wie die FAZ vom 02.01.2016 berichtet (Trotz Verbots. Iraner trinken jährlich 60 Mio. Liter Alkohol). Anderen Berichten zufolge sind fünf Millionen Iraner alkoholabhängig, 2,8 Mio. Menschen seien drogenabhängig (NDR-Interview vom 02.03.2018 mit der Islamwissenschaftlerin, Katajun Amirpour, Iran: Hoffnungslosigkeit" und Realitätsflucht".) Alkohol wird in Iran entweder „schwarzgebrannt" oder zuhause aus Wein gekeltert. Alkoholische Getränke aus dem Ausland werden ins Land geschmuggelt. Der Alkohol-Schmuggel wird nach inoffiziellen Angaben größtenteils von den Revolutionswächtern (Pasdaran) kontrolliert.

LITERATUR Rudolf Gelpke. Vom Rausch im Orient und Okzident. Stuttgart 1966; Matthias Seefelder. Opium. Eine Kulturgeschichte. München 1996; Gisela Völger, Karin v. Welck (Hrsg.): Rausch und Realität – Drogen im Kulturvergleich. Reinbek 1981

INTERNETQUELLEN http://www.bbc.com/news/world-middle-east-40397727; ttps://www.rferl.org/a/iran-death-penalty-quietly-abolished-drug-crimes/28853642.html; https://thearabweekly.com/iran-faces-worsening-drug-addiction-problem; https://www.zeit.de/politik/ausland/2016-09/iran-drogen-sucht-bekaempfung-praevention

Almosen → Zakat

Amal-Miliz

(arab. Hoffnung)

Eine schiitisch-arabische Miliz, die seit dem Ende des libanesischen Bürgerkriegs (1975-1990) gemeinsam mit dem politischen Arm der libanesischen → Hezbollah-Miliz bei Parlamentswahlen um politische Ämter kandidiert. Gegründet wurde die Amal-Miliz 1975 als eine politisch-militärische Organisation der libanesischen Schiiten vom iranisch-stämmigen Prediger *Seyyid Musa as-Sadr*, der 1928 in → Qom (Iran) als Sohn eines iranischen Mujtahed zur Welt kam. Seit 1959 fungierte er als geistliches Oberhaupt der libanesischen Schiiten und erreichte über eine parlamentarische Initiative, dass für die bis dahin diskriminierte Glaubensgemeinschaft ein „Oberster Nationaler Schiitischer Rat" eingerichtet wurde, dessen Vorsitz er 1967 übernahm. Während einer Reise nach Libyen verschwand Musa as-Sadr am 31. August 1978 auf eine bis heute ungeklärte Weise.

Die schiitische Bevölkerung des Libanon lebt seit dem 10. Jh. im Süden des Landes am Fluss Litani im Hinterland von Tyrus. Das Gebiet war seit jeher eine gesellschaftlich und wirtschaftlich rückständige Region. Nachdem die PLO 1970 nach dem sogenannten „Schwarzen Freitag" 1970 Jordanien verlassen musste, fasste sie im Südlibanon Fuß und machte das Gebiet zu ihrer Operationsbasis. Unter der schiiti-

Amal-Miliz

schen Bevölkerung wurde die Vormachtstellung der PLO stets als Fremdherrschaft empfunden. Die Amal-Miliz sollte ein weiteres Einsickern von PLO-Kämpfern in den Süden verhindern und so ein Gegengewicht schaffen. Ihre Kämpfer rekrutierte sie vorwiegend aus dem Süden und aus den südlichen Stadtteilen von Beirut. Dank ihrer guten Beziehungen zu Iran wurde die Amal-Miliz bereits zu einem frühen Zeitpunkt von der Islamischen Republik finanziell und militärisch unterstützt. Als 1982 eintausend aus Syrien eingeschleuste iranische Pasdaran-Kämpfer sich in Baalbek festsetzen konnten, entstand in der Bekaa-Ebene ein Zentrum schiitischer Milizen. Unter dem ehemaligen Chef des militärischen Zweigs der Amal, Hussein Musawi, entstand dort eine pro-iranische „Islamische Amal", die von iranischen Ausbildern trainiert wurde. In Anlehnung an den Koranvers (5:56) nannte sie sich „Hizb-Allah", Partei Gottes (pers. → Hezbollah) und verstand sich als verlängerter Arm des iranischen Revolutionsführers Ayatollah → Khomeini.

Im Zuge der israelischen Invasion im Juli 1982 wurde die PLO im Südlibanon zerschlagen und die Schiiten gerieten 1983 in den Strudel des Libanesischen Bürgerkriegs. Am Ashura-Tag im Oktober 1983 kam es in Nabatiye während einer Trauerprozession zu einem Zwischenfall mit israelischen Soldaten. Daraufhin erklärte der Stellvertreter von Musa as-Sadr, Sheikh Muhammad Mahdi Shamsaddin, in einer → Fatwa (Rechtsgutachten) den Widerstand gegen alle fremden Mächte für rechtens und lieferte die Legitimation für den bewaffneten Kampf der Miliz. Ab 1983 verübte die *Hizb-Allah* zahlreiche Selbstmordanschläge auf ausländische Botschaften, Militäreinrichtungen und Geiselnahmen von europäischen und amerikanischen Staatsbürgern. Im Februar 1984 besetzte die Amal mit Unterstützung drusischer Kämpfer den Westteil der Hauptstadt von Beirut und lieferte sich erbitterte Kämpfe mit den rivalisierenden Milizen der christlichen Maroniten (Phalange), Kommunisten und der PLO. Der Einmarsch syrischer Truppen in Westbeirut am 22. Februar 1987 beendete die Auseinandersetzungen in der Stadt und verhinderte die drohende Niederlage der Amal. Hezbollah und Amal konzentrierten ihre Angriffe nun gegen die israelische Besatzungsmacht, während die PLO sich im Südlibanon erneut konzentrierte. Es kam zu heftigen Kämpfen zwischen der Amal und der PLO in den palästinensischen Flüchtlingslagern, die schließlich durch syrische Truppen beendet wurden. Nach dem Ende des Bürgerkriegs gab die Amal-Miliz den bewaffneten Kampf endgültig auf und versucht über die parlamentarische Arbeit ihren Einfluss im Libanon zu stärken. Politischer Führer der Amal ist seit 1981 der ehemalige Rechtsanwalt und Politiker (ehem. Justizminister) Nabih Berri, der mehrere Amtsperioden als Parlamentspräsident fungierte. Die libanesischen Schiiten sind Anhänger der Zwölfer-Schiiten.

Literatur Fouad Ajami. The Vanished Imam. Musa al-Sadr and the Shia of Lebanon. London 1986; Juan R. I. Cole, Nikki Keddi (Eds.): Shiism and Social Protest. New Haven/London 1986; Heinz Halm. Die Schia. Darmstadt 1988; Moojan Momen. An Introduction to Shi'i Islam: The History and Doctrines of the Twelver Shi'ism. Yale 1987

Alternative Energien

Iran ist im Bereich der Erneuerbaren Energien ein Entwicklungsland. Der lokale Energieverbrauch wird primär aus fossilen Quellen (Erdgas, Erdöl, Steinkohle) bestritten, allein beim Erdgas liegt der heimische Verbrauch bei ca. 95 %. Wegen des steigenden Stromverbrauchs will die Regierung den Ausbau der Kraftwerkskapazitäten in den nächsten Jahren verstärken. Nach Angaben der „Iran Power Generation and Transmission Company" stieg der Stromverbrauch 2017/18 im Sommer in der Spitze auf 55,4 Gigawatt (GW) oder mehr als 4 %, was zum Teil auf die verstärkte Nutzung von Kühlgeräten wie Klimaanlagen zurückzuführen ist. Gegenüber dem Vorjahr stieg die Stromerzeugung um 3 % auf 289 Milliarden Kilowattstunden, gerechnet wird mit jährlichen Zuwachsraten um die 5 %. Die Pläne der Regierung sehen vor, die Kraftwerkskapazitäten bis 2025 um fünf GW jährlich auf insgesamt 120 GW zu steigern, wobei die Erneuerbaren Energien bis 2021 fünf GW beisteuern sollen.

Der jährliche Investitionsbedarf im Bereich Kraftwerksbau und Netzentwicklung wird offiziell auf sieben bis acht Milliarden US-Dollar geschätzt, ein Großteil davon soll über private Investoren finanziert werden. Angestrebt wird bei den erneuerbaren Energien für Wind-, Solar-, Biomasse- und geothermische Kraftwerke eine Kapazitätsgröße von 7.500 Megawatt (MW) bis 2.030, aktuell liegt die Leistung bei 250 Megawatt.

In den beiden zurückliegenden Jahrzehnten wurden in Iran im Bereich der Erneuerbaren Energien Projekte (ohne Wasserkraftwerke) mit einer Gesamtkapazität von lediglich 200 MW umgesetzt. Gerade bei der Realisierung von Projekten privater Investoren kommt es immer wieder zu Verzögerungen (ungeklärte Finanzierungen). Würden z. B. die bereits in den letzten drei Jahren genehmigten Vorhaben umgesetzt, kämen weitere 1.000 MW bis Ende 2018 hinzu. Nach Auskunft der „Renewable Energy Organization of Iran" (SUNA) sind gegenwärtig 50 Projekte bereits genehmigt und haben die „Environmental, Grid Connection, Land Use Permits" erhalten. Die aktuell im Betrieb befindlichen Solarkraftwerke (Fotovoltaik) haben eine Kapazität von 90 MW, wovon 41 MW auf die 2017 von einem deutsch-iranischen Joint Venture fertiggestellten Projekte in den Provinzen Hamadan und Kerman entfallen. Bisher liegt die Gesamtkapazität im Sektor der Erneuerbaren Energien bei „weniger als 0,4 Gigawatt". Die Regierung hat Lizenzen für weitere, mehr als 500 private Investitionsvorhaben mit einer Gesamtkapazität von 2,7 GW erteilt, allerdings ist die Frage der Finanzierung bei vielen Projekten unsicher. Das „Erneuerbare-Energien-Gesetz" garantiert privaten Investoren einen Stromabnahmevertrag mit einer 20-jährigen Laufzeit.

Literatur German Trade & Invest. Im Fokus Iran. Schwieriger Partner mit Potenzial. Ausgabe 2018. Bonn 2018, www.gtai.de; Ministry of Energy Renewable Energy and Energy Efficiency Organization (SATBA), http://www.satba.gov.ir/en/home; Renewable Energy Organzation of Iran (SUNA), http://www.iran-bn.com/tag/renewable-energy-organization-of-iran-suna/

Anrede

Die förmliche Anrede ist Herr (*Agha*) oder *Khan* als Namenszusatz, bei Frauen *Khanum*, sie kann für sich allein stehen oder wird dem Familiennamen vorangestellt. Die Bezeichnung *Khan* war ursprünglich ein Titel, der mongolischen Herrschern vorbehalten war. Er galt im 19. Jh. als ein Adelstitel, der vom König verliehen wurde oder der von den Eltern geerbt werden konnte. Allerdings war er bei entsprechendem Vermögen auch käuflich, bei Verlust des Vermögens ging auch der Titel verloren. Die Bezeichnung Khan eignet sich allerdings auch gut, wenn man jemandem schmeicheln will. Frauen behalten ihren Geburtsnamen (Familiennamen des Vaters) auch nach der Eheschließung weiterhin bei, werden im Alltag jedoch mit dem Namen ihres Ehemannes angesprochen, also Khanum oder, wenn der Nachname des Mannes beispielsweise Tehrani ist, als Khanum-e Tehrani. Eine Frau aus dem religiös-konservativen Milieu wählt in der Öffentlichkeit anstelle von „mein Mann", die distanzierte Form des Familiennamens, wenn sie von ihren Ehemann spricht. Damit soll der Respekt vor dem Ehemann und zugleich die Schamgrenze zwischen den Geschlechtern aufrechterhalten werden. In einem informellen Rahmen ist es üblich, sich mit dem Vornamen anzusprechen, oder, in der höflicheren Variante, die Anrede „Agha" oder „Khan" dem Vornamen voranzustellen oder anzufügen bzw. an dem Namen vor- oder nachzustellen, bei Frauen „Khanum". Ein Beispiel mag dies verdeutlichen: Eine Person mit Namen *Hussein Tehrani* kann als „Agha-je Tehrani", „Agha Hussein", „Hussein-Agha" oder „Hussein-Khan" oder „Agha-je Hussein-Khan" angesprochen werden. Die verschiedenen Namenskonstellationen bringen unterschiedliche Nuancen der Vertrautheit wie Zuneigung oder Distanz zum Ausdruck. Im Deutschen fehlt dieser spielerische und/oder zweckorientierte Umgang mit der Anrede völlig.

Wollen zwei Personen eine vertraulichere Beziehung darstellen, wird häufig der Suffix *Jan* (dschan ausgesprochen) an die Anrede „Herr" oder „Frau", an den Vornamen oder an eine Verwandtschaftsbezeichnung angehängt, wie z. B. *Parvin-jan* (Parvi ist ein weiblicher Vorname). Die Endung „Jan" meint „Geist", „Seele" oder „Leben" und bedeutet so viel wie „lieb". Im Deutschen entspräche es der Endung „-chen" oder „-lein", wie bei „Herzchen". Durch Anfügen an den Vornamen einer Person wird die distanzlose Beziehung aufgehoben, es entsteht eine besondere Form der Vertrautheit. Die Endung „Jan" lässt sich leicht instrumentalisieren, sie kann zur Beschwichtigung eingesetzt werden oder um Kritik oder Zurechtweisungen die Schärfe zu nehmen. Gerade im Fall von Kritik, die bei Iranern zuallererst als Beleidigung empfunden wird, verhindert der Suffix „Jan", dass die Beziehungsebene verletzt wird und nur der „sachliche Kern" der Aussage empfangen wird. Im Deutschen käme die Floskel „mein Lieber" oder „meine Liebe" dem am ehesten entgegen, wobei hier eine gewisse Ironie oder Herablassung mitschwingt. Im Persischen fehlt dieser Aspekt dagegen völlig.

Der Begriff „Jan" dient in der Kommunikation mit Verwandten oder engen Freunden auch als Ersatz für eine vollständige Rückfrage im Sinne von: „Was meinst du?" und ähnlichem, indem Iraner fragen: „Janam?" („mein Leben") oder „Jan-e delam?" („mein liebstes Herz"). Schließlich werden Kinder oft mit dem Verwandtschaftsgrad des Sprechers angesprochen, etwa wenn die Tante ihre Nichten und Neffen mit „Tante" (pers. *Khale*) anspricht oder der Onkel diese mit entsprechend mit „Amu" (pers. *Onkel*). Kinder lernen auf diese Art, die Verwandten zu unterscheiden. Großeltern werden gelegentlich mit „Mutter" (pers. *Madar*) oder „Vater" (pers. *Pedar*) und dem Suffix „Jan" angesprochen, häufiger jedoch als „Madar-e bozorg" (pers. für Großmutter) oder als „Pedar-e- bozorg".

Unter konservativ-islamischen Iranern ist seit der Revolution die Anrede mit Bruder (*Baradar*) oder Schwester (*Dokhtar*) vor dem Namen üblich, ebenso in der Kommunikation mit den Behörden.

LITERATUR Bozorg Alavi, Manfred Lorenz. Lehrbuch der Persischen Sprache. Leipzig 41976; Karin Hesse-Lehmann. Iraner in Hamburg. Verhaltensmuster im Kulturkontakt. Berlin 1993; Jakob Eduard Polak. Persien. Das Land und seine Bewohner. Ethnographische Schilderungen. 2 Bde. Leipzig 1865; Friedrich Rosen. Persien in Wort und Bild. Berlin, Leipzig 1926.

Anzali Bandar-e A.

Hafenstadt und Freihandelszone in der Provinz Gilan in Nordiran, 130.000 Einwohner. Die Stadt liegt auf einer schmalen Landzunge direkt am Kaspischen Meer. Früher unter dem Namen *Enzeli* bekannt, wurde sie unter der Herrschaft der Pahlavi in *Bandar-e Pahlavi* umbenannt und nach der Revolution 1979 in Bandar-e Anzali Die Entfernung zur Provinzhauptstadt Rasht beträgt 40 km, bis zur Hauptstadt Teheran sind es 354 Straßenkilometer. Zu Beginn des 19. Jhs. war Anzali ein wichtiger Verkehrsknoten zu Russland, heute ist sie der wichtigste iranische Handelshafen am Kaspischen Meer. Das Schifffahrtwesen blickt auf eine 350-jährige Tradition zurück, die Fischerei (Störfang und Kaviargewinnung) wird seit 160 Jahren betrieben. Die gleichnamige Freihandelszone wurde 2005 eröffnet und liegt östlich von Bandar-e Anzali in einer Entfernung von 23 km. Sie ist in drei Sektoren aufgeteilt, der dritte Sektor kam 2015 hinzu, die Gesamtfläche beträgt 9400 ha. Die erste Sektion (*Golshan*) mit einer Fläche von 2091 ha liegt im Westen der FTZ, etwa zwei Kilometer von der Küste entfernt und wird vorwiegend landwirtschaftlich genutzt (Reisanbau) und verfügt über Tourismuseinrichtungen. Die Sektoren 2 (946 ha) und 3 (106 ha) liegen östlich davon direkt an der Küste. Sektion zwei (*Hassanroud*) ist als Industriepark angelegt, ein Teil der Fläche besteht aus einem Feuchtgebiet und ist im Staatseigentum. In Sektion 3 sind die Hafenanlagen (106 ha.) zum Be- und Entladen von Schiffen. Das neue Areal der FTZ umfasst 6489 ha. mit einer Gesamtlänge von 38 km, davon 29,5 km Küste. Von der Stadt Bandar Anzali führt eine Eisenbahnverbindung bis zum Persischen Golf, die Stadt liegt an einer West-Ost-Verkehrsachse. Investitionsbedingungen: Investitionen im Bereich Stahl, Petrochemie, Automobilbau, Import und Vertrieb von Rohstoffen, Halbfertigprodukten und Maschinen, ebenso Re-Export von Waren und Gütern. Breites Serviceangebot (Konferenzcenter, Hotels, Banken, Erholungsmöglichkeiten) vorhanden.

LITERATUR Eckart Ehlers. Iran. Grundzüge einer geographischen Landeskunde, Darmstadt 1980; Info.: www.anzalifz.ir; www.freezones.ir;

Apostasie

(arab. ridda, Abfall vom Glauben)

Nach Auffassung des Korans wird das Verlassen der muslimischen Glaubensgemeinschaft (*Umma*) durch die Abkehr vom Islam im Jenseits mit der Höllenstrafe geahndet, es sei denn, man wurde durch Gewalt dazu gezwungen und blieb innerlich dem Glauben treu.

„Wer nicht an Gott glaubt, nachdem er gläubig war – außer er wird gezwungen, während sein Herz im Glauben beruhigt ist – aber über die, die das Herz dem Unglauben öffnen, kommt Zorn von Gott. Sie bekommen mächtige Strafe. Denn sie lieben das diesseitige Leben mehr als das jenseitig-letzte. Gott aber führt nicht das ungläubige Volk." (Sure 16:106–107; 2:217–18; 3:106)

Unglaube ist nach muslimischem Verständnis die schwerste aller Sünden, er zerstört die Werke des Menschen und macht sie wertlos. Auf Ungläubige lastet Gottes Fluch. Der Koran trifft keine Aussage über die Form der Strafe für die Abkehr vom Glauben, außer Gottes Zorn. Allerdings wird an anderer Stelle im Koran (4:88–89) im Zusammenhang über den Umgang mit Heuchlern, die eine Gefahr für die Existenz der Gemeinschaft darstellen, dazu aufgefordert, diese zu töten,

„sie hätten euch gern ungläubig, wie sie ungläubig sind, so dass ihr gleich wärt. (...) Doch wenn sie sich abkehren, dann greift sie und tötet sie, wo ihr sie findet!"

Die Aussagen des Korans und Äußerungen (→ Hadithe) des Propheten über den Umgang mit Ungläubigen, *„wer seine Religion wechselt, den tötet!"* (nach dem Historiker *Bukhari*), haben das islamische Rechtsverständnis entscheidend geprägt: Der Tatbestand der Apostasie wird mit dem Tode bestraft. Apostasie ist beispielsweise dann gegeben, wenn Gotteslästerung, Beschimpfen des Propheten, Leugnen der religiösen Pflichten oder die verächtliche Behandlung des Korans, Zauberei oder ein Wechsel zu den Feinden des Islams, vorliegen. Zur Feststellung des Tatbestands der Apostasie sind die Aussagen zweier glaubwürdiger Männer erforderlich, die diesen Vorwurf erheben. Kinder und Personen, die unter Zwang oder Krankheit handeln, können nicht zur Rechenschaft gezogen werden.

Der Islam räumt Abtrünnigen eine Frist zur Umkehr und Reue ein, um der Strafe Hinrichtung zu entgehen. Wer bereit zur Umkehr ist und sich läutert, dem kann Gott nach koranischer Auslegung verzeihen, „nur denen, die danach umkehren und Heil stiften. Gott ist voller Vergebung und barmherzig" (3:89). Das Ziel ist die Rückkehr in die Gemeinschaft der Gläubigen.

In vielen islamischen Ländern droht Abtrünnigen die Todesstrafe oder zivilrechtliche Konsequenzen, die mit dem klassischen islamischen Recht begründet werden (Aufhebung der Ehe, Verlust erbrechtlicher Ansprüche, Verlust des Sorgerechts für die gemeinsamen Kinder, Verlust des Vermögens).

Iranische Muslime, die zu einer anderen Religion konvertieren, machen sich der Apostasie schuldig. Nach iranischem Recht können sie mit dem Tode bestraft werden. In einzelnen Fällen wird die Todesstrafe auch vollzogen (besonders bei Angehörigen der Religionsgemeinschaft der → Baha'i). Die Todesstrafe kann in eine lebenslange Haftstrafe umgewandelt werden. Bei Frauen, die der Apostasie bezichtigt werden, ist eine lebenslange Haftstrafe eher üblich. In der Regel verfolgen in Iran Gerichte in Fällen von Apostasie und Blasphemie einen strikteren Kurs hin zu einer härteren Bestrafung.

LITERATUR Sahih al-Buhari. Nachrichten von Taten und Aussprüchen des Propheten Muhammad. Stuttgart 1991; Der Koran, übersetzt u. eingeleitet von Hans Zirker. Darmstadt ³2007; Rudolph Peters, Gert J. J. de Vries. Apostasy in Islam, in: Die Welt des Islams. Vol. 16, 1975, S. 1-25; Joseph Schacht. An Introduction to Islamic Law. Oxford 1964; Philipp Wittrock. Iran. Wie die Mullahs Andersdenkende drangsalieren, in: Der Spiegel vom 05.06.2006, unter: http://www.spiegel.de/politik/ausland/iran-wie-die-mullahs-andersglaeubige-drangsalieren-a-419647.html

Araber

Leben wie die Kurden traditionell in ihrer Herkunftsregion in Südwestiran in der Provinz Khuzestan sowie entlang der Persischen Golfküste. Vereinzelte arabische Gruppen gibt es in → Fars, in Khorassan, in Kerman und im Umkreis der Stadt Yazd (Ostiran). Araber zählen zu den kleinen Bevölkerungsgruppen (2%), sie sind in Stammesverbänden organisiert und – bis auf wenige nomadisierende Gruppen – mehrheitlich sesshaft. Anders als die Mehrheit ihrer arabischen Nachbarn sind die iranischen Araber schiitische Muslime, die im 7. Jh. im Zuge der islamischen Eroberung aus dem Irak eingewandert sind. Die iranischen Araber leben heute vorwiegend als Bauern, Händler, Fischer oder Gelegenheitsarbeiter in der Ölindustrie. Einige kleinere Gruppen in der Provinz Fars nomadisieren ganzjährig mit ihren Schaf- und Ziegenherden. Einen besonderen Stellenwert nimmt die Pferdezucht ein. Die Zucht von arabischen Warmblütern ist weit über die Grenzen Irans hinaus bekannt. Araber sind in ihrer Hautfarbe wesentlich dunkler als Iraner und die arabische Kultur unterscheidet sich von der persischen in fast allen Aspekten. Typisch für die Kleidung arabischer Männer sind die traditionellen langen weißen *Kittel* und das übliche Kopftuch, das von zwei Stoffringen gehalten wird. Arabische Frauen verhüllen ihre Körper vollständig mit einem schwarzen Schleier, das Gesicht wird üblicherweise wie in den anderen Golfstaaten mit einer *Gesichtsmaske* verdeckt, die abhängig vom sozialen Status aus Gold gefertigt sein kann. Während Araber auf dem Land vorwiegend arabisch sprechen, sind städtische Araber meist bilingual und sprechen Persisch. Im Zuge der irakischen Invasion 1980 in Khuzestan flohen viele Hunderttausende iranischer Araber in andere Landesteile Irans, nachdem sie trotz anfänglicher Sympathien erkennen mussten, dass die irakischen Truppen nicht als Befreier gekommen waren. Nach der Rückeroberung der besetzten Gebiete durch iranische Revolutionstruppen wurden die Araber von der iranischen Regierung als Kollaborateure und Verräter bezichtigt. In mehreren Städten kam es daraufhin zu gewalttätigen Auseinandersetzungen mit der örtlichen Bevölkerung. Nach dem Ende des Iran-Irak-Krieges (1980–1988) versuchte die iranische Regierung die arabischen Flüchtlinge an der Rückkehr in ihre Heimatregion zu hindern. Ein Großteil der aus dem Ölgeschäft erwirtschafteten Erlöse fließt in die Hauptstadt Teheran zurück und wird nicht in die Infrastruktur der Provinz Khuzestan investiert. Diese Form der offensichtlichen Benachteiligung im Verein mit den erheblichen Umweltproblemen vor Ort (Wasserknappheit, wiederkehrende Sandstürme) führt in der Provinzhauptstadt Ahwaz wiederholt zu gewalttätigen Auseinandersetzungen. Iraner haben zu Arabern eine eher zwiespältige Einstellung, nicht zuletzt aufgrund der historischen Ereignisse im 7. Jh. (Eroberung Irans durch muslimische Araber, Verlust des iranischen Nationalstaats), und zweifeln an deren Loyalität zur iranischen Nation. Die arabische Kultur gilt in der Vorstellung von Persern gemeinhin als minderwertig. Die arabische Bevölkerung in Iran umfasst schätzungsweise 1,6 bis 1,8 Mio. Personen.

LITERATUR Fredrik Barth. Nomads of South Persia. Oslo 1964; Eckard Ehlers. Iran. Grundzüge einer geographischen Landeskunde. Darmstadt 1980; Ulrich Gehrke, Harald Mehner (Hrsg.): Iran. Natur. Bevölkerung. Geschichte. Kultur. Staat. Wirtschaft. Tübingen/Basel 1975; Heinz Halm. Die Araber. München 2014; Maxime Rodinson. Die Araber. Frankfurt/M. 2007

Arabische Schrift

Gehört heute zu den am weitesten verbreiteten Schriften der Welt. Sie ist eine reine Konsonantenschrift, die horizontal von rechst nach links geschrieben wird. Sie gehört zum aramäischen Typ der nordsemitischen Sprachen. Innerhalb der semitischen Sprachfamilie ist sie die Schrift mit der größten Ausdehnung. Die arabische Schrift ist Träger weiterer Sprachen von Nordafrika (Arabisch, Berbersprachen) über den nah- und mitteltöstlichen Raum (Arabisch, Persisch, Kurdisch in Iran und im Irak), in die zentralasiatischen Länder (Dari, Paschtu, Uigurisch Urdu, Punjabi) bis nach West- und Zentralafrika (Hausa). Ihre Verbreitung erfolgte vorwiegend über den Islam und den Koran.

Die arabische Schriftentwicklung setzt in der vorislamischen Zeit im 4. Jh. ein und orientierte sich an der *nabatäischen* Schriftform, die eine Variante der aramäischen Schrift ist. Ihre Ausgangsform ist die nach der irakischen Stadt Kufa so benannte *kufische* Schriftform. Das arabische Alphabet verwendet 28 Buchstaben, die persische Schrift, deren Alphabet aus dem Arabischen übernommen wurde, hat dagegen 32 Buchstaben und wurde um vier Vokale erweitert. Zur Unterscheidung gleichgeschriebener Konsonanten dienen heute diakritische Punkte, die über oder unter die Buchstaben gesetzt werden. Alle arabischen Schriften sind Kursivschriften, auch die für den Buchdruck verwendeten Satzschriften. Es gibt keine Großbuchstaben (Versalien oder Majuskeln) wie im Lateinischen. Die arabische Schrift verwendet eine eckige und eine runde Grundform. Die eckige oder kufische Schrift wird für Inschriften oder großformatige Korantexte verwendet. Die runde Grundform (*Naskh-Schrift*) ist die am häufigsten in religiösen Werken oder juristischen Texten und in der Kalligraphie verwendete Variante. In Iran wird die Naskhi-Schrift als gewöhnliche Druckschrift in Tageszeitungen und Büchern benutzt. Eine andere Schriftvariante, die *Nasta'liq-Schrift* wird auf Buchtiteln, auf Geschäfts- und Straßenschildern oder auf Plakaten verwendet. Sie wurde im 15. Jh. im Iran entwickelt. Aus diesem Schrifttyp hat sich später die *Shekasteh*-Schrift entwickelt, die in Gedichten in Büchern und in Handschriften, in persönlichen Briefen, Notizen, Aufzeichnungen, Mitteilungen benutzt wird und mit ihren häufig tief hängenden Bögen oft schwer zu lesen ist.

Im Rahmen der Modernisierungsbemühungen Kemal Atatürks wurde das arabische Alphabet in der Türkei durch das lateinische ersetzt. In den zentral- und mittelasiatischen Staaten der ehemaligen Sowjetunion wurde die arabische Schrift in den 1920er Jahren durch die lateinische abgelöst und diese schließlich 1940 durch das kyrillische Alphabet.

LITERATUR Bozorg Alavi, Manfred Lorenz. Lehrbuch der Persischen Sprache. München 1976; Ralf Elger (Hrsg.): Kleines Islam-Lexikon. Geschichte. Alltag. Kultur. München 2001; Werner Ende, Udo Steinbach (Hrsg.): Der Islam in der Gegenwart. München ^{5}2005; Mohammad-Reza Majidi. Geschichte und Entwicklung der arabisch-persischen Schrift. Hamburg 1986

Aras

Seit 2005 Freihandelszone im Distrikt der Stadt Jolfa (Nordwestiran) in der Provinz Ost-Azerbaijan. Jolfa liegt am linken Ufer des Aras-Flusses 137 km nordwestlich von der Provinzhauptstadt Tabriz und unmittelbar an der Grenze zu Armenien, der Republik Azerbaijan und der Autonomen Republik Nachitschewan (Nakhchivan). Die Entfernung bis Teheran beträgt 750 km. Die Stadt liegt an der von Russland 1916 erbauten Bahnstrecke Jolfa-Tabriz und ist heute ein wichtiger Grenzbahnhof für den Güter- und Warenverkehr (ca. 3 Mio. t. jährlich) von Iran in die Kaukasus-Regionen. Vor dem Zerfall der Sowjetunion liefen praktisch die gesamten Im- und Exporte zwischen Iran, der UDSSR, Osteuropa und Skandinavien über Jolfa. Die Stadt hat 4.983 Einwohner (2006). Die Aras-Freihandelszone hatte ursprünglich eine Größe von zunächst 9.700 ha, die 2008 auf insgesamt 51.000 ha. erweitert wurde. Sie liegt über mehrere kleinere Areale verteilt nahe den Grenzstädten, von Westen aus beginnend, Jolfa, Nurduz, Khumali, Aslanduz, Parsabad, Bilarsurvar und Azadli im Osten.

Investitionsbedingungen: Investitionen in den Bereichen Industrie, Bergbau, vor allem Landwirtschaft und Tourismus. Transportmöglichkeiten in die Kaukasus-Region, Bahnverbindung von Jolfa nach Mashad in O.-Iran.

Informationen: www.arasfz.ir (nur in pers.)

Armenier

(pers. Armeniha-ye Iran)

Iranische Staatsbürger mit ethnisch armenischer Herkunft gehören mehrheitlich zur christlichen-apostolischen Kirche. Kleinere armenische Glaubensgemeinschaften sind Teil der armenisch-katholischen oder der armenisch-evangelischen Kirche. Laut iranischer Verfassung (Art. 13 + 14) werden Christen, Juden und Zoroastrier als religiöse Minderheiten anerkannt. Armenier und Juden haben das Recht, ihren Glauben in ihren Gebetshäusern (Kirchen, Synagogen) frei zu praktizieren und eigene Schulen zu unterhalten. Die armenische Gemeinschaft erhält zudem zwei Parlamentsabgeordnete im iranischen Parlament (*Majles*), ein Abgeordneter repräsentiert Nordiran, ein anderer die Region Südiran. Sie haben darüberhinaus einen Beobachterstatus im Wächter- und im Expertenrat. Assyrischen Christen, Juden und Zoroastriern steht dagegen nur ein Parlamentsabgeordneter zu.

Armenier bilden die größte der christlichen Gemeinden in Iran, dennoch hat sich ihre Zahl seit der Islamischen Revolution von 1979 dramatisch verringert. Grund dafür sind langanhaltende Schikanen und Benachteiligungen durch die iranischen Regierungen sowie Ressentiments aus der Bevölkerung. Nach unterschiedlichen

Schätzungen lebten vor der Revolution ca. 300.000 armenische Christen in Iran, deren Zahl seitdem auf 40.000 bis 80.000 Personen geschätzt wird. Der armenisch-apostolische Erzbischof von Teheran, Sepuh Sargsjan, schätzt die Größe der armenischen Gemeinde in Iran auf 80.000 Mitglieder (2016). Die armenische Bevölkerung lebt vorwiegend in urbanen Zentren wie → Teheran, → Isfahan (Neu-Jolfa), Tabriz, Orumiyeh, kleine Gruppen in Rasht, → Bandar Anzali und → Arak. Es gibt etwa 600 christliche Kirchen in Iran, davon gehören 480 den armenischen Gemeinden, von denen 2016 allerdings nur 80 aktiv genutzt wurden. Viele armenische Kirchen sind in den vergangenen Jahrzehnten verfallen und wurden aufgegeben.

Die Geschichte der Armenier in Iran reicht zurück bis in das erste nachchristliche Jahrhundert als die ersten armenischen Klöster im Nordwesten Irans, im heutigen Westen von Azerbaijan, gebaut wurden. Als die Osmanen im 15. Jh. die Westgrenze des safavidischen Reichs bedrohten, ließ Shah Abbas I. 1604 Hunderttausende von ihnen ins Zentrum Irans nach Qazvin, Kashan und nach Isfahan umsiedeln, wo sie heute noch das armenische Stadtviertel Neu-Jolfa bewohnen. Eine der ältesten armenischen Gemeinden lebt in der Handelsstadt Tabriz. Armenier sind vorwiegend im Handel, im Handwerk und in Dienstleistungsberufen tätig. Sie haben eigene Sportvereine, Museen und Clubs und praktizieren wegen der staatlichen Segregationspolitik verstärkt die Heirat innerhalb ihrer Glaubensgemeinschaft (Endogamie), zumal es nicht erlaubt ist, konfessionsübergeifend zu heiraten. In der Öffentlichkeit gilt für sie wie für alle übrigen Iraner die islamische Kleiderordnung.

LITERATUR Werner Ende, Udo Steinbach. Der Islam in der Gegenwart. München 52005; Eliz Sanasarian. Religious Minorities in Iran. Cambridge 2000

INTERNETQUELLEN The Iran Primer vom 03. September 2013; http://iranprimer.usip.org; Gesellschaft für bedrohte Völker: http://www.gfbv.it/3dossier/me/iran-armen.html

Arvand

(Arvand Free Zone, AFZ)

Freihandelszone (seit 2005) im nordwestlichen Zipfel des Persischen Golfes in der iranischen Provinz *Khuzestan* (Südwestiran). Die AFZ liegt in einem Dreieck zwischen den Städten *Khorramshahr* im Norden, der Halbinsel *Minou* im Westen und der Stadt → *Abadan* im Südosten. Die natürliche Grenze von Khorramshahr bildet der → Karun, der nordwestlich der Stadt in den Arvand (pers. *Arvandrud*) mündet und im Westen der Bahmanshir als Nebenfluss des Karun. Die Halbinsel *Minou* wird im Westen vom Arvand begrenzt und im Osten vom Areal des Flughafens Abadan. Abadan hat als natürliche Grenze im Westen den Karun (arab. *Schatt-al-Arab*) und im Osten den Bahmanshir, der nach 44 km flussabwärts in den Persischen Golf mündet. Die AFZ mit einer Gesamtfläche von mehr als 173 km² grenzt im Westen an den Irak und im Südwesten an Kuweit. Die durchschnittliche Jahrestemperatur beträgt 48 °C. Von besonderer Bedeutung für die AFZ ist der Bereich des maritimen Transportwesens, da 95% aller Importe und 85% aller Exporte in Iran über die Häfen erfolgen. Hinzu kommt ihre strategische Nähe zum Persischen Golf. Die Freihandelszone bietet z. B. mit ihrer Verkehrsinfrastruktur (Straßen, Bahnverbindung, Flughäfen, Schifffahrt) zahlreiche Vorteile:

- Zugang zum Persischen Golf über die Flüsse Arvand und Bahmanshir
- Hafen von Khorramshahr als zweitgrößter Container-Hafen
- Anschluss an das inneriranische Straßennetz und an das Eisenbahnnetz über den Bahnhof von Khorramshahr
- Einfacher Zugang zu den natürlichen Ressourcen (Erdöl und -gas)
- Internationaler Flughafen von Abadan
- Frischwasserversorgung durch den Arvand und Bahmanshir
- Geringe Entfernung zu Basra (Irak)

Investitionsmöglichkeiten bestehen in den folgenden Bereichen:

- Ölindustrie und Offshore
- Tourismus
- Landwirtschaft und Fischerei
- Petrochemie
- Schwerindustrie (Stahlerzeugung)
- Handel und Transport
- Marineausrüstung

In der Arvand-Freihandelszone gelten die gleichen gesetzlichen Bestimmungen und Konditionen wie in den übrigen sechs FTZs.
Information: www.freezones.ir; www.arvandfreezone.ir

Aryan

(pers. Arya, Edle, Herr)

Als Bezeichnung für Völker mit iranisch-indogermanischen Sprachen oder Dialekten, die Ende des 2. und Anfang des 1. Jahrtausends v. Chr. in die Region zwischen Indus und Euphrat einwanderten. Als historisch bedeutsam gelten die arischen Völker der Meder und Perser (Parsa).

Schon die Achämenidenkönige bezeichneten sich in ihren Inschriften als Parsa (*Perser*). Das ursprüngliche Siedlungsgebiet der Achämeniden in Iran ist die heutige Provinz Fars (altpers. *Pars*) im Südwesten des Landes mit Shiraz als Hauptstadt. Die Griechen hatten für Pars die Bezeichnung *Persis*, Land der Perser. Der Name *Iran* stammt aus dem Mittelpersischen von „Eran", die ältere Bezeichnung ist „ariyan" oder „airyan" die unter den Sassaniden (227-652) zu „Eran Shahr", das Reich der Arier, Land der Arier ergänzt wurde. Sie bezeichneten das erweiterte Mutterland ihres Reiches offiziell als „Eranshahr" (*Arierreich*), daraus ergab sich später die Kurzfassung „Eran" für Iran. Nach der islamischen Eroberung Irans 642 wurde der Name *Iran* aus der Umgangssprache und wurde durch „Islam" ersetzt. Eine Wiedereinführung erlebte der Terminus Iran 1258, als die Mongolen das Land eroberten. Nach der Machtergreifung durch Reza Khan Pahlavi erfolgte am 22. März 1935 die offizielle Einführung der Staatsbezeichnung „Iran", die bis zur Islamischen Revolution von 1979 gültig war. Von den neuen Machthabern wurde sie 1979 umgeändert in „Jomhuriye Eslamiy-e Iran", Islamische Republik Iran.

Literatur Bijan Gheiby. Persien oder Iran? Die Deutschen entdecken das Land Zarathustras. Bielefeld 2012; Dorothe Krawulsky. Iran, das Reich der Ilkhane. Eine topographisch-historische Studie. Wiesbaden 1978; Richard N. Frye. Persien bis zum Einbruch des Islam. Essen 1975; ders., The History of Ancient Iran. München 1984

Ashura

(arab. zehn)

Der 10. Tag des ersten Monats *Muharram* des islamischen Kalenders und gleichzeitig dessen Höhepunkt. Er gilt in vielen islamischen Ländern zugleich als Fasten- und/oder als Trauertag. Über den Ursprung dieses Fastentages gibt es keine eindeutigen Hinweise. Er steht u. U. im Zusammenhang mit jüdischen (*Yom Kippur*) und christlichen Fastentagen. Das Fasten (→ Saum) ist am Ashura-Tag freiwillig. Im sunnitischen Islam wird Ashura in Erinnerung an das Verlassen der Arche durch Noah begangen. → Schiiten würdigen diesen Tag im Gedenken an die Schlacht bei Kerbala (Irak) 680 n. Chr., wo der Prophetenenkel → *Hussein*, Sohn des Stammvaters der Schiiten, → *Ali ibn Abi Talib*, im Kampf gegen den militärisch überlegenen sunnitischen Gegner (Umayyaden) den Märtyrertod starb. Kerbala wurde bereits wenige Jahre nach dem Tod von Hussein zu einem Ort der Trauer und später zu einer wichtigen Pilgerstätte. In der Anfangszeit fanden die jährlichen Trauerfeierlichkeiten noch in den Häusern der schiitischen Imame statt und wurden ab dem 10. Jh. in besonderen Gebäuden (*Husseiniyeh*) abgehalten. Für Schiiten bildet Ashura den Höhepunkt eines zehntägigen Trauerrituals, das am ersten Tag des Monats Muharram beginnt und bei dem täglich ein anderes Ereignis gewürdigt wird. Die Trauerfeierlichkeiten folgen einem genau vorgeschriebenen Ablauf. Es sind drei verschiedene Muharram-Rituale zu unterscheiden:

1. Beim *Ruz-e Khani* (Tag des Gesangs) versammeln sich die Gläubigen im Hof einer Moschee oder in einem dafür eigens eingerichteten Raum (Husseiniyeh), wo ein Redner/Prediger das Martyrium von Hussein in elegischen Worten, häufig in Form eines Singsangs, rezitiert.

2. Am eigentlichen Ashura-Tag (*Sinezani*, auf die Brust schlagen) finden überall öffentliche Prozessionen statt, in denen die Flagellanten sich in rhythmischer Abfolge mit der flachen rechten Hand auf die linke Brusthälfte schlagen oder mit Säbeln oder Kettengeißeln sich teils erhebliche Fleischwunden auf dem Kopf und auf dem Oberkörper zufügen. Häufig wird der Oberkörper zu Beginn der Prozession mit einem weißen Hemd bedeckt, sodass der Kontrast beim Geißeln stärker hervortritt. Höhepunkt des Tages ist die symbolische Beerdigung Husseins.

3. *Ta'ziyeh* bezeichnet ein Passionsspiel, in dem die dramatischen Ereignisse der Schlacht bei Kerbala in Form eines Theaterspiels nachgestellt werden. Seit dem 16. Jahrhundert sind die Trauerrituale fester Bestandteil der iranischen Volksfrömmigkeit. In der Tragödie der Schlacht bei Kerbala wurzelt die gesamte schiitische Leidenstheologie. Sie ist das konstituierende Element des schiitischen Glaubens. Die Akteure tragen bei dieser Gelegenheit historische Kostüme/Uniformen und reiten ihrer Rolle entsprechend teilweise auch auf Pferden. Nach dem Ende des Passionsspiels ist es Brauch, Lebensmittel an Bedürftige zu spenden oder sie im eigenen Haus zu verköstigen. Der Akt des Spendens ist nicht nur ein besonderes Zeichen der Frömmigkeit, er demonstriert auch Großzügigkeit, die im Zusammenhang mit dem Komplex der Gastlichkeit in der persischen Kultur von besonderer Bedeutung ist.

Unter der Regentschaft des Shahs fanden die traditionellen Ashura-Feierlichkeiten in den Städten kaum noch statt. Das Interesse in der iranischen Gesellschaft hatte spürbar nachgelassen. Die Muharram-Feierlichkeiten, und insbesondere der Ashura-Komplex, wurden in der vorrevolutionären Phase und zu Beginn des Aufstands gegen die Monarchie bei den Unterprivilegierten wieder populär. Die religiösen Feierlichkeiten ließen sich als Zeichen des Protests und der Ablehnung der Monarchie deuten. Die Ambivalenz des Ashura-Rituals machte es den staatlichen Organen (Polizei, Geheimdienste) unmöglich, gegen diese Form des Protests vorzugehen. In der Islamischen Republik ist der Ashura-Brauch Teil eines religiös unterlegten Identitätskonzepts, das sich die schiitische Leidenstheologie zunutze macht, um die Bindungen an das islamische Regime zu verstärken. In Iran ist seit einigen Jahren wieder ein eher rückläufiges Interesse an den Ashura-Feierlichkeiten zu erkennen, die religiöse Symbolik entwickelt mehr und mehr einen Volksfestcharakter. Außerhalb Irans versucht das Regime, den Ashura-Komplex als Teil

des politischen Islams zu instrumentalisieren, indem im Ausland lebende Iraner in europäischen und amerikanischen Städten anlässlich der Ashura-Feierlichkeiten Umzüge veranstalten. Bislang noch ohne die dabei üblichen Selbstkasteiungen.
LITERATUR Elias Canetti. Masse und Macht. Frankfurt/M. 2004; Werner Ende, Udo Steinbach. Der Islam in der Gegenwart. München 52005; Arthur de Gobineau. Asiatische Novellen. Zürich 1962; Heinz Halm. Die Schia. Darmstadt 1988;

Assassinen

(arab. Asasin, pl. Asasiyun; pers. Hashashin)

Bezeichnung für die Anhänger einer schiitischen Sekte, auch als Nizaris bezeichnet, die vom 11. bis 13. Jh. zahlreiche Attentate auf politische Gegner in Form von Selbstmordanschlägen verübten. Die Nizaris hatten sich nach internen Streitigkeiten von der Glaubensgemeinschaft der Ismailiten abgespalten. Die gängige Bezeichnung der Assassinen als „Haschischesser", die von ihrem Gründer und Oberhaupt, *Hassan-i Sabbah*, unter Drogen gesetzt wurden, um sie auf ihre selbstmörderischen Einsätze vorzubereiten, geht auf einen Bericht (*Il Milione*) des italienischen Reisenden *Marco Polo* (1254–1324) zurück und ist nachweislich falsch. Sabbah nannte seine Anhänger „Asasiyun", was „Menschen, die den Grundlagen ihres Glaubens treu sind", bedeutet. Die Assassinen verstanden sich als eine Widerstandsgruppe, die sowohl gegen die Herrschaft der sunnitischen Seljuken in Iran kämpfte als auch gegen die europäischen Kreuzfahrer. Sie waren die ersten, die den politisch motivierten Mord als Waffe einsetzten und als Märtyrertum institutionalisierten. Unter ihren Opfern waren Angehörige des abbasidischen Kalifats, des Kalifats der Fatimiden, Repräsentanten aus dem Sultanat der Seljuken, europäische Kreuzritter und Mongolenherrscher. In einem Zeitraum von 300 Jahren ermordeten Assassinen zwei Kalifen, zahlreiche Wesire (Minister), Sultane, Generäle, Notabeln und Anführer der Kreuzfahrer. Sie gelten als die Prototypen des politisch motivierten Mordes und sind die eigentlichen Vorläufer und Vorbilder heutiger Selbstmordattentäter. Im Englischen wie im Französischen wird der Ausdruck *Assassination* synonym für den Meuchelmord gebraucht.

Die Ursprünge der Assassinen reichen zurück bis in die Zeit vor dem ersten Kreuzzug um 1094, als es im Kalifat der ismailitischen Fatimiden zu einer Krise um die Nachfolge des Kalifen kam, in die der Gründer der Sekte, Hassan-i Sabbah (1050–1124), involviert war. Infolge des Niedergangs des Fatimiden-Reichs kam es zur Spaltung der Ismailiten in den Zweig der Nizari-Ismailiten und in den der *Mustali-Ismailiten*. Die wahren Motive Sabbahs, die zur Gründung der Sekte geführt haben, liegen im Dunkeln. Vermutlich spielte der Gedanke der Gründung eines eigenen Staats durch die Nizaris eine entscheidende Rolle. Es war eine Zeit der politischen Instabilität im Reich der Fatimiden, als Sabbah, vermutlich aus politischen und persönlichen Gründen, eine große Anhängerschaft um seine Person scharte und die Bergfestung Alamut im nordwestlichen → Alborz-Gebirge (Elburs) im Iran als Stützpunkt wählte. Neben Alamut wurden später weitere Festungen in Iran und in Syrien von Assassinen besetzt. Die Sekte war streng hierarchisch organisiert in Propagandisten, Gefährten (*Rafiqs*) und Anhänger (*Lasiqs*). An der Spitze stand Hassan-i Sabbah als ihr Oberhaupt. Frauen waren bei den Assassinen nicht zugelassen, nur junge Männer, die den physischen Anforderungen ihres Anführers entsprachen und in den Festungen quasi kaserniert waren. Sabbah trainierte seine Anhänger in den Techniken des Nahkampfs und in der Tarnung, im Ausspähen des Feindes und in der Infiltration in seine Heere und Festungen. Die Anhänger wurden mittels einer „Geheimlehre" einer Gehirnwäsche unterzogen, sodass sie sich dem Sektenführer bedingungslos ergaben. Die Selbstmordanschläge wurden in aller Öffentlichkeit von den Lasiqs ausgeführt, die sich selbst als „Feda'yin" (Sich-Selbstopfernde) bezeichneten und ohne Rücksicht auf ihr Leben vorgingen. Die Assassinen kämpften nicht gegen die Heere der Seljuken oder später die der Kreuzritter, weil diese ihnen militärisch überlegen waren. Ihr Kampf richtete sich gegen die Anführer, deren Herrschaft institutionell noch nicht gefestigt war. Sie wurden damit zu den Vorläufern der asymmetrischen und der psychologischen Kriegführung und präzise ausgeführter Anschläge. Eines ihrer ersten prominenten Opfer wurde am 14. Oktober 1092 der Perser *Nizam al-Mulk*, der als Wezir im Dienst des türkischen Seljuken-Sultans stand und als einer der fähigsten Politiker seiner Zeit galt. Als Sabbah 1124 starb, folgte ihm mit *Raschid ad-Din Sinan* ein ebenso charismatischer Anführer, der in Syrien eine Reihe von Bergfestungen besetzte und den Kampf gegen die Kreuzfahrer aufnahm. Eines seiner prominenten Opfer wurde der Kreuzritter Konrad von Montferrat, der 1192 zum König von Jerusalem gewählt worden war.

Der Niedergang der Assassinen begann im 13. Jh. mit der Eroberung Irans und Syriens durch die Mongolen, die unter der Führung des Generals Kitbuqa 1253 mit Angriffen auf ihre Festungen begannen. Die Bergfestung Alamut wurde im Dezember 1256 belagert und fiel endgültig 1275. Der syrische Zweig der Assassinen wurde 1273 durch die Angriffe des Mameluken-Sultans Baibar zerschlagen. Ihre Macht in Syrien war danach endgültig gebrochen. Dennoch nutzte der Sultan weiterhin ihre Dienste als bezahlte Auftragsmörder. Die verbliebenen Ismailiten überlebten nur dank der Anwendung von Taqq'iyeh, das Verleugnen oder Verstellen ihres wahren Glaubens in einem lebensbedrohlichen Umfeld.

Die Linie der Nizari-Ismailiten besteht bis heute fort. Sie wird von Karim Khan, Sohn des auch in den Medien bekannten Agha Khans, geführt. Ismailiten leben in Iran, Syrien, Jemen, Afghanistan, Zentralasien, Indien und im muslimischen Afrika. Von orthodoxen sunnitischen Muslimen wird ihre Zugehörigkeit zum Islam bestritten.

LITERATUR Bernard Lewis. Die Assassinen. Zur Tradition des religiösen Mordes im radikalen Islam. Frankfurt 1989; Heinz Halm, Die Assassinen. Geschichte eines islamischen Geheimbundes. München 2017; Peter Willey. The Eagle's Nest. Ismaili Castles in Iran and Syria. London 2005; Marshall G. Hodgson. The Secret Order of the Assassins. The Struggle oft the Early Nizari Ismailis Against the Islamic World; Freya Stark. Im Tal der Mörder. Eine Europäerin im Persien der dreißiger Jahre. Stuttgart 1991

Astan-e Quds Razavi

(Stiftung des Imam Reza in Mashad)

Die größte, älteste und mächtigste der religiösen Stiftungen in Iran. Das Gründungsjahr der frommen Stiftung 818 fällt mit dem Tod des achten Imams, Abu l-Hasan Ali ibn Musa ar-Rida (pers. *Ali Reza*), zusammen, dessen Namen sie trägt. Der Schrein des *Imam* Reza ist einer der bedeutendsten schiitischen Wallfahrtsorte. Jährlich pilgern mehr als 15 Mio. Muslime nach Mashad, mehr als in die saudi-arabische Pilgerstadt Mekka. Seit ihrer Gründung im 9. Jh. sind die Stiftung und der Ort Mashad miteinander stetig gewachsen. Nach der Machtergreifung der Safaviden unter Shah Ismail I. im 16. Jh. wurde der schiitische Islam in Iran zur Staatsreligion erhoben und der Schrein des Imam Reza wurde überregional bekannt.

Unter der Regierung von Reza Shah Pahlavi wurden Teile die Stiftung enteignet und nationalisiert. Nach der Islamischen Revolution wurden diese Maßnahmen im Zuge einer Restitution wieder rückgängig gemacht. Unter der Leitung von Ayatollah Abbas Vaez-Tabasi (1979-2016), von Revolutionsführer Khomeini zum Treuhänder ernannt, konnte die Stiftung nicht nur die verlorenen Besitztümer zurückgewinnen, sondern ihren Grundbesitz vervierfachen. Astan-e Qods ist wirtschaftlich und politisch autonom. Sie ist nicht nur eine bedeutende religiöse Einrichtung, sondern auch ein wichtiger Wirtschaftsfaktor. Neben dem iranischen Staat ist sie der größte Grundstückseigentümer im Land. Schätzungen gehen davon aus, dass etwa ein Viertel des gesamten privaten Grundbesitzes in Iran sich im Eigentum der Stiftung Astan-e Qods befindet. Allein die Anlage des Schreins übertrifft in der Fläche die des Vatikanstaates. Das Vermögen von Astan-e Qods wird auf 15 Mrd. USD (2003) geschätzt. Es stammt teilweise aus traditionellen Einkünften wie Schenkungen, Spenden, und Besuchereinnahmen, zum größten Teil wird es durch unternehmerische Aktivitäten erwirtschaftet.

Die Stiftung ist eine Holding, die ihre steuerbefreiten Gewinne in zahlreiche Projekte reinvestiert. Zu ihr gehören Banken, Fabriken, Firmen, Hotels, Läden, Museen, Bibliotheken, Krankenhäuser, theologische Ausbildungsstätten und zahlreiche weitere Institutionen. Sie investiert in landwirtschaftliche Betriebe und in den Bergbau. Unter der nach dem *Imam* benannten Marke *Razavi* werden mehr als 100 verschiedene Produkte hergestellt. Der Jahresumsatz der Holding liegt bei geschätzten 14 Mrd. USD. Vorsitzender der *Astan-e Quds Razavi-Stiftung* ist seit

2016 Hodjatolleslam Seyyid Ebrahim → Raisi (*Rais-Sadat*), ein Mullah mittleren Ranges, der zugleich Mitglied der Expertenversammlung ist. Vor dieser Tätigkeit war Ebrahim Raisi lange Jahre als Generalstaatsanwalt in Teheran tätig. Im Präsidentschaftswahlkampf 2013 war er Kandidat der Ultrarechten gegen den amtierenden Präsidenten Rouhani. Er gilt in den Augen vieler geistlicher Würdenträger als potenzieller Nachfolger von Revolutionsführer → Khamenei. Frömmigkeit ist ein Wesensmerkmal von religiösen Orten, das andere sind säkulare Erscheinungen wie Geschäftemacherei und Prostitution. Vor allem arabische Pilger nutzen die islamische Institution der → *Sigheh*, der „Ehe auf Zeit", um die strikten Vorschriften der Scharia zu umgehen. Davon profitieren weniger die iranischen Frauen, die aus wirtschaftlicher Not zur Prostitution gezwungen sind als vielmehr die arabischen „Kunden", Mullahs als „Standesbeamte" und Zuträger.

Informationen.: www.imamreza.net/eng

Auqaf

(arab. pl., sg. waqf pl. Stiftung)

Islamische religiöse Stiftungen und ihrer Rechtsform nach dauerhafte Institutionen, die in den islamischen Ländern seit Jahrhunderten wichtige kulturelle, religiöse und soziale Tätigkeiten ausüben. Nach islamischem Recht (→ Scharia) bieten die frommen Stiftungen den Vorteil, dass ein Erblasser sein Vermächtnis, meist Immobilien, einer Stiftung übereignen und so dessen Teilung oder Veräußerung durch Nachkommen oder dem Zugriff staatlicher Einrichtungen verhindern kann. Die frommen Stiftungen sind auf diese Weise oft über sehr lange Zeiträume, teils Jahrhunderte, zu beträchtlichen Vermögensbeständen gekommen. Neben Spenden von Muslimen, Einnahmen aus der Religionssteuer bilden die Einkünfte aus dem Unterhalt von Moscheen und Heiligenschreinen, bei den großen Auqaf auch Gewinne aus Wirtschaftsunternehmen, weitere Einnahmequellen.

Die Stiftungen sind im Lauf der Zeit zu großen Grundstückseigentümern geworden, die auf dem Land und oft auch in den Städten über beträchtlichen Grundbesitz verfügen, auf denen wie z. B. im → Basar Handels- und Handwerksbetriebe angesiedelt sind, die traditionell gute Beziehungen zu den religiösen Einrichtungen unterhalten. So wurden die Stiftungen zu einem Wirtschaftsfaktor von erheblicher Bedeutung. Mit den Einnahmen aus ihrem Besitz finanzieren die Stiftungen eine Vielzahl von religiösen, kulturellen und sozialen Aufgaben. Das Spektrum ihrer Tätigkeiten reicht von Gehaltszahlungen für Angestellte (Muezzine, → Imame, Lehrpersonal) über den Unterhalt sozialer Einrichtungen (Waisenhäuser, Armenküchen, Krankenhäuser, religiöse Seminare, Koranschulen) und den von Moscheen und Schreinen bis hin zu Stipendien für Schüler und Studenten. Dazu gehören ferner die Herausgabe von Publikationen und die Organisation und

Durchführung von religiösen Veranstaltungen. Die frommen Stiftungen sind, was Gründung, Organisation, Verwaltung und Stiftungszweck betrifft, an das islamische Recht gebunden. Nichtislamische Organisationen und Einrichtungen sind von jeder Form der Unterstützung ausgeschlossen. In vielen islamischen Staaten mit sunnitischer Ausprägung wurden die Stiftungen nach der Staatsgründung teils liquidiert oder unter staatliche Kontrolle gestellt. Damit verloren sie ihre finanzielle Autonomie und ihr Selbstbestimmungsrecht. In Iran wurde die Trennung zwischen Staat und den frommen Stiftungen erst nach der Islamischen Revolution von 1979 aufgehoben. Dort sind der Staat und die frommen Stiftungen in die Islamische Republik übergegangen, wo sie im Verein mit den → Bonyads und den Unternehmen der Revolutionsgarden zwei Drittel der iranischen Volkswirtschaft dominieren und zu einer Stütze des Staates geworden sind.

LITERATUR Ralf Elger. Kleines Islam-Lexikon. Geschichte. Alltag. Kultur. München 2001; Werner Ende, Udo Steinbach. Der Islam in der Gegenwart. München 52005.

Ayatollah

(arab. Ayat Allah, Zeichen Gottes)

Ranghöchster Ehrentitel innerhalb der Hierarchie der schiitischen Religionsgelehrten. Die Hierarchisierung des schiitischen → Islams begann vor gut zweihundert Jahren, sie ist also eine jüngere Erscheinung im Verlauf einer fast 1400-jährigen Geschichte. Diese Form einer Institutionalisierung der Religion gibt es im sunnitischen Islam nicht, insofern kann bei der schiitischen Geistlichkeit von einem Klerus gesprochen werden. Die streng hierarchisierte Gruppe von Geistlichen (→ *Ulema*) ist innerhalb der iranischen Gesellschaft eine getrennte soziale Schicht, die mit ihrem ausgeprägten Korpsgeist Ähnlichkeiten zu christlichen Würdenträgern aufweist. Schiitische Geistliche unterscheiden sich in der Öffentlichkeit besonders durch ihr äußeres Erscheinungsbild. In der Tradition des Propheten tragen sie eine lange braune oder schwarze Robe (*Aba*), einen weißen oder schwarzen Turban (*Ammameh*) und Lederpantoffeln (*Nalain*), die den Vorteil haben, dass sie sich bei den rituellen Waschungen oder beim Gebet leichter ausziehen lassen. Den Turban erhalten fortgeschrittene Theologie-Studenten von ihrem Lehrer, einem *Mudjtahed*, im Rahmen einer religiösen Zeremonie. Ein schwarzer Turban weist einen → *Seyyid* aus, einen Nachkommen des Propheten. Die Farbe Schwarz symbolisiert zugleich die Trauer um den Tod des Märtyrers → *Hussein*. Viele ranghohe Geistliche in Iran besitzen den Status eines *Seyyid* und stammen meist aus Theologenfamilien. Schiitische Geistliche sind keine Priester, es gibt kein Zölibat, keine Liturgie und kein Mönchtum. Die Geistlichen betrachten sich als die Stellvertreter des verborgenen Imams → *al-Mahdi*, der als religiöse Heilsgestalt in der Großen Verborgenheit auf seine Rückkehr zur Erde wartet. Um den verborgenen Imam kreisen seit jeher die eschatologischen, endzeitlichen Erwartungen und Hoffnungen der schiitischen Gläubigen. Auf der untersten Stufe der schiitischen Hierarchie steht der *Mullah*, ein einfacher Geistlicher in der Moschee eines Stadtviertels oder auf dem Dorf. Der Werdegang eines zukünftigen → Ayatollah durchläuft mehrere Ausbildungsphasen.

Die erste theologische Ausbildung beginnt in einer *Maktab* (arab. Schule), in der in die arabische Sprache und in die Koranlektüre eingeführt wird. Bis zum Beginn des 20. Jhs. waren Maktabs ausschließlich männlichen Schülern vorbehalten. Anschließend erfolgt der Wechsel in eine *Madraseh* (höhere Theologenschule) in → Isfahan, Tabriz, → Qom oder Mashad. Während des Studiums wohnt der Student (*Talib*, derjenige, der lernt) in der Hochschule, die ihm eine bescheidene finanzielle Unterstützung gewährt. Die Ausbildung ist in drei Abschnitte gegliedert, umfasst neben dem Studium der religiösen Quellen und des religiösen Rechts auch das der Überlieferungen der schiitischen Imame (Hagiographien). Die Studenten werden von einem ranghohen Mullah, meist von einem Mujtahid, unterrichtet, der die religiösen Quellen selbständig auslegen und interpretieren darf. Die Gestaltung des Studiums ist relativ frei, es gibt keinen Belegzwang für bestimmte Fachrichtungen und die Teilnahme an den Vorlesungen ist freiwillig. Wichtig sind vielmehr die persönliche Eignung und die Leistungen des Talib.

Die unterste Stufe (*Moqaddamat*) dauert in der Regel vier Jahre. Der Student soll die vollständige Kenntnis des Schriftarabischen erwerben, d.h. Sprache, Grammatik, Syntax, Semantik, Textexegese, Rhetorik. Dazu gehören auch erste Einführungen in das islamische Recht (*Fiqh*). Die zweite Stufe dauert etwa fünf Jahre, sie beinhaltet neben dem Studium des islamischen Rechts das systematische Lesen und Kommentieren der Prinzipien (*Usul*) der klassischen religiösen Werke von bedeutenden Theologen und philosophischen Studien, wie etwa die Schriften des Theologen al-Ghazali. Diese Phase des Studiums wird weder durch Examina noch durch einen Studienabschluss beendet. Es gilt das Prinzip der nicht-kodifizierten Anerkennung. Der schiitische Islam kennt nur den Titel des *Rechtsgelehrten*. Dieser Status wird durch die Erlaubnis oder Bevollmächtigung eines amtierenden Rechtsgelehrten verliehen, eine Tradition, die auf den unfehlbaren Imam zurückgehen soll, von dem die ersten Rechtsgelehrten ihre Erlaubnis erhielten.

Die nächste höhere Stufe für Fortgeschrittene wird als *Kharij-Zyklus* (äußerer Zyklus) bezeichnet und ist zeitlich unbegrenzt. Äußerer Zyklus meint, dass der Talib sich von außen kommend dem Kern des Wissens nähert. Wer diese Stufe erreicht hat, darf Vorlesungen über theologische Themen halten und erhält als Anerkennung für seine akademischen Leistungen den Ehrentitel eines *Hojatol-*

Ieslam (Beweis des Islam). Dieser wird ebenfalls von statushöheren Rechtsgelehrten verliehen und bezeichnet einen sehr hohen, aber eher ungenau definierten theologischen Rang. Generell weisen die verschiedenen religiösen Titel nur bestimmte Grade der Gelehrsamkeit aus. Sie erfordern immer den Konsens unter den Rechtsgelehrten.

Die nächsthöhere Stufe ist die des *Ayatollahs* (Wunderzeichen Gottes). Der Titel wird nur an eine Person verliehen, die im Rang eines *Mudjtahed* (Rechtsgelehrter) steht. Bei der Ernennung gilt wieder das Prinzip des gemeinsamen Konsenses. Mudjtahed kann nur werden, wer von mehreren *Marja-e taqlid* für dieses Amt als würdig befunden wird. Auf dieser Stufe ist ein Rechtsgelehrter autorisiert, die eigenständige Rechtsfindung (*Ijtihad*) auszuüben. Voraussetzung ist auch, dass er bereits Rechtsgutachten (→ *Fatwa*) oder praktische Abhandlungen veröffentlicht hat und die Lehrbefugnis (*Ijazeh*) für theologische Fächer besitzt.

Der ranghöchste Status innerhalb des schiitischen Klerus ist der des Marja-e taqlid (*Vorbild zur Nachahmung*). Um diesen Status zu erreichen, muss ein Theologe den Rang eines Ayatollah haben. In der Theorie war diese Auszeichnung nur den *Gelehrtesten* unter allen Theologen vorbehalten. Vor der Islamischen Revolution konnten nur sehr nur wenige Rechtsgelehrte diesen Status für sich beanspruchen.

Ein Großayatollah (*Ayatollah al-Uzma*) ist eine Ehrenbezeichnung für die Mitglieder des Klerus, die ein hohes Alter erreicht haben und ein besonders großes Ansehen genießen. Vor der Revolution war es praktisch ausgeschlossen, dass ein Mullah unter vierzig Jahren den Rang eines Ayatollah einnimmt. Seitdem ist dieser Titel in Iran inflationär geworden.

Für die Arbeit auf den Dörfern werden die Mullahs durch den Marja bestellt, zu dem sie seit ihrem Studium in einem Abhängigkeitsverhältnis stehen. Er ist ihr Vorbild und ihr Vorgesetzter zugleich. Die Dorfbewohner bezahlen für diese Dienstleistung in Form einer religiösen Steuer (*Khoms*) auf sämtliche Gewinne, die als Anteil des Imams (*Sahm-e Imam*) an den Marja geht. Die Mullahs werden in der Regel von der Dorfbevölkerung finanziell unterhalten. Die bekanntesten Ayatollah im Iran vor der Revolation waren A. Taleqani, A. Schariat-Madari, A. Montazeri und A. Ruhollah Khomeini.

Literatur Wilfried Buchta: Schiiten. München 2004; Werner Ende, Udo Steinbach. Der Islam in der Gegenwart. München 52005; Heinz Halm. Die Schia. Darmstadt 1988; Yann Richard. Der verborgene Imam. Die Geschichte des Schiismus im Iran. Berlin 1983

Azeri

(Azerbaijaner)

Türkischsprachige, zweitgrößte Bevölkerungsgruppe (24%) in Nordwestiran (Azerbaijan) mit der Hauptstadt *Tabriz*. Weitere Siedlungsgebiete sind in Nordiran in *Gilan* in der Region Talesh. Als Nachfolger der türkischen *Qizilbash* gehören sie ethnisch (physiognomisch, linguistisch, materielle Kultur) zu den Turkvölkern. Azerbaijaner (Azeri) sind ethnisch homogen und praktizieren Endogamie (Heirat nur innerhalb der eigenen Volksgruppe) meist aus sozialen und/oder ökonomischen Gründen. Wichtigster Unterschied zwischen Azerbaijanern und anderen Turkvölkern ist ihre Zugehörigkeit zum schiitischen Islam, was die Integration in das iranische Staatswesen erleichterte. Die Sprache Azeri ist strukturell mit dem Türkischen verwandt, enthält aber zahlreiche persische Lehnwörter. Die meisten städtischen Azerbaijaner sind bilingual und sprechen ebenso Persisch (Farsi). Sie sind als sehr erfolgreiche Geschäftsleute vorwiegend im → Bazar und in der Teppichmanufaktur tätig. Wegen ihrer ausgeprägten Loyalität gegenüber dem iranischen Staat üben Azeri in der Armee oft hohe Funktionen aus. Aus den Reihen der Azerbaijaner stammen berühmte Wissenschaftler, Künstler und Geistliche. Bekanntester Azeri ist das iranische Staatsoberhaupt Ayatollah → Khamenei aus Tabriz. Prominentester Gegenspieler von Ayatollah → Khomeini war Großayatollah *Ali Shari'at Madari*, der dem iranischen Klerus die Legitimation absprach, sich politisch zu engagieren. Nachdem er unter Hausarrest gestellt wurde, kam es in Azerbaijan zu gewalttätigen Ausschreitungen. Azerbaijaner verfügen über eigene Printmedien und einen eigenen, lokal ausstrahlenden Rundfunk, der allerdings der staatlichen Zensur unterliegt. Trotz gemeinsamer Traditionen (Bräuche, altiranische Feste) begegnen viele Iraner ihnen mit Vorurteilen. Azerbaijaner werden wegen ihrer Physiognomie und der linguistischen Besonderheiten ihrer Sprache (unterschiedlicher Akzent) häufig als Türken bezeichnet, was im Volksmund mit Esel gleichzusetzen ist.

Nach dem Zensus von 2016 leben in Iran ca. 18 Mio. Azeri.

LITERATUR Elton L. Daniel, Ali A. Mahdi. Culture and Customs of Iran. Westport/London 2006; Eckart Ehlers. Iran. Grundzüge einer geographischen Landeskunde. Darmstadt 1980

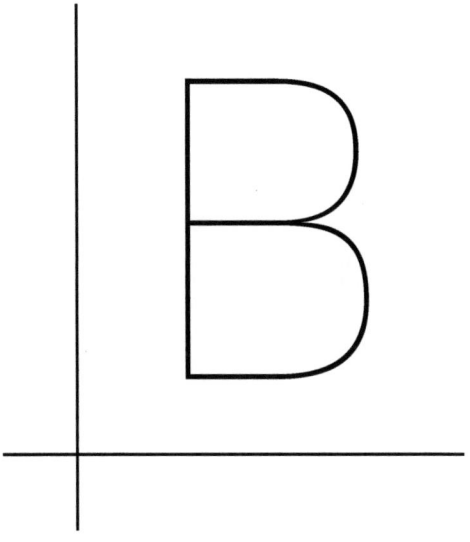

© Springer Fachmedien Wiesbaden GmbH, ein Teil von Springer Nature 2019
M. Gorges, *Kleines Iran-Lexikon*, https://doi.org/10.1007/978-3-658-23698-4_2

Babismus

Eine im Umfeld des schiitischen Islams entstandene extremistische Auslegung des Mahdismus und ein Vorläufer der später aus ihm hervorgegangenen → Baha'i-Religion. Der Babismus fußt im Wesentlichen auf einer älteren Auslegung schiitischer Glaubenslehren, der *Shaikhiya* des arabischen Religionsgelehrten *Shaikh Ahmad Ahsa'i*. Nach einem Besuch des Mausoleums von Imam Reza in Mashad 1806 ließ Shaikh Ahmad sich im ostiranischen Yazd nieder. Bald darauf verkündete er in der Öffentlichkeit, er habe in seinen Träumen eine Offenbarung durch den Propheten Muhammad und die Imame erhalten. Kern dieser Offenbarungen war die spirituelle Auffassung der Himmelsreise des Propheten und der Auferstehung der Toten. Obwohl im Volke sehr angesehen, rief Shaikh Ahmad durch seine Äußerungen den Unmut des schiitischen Klerus hervor. 1822 erteilte ein Mullah namens *Hadj Taqi Borghani* aus Qazwin ein sog. *Takfir*, ein öffentliches „Für-ungläubig-Erklären", das dem so „Gebrandmarkten den Status des Muslims aberkennt" (H. Halm). Das Takfir stellt den Betroffenen auf die gleiche Stufe wie Christen, Juden oder Zoroastrier. Die Bewegung der Shaikhiya wurde nun als eine Sekte unter anderen marginalisiert. Nach dem Tod von Shaikh Ahmad (1826) wurde *Seyyid Kazim Rashti* (gest. 1843) zum Oberhaupt der Shaikhiya in Kerbala (Irak), wo die Lehre sich auch organisatorisch festigen konnte.

Als Gründungsvater des Babismus gilt der aus Shiraz stammende *Seyyid Ali Muhammad Shirazi* (geb. 1819), der zunächst den Beruf eines Kaufmanns ausübte. Während einer Pilgerfahrt zu den schiitischen Heiligtümern nach Kerbala begegnete er dem Oberhaupt der Shaikhiya-Sekte, Seyyid Kazim Rashti, der von dem jungen Pilger sehr beeindruckt war. Die Shaikhiya verstand sich als eine nonkonformistische innerschiitische Bewegung, die von der bevorstehenden Wiederkehr des Zwölften Imams überzeugt war. Deren Anhänger, *Shaikhis*, suchten daher nach dem geheimen Vertrauensmann, dem Mittler oder *Bab* (das Tor), der ihnen den Zugang zum verheißenen Imam → al-Mahdi, dem Endzeiterlöser, eröffnen konnte. Über die weitere Entwicklung gibt es unterschiedliche Aussagen. So soll Seyyid Kazim Rashti kurz vor seinem Tode seine Anhänger ausgesandt haben, um diesen geheimen Vertrauensmann (Bab) zu finden. Schließlich glaubte ein Kundschafter, in der Person des Ali Muhammad Shirazi den Bab gefunden zu haben. Als Beweis diente ihm dessen Fähigkeit, beim schriftlichen Kommentieren der Sure Yusuf diese gleichzeitig mitsprechen zu können (P. Heine). Dieser frühe Kommentar gilt als die erste Offenbarung des Bab.

Einer anderen Version nach soll sich Seyyid Ali Muhammad Shirazi selbst zum Bab erklärt haben. Auf dem Konvent von Badasht (1848) am Kaspischen Meer sagte sich die Bewegung des Bab vom Islam los und erklärte das islamische Gesetz der → Scharia in den Bereichen des Gebets, des Fastens (→ Saum), im

Erbrecht und in den Heirats- und Scheidungsregelungen für ungültig. Neben einer Kritik an den realen Missständen in geistlichen und weltlichen Dingen stand die Forderung nach einer grundlegenden Neuordnung des islamischen Glaubens und der Gemeinschaft der Gläubigen. Selbst die eschatologischen Aussagen des → Korans wurden vom Bab anders interpretiert und als Hinweise auf das nahe bevorstehende Ende der real existierenden Welt sowie als das Ende des prophetischen Zirkels erklärt. Nach dieser Vorstellung wird die Welt am Ende eines jeden Zirkels von Gott (Allah) vernichtet und mit dem Auftreten einen neuen Propheten wieder neu erschaffen. Die Gefolgschaft des Bab entwickelte sich rasch zu einer sozialrevolutionären Bewegung, die großen Zulauf erhielt. Die iranischen Behörden reagierten auf diese Entwicklung, indem sie die Anhänger des Bab in den Jahren zwischen 1849 und 1852 mit äußerster Brutalität verfolgten. Der Bab wurde 1850 in Tabriz öffentlich hingerichtet. Dessen Anhänger leisteten in verschiedenen iranischen Städten teils heftigen Widerstand und unternahmen 1852 einen Anschlag auf Schah Nasir al-Din. Nach dem Scheitern des Anschlags war der Babismus militärisch besiegt, die Bewegung für ungläubig erklärt und die Überlebenden nach Bagdad, Konstantinopel, Edirne und Haifa verbannt. Das Scheitern und der Tod des Bab führten zu einer Spaltung der Bewegung in zwei Gruppen, die von zwei Brüdern angeführt wurden. Die Gruppe um *Subh-i Azal* sah sich als Nachfolger des Bab an, während sich eine Gruppe von Anhängern um *Mirza Hussein Ali Nuri* zur Gemeinschaft der Baha'i zusammenschlossen.

LITERATUR Werner Ende, Udo Steinbach. Der Islam in der Gegenwart. München 52005; Michael M. J. Fisher. Iran. From Religious Dispute to Revolution. Cambridge u. London ³1002;

Baha'i

Die Baha'i-Religion ist heute eine weltweit missionierende Universalreligion, die der schiitischen Gedankenwelt entstammt, sich von dieser jedoch seit ihren Anfängen inhaltlich und organisatorisch stark entfernt hat. Sie kann heute nicht mehr als eine schiitische Sekte bezeichnet werden (H. Halm). Als deren eigentlicher Begründer gilt *Mirza Hussein Ali Nuri* (1817-92), genannt Baha'ullah oder Baha' Allah, der in Teheran geboren wurde und sich seit frühester Jugend mit religiösen Fragestellungen beschäftigte. Bereits früh (1844) suchte er den Anschluss an die Bewegung des Bab und erlebte das Scheitern in der Auseinandersetzung mit der Qajarendynastie. Nach dem misslungenen Anschlag auf den Schah wurde er zusammen mit den anderen Gefolgsleuten zunächst ins Gefängnis geworfen und anschließend nach Bagdad verbannt. Dort erklärte er seinen Anhängern, er sei der vom Bab verheißene und langerwartete „Erlöser" (→ Mahdi), die „spirituelle Wiederkehr des Bab" und führe die Tradition des von Gott gesandten Propheten fort.

Dieser Anspruch wurde von seinem jüngeren Halbbruder Subh-i Azal in Frage gestellt, weshalb die Gruppe sich schließlich spaltete. Die Mehrheit der Anhänger entschied sich für Baha'ullah, der sich gegen seinen Halbbruder durchsetzen konnte. Die sogenannten *Azalis* blieben eine Minderheit. Als Residenz wählte Baha'ullah zunächst Bagdad, später Istanbul und Edirne, von wo aus er er für seine Religion missionierte. Der Erfolg dieser Tätigkeit veranlasste den persischen Konsul, Baha'ullah und seine Gefolgschaft 1868 nach Akka in Palästina zu schicken, sein Halbbruder ging mit seinen Anhängern ins Exil nach Zypern. In Akka verfasste Baha'ullah die bis heute gültige Schrift der Baha'i, das *Kitab al-Aqdas*, („Das Allerheiligste Buch"), das sowohl den → Koran als auch das *Bayan*, die heilige Schrift des Bab, ersetzten sollte.

Kurze Zeit später begannen die in Iran verbliebenen Anhänger mit der Organisation ihrer Bewegung, wobei das *Kitab al-Aqdas* ihnen als Leitfaden diente. Nach dem Tod von Baha' ullah, der 1892 in Bagdad verstarb, wurde dessen Sohn Abbas Efendi (1844-1921) unter dem Namen *Abd al-Baha* von der Gemeinde als autorisierter Interpret der Lehren seines Vaters anerkannt. Um 1874 setzte erneut eine Welle von Pogromen gegen die Baha'i in Iran ein. Ungeachtet der ständig wiederkehrenden Repressalien verbreitete sich ihre Religion zu Beginn des 19. Jh. unter den iranischen → Schiiten - sehr zum Missfallen der schiitischen Geistlichkeit - und den Mitgliedern anderer Religionsgemeinschaften wie → Juden und Zoroastriern. Durch ihre rege Missionstätigkeit gelang es den Baha'i ihren Einfluss auf die angrenzenden Länder Türkei, Irak, Großsyrien, Ägypten, Sudan, auf den Kaukasus und im gesamten zentralasiatischen Raum bis nach Indien und Burma auszudehnen. In Iran hat die Verfolgung der Baha'i durch die staatlichen Behörden seit der Herrschaft der Qajaren (1785-1925) über die Pahlavi-Dynastie (1925-79) bis in die unmittelbare Gegenwart eine lange Tradition. Nach der Islamischen Revolution (1979) wurde die Glaubensgemeinschaft der Baha'i in der Islamischen Republik Iran offiziell verboten und mit dem Vorwurf der Apostasie (Abtrünnigkeit vom islamischen Glauben) belegt. Gegenwärtig leben schätzungsweise 300.000 Baha'is in Iran, die dort weiterhin der staatlichen Verfolgung ausgesetzt sind. Nach dem islamischen Gesetz der Scharia wird die Abkehr vom Islam mit der Todesstrafe geahndet.

Weltweit gehören ca. acht Millionen Mitglieder der Baha'i-Glaubensgemeinschaft, der *Baha'i International Community*, an, die bei den Vereinten Nationen seit 1948 als Nichtregierungsorganisation akkreditiert ist. Baha'i leben heute in 189 Staaten, wobei Indien mit ca. 2,2 Mio. Mitgliedern die größte Baha'i-Gemeinde stellt. Die größte Mitgliedergemeinde (670.000 Mitglieder) in einem westlichen Land lebt in den USA. In Deutschland leben Baha'i seit 1905, die Gemeinde hat ca. 12.000 Mitglieder. Organisatorisch verfügt die Religionsgemeinschaft über eine bis in die lokalen Gemeinden reichende Administration, die als gottgegeben erachtet wird. An der Spitze einer Gemeinde steht eine neunköpfige Führung, die einmal jährlich gewählt wird. Die Wahl gilt als eine Erfüllung des göttlichen Willens, weshalb die Gewählten als Instrumente Gottes ihren Wählern gegenüber keinerlei Verantwortung haben. Oberhalb dieser lokalen Organisationsebene existiert ein nationales Führungsgremium, ein nationaler „Geistiger Rat", dessen neun Mitglieder für die Dauer eines Jahres gewählt sind. Aus den Vertretern dieser nationalen „Geistigen Räte" wird anschließend ein universales Führungsgremium durch Wahl bestimmt. Die nationalen Gremien verfügen über keine juridische Machtbefugnis, Konflikte innerhalb der Organisation müssen in den jeweiligen Gremien gelöst werden.

Die Grabstätten der Gründungsväter der Baha'i-Glaubensgemeinschaft sind die zentralen Wallfahrtsorte und liegen im heutigen Israel. In Haifa ist das Grab des Bab und in Akka das Grab des Baha'ullah. In Haifa befindet sich im „Universalen Haus der Gerechtigkeit" die Leitung der Weltgemeinde bestehend aus neun gewählten Vertretern der Baha'is. Auf jedem Kontinent wurde ein „Haus der Andacht" eingerichtet, ein Gebetshaus, in dem aus den heiligen Schriften aller Religionen gelesen wird. Das europäische „Haus der Andacht" und der Baha'i-Verlag, der das Schrifttum der Baha'i publiziert, befinden sich seit 1964 in Hofheim-Langenheim im Taunus.

Die Glaubenslehre der Baha'i ist eine synkretistische Religion, in die Inhalte aus unterschiedlichen religiösen Quellen eingeflossen sind. Deshalb übt sie gerade auf Europäer und US-Amerikaner eine besondere Anziehung aus. Die Lehre der Baha'i enthält sowohl schiitische Elemente als auch Inhalte aus ihren Vorläuferbewegungen wie den Shaikhis und dem Babismus. Im Mittelpunkt der Theologie des Baha'ismus steht der Prophet eines neuen Zeitalters, eine Heilspersönlichkeit, verkörpert in der Person des Baha'ullah. Gott ist nur noch ein transzendentes Wesen, das sich in immer neuen Schöpfungsakten in den Propheten spiegelt und offenbart. Baha'ullah erkennt in den jüdischen und christlichen Propheten, in Zarathustra und in Muhammad seine eigentlichen Vorgänger, deren Botschaft wahr, aber nicht mehr zeigerecht sei. Der einzige zeitgemäße Glaube ist der Baha'i-Glaube, dem nach einem „Millennium durchaus andere, dann angemessenere, Manifestationen" folgen können (W. Schmucker). Die von Gott verkörperte Ewigkeit wechselt in das Zeitliche des Menschen und wird für ihn somit erst erfahrbar. Das Spirituelle, der Geist des Glaubens, wird zum wirklichen Antrieb des Menschen. Der Endzeitgedanke der schiitischen Theologie wird entzaubert und verliert seine Bedeutung. Es gibt weder die Vorstellung einer Auferstehung des Menschen, noch die einer Wiedergeburt, weder Paradies noch Hölle. Die geistige Vollendung des Menschen nach dem Tode wird durch Gottes Gnade bewirkt. Trotz des starken spirituellen Bezugs ist die Lehre der Baha'is sehr stark auf das Diesseitige und die Gesellschaft ausgerichtet. Seine „Sitten- und Pflichtenlehre" vertritt einen universalistischen Anspruch mit einem hohen Ethos. Sie setzt auf die Einheit der Menschheit und die der Religionen und fordert die „völlige nationale, religiöse, rassische, politische Vorurteilslosigkeit" (W. Schmucker). Der Weltfrieden soll gefördert und die Erziehung der Menschen in einem universellen Sinne erfolgen. Öffentliche Zeremonien lehnt der Baha'ismus ab, aber die Versammlungen werden wie Gottesdienste vollzogen. Die Gemeinschaft der Gläubigen verkörpert im Diesseits einen idealen Staat ohne formale Mitgliedschaft in einer Partei. Das Werben um neue Mitglieder ist ein Missionieren um der Sache willen, für die gelebten Ideale. Gegenüber Andersgläubigen üben Baha'i Toleranz, weshalb ihre Tempel auch allen anderen offenstehen. Für die orthodoxe Schia ist ihre Lehre die Abkehr von den Idealen des wahren Islams, die es zu bekämpfen gilt.

LITERATUR John Danesh. The Baha'i Faith in Words and Images. Oxford 2013; Werner Ende, Udo Steinbach. Der Islam in der Gegenwart. München 52005; Moojan Momen. The Baha'i Faith. A Short Introduction. Oxford 1997; ders., Understanding the Baha'i Faith. Edinburgh 2006

Baluchen

Leben im äußersten Südosten Irans (Sistan-Baluchistan) im Dreiländereck zu Afghanistan und Pakistan als teils viehzüchtende Nomaden oder als *Shabri* von der Landwirtschaft. Die etwa zwei Millionen Baluchen siedeln als Teil einer Stammeskonföderation grenzüberschreitend auch in Pakistan und Afghanistan. Sie unterscheiden sich durch eine dunkle Hautfarbe und ihre spezifische Kleidung (Baluchen tragen Hemden über lange, weite Hosen und Tücher als Kopfbedeckung). Ihre Sprache ist ein westiranischer Dialekt, das Siedlungsgebiet ist als karge Steppenlandschaft umgeben von hohen Gebirgszügen und zugleich die unwirtlichste und bevölkerungsärmste Region in Iran. Baluchen sind im Zuge der Wanderungen turksprachiger Völker in ihr heutiges Stammesgebiet eingewandert. Neben Viehzucht und Ackerbau waren früher der Karawanenhandel bis nach Innerasien und China sowie Raubüberfälle die wichtigste Einnahmequelle.

LITERATUR Eckard Ehlers. Iran. Grundzüger einer geographischen Landeskunde. Darmstadt 1980; Ulrich Gehrke, Harald Mehner (Hrsg.). Iran. Natur. Bevölkerung. Geschichte. Kultur. Staat. Wirtschaft. Tübingen/Basel 21976; Massoume Price. Iran's Diverse Peoples. A Reference Source Book. Santa Barbara 2005

Banken- und Finanzsystem

Das iranische Bankensystem weist im globalen Vergleich ein relativ hohes Maß an finanzieller Versorgung auf und der iranischen Bevölkerung stehen vielfältige Finanzdienstleistungen zur Verfügung. Das Bankensystem besteht aus einer Reihe staatlicher und/oder teilprivatisierter Kreditinstitute sowie aus einigen Privatbanken. Von den insgesamt 36 größten Banken sind 20 reine Privatbanken, unter ihnen ist eine Bank ausschließlich auf Immobiliengeschäfte spezialisiert, die neun Banken sind staatlich. Dazu kommen fünf nichtstaatliche Finanz- und Kreditinstitutionen und zwei islamische Investitionsbanken. Die beiden größten Banken in Iran, die staatliche *Bank-e Melli* und die halbstaatliche *Bank-e Mellat* haben einen Marktanteil von 30 %. Bezogen auf die Infrastruktur im Bankenbereich stechen folgende Aspekte positiv hervor:

- Anzahl der verfügbaren Geldautomaten pro 100.000 Erwachsene ist höher als in Deutschland, Großbritannien und den USA;
- Verwendung von Kreditkarten ist weit verbreitet;
- Hohe Bankendichte, auf 100.000 Einwohner kommen 30 Bankfilialen (mehr als in Deutschland);
- Für 75 % der Haushalte befindet sich die nächste Bankfiliale in einer Reichweite von weniger als 20 Minuten.

Es gibt allerdings auch einige Defizite:

- Ausländische EC- oder Kreditkarten können in Iran nicht genutzt werden;
- Keine Niederlassungen ausländischer Banken in Iran;
- Existenz zweier unterschiedlicher Wechselkurse, ein höherer Kurs auf dem „freien Markt" (Basar, Straßenhändler) und ein offiziell von der *Central Bank of Iran* festgelegter Bankenkurs, der niedriger ist und für staatliche Transaktionen verwendet wird;
- Devisen dürfen offiziell nur in Banken getauscht werden (Strafandrohung);
- Geldbeträge in Fremdwährung werden nur zum offiziellen Kurs auf ein Bankkonto überwiesen;
- Starker Währungsverlust ("freier Fall") des iranischen Rial seit dem Frühjahr 2018, ein Ende ist nicht abzusehen.

Im Rahmen des → *Joint Comprehensive Plan of Action* (JCPoA) vom 14. Juli 2015 wurde unter anderem vereinbart, das iranische Finanzsystem in die globalen Märkte wieder einzugliedern. Mit Wirkung vom 16. Januar 2016 sind nahezu alle iranischen Banken wieder an das internationale Zahlungs- und Abwicklungssystem SWIFT angeschlossen. Demnach besteht grundsätzlich die Möglichkeit eines direkten Zahlungsverkehrs mit dem Iran, der in der Praxis allerdings bestimmten Einschränkungen unterworfen ist, da bislang keine Großbank mit einer Niederlassung in Iran vertreten ist. Nachdem iranische Kreditinstitute ihre Altschulden bei den Exportkreditgarantien des Bundes beglichen haben, sind Hermesdeckungen durch den Bund auf Antrag wieder möglich und üblich.

Einige iranische Banken verfügen seit Jahren über Standorte in Deutschland und Europa. Die staatlichen Banken Melli und Sepah haben Filialen in Hamburg, die nichtstaatliche Bank Saderat verfügt über eine Niederlassung in Hamburg und Frankfurt. Die Bank Tejarat hat eine Filiale in Paris, die Middle East Bank plant seit 2016 eine Niederlassung in München und die Saman Bank hat eine Filiale in Rom. Die Banken Sepah, Parsian, Middle East Bank (Khavarmianeh Bank), Eghtesad Novin, Saman, Karadarin und Pasargad wickeln ihre direkten Transaktionen nach Deutschland über die europäischen Filialen der oben genannten Institute ab. Die älteste und bedeutendste der iranischen Banken ist die 1971 in Hamburg gegründete und dort ansässige „Europäisch-Iranische Handelsbank", deren Eigentümer der iranische Staat ist und die eine deutsche Banklizenz besitzt. Zwar sind die Voraussetzungen für eine Wiederaufnahme des Zahlungsverkehrs zwischen Iran und Deutschland gegeben, dennoch kommt mit Blick auf das US-Engagement vieler deutscher Banken eine Wiederaufnahme der Geschäftstätigkeiten kaum/nicht zustande. Bislang hat auch keine internationale Bank eine Niederlassung oder Zweigstellen in Iran eröffnet. Banken haben darüber hinaus das Problem, dass sie kaum Zugang zu Due-Diligence-Informationen aus Iran haben und nicht in der Lage sind, Compliance-Risiken einzuschätzen.

Beim Neuaufbau der Bankenbeziehungen nach Deutschland haben iranische Banken dagegen weitaus größere Schwierigkeiten, da sie über so gut wie gar keine Erfahrungen im Bereich von Compliance- und Anti-Geldwäsche-Prüfungen haben ebenso wie mit Verfahren der Identifizierung von Neukunden („Know-Your-Customer-Check").

Banken- und Finanzstruktur in Iran		
1. Staatliche Banken	Bank Melli Iran (1927) * Bank Sepah (1925) * Postbank Iran (2006)	http://www.bmi.ir/ http://www.postbank.ir/ http://www.banksepah.ir/
2. Spezialisierte staatliche Banken	Export Entwicklungsbank (1991) Bank für Industrie & Bergbau (1993) Bank Keshavarz (1933) Bank Maskan (1938) Kooperations- u. Entwicklungsbank (2009)	http://www.edbi.ir/ http://www.bim.ir/ http://www.agri-bank.com/ http://www.bank-maskan.ir/ http://www.ttbank.ir/

3. Nichtstaatliche Banken	Eghtesad Novin Bank (2001)	http://www.enbank.ir/
	Karafarin Bank (2001))	http://www.karafarinbank.com/
	Parsian Bank (2002)	http://www.parsian-bank.com/
	Pasargad Bank (2005)	http://www.bankpasargad.com/
	Saman Bank (2002)	http://www.sb24.com/
	Sarmayeh Bank (2005)	http://www.sbank.ir/
	Sina Bank (2009)	http://www.sinabank.ir/
	Shahr Bank (2010)	http://www.city-bank.ir/
	Day Bank (2010)	http://bank-day.org/
	Ansar Bank 2010)	http://www.ansarbank.com/
	Mellat Bank (1980)	http://www.bankmellat.ir/
	Refah Bank (1960)	http://www.bankrefah.ir/
	Bank Saderat (1952)*	http://www.bsi.ir/
	Tejarat Bank (1979) *	http://www.tejaratbank.ir/
	Hekmat Iranian Bank (2011)	http://www.hibank24.ir/
	Gardeshgari Bank (2010)	http://www.tourismbank.ir/
	Ghavamin Bank (2012)	http://www.ghbi.ir/
	Khavarmianeh Bank (2012)	http://www.middleeastbank.ir/
	Iran Zamin Bank (2011)	http://www.izbank.ir/
	Ayandeh Bank (2012)	http://www.ba24.ir/
4. Gharzolhasaneh Banken	Gharzolhasaneh Mehr Iran Bank (2007)	http://www.qmb.ir/
	Gharzolhasaneh Resalat Bank (2012)	http://www.rqbank.ir/
5. Bi-Nationale Banken	Iran-Venezuela Bi-National Bank	http://www.ivbb.ir/
6. Nichtstaatliche Kreditinstitute	Kreditinstitute für Entwicklung	http://www.cid.ir/
	Kosar Markazi Kreditinstitut	http://www.kosarfci.ir/
	Melal Kreditinstitut	https://bank-melal.ir/
	Noor Kreditinstitut	k. A.
	Kaspisches Kreditinstitut	http://www.caspianci.ir/

* Filialen in Deutschland, Frankreich (Tejarat Bank); Quelle: Central Bank of Iran, https://www.cbi.ir/

Tab.: Eigene Anfertigung

Neben dem offiziellen Bankensystem existiert in Iran eine seit Jahrzehnten gut funktionierende Schattenwirtschaft, die der Volkswirtschaft erhebliche Schäden zufügt. Nach Angaben des iranischen Justizministers arbeiteten 6.000 illegale Geld- und Kreditinstitute ohne Genehmigung der Zentralbank. Es gäbe ca. 50 Mio. illegale Bankkonten, deren wahre Inhaber nicht ausfindig gemacht werden könnten. Die Höhe der Umlaufgelder liege bei jährlich 52 Milliarden Euro. Experten gehen davon aus, dass etwa 15–30 % des gesamten Geldumlaufs in Iran ohne staatliche Kontrolle durch die Zentralbank erfolge. Im Zuge der internationalen Sanktionen gegen das iranische Bankensystem haben zahlreiche Institutionen (Militär, Politik, Polizei) sowie religiöse Stiftungen (→ Auqaf) ihre legalen/illegalen wirtschaftlichen Aktivitäten enorm ausgebaut. Die Zentralbank geht davon aus, dass Iraner gegenwärtig etwa 20 Milliarden US-Dollar privat aufbewahren.

Am 15. Mai 2018 wurde der bisherige Direktor der iranischen Zentralbank, Valiollah Seif, sowie ein ehemaliger Vizedirektor von den USA auf die sogenannte „Specially Designated Global Terrorists-List" (SDGT-List) gesetzt. Beide sollen für die Pasdaran (→ Revolutionsgarden) Millionen US-Dollar im internationalen Finanzsystem bewegt haben. Die Gelder dienten der Unterstützung der schiitischen → Hezbollah-Miliz im Libanon. Die Miliz wird von den USA als Terrororganisation eingestuft. Sollten die beiden Direktoren in den USA über Besitz/Vermögen verfügen, wird dies eingefroren. US-Personen ist untersagt, mit ihnen Geschäfte abzuwickeln.

Der iranische Präsident → Rouhani hat am 25. Juli 2018 den Direktor der Zentralbank, *Valiollah Seif*, ohne Angabe von Gründen seines Amtes enthoben. Sein Nachfolger ist Abdul Nasser Hemmati.

LITERATUR Elisabeth Atzler. Deutsche Banken meiden Geschäfte mit dem Iran – jetzt erst recht. Handelsblatt vom 10.05.2018; Iranian Banks Closer to Opening Munich, Austria Branches. Financial Times Teheran, November 18, 2017; Khashayar Nivipour. Zahlungsverkehr mit dem Iran. IranContact Berlin 03/2017; Informationen zu den Sanktionen gegen Iran bei der Deutschen Bundesbank unter: https://www.bundesbank.de/Redaktion/DE/Standardartikel/Service/Finanzsanktionen/Laender/iran.html

QUELLEN Central Bank of Iran, https://www.cbi.ir/ ; German Trade and Invest (GTAI), www.gtai.de; Iranian News Agency (IRNA), http://www.irna.ir/de/News/82711730; Middle East Bank, https://en.middleeastbank.

Basar

(pers. Markt)

Bezeichnet den traditionellen Marktbereich in islamisch-orientalischen Städten. Der Begriff ist persischen Ursprungs und gleichbedeutend mit dem arabischen Wort Suq/Suk. Seit den Tagen des Propheten Mohammed, der selbst als Händler tätig war, bezeichnet es einen Ort des Handels. Seit dieser Zeit besteht auch die klassische Affinität zwischen den Basaris (Händlern) und dem Islam (→ Moschee). Der städtische orientalische Bazar ist in eine zusammenhängende Infrastruktur eingebettet, die seit Jahrhunderten fast unverändert geblieben ist. Als Zentrum des Handels befindet sich der Basar in der Regel in der Mitte einer Stadt und weist eine Sortierung nach bestimmten Branchen, Produkten und Funktionen auf, die sich um die Freitagsmoschee herum gruppieren. Die Moschee bildet häufig auch den Mittelpunkt des Basars. Die Spezialisierung nach Produkten ermöglicht sowohl die Herstellung (Handwerk, leichte Industrie) vor Ort als auch den Vertrieb (Einzelhandel, Großhandel, Import-Export). Die Handelsgeschäfte einer Branche sind meist in direkter Nachbarschaft zueinander gruppiert. Früher wurde der Basar durch den *Muhtasib*, der mit der Kontrolle der Preise, der Waren und den Aktivitäten des Handwerks auf der Basis der → Scharia betraut war, überwacht. Häufig wurde er dabei von einer „Religionspolizei" wie sie heute noch in einigen arabischen Ländern üblich ist, unterstützt. Basare sind nachts unbewohnt und geschlossen und werden lediglich von Nachtwächtern kontrolliert.

Die Anordnung der Geschäfte im Basar orientiert sich nach der Funktion oder dem Ansehen der Waren. Im Allgemeinen befinden sich in unmittelbarer Nähe des Haupteingangs der Moschee Verkaufsstände mit religiöser LITERATUR und Devotionalien sowie der Stand der Duft- und Parfümhersteller. In direkter Nachbarschaft der Moschee, wenn auch außerhalb des Blickfeldes, sind die Geschäfte der Goldschmiede und der Geldwechsler, die meist von Juden und armenischen Christen geführt werden. In deren Nähe sind ebenfalls die Luxusartikel untergebracht. In der Hauptstraße des Basars sind die Läden mit den Haushaltsartikeln, Kleider und Stoffen, in den Nebenstraßen Lebensmittel und Dinge für den täglichen Gebrauch. Sämtliche Lärm- und Schmutz verursachenden Gewerbe sind an der Peripherie des Basars angesiedelt. Alle Bereiche im Basar werden mit dem Namen ihres Handwerks bezeichnet.

Im Zentrum des Basars befindet sich das Gebäude der Karawanserei, die mehrere Funktionen in sich vereint. Sie ist gleichzeitig Herberge für reisende Kaufleute und Pilger, Handels- und Lagerplatz sowie häufig auch Werkstatt. Den auswärtigen Händlern dient sie als Lagerplatz für ihre Waren und entbindet sie davon, einen Laden zu mieten. Gleichzeitig ermöglicht sie der Verwaltung, die Händler zu kontrollieren und zu besteuern.

Viele der orientalischen Basare weisen eine besondere Architektur auf mit spezifischen Dachkonstruktionen aus großen Gewölben (Kuppelgewölbe, Rippengewölbe, Bogengewölbe) und einer großen Vielfalt an dekorativen Elementen (geometrische Ornamente, Ziegelsteinmuster). Die bedeutendsten und ältesten Basare in Iran sind in Tabriz, → Isfahan, → Shiraz, Mashad und Kermanshah.

Durch die Veränderungen im modernen Wirtschafts- und Handelsverkehr, durch die Einführung moderner Warenwirtschaftssysteme und die Veränderungen im internationalen Bankensystem haben viele Basare in den vergangenen Jahrzehnten viel von ihrer ursprünglichen Bedeutung als Zentrum des Handels- und Geldverkehrs eingebüßt. Im Basar werden heute meist die einfachen Dinge des täglichen Bedarfs gekauft. In Iran sind in den letzten zwei bis drei Jahren elektronische Verkaufsplattformen entstanden, über die ein immer größerer Teil der Konsumentenkäufe abgewickelt wird.

LITERATUR Clifford. E. Bosworth. Historic Cities of the Islamic World. Leiden 2007; Ralf Elger (Hrsg.): Kleines Islam-Lexikon. Geschichte. Alltag. Kultur. München 2001; Heinz Gaube. Iranian Cities. New York 1979; Peter Heine. Ethnologie des Nahen und Mittleren Ostens. Eine Einführung. Berlin 1989; Albert Hourani (Ed.). Islamic City. Oxford 1970; Ira Lapidus. Muslim Cities in the Later Middle Ages. Cambridge 1967; Mohammed Scharabi. Der Bazar. Das traditionelle Handelszentrum im Nahen Osten und seine Handelseinrichtungen. Tübingen 1985; Eugen Wirth. Zum Problem des Basars. Versuch einer Begriffsbestimmung und Theorie des traditionellen Wirtschaftszentrums der orientalisch-islamischen Stadt, in: Der Islam 51 (1974), 203-260, 52 (1975), 45-94

Basij

(pers. Sazman-e Basij-e Mostaz'afin, Organisation zur Mobilisierung der Unterdrückten)

Eine im November 1979 vom damaligen Revolutionsführer Ayatollah → Khomeini ins Leben gerufene paramilitärische Volksmiliz, deren offizielle Gründung am 30. April 1980 erfolgte. Die Organisation sollte ursprünglich jungen Männern im Alter zwischen 18 und 45 Jahren offenstehen, um sie als Freiwillige gegen irakische Truppen im Iran-Irak-Krieg einzusetzen. Während des Kriegs wurden jedoch tausende sogenannte *Kindersoldaten* aus vorwiegend armen Familien und oft jünger als 12 Jahre gegen Lebensmittelgutscheine rekrutiert und in die Minenfelder geschickt, nachdem ihnen vorher im Wege religiöser Indoktrination (schiitischer Märtyrerkult am Vorbild → Husseins) durch religiöse Würdenträger der Einzug ins Paradies versprochen worden war. Zunächst hatte man an der Front versucht, Pferde oder Esel durch das verminte Gelände zu treiben, allerdings scheuten die Tiere, als sie sahen, wie die ersten Artgenossen von den Minen zerrissen wurden, und suchten das Weite.

Neben dem Einsatz der Kindersoldaten war die Taktik der Pasdaran, Freiwillige als „menschliche Wellen" durch die Minenfelder zu schicken, um Korridore für die regulären Truppen zu schaffen. Das „Besondere" daran war, dass diese menschlichen Wellen in geraden Reihen vorwärts marschierten. Auf diese Weise verloren schätzungsweise Zehntausende der nur leicht oder unbewaffneten Basiji auf den Minenfeldern in Khuzestan ihr Leben. Bereits im Februar 1981 wurden die Basij auf Veranlassung des iranischen Parlaments nach wiederholten Rivalitäten dem Kommando der Revolutionsgarden unterstellt. Trotz der hohen Verluste an Menschenleben konnte die Volksmiliz ihre Mannschaftsstärke weiter ausbauen. Auf dem Höhepunkt des Krieges gegen den Irak entsandte sie 1983 450.000 bewaffnete Kämpfer an die Front und hatte zwischenzeitlich 2,4 Mio. Iraner im Umgang mit Waffen trainiert. Dennoch sind die Zahlen über die wahre Stärke der Bassij über die Jahre je nach Quelle sehr unterschiedlich und nicht nachprüfbar.

Nach dem Ende der Kriegshandlungen verließen viele Angehörige die Basij, um in ein ziviles Leben zurückzukehren. Die Organisation verlor an Attraktivität und schrumpfte auf wenige tausend Freiwillige zusammen, zumal die Staatsführung wesentlich mehr Mittel in die Revolutionsgarden investierte. Als im Juli 1999 Studentenunruhen ausbrachen, befürchtete die Regierung, die Kontrolle über die öffentliche Sicherheit zu verlieren und reaktivierte die Bassij, um sie gegen die demonstrierenden Studenten einzusetzen. Zusammen mit Polizeikräften und Kämpfern der libanesischen Ansar-e Hezbollah wurden die Proteste blutig niedergeschlagen. Aus ihrer ursprünglichen Aufgabe, die Landesgrenzen zu verteidigen, war die Verteidigung der inneren Sicherheit geworden. Während der Präsidentschaft von Mahmud → Ahmadinejad wurden die Basij in den folgenden Jahren unter der Führung der Pasdaran für Einsätze in der Aufstandsbekämpfung und im Straßenkampf landesweit mehrtägig trainiert und erhielten eine straffere Organisationsstruktur. Seitdem hat sich ihr Einsatzspektrum erheblich erweitert. In Teheran wurden 2.000 → Ashura-Bataillone der Basij geschaffen für den Einsatz bei Unruhen. Basij wurden zur Bekämpfung des Drogenschmuggels an den östlichen Landesgrenzen eingesetzt. Internationale Aufmerksamkeit bekamen sie als sogenannte „Sittenwächter" durch ihre zahlreichen Angriffe, meist in Form von Säureattacken, gegen Frauen, die sich auf den Straßen nicht strikt an die islamische Kleiderordnung hielten. Junge Iraner, die Partys feiern, an denen unverheiratete Frauen teilnehmen oder unverheiratete Pärchen, die sich in der Öffentlichkeit treffen, werden von den Basij, die sich quasi in einem rechtsfreien Raum bewegen, ebenso verfolgt. Nach Aussagen ihres damaligen Kommandeurs, General Mohammed Hejazi, verfügte die Miliz 2005 landesweit über mehr als 11 Mio. Mitglieder. Allerdings dürfte diese Zahl weit übertrieben sein, denn eine Studie des *Center for Strategic and International Studies* in Washington, D.C. schätzte im gleichen Jahr die Zahl ihrer aktiven Mitglieder auf ca. 90.000, die der Reservisten auf ca. 300.000, die bis zu einer Million aufgestockt werden könnte.

Nach den Präsidentschaftswahlen 2009, bei denen Mahmud → Ahmadinejad durch Wahlbetrug im Amt bestätigt wurde, kam es erwartungsgemäß wieder zu Studentenprotesten, bei denen die Basij erneut zur Niederschlagung eingesetzt wurden. Noch während der Proteste gründete das Staatsoberhaupt *Ayatollah* → *Khamenei* eine weitere paramilitärische Sicherheitstruppe, die *Haydaryan*, die eigens zu seinem persönlichen Schutz geschaffen wurde und sich aus Mitgliedern der Basij rekrutierte. Seit Iran mit den *al-Quds-Einheiten* der → Pasdaran im syrischen Bürgerkrieg kämpft oder im Irak militärisch engagiert ist, sind auch Einheiten der Basij in diesen Ländern an militärischen Aktionen beteiligt. Nach aktuellen Schätzungen (2015) beträgt die Mannschaftsstärke der im Irak kämpfenden Basij ca. 2.000 Kämpfer, in Syrien sollen ca. 7.000 Kämpfer im Einsatz sein (Middle East Institute 2018). Das Budget im Verteidigungshaushalt 2018 für die Bassij beträgt 357 Mio. USD. Die Miliz hat 90.000 aktive Mitglieder und kann insgesamt 600.000 Freiwillige zusätzlich rekrutieren (Azeri News, Newspaper 18, Jan. 2016). Die Volksmiliz der Basij ist Teil der → Revolutionsgarden (Sepah-e Pasdaran) und in der Imam-Hussein-Brigade und in der Imam-Ali-Brigade organisiert. Fast jede gesellschaftliche Gruppe hat ihre eigene Bassij. Es gibt eine Schüler-Miliz (*Basij-e Danesh-Amouzi*), eine für Studenten (*Basij-e Daneshjuyi*), eine Arbeiter-Basij (*Basij-e Karegaran*), eine angestellten-Miliz (*Basij-e Edari*) und eine Universität der Basij. Die Mitgliedschaft in einer Bassij bietet eine Reihe von Vorteilen gegenüber den Nichtmitgliedern. Milizionäre der Basij sind von der allgemeinen Wehrpflicht für Männer, derzeit 21 Monate, befreit. Sie bekommen leichter einen Studienplatz als andere Bewerber, erhalten ein Stipendium und sollen bei Abschlussprüfungen bevorzugt werden. Es ist für sie leichter, einen Arbeitsplatz bei Behörden zu bekommen, vor allem in sicherheitsrelevanten Bereichen, da ihnen eine besondere Treue gegenüber dem Staat und seinen Organen unterstellt wird. Gegenwärtig ist Brigadegeneral *Gholam-Hussein Gheibparvar* Kommandeur der Basij, er hat 2016 das Amt von seinem Vorgänger *Mohammad Reza Naqdi* (2009-2016) übernommen.

LITERATUR Bilal Y. Saab. Beyond the Proxy Powder Keg: The Specter of War between Saudi-Arabia and Iran. Policy Paper (2-2018). Middle East Institute. Washington 2018; Kenneth Katzman. Iran's Foreign and Defense Policies. CRS Report. Washington 2018; Freidoune Sahebjam. Ich habe keine Tränen mehr: Die Geschichte des Kindersoldaten Reza Behrouzi. Reinbek 1988; Dilip Hiro. Iran under the Ayatollahs. London 1985; Emanuele Ottolenghi. The Pasdaran. Inside Iran's Islamic Revolutionary Guard Corps. Washington 2011; Afshin Molavi. The Soul of Iran. A Nation's Struggle for Freedom. London 2005

INTERNETQUELLEN https://www.globalsecurity.org/wmd/library/news/iran/2005/iran-050930-rferl01.htm; https://diepresse.com/home/ausland/aussenpolitik/5346820/Irans-Revolutionsgarden_Hueter-der-Islamischen-Revolution; www.globalsecurity.org; www.basij.ir

Bazargan, Mehdi

(1905-20.01. 1995)

Iranischer Politiker und von April bis November 1979 der erste Premierminister der Islamischen Republik Iran. Geboren in eine wohlhabende Kaufmannsfamilie in Tabriz, studierte Bazargan in Paris und beendete das Studium der Ingenieurswissenschaften mit einem Diplom. Nach seiner Rückkehr 1941 nach Iran unterrichtete er an der Universität in Teheran und schloß sich 1949 der *Nationalen Front* von Mohammed Mossadegh an. Während der Regierungszeit von Mossadegh (1951-53) war Bazargan Direktor der kurz vorher verstaatlichten Erdölindustrie, der National Iranian Oil Industry (NIOC). Nach dem Staatsstreich 1953 gegen die Regierung Mossadegh (Operation Ajax) gründete Bazargan die „Nationale Widerstandsbewegung" als politische Plattform der Gegner der Monarchie. Im Mai 1955 wurde er verhaftet und wegen des Vorwurfs des Landesverrats für fünf Jahre ins Gefängnis gesperrt.

Nach seiner Freilassung 1960 gründete Bazargan zusammen mit dem Geistlichen Ayatollah → Taleqani 1961 die „Freiheitsbewegung für Iran" (*Nehzate Azadi-e Iran*) und wurde deren Vorsitzender. Nach einem Boykottaufruf gegen das Referendum des Shahs für die → „Weiße Revolution" wurde Bazargan mit anderen Mitgliedern seiner Bewegung erneut verhaftet und zu einer zehnjährigen Haftstrafe verurteilt. Nach seiner Freilassung in den 1970er Jahren trat Bazargan in der Öffentlichkeit nicht mehr in Erscheinung und beteiligte sich lediglich an Diskussionsforen mit schiitischen Geistlichen über die Rolle des Islams in der Politik und in der Regierungsverantwortung. Der Beginn der Anti-Shah-Proteste im Herbst 1977 brachte Bazargan wieder in die Politik zurück als einer der Mitgründer der „Vereinigung zur Verteidigung der Menschenrechte".

Ayatollah → Khomeini ernannte Bazargan im Februar 1979 zum Premierminister einer Übergangregierung der Revolution. Mit dieser Entscheidung versuchte Khomeini die eher westlich orientierte iranische Mittelklasse zu beruhigen. Aus Protest gegen die Erstürmung der US-Botschaft und die Gefangennahme des US-Botschaftspersonals durch revolutionäre „Studenten" trat Bazargan von allen Ämtern zurück. Hinzu kam, dass seine Autorität als Premierminister vom „Islamischen Revolutionsrat", dem er ebenfalls angehörte und von den Revolutionsgarden (→ Pasdaran) ständig konterkariert wurden. Ein Jahr später gewann er als Kandidat der „Freiheitsbewegung für Iran" einen Sitz im neugewählten iranischen Parlament. Bis 1983 blieb seine Partei die einzige politische Organisation aus der vorrevolutionären Zeit, danach boykottierte sie aus Protest gegen die Politik des Klerus zukünftige Wahlen. Seine Kandidatur zu den Präsidentschaftswahlen lehnte der Wächterrat 1984 ab. Bazargans nationalistisch orientierte liberale politische Haltung stand in scharfem Kontrast zur antidemokratischen Politik des Regimes. Er verurteilte die ständigen Menschenrechtsverletzungen und wurde dafür von radikalen politischen Gegnern angefeindet. Bazargan verfasste etwa 50 Bücher und Schriften.

LITERATUR Saeed Barzin, Obituaries: Mehdi Bazargan, in The Independent vom 21. Januar 1995; https://www.independent.co.uk/news/people/obituaries-mehdi-bazargan-1568973.html; Nachruf in der New York Times vom 21. Januar 1995, https://www.nytimes.com/1995/01/21/obituaries/mehdi-bazargan-former-iran-premier-dies.html

Besmellah

(arab. Basmala)

Bezeichnung für die Formel „Bismi llahi r-rahmani r-rahim", *Im Namen des barmherzigen und gnädigen Gottes,* der Eingangsvers des Korans. Mit einer Ausnahme (Sure Neun) leitet die Besmellah alle übrigen Suren des Korans ein. Sie ist in vielen Lebensbereichen eine islamrechtlich vorgeschriebene Norm, die z. B. vor jeder Koranlesung auszusprechen ist. In allen öffentlichen Gebäuden und vielerorts auch in privaten Bereichen sowohl in Iran als auch in der übrigen islamischen Welt, ist eine Kalligraphie der Besmellah für jeden sichtbar an den Wänden angebracht. Es ist üblich, die Formel, gelegentlich auch in ihrer verkürzten Form, „im Namen Gottes", auszusprechen, beim Betreten einer Moschee, vor Beginn einer Mahlzeit, vor Antritt einer Reise, bei der Beerdigung eines Toten, beim Anzünden des Lichts am Abend und vor dem ehelichen Geschlechtsverkehr. Besmellah wird in der gesamten muslimischen Welt als Anfang von Briefen, Büchern, Reden oder von Zeremonien sowie in offiziellen Dokumenten verwendet.

LITERATUR Rudolf Kriss. Volksglaube im Bereich des Islam, Bd.2: Amulette und Beschwörungen. Wiesbaden 1961; Rudi Paret. Symbolik des Islam, in: Ferdinand Hermann (Hrsg.). Symbolik der Religionen. Stuttgart 1958, S. 86-92

Bilaterales Investitionsabkommen

Mit Investitionsschutzverträgen gewähren Staaten ihren Investoren völkerrechtlichen Schutz im jeweiligen Gaststaat. Die Bundesrepublik Deutschland hat seit 1959 mehr als 130 bilaterale Investitionsschutzverträge abgeschlossen. Zwischen Deutschland und Iran wurde am 17.08.2002 ein *„Gesetz zu dem Abkommen zwischen der Bundesrepublik Deutschland und der Islamischen Republik Iran über die gegenseitige Förderung und den gegenseitigen Schutz von Kapitalanlagen"* abgeschlossen und am 14.01.2004 im Bundesgesetzblatt verkündet. Demnach gilt für deutsche Investoren in Iran ein qualifizierter Investitionsschutz, der nach dem Investitionsabkommen die Erteilung einer → FIPPA-Lizenz voraussetzt. FIPPA bedeutet „Foreign Investment Promotion and Protection Act". Ein Investitionsschutz gilt für Investitionen, die unter das FIPPA-Regime fallen und für Investitionen, die im Rahmen bilateraler Investitionsabkommen zwischen der Bundesrepublik Deutschland und der Islamischen Republik Iran getätigt werden. Eine FIPPA-Lizenz muss bei der *Organization of Investment, Economic and Technical Assistance of Iran* (O.I.E.T.A.I.) beantragt werden. Die Vergabe der Lizenz seitens des Iran ist eine behördliche Ermessensentscheidung, die sich an bestimmten Kriterien orientiert. Das Abkommen gilt nur für deutsche Staatsangehörige oder für juristische Personen, die nach deutschem Recht gegründet wurden oder ihren Sitz in Deutschland haben. Der Investitionsschutz des Abkommens umfassender als das FIPPA.

Nützliche Adressen und Organisationen für Investoren

Organisation	Website	Adresse
Organization for Investment Economic and Technical Assistance of Iran	http://www.investiniran.ir/en/home	Tehran, Davar, No. Soor-e Esrafil, Iran
Islamic Republic of Iran Customs Administration (IRICA)	www.irica.gov.ir	
Institute of Standards & Industrial Research of Iran (ISIRI)	http://www.isiri.com/	West Bahar St., Sardar Jangal Blvd., Pounak, Tehran, Iran
AHK	http://iran.ahk.de/	Deutsch-Iranische Industrie- und Handelskammer Ave. Africa, Navak Street No. 17 P.O. Box 15875-6118 Teheran
Deutsche Botschaft in Iran – Teheran	http://www.teheran.diplo.de	Ferdowsi Ave 320-324 11365 Teheran
Botschaft der islamischen Republik Iran	http://berlin.mfa.ir/	Podbielskialle 67, 14195 Berlin
Germany Trade & Invest	www.gtai.de	Friedrichstraße 60, 10117 Berlin
Bundesministerium für Wirtschaft und Energie	https://www.bmwi.de	

Tabelle: eigene Anfertigung

Deutsche Investoren können die Meistbegünstigungsklausel in Anspruch nehmen, d. h., sie dürfen nicht weniger günstig behandelt werden als z. B. Investoren aus anderen Ländern. Das Gesetz schützt ferner vor entschädigungsloser Enteignung und sieht Garantien für den Transfer von ausländischem Kapital vor. Im Falle von Rechtsstreitigkeiten sind iranische Gerichte zuständig, deshalb empfiehlt sich bei Streitigkeiten zwischen einem Investor und dem Investitionsstaat ein abgestuftes Verfahren zur Beilegung des Streits anzuwenden. Das Verfahren sieht zunächst eine gütliche Einigung zwischen beiden Parteien vor. Ist eine Einigung nicht möglich, kann nach Ablauf einer Wartefrist von sechs Monaten (sog. *Cooling Off*

Period) ein internationales Schiedsverfahren eingeleitet werden, das Neutralität und internationale Grundsätze garantiert. Diese Möglichkeit erscheint vorteilhafter als eine Klage vor einem staatlichen Gericht in Iran, dem zumeist klerikale Richter vorsitzen. Die FIPPA-Lizenz bietet sowohl administrative Vorteile als auch eine Absicherung für den Fall eines Austritts aus dem Vorhaben.
Literatur Babak Tabeshian. Gründung von Unternehmen, Investitionsschutz und Arbeitsrecht, in: Bakak Tabeshian, Sven-Boris Brunner, Harald Hohmann. Business-Guide Iran. Erfolg und Rechtssicherheit bei Markteinstieg und Geschäftsaufbau. Köln 2017, S. 133-159; Gesetz zu dem Abkommen zwischen der Bundesrepublik Deutschland und der Islamischen Republik Iran über gegenseitige Förderung und den gegenseitigen Schutz von Kapitalanlagen vom 14. Januar 2004, Bundesgesetzblatt Jahrgang 2004, Teil II Nr. 2, ausgegeben zu Bonn am 20. Januar 2004.

Blasphemie

Gotteslästerung ist in Iran wie in allen übrigen islamischen Staaten eine strafbare Handlung, die in Iran im „günstigsten Fall" mit Auspeitschen, meist aber mit dem Tode geahndet wird. Jede Form der öffentlichen Schmähung von religiösen Symbolen und Werten gilt als Gotteslästerung und umfasst ein breites Spektrum an Vergehen, wie die „Entehrung" des Propheten Mohammed und seiner Familie sowie die seiner Gefährten und sämtlicher Symbole, die einen Bezug zum Islam darstellen. Als ebenso verletzend wird jede Form der Kritik an Revolutionsführer Ayatollah → Khomeini, den gegenwärtigen Obersten Führer → Khamenei, die zwölf schiitischen Imame oder die staatlichen Institutionen gewertet. Es ist verboten nationale (islamische) Symbole wie den Koran, Bilder des religiösen Establishments, wichtige religiöse Stätten/Orte zu verunglimpfen, zu veralbern, zu verletzen oder zu zerstören, in welcher Form und aus welcher Motivlage auch immer. Inwieweit eine Verletzung vorliegt, liegt im Ermessen der Strafverfolgungsbehörden oder des religiösen Richters.

Iranische Bürger sind per Gesetz aufgefordert, entsprechende Handlungen den Behörden zu melden. Im Falle von künstlerischen Werken oder Darbietungen ist die→ Zensurbehörde vorab zu konsultieren. Blasphemie kann auf der Basis der → Scharia als → Apostasie (Abfall vom Glauben) ausgelegt werden, die mit der Todesstrafe geahndet wird. Einer der bekanntesten Fälle von Gotteslästerung in Iran ist der Roman des indisch-englischen Schriftstellers Salman Rushdie, → „Die Satanischen Verse" von 1989, gegen den Ayatollah Khomeini in einer Fatwa (Rechtsgutachten) dazu aufrief, den Autor zu liquidieren.

Literatur Ralf Elger (Hrsg.): Kleines Islam-Lexikon. Geschichte. Alltag. Kultur. München 2001; Salman Rushdie. Die Satanischen Verse. o. O. 1989

Bonyads

(pers. Stiftungen)

Treuhandgesellschaften mit ursprünglich karitativen Aufgaben. Im Iran muss unterschieden werden zwischen den traditionell religiösen Stiftungen (arab. → *Auqaf*) und den parastaatlichen Stiftungen (Bonyads) sowie den Unternehmen der → Revolutionsgarden (*Sepah Pasdaran*), die relativ jüngeren Datums sind. Die Vorgängerorganisationen der heutigen Bonyads sind die genuin kaiserlichen Stiftungen der → *Pahlavi-Foundation*, die ursprünglich für karitative und kulturspezifische Aufgaben gegründet wurden, in der Praxis jedoch als quasi Investmentgesellschaften zum Nutzen der kaiserlichen Familie und der iranischen Mittel- und Oberschicht operierten. Da sie unter strikter Geheimhaltung arbeiteten, waren sie der staatlichen Kontrolle praktisch entzogen und investierten Staatsgelder in ehrgeizige Entwicklungsprojekte wie z. B. das *Kish Island Resort*.

Eine eher jüngere Form des Stiftungswesens bilden die parastaatlichen Bonyads, die nach der Islamischen Revolution um die Jahreswende 1979/80 von Revolutionsführer → Ayatollah → Khomeini per Dekret ins Leben gerufen wurden. Ihr finanzieller Grundstock stammt aus den Enteignungen privater Unternehmen und der Verstaatlichung der Vermögen der früheren kaiserlichen Stiftungen. Der ursprüngliche Stiftungszweck der neugegründeten Bonyads war die Versorgung der Veteranen und Märtyrer des Iran-Irak-Krieges (1980-1988). Sozial schwache Bevölkerungsgruppen sollten Unterstützung in Form von Grundnahrungsmitteln, günstigen Kredite und Darlehen, medizinischer Versorgung und Rehabilitationsmaßnahmen erhalten. In der Praxis haben die Bonyads ihren Stiftungszweck von Beginn an nur mit Einschränkungen erfüllt. Mit ihrer Wirtschaftsmacht kontrollieren sie seit Jahrzehnten einen Großteil der iranischen Volkswirtschaft im Bereich des Nicht-Erdölsektors. Weil verlässliche Zahlen fehlen, variieren die Schätzungen über ihren Anteil am iranischen Bruttoinlandsprodukt (BIP) zwischen 20-30 % und 70-80 %. Ihre Geschäftsfelder reichen von der Landwirtschaft, über den Tourismus, das Hotelgewerbe, die Automobilindustrie, die Nahrungsmittel- und Getränkeindustrie bis hin zu Reedereien.

Als parastaatliche Unternehmen und durch ihre Nähe zur religiösen Elite sind sie privaten Wettbewerbern gegenüber bei der Vergabe öffentlicher Aufträge und staatlicher Subventionen klar im Vorteil. Gewinne aus ihren Geschäften werden nicht versteuert, sondern an die zahlreichen Unterstützergruppen der Islamischen Republik transferiert. Bonyads sind weder auskunfts- noch rechenschaftspflichtig und stehen unter der direkten Kontrolle des amtierenden Revolutionsführers, der die Geschäftsführer persönlich bestellt. Seit der 1980er-Jahren stehen die Stiftungen im Wettbewerb mit den zahlreichen Unternehmen der Revolutionsgarden (Pasdaran), die nach dem Ende des Iran-Irak-Krieges bei der Beseitigung der

Kriegsschäden und beim Wiederaufbau der Infrastruktur eingesetzt wurden und zu diesem Zweck eigene Unternehmen gründeten.

Kritiker werfen den Bonyads seit langem vor, als Versorgungsanstalten für verdiente Unterstützer des Regimes und deren Familien zu dienen und die iranische Volkswirtschaft durch das Abkassieren staatlicher Gelder, durch ihren aufgeblähten Personalbestand, durch Ineffizienz und Vetternwirtschaft, dauerhaft zu schaden. Im Kern betrieben die Bonyads die gleiche Geschäftspolitik wie die royalen Stiftungen vor der Revolution. In Iran gibt es gegenwärtig etwa 120 Bonyads.

Zu den größten Stiftungen im Land zählen:

- Bonyad → Astan-e Quds-e Razavi (das Heilige Tor zu Imam Reza)
- Bonyad Mostazafan va Janbazan (Stiftung der Märtyrer)
- Bonyad 15. Khordad
- Bonyad Shahid va Omur-e Janbazan
- Bonyad Setad (Imam-Khomeni-Hilfsorganisation)
- Bonyad Maskan (Wohnungsstiftung)

LITERATUR Ali A. Saeidi. The Accountability of Para-Governmental Organizations (bonyads): The Case of Iranian Foundations, in: *Iranian Studies*, Vol. 37, No. 3 (Sep., 2004), pp. 479–498

A mess. How not to build a private sector, unter: https://www.economist.com/node/705282, (abgerufen am 3.04.2018)

Böser Blick

(pers. Cheshme bad, böses Auge)

Bezieht sich auf eine Person, die einer anderen Person mit dem Blick ihrer Augen schaden will. Der Böse Blick ist als Volksglaube ein weltweit verbreitetes, kulturübergreifendes Phänomen, bei dem die Angst vor tod- oder unheilbringenden Blicken aus Neid oder Hass auf alles, was wertvoll und teuer ist, eine besondere Rolle spielt. Diese Form des Schadenzaubers ist vermutlich die älteste Form des Aberglaubens. Er stammt aus vorislamischer Zeit und war bereits im Alten Ägypten und in Mesopotamien bekannt. Seine Ausbreitung in der islamischen Welt wurde durch die Aussprüche des Propheten Mohammed und durch den Koran begünstigt.

In Iran ist der Glaube an die unheilvolle Kraft des Bösen Blicks die am häufigsten vorkommende Form abergläubischen Denkens. Es ist allgegenwärtig und zieht sich quer durch alle Gesellschaftsschichten. In seiner spezifischen Ausprägung ist der Böse Blick sehr komplex. Iraner kennen drei Ausprägungen des Bösen Blicks:

1. Cheshme shur (*salziges Auge*) bezieht sich auf eine Person, die etwas/jemanden lobt oder bestaunt und mit der Zauberkraft ihres Auges durch diese lobenden Worte *ungewollt* etwas Schlechtes bewirkt und jemandem Schaden zufügt.
2. Cheshme zakhr (*Auge, das jemanden verwundet*) wird dann wirksam, wenn eine Person aus Neid oder Missgunst mit der Zauberkraft ihres Auges jemandem Schaden zufügt. In diesem Fall ist immer ein *Motiv* vorhanden.
3. Cheshme tangi (*schmales, enges Auge*) gründet ebenfalls in Habsucht oder Neid und missgönnt anderen Menschen ihren Wohlstand und Besitz.

Beim Bösen Auge ist es unwichtig, ob eine Person Kenntnis von der „Zauberkraft" ihres Auges hat oder nicht. Jemand kann zufällig im Besitz eines Bösen Auges sein, das diese übernatürliche Kraft hat. Im Allgemeinen glauben Iraner, dass nur sehr wenige Menschen sich dessen bewusst sind, über die Zauberkraft des Bösen Blicks zu verfügen. Selbst wenn sie darüber Bescheid wüssten, müssen sie nicht unbedingt in der Lage sein, ihn zu kontrollieren.

Gegen die Wirkungsweise des Bösen Auges helfen nur bestimmte Schutzmaßnahmen, dazu zählen insbesondere: *Amulette*, das Mittel der *Irreführung* und *Ablenkung* des Bösen Auges, *Vermeidungssprüche* und der Gebrauch von *Esfand*. In fast jedem iranischen Haus ist im Eingangsbereich ein Amulett angebracht, das sogenannte *Nazar-Amulett*, das aus vier unterschiedlich großen blauen und weißen Kreisen mit einem schwarzen Punkt in der Mitte besteht, oder ein Amulett in Form einer kleinen dunkelblauen Hand mit einem kleinen Auge in der Handinnenfläche, die *Hand der Fatima*. Sie sollen bereits beim Betreten der Wohnung ihre abwehrende Kraft einsetzen. Nach Ansicht vieler Iraner ist die einfachste und häufigste Methode zum Schutz vor dem Bösen Auge der Versuch, möglichst nicht aufzufallen, um nicht die Blicke anderer Personen auf sich zu ziehen. Nur auf diese Weise lassen sich Neid und Missgunst verhindern.

Hilfe verspricht in solchen Fällen der → Koran. Mohammed selbst soll die Verwendung von bestimmten Formeln zur Abwehr des bösen Blicks empfohlen haben. Im Koran bietet das Aufsagen der beiden Schutzsuren *al-Falaq* (Sure 113) und *al-Nas* (114) dem Betroffenen Schutz, nachdem er bewundert oder gelobt wurde oder das Gefühl hat, vom Bösen Blick getroffen zu sein. Eine Art der Vorbeugung gegen den schädigenden Einfluss durch ein Böses Auge ist das rechtzeitige Aussprechen von Vermeidungssprüchen.

Wird ein neugeborenes Kind zum ersten Mal anderen Personen gezeigt, sollen die Worte *Mashallah*, „was Gott will", ausgesprochen werden. Die Formel Mashallah gilt im Übrigen bei sämtlichen Gelegenheiten, bei denen jemand gelobt und/oder bewundert wird. Mashallah ist auch ein Ausdruck der Verwunderung in einem positiven Sinne und hat eine schützende Funktion. Eine weitere helfende und beschützende Formel ist der arabische Ausdruck *Inschallah*, „wenn Gott wünscht". Sie wird häufig verwendet, wenn jemand die Absicht hat, etwas zu unternehmen, um den Erfolg zu garantieren. Traditionsbewusste Iraner benutzen oft das persische Äquivalent in Form von *be omide Khoda,* in der Hoffnung auf Gott. Beide Varianten können auch in dem Sinne verstanden werden, dass jemand, der etwas aus der Hand gibt, keinen Einfluss mehr darauf hat und die weitere Entwicklung praktisch dem Zufall überlässt.

Wenn jemand glaubt, eine nahe Person sei Opfer des Bösen Blicks geworden, bieten sich verschiedene Orakel an, um herauszufinden, von wessen Auge der böse Zauber ausging und um es zu neutralisieren. Eine geeignete Methode zur Bestimmung des Verursachers ist das eher selten angewendete *Eier-Orakel.* Dafür wird ein rohes Ei an seinen beiden Enden zwischen zwei Finger geklemmt und die Namen der verdächtigen Personen ausgerufen, so oft, bis es schließlich platzt. Beim Platzen des Eies wird die Zauberkraft des Verursachers, sei es ein Neider oder Bewunderer, neutralisiert. Gegen den Bösen Blick helfen schließlich auch Gelübde, die, wenn sie einmal ausgesprochen sind, eine Art Vertrag zwischen Mensch und Gott darstellen.

LITERATUR Hans Bächtold-Stäubli (Hrsg). Handwörterbuch des deutschen Aberglaubens. 10 Bde. Berlin 2000; Ditte Bandini, G. Bandini. Kleines Lexikon des Aberglaubens. München 1998; Bess A. Donaldson. The Wild Rue. A Study of Muhammadan Magic and Folklore in Iran. London 1938; Werner Ende, Udo Steinbach (Hrsg.). Der Islam in der Gegenwart. München 52005; Kornelius Hentschel. Geister, Magier und Muslime. Dämonenwelt und Geisteraustreibung im Islam. München 1997; Rudlof Kriss, Hubert Kriss-Heinrich. Volksglaube im Bereich des Islam. 2 Bde. Wiesbaden 1960–62; Reinhold Loeffler. Islam in Practice. Religious Beliefs in a Persian Village. Albany 1988; Siegfried Seligmann. Der böse Blick und Verwandtes. Ein Beitrag zur Geschichte des Aberglaubens aller Zeiten und Völker. 2 Bde. Berlin 1910; Heinrich Alexander Winkler. Siegel und Charaktere in der Muhammedanischen Zauberei. Berlin/Leipzig 1930;

Brautgeld

(pers. Mehrije)

Bezeichnet einen Geldbetrag oder eine andere Form der Übereignung von Vermögenswerten im Rahmen einer Hochzeit vom Bräutigam oder seiner Familie an die Eltern der Braut, in der Regel an den zukünftigen Schwiegervater. Das Brautgeld wird häufig auch als Brautgabe oder Morgengabe bezeichnet und ist in vielen traditionalen Gesellschaften heute noch üblich.

In der islamischen Welt ist diese Tradition vorgeschrieben und im → Koran dokumentiert. In Sure Vier, Vers 4, „die Frauen", heißt es: *„Gebt den Frauen ihr Brautgeld als Geschenk! Doch wenn sie euch freiwillig etwas davon überlassen, dann verzehrt es freudig zu eurem Wohl!"*

Brautgeld

Das Brautgeld ist *kein* Kaufpreis und keine Mitgift, sondern dient der finanziellen Absicherung der Braut im Falle einer Scheidung, da die Frau in der Regel zu ihrer Familie zurückkehren kann. Im Gegensatz zum Brautgeld wird eine Mitgift von der Braut in die Ehe mit eingebracht. In Iran wird die Höhe des Brautgeldes vor der Hochzeit zwischen den beiden Parteien, der Familie der Braut und der des Bräutigams, ausgehandelt und vor der eigentlichen Ehezeremonie dem Schwiegervater übereignet und notariell durch den Mullah in seiner Eigenschaft als „Standesbeamter" beurkundet.

Die Höhe und Art des Brautgeldes unterliegt keinen Vorschriften. Werden Ehen, die in Iran nach islamischem Recht geschlossen werden, wozu auch das obligatorische Brautgeld gehört, in Deutschland geschieden, so hat die Ehefrau einen rechtlichen Anspruch auf Auszahlung des vereinbarten Brautgeldes. Grundlage dieses Anspruchs ist das Niederlassungsabkommen von 1929 zwischen dem Deutschen Reich und dem Kaiserreich Persien, das weiterhin gültig ist. Nach diesem Abkommen sind Angehörige „eines der beiden Staaten, die im jeweils anderen Staat leben, beim Familienrecht weiter den Vorschriften und Gesetzen ihres Heimatlandes unterworfen" (*OLG Köln*, Beschluss vom 5.11.2015 – 21 UF 32/15 und *Die Welt* vom 09.08.2007).

LITERATUR Jack Goody, Stanley J. Tambiah. Bridewealth and Dowry in Africa and Eurasia. Cambridge 1973; Michel Panoff, Michel Perrin. Brautpreis, in: Justin Stagl (Hrsg.). Taschenwörterbuch der Ethnologie. München 1975.

INTERNETQUELLEN
http://lorenz.userweb.mwn.de/urteile/21uf32_15koeln.htm
https://www.heise.de/tp/features/Etappensieg-fuer-iranische-Frauen-3420213.html
https://www.welt.de/politik/article1093027/Muslimische-Mitgift-in-Deutschland-einklagbar.html

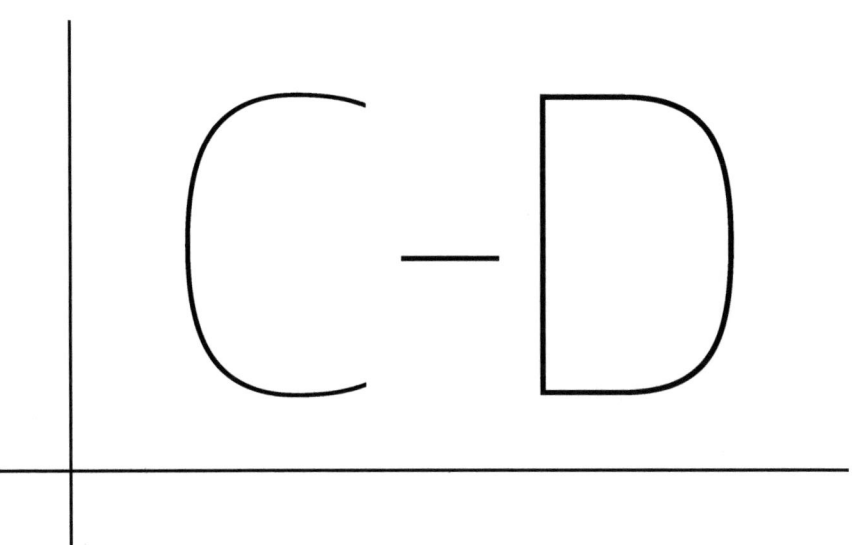

Chabahar

Iranische Hafenstadt und Freihandelszone in Südostiran in der Provinz Sistan-Baluchistan. Die Stadt liegt im Golf von Oman an der Makran-Küste vor der Straße von Hormuz. Die Küstenlinie beträgt 300 km. Weil Chabahar der einzige tiefseegängige Hafen Irans zu internationalen Gewässern (Indischer Ozean) ist, ist er von einer immensen geostrategischen Bedeutung. Wichtigste Wirtschaftszweige in Chabahar sind traditionell die Fischerei und der Handel.

Bereits 2500 v. Chr. gab es in der Nähe des heutigen Chabahar einen Fischerort und Hafen namens *Tis*, an dem Alexander d. Gr. auf seinem Rückzug aus Indien vorbei kam. Im 13. Jh. wurde der Ort von den Mongolen zerstört. Im 16. Jh. fielen Chabahar und Tis unter portugiesische Herrschaft. Die Portugiesen errichteten dort ein Fort, das heute noch erhalten ist, wurden aber 1621 von den Engländern abgelöst. Um die besondere geostrategische Bedeutung des Ortes wusste auch der letzte Shah Mohammed Reza → Pahlavi, als er 1973 Pläne für den Ausbau des Hafens zu einer Marinebasis und für den Bau eines Luftwaffenstützpunktes entwickeln ließ, die mit amerikanischer Unterstützung realisiert werden sollten. Für den Shah war die Kontrolle des Seeweges in den → Persischen Golf wichtig, zudem sicherte ihm der Hafen eine größere politische und militärische Einflussnahme in den Indischen Ozean.

Die Revolution von 1979 machte diese Pläne zunichte. Während des Iran-Irak-Krieges wurde Chabahar als Nachschubhafen für die Versorgung des iranischen Festlandes wichtig, nachdem die irakische Armee die Straße von Hormuz blockiert hatte. Die alten Entwicklungsprojekte wurden erst 1983 wieder aufgegriffen. Die islamische Regierung legte ein Konzept vor, das den Ausbau des Hafens von Chabahar und die Einrichtung einer Freihandelszone vorsah, ferner sollten die östlichen Provinzen gezielt gefördert werden. Weil Iran diese Projekte nicht aus eigener Kraft realisieren kann, wurde Indien 2003 als Kooperationspartner an Bord geholt. Eine Vereinbarung zur Sanierung der Hafenanlagen von *Shahid Beheshti* musste die indische Regierung wenig später aufgrund des amerikanischen Drucks allerdings wieder aufgeben. Nachdem im sogenannten *Atom-Deal* (2016) Fortschritte erzielt worden waren, konnten beide Länder ein bilaterales Abkommen unterzeichnen. Das Projektvorhaben sieht neben dem Ausbau des Hafens, die Schaffung zweier Terminals und Kais für große Containerschiffe vor. Das Bauvorhaben steht in unmittelbarer Konkurrenz zum Ausbau des Hafens von *Gwadar* auf der pakistanischen Seite der Makranküste. Während Chabahar ein rein kommerzielles Unternehmen ist, gilt Gwadar als ein militärisches Projekt, das unter Federführung der chinesischen Regierung vorangetrieben wird.

Für Indien ist die Nutzung von Chabahar insofern wichtig, weil die Landroute durch Pakistan wegen der anhaltenden politischen Spannungen zwischen den beiden Ländern ohnehin versperrt ist. Außerdem lassen sich über Chabahar die zentralasiatischen Märkte leichter erschliessen. Umgekehrt erhalten die Staaten dieser Region einen Zugang zum Indischen Ozean. Chabahar ist 70 km von der pakistanischen Grenze entfernt. Nach dem letzten Zensus (2016) hat die Stadt 106.739 Einwohner (1976: 5.819). Die teilweise noch nomadisierende Bevölkerung zählt ethnisch zu den → Baluch, die auch jenseits der Grenze auf der pakistanischen Seite leben. Die Bevölkerung orientiert sich mehrheitlich am sunnitischen Islam. In der FTZ wurde 2002 eine Universität eröffnet, an der 1.765 Studenten eingeschrieben sind.

Infrastruktur: Die Freihandelszone hat eine Gesamtfläche von 14.000 ha und verfügt über zwei Häfen.

1. *Shahid Kalantari* hat einen Anlegekai und ein 42.000 m² großes Warenlager,
2. *Shahid Beheshti* hat ebenfalls einen Anlegekai und ein 18.000 Qm großes Warenlager.
3. Verkehrsanbindung an eine mehrdimensionale Verkehrsinfrastruktur (Häfen, Flughafen, Straßennetz)
4. Abfertigung von 1.000 Lkws/Tag über ein Transport-Terminal
5. Der Konarak-Flughafen ist 40 km westlich von der FTZ entfernt und bedient nationale und internationale Flugziele (Doha, Dubai, Muscat)
6. Chabahar ist an das nationale Verkehrswegenetz angeschlossen, die vier wichtigsten Routen sind: Chabahar – Bandar Abbas, Chabahar – Kerman, Chabahar Mashad, Chabahar – Milak (an der afghanischen Grenze).
7. Das iranische Eisenbahnnetz verbindet den Hafen mit den zentralasiatischen Ländern. Güter können nach Afghanistan, Turkmenistan, Armenien, Azerbaijan, Georgien, Russland, Tadjikistan, Kasachstan und Kirgisien auf dem Schienenweg transportiert werden.

Besondere Vorteile für Investoren:

- Direkter Zugang zu internationalen Gewässern (Indischer Ozean)
- Einziger iranischer Hafen außerhalb der Straße von Hormuz
- Tiefseehafen für große Containerschiffe
- Kurze Entfernungen zu den zentralasiatischen Märkten
- Verkürzte Passagezeiten zu den Staaten Asiens
- Kürzere Liegezeiten für Schiffe
- Leichter Zugang zu Energieressourcen

- Verkehrsinfrastruktur (Flughafen, Eisenbahn, Straßen)
- Geringe Lohnkosten, günstige Transport- und Lagerkosten
- Es gelten die üblichen Bestimmungen für ausländische Investoren in Iran.

Die klimatischen Verhältnisse in Chabahar sind angenehmer als in vielen anderen Landesteilen von Iran. Die durchschnittliche Jahrestemperatur liegt bei 34°C, das Minimum bei 10 °C, die Niederschlagsmengen sind relativ gering und die Sommer wegen der Monsunwinde aus Indien „kühler" als in der übrigen Golfregion.

Informationen: www.cfzo.ir (nur in pers.), www.chabaharport.pmo.ir; www.investiniran.ir (in engl.); http://askaboutiran.com/business/free-zone/chabahar;

Christen

(pers. Masihi)

Zählen neben Juden und Zoroastriern zu den kleinen Religionsgemeinschaften in Iran, die trotz der in der Verfassung garantierten Religionsfreiheit staatlichen Repressalien und Diskriminierung ausgesetzt sind. Die iranischen Christen waren stets eine Minderheit verglichen mit den anderen Religionsgemeinschaften (Zoroastrier, Muslime). Die Angaben über die Größe der iranischen Christengemeinden schwanken zwischen 300.000 (U.S. State Department) und 800.000 (Open Doors, 2018), es gibt 600 Kirchen (U.S. State Department 2014). Cristen leben vorwiegend in den urbanen Zentren wie → Teheran, → Isfahan sowie im Norden und Westen des Landes.

Die iranischen Christen unterscheiden sich in ethnische Christen, wie → Armenier, Assyrer und Chaldäer (Nestorianer) und iranische Katholiken sowie in nichtethnische Christen (durch Konversion). Neben diesen christlichen Gruppen leben in Iran Anhänger weiterer kleiner Denominationen, dazu gehören verschiedene Freikirchen wie Presbyterianer, Pfingstbewegung sowie Protestanten, Anglikaner und Evangelikale, über die keine Zahlenangaben vorliegen.

Die größte christliche Glaubensgemeinschaft bilden die Armenier, deren Mitgliederzahlen ebenfalls zwischen 110.000-300.000 schwanken, gefolgt von assyrischen Christen (*Nestorianer*, 11.000-20.000), Chaldäern (3.900) und iranischen Katholiken (21.000). Die ethnischen Christen in Iran verfügen über zwei Parlamentssitze, die Gruppen der nichtethnischen Christen haben keinen Repräsentanten im Parlament.

Christen lebten bereits in vorislamischer Zeit in Iran. Die ersten christlichen Gemeinden entstanden zu Beginn des 2. nachchristlichen Jahrhunderts zunächst in Gilan (Nordiran), anschließend im Südwesten und im Osten des Landes. Viele der frühen Christen waren vom Zoroastrismus konvertiert oder migrierten aus ihren syrischen Gemeinden nach Iran. Durch ihre Nähe zur byzantinischen Kirche litten sie unter der Verfolgung durch die Sassaniden. Das Byzantinische Reich (*Oströmisches Reich*) und die iranischen Sassaniden kämpften als Konkurrenten um die Vormachtstellung im Mittleren Osten. Dies änderte sich erst, als die iranischen Christen sich von der Kirche in Byzanz lossagten und eigenständig wurden. Nach der islamischen Eroberung prosperierten die iranischen Christengemeinden und konnten als anerkannte religiöse Minderheit unbehelligt ihren Glauben im Alltag leben. Die Eroberungszüge der mongolischen Heere in Iran unter Timur Leng im 14. Jahrhundert endeten mit einer beispiellosen Verwüstung des Landes und leiteten den Niedergang der einst blühenden Christengemeinden ein, der bis in die Gegenwart andauert. Ein Teil der Nestorianer vereinigte sich im 16. Jahrhundert mit der römischen Kirche und wird seitdem als *Chaldäer* bezeichnet, die übrigen Nestorianer nennen sich dagegen *Assyrer*.

Neben der traditionellen Kirche entstanden nach der Islamischen Revolution kleinere, im Verborgenen lebende, christliche evangelikale Glaubensgemeinschaften von ethnischen Iranern, die durch Konversion zum Christentum gewechselt sind. Nach dem islamischen Gesetz der → Scharia ist der Übertritt vom Islam zu einer anderen Religion grundsätzlich verboten (→ Apostasie) und wird mit dem Tode bestraft.

LITERATUR Mark Bradley. Iran and Christianity: Historical Identity and the Present Relevance. London 2008; Richard Folz. Religions of Iran: From Prehistory tot he Present. London 2013; Martin Tamcke. Christen in der islamischen Welt. München 2008; Paul Wenig. Glaube oder Trick? Wenn Flüchtlinge Christen werden. Berliner Morgenpost, 27.08.2017

INTERNETQUELLEN https://www.state.gov
https://www.opendoors.de/christenverfolgung/weltverfolgungsindex/laenderprofile/2018/iran
http://countrymeters.info/en/Iran

Demographie

Iran hat im internationalen Maßstab eine sehr junge Bevölkerung. Das Land zählt nach Ägypten zu den bevölkerungsreichsten Staaten im Nahen und Mittleren Osten. Gegenwärtig leben in Iran ca. 82 Mio. Menschen, beim letzten Zensus von 2016 wurden 79,2 Mio. Einwohner erfasst. Die Bevölkerung wächst jährlich um ca. eine Million Menschen. Allein im vergangenen Jahrzehnt ist die Gesamtbevölkerung um ca. neun Millionen angewachsen. Seit der Islamischen Revolution 1979 hat die iranische Bevölkerung sich mehr als verdoppelt.

Die Altersstruktur hat sich in den letzten Jahren ebenso stark verändert. Waren im Jahr 2003 noch gut 29 % aller Iraner im Alter bis 15 Jahren, so ist ihr Anteil bis 2016 auf knapp 23,6 % gesunken. Insgesamt waren 16,7 % im Alter zwischen 15 bis 24 Jahren, 47,6 % im Alter zwischen 25 und 54 Jahren, 6,8 % in der Altersklasse der 55- bis 64-jährigen und 5,4 % waren über 65 Jahre alt. Die jährliche Geburtenrate lag 2016 bei 1,25 %, sie ist seit Jahren stark rückläufig. Die Fertilitätsrate (Geburten pro Frau) betrug 1,7 Kinder, das sind etwa 17 Geburten je 1.000 Einwohner. Der Geburtrückgang ist vor allem das Ergebnis einer Verschärfung der sozioökonomischen Verhältnisse (eine hohe Arbeitslosigkeit, Inflation, fehlender Wohnraum und eine insgesamt unsichere Zukunftsperspektive besonders unter jungen Iranern).

Nach Angaben des *Statistical Center of Iran* lebt die Mehrheit der iranischen Bevölkerung in urbanen Zentren (2016: 56,5 Mio.), etwa 22,6 Mio. Menschen leben auf dem Land. Seit den 1960er-Jahren hält die Landflucht unvermindert an. Das Durchschnittsalter der Männer ist 29,7 Jahre, bei den Frauen beträgt es 30,0 Jahre. Die durchschnittliche Lebenserwartung ist in den vergangenen 40 Jahren um durchschnittlich 25 Jahre gestiegen und beträgt 75,95 Jahre (2016). Die Regierung führt den Zuwachs auf eine Verbesserung der individuellen Lebensverhältnisse sowie der sozialen und medizinischen Infrastruktur zurück. Männer haben demnach eine durchschnittliche Lebenserwartung von 73, 8 Jahren, bei Frauen liegt sie bei 78,4 Jahren. Nach Aussagen des iranischen Gesundheitsministeriums ist zu erwarten, dass 47 % aller Iraner (51 % der Frauen, 43 % der Männer) älter als 70 Jahre werden (Pars Today vom 30.01.2018).

Gemessen an der Bevölkerungsgröße nimmt Iran im Vergleich zur Weltgesamtbevölkerung Rang 18 ein (Deutschland: 16). Von den 21,18 Mio. iranischen Familien lebt die Mehrheit (15,4 Mio.) in urbanen Zentren, etwa 5,75 Mio. Familien dagegen auf dem Land. Die durchschnittliche Haushaltsgröße beträgt 3,5 Personen und ist seit einigen Jahren relativ konstant. Dennoch ist ein Trend zu kleineren Familien zu erkennen. Die „klassische" iranische Großfamilie ist aufgrund der Wohnverhältnisse fast nur noch auf dem Land anzutreffen.

Die Bevölkerungsdichte ist mit 46,3 Einwohnern pro Quadratkilometer geringer als in Deutschland (226). Der Anteil der städtischen Bevölkerung ist mit 73,7% (56,19 Mio.) annähernd gleich hoch. Ungefähr ein % aller Iraner leben als Nomaden.

Iran zählt in der MENA-Region (*Middle East and North Africa*) zu den Ländern mit einem außergewöhnlich hohen Anteil an Hochschulabsolventen. Im Jahr 2015 verließen insgesamt 738260 Iraner die Hochschule mit einem Studienabschluss. Davon entfielen 5,06 % auf die Erziehungswissenschaften, 7,71 % auf Humanwissenschaften und Künste, 4,92 % auf Sozialwissenschaften und Journalistik, 23,43 % schlossen in Betriebswissenschaft und Recht ihr Studium ab, Informatik und Technologie kamen auf 8,63 %, Gesundheitswissenschaft auf 4,89 %, Agrarwissenschaft auf 3,42 % und der Dienstleistungssektor erzielte 3,39 %. Den höchsten Anteil an allen Studienabschlüssen verzeichneten die Ingenieurswissenschaften, Herstellung und Konstruktion mit 32,39 %, wobei die Frauen stärker vertreten sind als ihre männlichen Studienkollegen. Wegen des höheren Frauenanteils unter den Studenten hat die iranische Regierung eine „Männerquote" eingeführt.

Den größten Anteil an der Gesamtbevölkerung stellen ethnische Perser (62%), zweitgrößte Bevölkerungsgruppe sind Azerbaijaner (16 %) gefolgt von Kurden (9 %), Mazanderaner und Gilaken (3 %), Baluchen (2 %), Luren, Bakhtiaren (3 %), Araber (2 %) und Turkmenen (2 %). Etwa 1 % der iranischen Bevölkerung sind Nomaden mit teils sesshafter Lebensweise. Es gibt zahlreiche kleinere ethnische Minoritäten.

Die iranische Gesellschaft ist traditionell sehr patriarchalisch und familienbezogen ausgerichtet, dennoch zeigt sich seit einigen Jahren ein Trend zum Ein-Personen-Haushalt. Es gibt insgesamt 1,54 Mio. Single-Haushalte (7,2 % aller Haushalte), wobei der Anteil der Frauen mit 68,7 % mehr als doppelt so hoch ausfällt wie bei den Männern (31,3 %). Frauen lassen sich statistisch gesehen auch häufiger scheiden oder bleiben unverheiratet. Sie schließen häufiger ein Hochschulstudium ab als Männer und stellen mit einem Anteil von 56 % die größte Gruppe unter den Studenten.

Frauen sind im akademischen Bereich erfolgreicher als Männer, weil sie in einer von Männern dominierten Gesellschaft stärker um ihre gesellschaftliche Anerkennung kämpfen müssen. Außerdem sind sie ehrgeiziger. Noch unter der Monarchie wurde 1963 das aktive und passive Wahlrecht für Frauen eingeführt. Sie dürfen, anders als Frauen in Saudi-Arabien (dort erst seit diesem Jahr), den Führerschein machen. Sie dürfen jedoch ohne schriftliche Einwilligung ihres Mannes/ Vaters (bei unverheirateten Frauen) weder einen Beruf ausüben noch reisen. Damit teilen sie wiederum das Schicksal der Frauen in den arabischen Ländern.

Iran hat im Bereich der Alphabetisierung in den vergangenen Jahrzehnten enorme Fortschritte erzielt. Fast alle erwachsenen Männer (91,2 %) und Frauen (82,5 %) können lesen und schreiben. Unter jungen Iranern ist der Anteil sogar noch höher (98,3 %), auch im Vergleich zur MENA-Region. Noch vor der → Weißen Revolution Anfang der 1960er-Jahre war die Situation genau umgekehrt. Die Analphabetenquote lag im Landesdurchschnitt in den Städten bei 85 %, auf dem Lande konnten 94 % der Bevölkerung weder lesen noch schreiben. Dank der staatlichen Bildungsprogramme des Shah-Regimes sank diese Zahl bis gegen Ende 1979 auf etwa 45 % in den Städten respektive auf 80 % auf dem Land. Die Einschulungsquote ist für ein Land in dieser Region heute sehr hoch und beträgt im Primarbereich 89 %, im Sekundarbereich liegt sie bei 78 %. Iran hat insgesamt 37 Universitäten.

INTERNETQUELLEN Statistical Center of Iran, www.amar.org. ir

Statistisches Bundesamt, www.destatis.de; www.worldatlas.com
http://parstoday.com/de/news/iran-i36507 – iran_lebenserwartung_gestiegen
CIA World Factbook 2017, https://www.cia.gov/library/publications
http://www.spiegel.de/lebenundlernen/uni/universitaeten-im-iran-verbannen-frauen-aus-bestimmten-studiengaengen-a-851705.html
https://www.zeit.de/2015/46/iran-studium-studienfaecher-deutsche-studenten/komplettansicht?print

Derwisch

(pers. darvish, Bettler, Armer)

Steht synonym für den arabischen Begriff Sufi, das ist ein Mystiker, der den Sufismus praktiziert und Mitglied einer islamischen Bruderschaft (*tariqa*) ist. Derwische haben sich oft einem geistlichen Lehrer/Meister (Sheikh) oder einem Kloster angeschlossen. Sie sind bekannt für einen disziplinierten und asketischen Lebensstil als Mönch in einem Kloster oder als umherziehender Bettler und werden häufig wegen ihrer Klugheit und Weisheit bewundert. In Nordafrika (Maghreb) werden Derwische als *Ikhwan* bezeichnet, in der Türkei und im Iran als *Darvish*, von *Dar* (pers. für Tür, Tor), jemand, der im übertragenen Sinne an einer Schwelle steht. Im Volksmund wird darunter meist ein umherziehender und bettelnder Sufi (arab. *Fakir, Armer*) verstanden. Derwische stehen für eine unorthodoxe Auslegung des Islams, legen keinen Wert auf materielle Dinge, weil sie nur den Reichtum Gottes wertschätzen.

Von den Religionsgelehrten (→ Ulema) werden sie oft als unliebsame Konkurrenten und Sektierer betrachtet. Zumindest erregen sie wegen ihres unkonventionelles Aussehens und ihrer häufig einfachen, teils ärmlichen, Kleidung und wegen ihres Auftretens in der Öffentlichkeit leicht den Argwohn konservativer Muslime. Derwische gibt es seit der Frühzeit des Islams, sie haben im Laufe der islamischen Geschichte Volkserhebungen gegen islamische Herrscher organisiert wie vom 15. bis 17. Jh. die schiitischen *Bektashi* im Osmanischen Reich. Bekannte Derwischorden sind die Mevlevi-Derwische in Konya (Türkei) oder die Sanusiya (Nordafrika). Durch eine verschiedene Riten (Meditation, Tanz, Gesänge) suchen sie die spirituelle Vereinigung mit Gott. Es gibt sowohl männliche als auch weibliche Derwisch-Orden.

LITERATUR Fariduddin Attar. Muslimische Heilige und Mystiker. Ihr Leben, ihre Taten, ihr Geist. München 2001; Werner Ende, Udo Steinbach (Hrsg.): Der Islam in der Gegenwart. München 52005, Reshad Field. Ich ging den Weg des Derwisch. Das Abenteuer der Selbstfindung. Reinbek 1990; Jürgen Wasim Frembgen. Derwische. Gelebter Sufismus. Wandernde Mystiker und Asketen im islamischen Orient. Köln 1993; Idries Shah. Die Sufis. Botschaft der Derwische, Weisheit der Magier. Kreuzlingen 2006; Annemarie Schimmel. Rumi. Ich bin Wind und Du bist Feuer: Das Leben des großen Mystikers. München 2003; dies.; Sufismus. Eine Einführung in die islamische Mystik. München 52014; dies., Mystische Dimensionen des Islam. Frankfurt 61995.

Deutsch-persische Beziehungen

Die ersten offiziellen Kontakte zwischen einem deutschen Königshaus und einem iranischen Herrscher datieren aus dem 17. Jahrhundert. Auf Veranlassung des Safaviden Schah Abbas I. (1587–1629) traf im Oktober des Jahres 1600 eine persische Delegation am Hofe des deutschen Kaisers Rudolf II. (1576–1612) in Prag ein. Angesichts der Bedrohung durch das Osmanische Reich suchte der Schah militärische und politische Unterstützung beim deutschen Kaiser. Eine kaiserliche Gesandtschaft erwiderte den Besuch 1602, allerdings erreichten aufgrund der beschwerlichen Reise nur zwei Mitglieder der Mission den persischen Hof. Weitere Reisen folgten und dienten neben dem Aufbau der diplomatischen Beziehungen vor allem der Erkundung des Iran durch deutsche Gelehrte.

Im Gefolge der europäischen Abenteurer- und Forschungsreisenden des frühen 17. Jhs. kamen auch die ersten römisch-katholischen Mönche (Kapuziner, Karmeliter, Franziskaner, Augustiner) nach Iran und ließen sich dort dauerhaft nieder. Eine Missionstätigkeit war ihnen durch den Erlass des Schahs untersagt. Zwei wichtige Forschungsreisen deutscher Reisender sind für die frühen Kenntnisse über den Iran von besonderer Bedeutung. Zum einen die Reise des schlesischen Edelmanns *Heinrich von Poser* (1621–24), zum anderen die holsteinische Gesandtschaftsreise (1635) des *Herzogs Friedrich III. von Schleswig Holstein-Gottorp*. Heinrich von Poser und Groß-Naedlitz (23. Aug. 1599–12. Sept. 1661) war,

„in seiner Jugend... auf eigene Kosten nach Türkey und Persien gereiset, und hatte ein Tage-Buch dieser Reise von Konstantinopel aus, durch die Bulgarey, Armenien, Persien und Indien von 1621 bis 1624 verfestiget, welches sein Sohn gleiches Nahmens 1675 zu Jena in 4. drucken lassen."

An der Gesandtschaftsreise des Herzogs Friedrich III. von Schleswig Holstein-Gottorp von Hamburg nach Isfahan nahm auch der deutsche Gelehrte *Adam Olearius* teil, der später darüber einen ausführlichen Bericht verfasste, der lange Zeit das Persienbild in Deutschland prägte. Die Reise selbst diente dem Aufbau günstiger Handelsbeziehungen, die Reisenden kehrten aber 1639 unverrichteter Dinge wieder zurück. In den folgenden Jahrzehnten besuchten immer wieder auch deutsche Gelehrte Persien wie *Engelbert Kaempfer* (1651–1716), die im diplomatischen Dienst die politischen und wirtschaftlichen Beziehungen zwischen europäischen Königshäusern und dem persischen Schah zu festigen versuchten.

Die Machtpolitik der beiden Großmächte England und Russland (*The Great Game*) zu Beginn des 19. Jhs. um die Vorherrschaft im Mittleren Osten zog das persische Reich in diese Auseinandersetzung hinein. Zwei verlorene Kriege gegen Russland (1804–13; 1826–28) führten für Iran zum Verlust von Georgien, Transkaukasien und einem Teil von Armenien. Zu Beginn des 19. Jhs. wurden die deutsch-persischen Handelbeziehungen intensiviert. Wegen der starken Nachfrage nach deutschen Waren besuchten persische Händler die Messestandorte in Leipzig, Frankfurt und Hamburg. Dennoch blieb deren Anteil am persischen Gesamtimport relativ gering.

Den deutschen Handelshäusern fehlten eigene Niederlassungen. 1857 kam der preußisch-persische Freundschafts- und Handelsvertrags zwischen den Mitgliedsstaaten des Deutschen Zoll- und Handelsvereins und Persien. Einrichtung eines preußischen Generalkonsulats mit der Option, weitere Konsulate in Persien zu eröffnen. Preußen erhielt das Privileg einer meistbegünstigten Nation. Weiteren Auftrieb erhielten die deutsch-persischen Beziehungen 1873 durch den Staatsbesuch von Schah *Naser ad-Din* in Berlin. Weitere Verträge folgten und das deutsche Kaiserreich schickte deutsche Ärzte und militärische Berater nach Persien.

Die erste ständige deutsche Gesandtschaft wurde in Teheran eröffnet (1885), ebenso 1906 eine Deutsche Schule. Deutsche Ärzte leiteten das staatliche Krankenhaus in der Hauptstadt und es gab deutsche Apotheken in mehreren Städten. Ein stärkeres politisches Engagement durch das Deutsche Reich wurde mit Rücksicht auf die Interessen Englands und Russlands unterlassen. Währenddessen vereinbarten beide Mächte in der anglo-russischen Konvention von 1907 eine Pufferzone, die von Iran über Afghanistan bis nach Tibet reichte. Damit war Persien praktisch in zwei Zonen aufgeteilt, in eine russische Zone im Norden und in eine englische Zone im Süden. Der schmale neutrale Streifen in der Mitte blieb dem Shah zur Verfügung. Bis zum Beginn des Ersten Weltkriegs 1914 verfolgte das Deutsche Kaiserreich in Persien eine strikte Neutralitätspolitik, die deutsche Kaufleute jedoch nicht daran hinderte, sich auf dem persischen Markt zu engagieren, wenn auch nicht in dem Maße wie die englische, französische und amerikanische Konkurrenz. Der Kriegsausbruch zwang die deutschen Handelshäuser ihre Geschäftstätigkeiten einzustellen und ihre Niederlassungen zu schließen.

Im *Constantinople Agreement* von 1915 schließlich teilten die beiden Großmächte auch die in der Mitte des Landes verbliebene neutrale Zone unter sich auf. Der Ausbruch der Oktoberrevolution 1917 und der Zusammenbruch des zaristischen Russlands machte die bisher von Russland beanspruchte Zone im Norden des Landes quasi vakant. England beanspruchte diesen Teil für sich und schloss mit dem Qajarenherrscher *Sultan Ahmed Schah* ein Abkommen, das allerdings im Parlament auf heftigen Widerstand stieß. In der Vergangenheit war es immer wieder zu Volksaufständen gekommen, die sich gegen den Ausverkauf des Landes durch leichtfertige Vergabe von Konzessionen an die Engländer richteten. Wenige Jahre später (1919) wurde der letzte Shah von *Reza Khan*, dem Anführer einer Kosakenbrigade, nach einem Militärputsch entthront und ins Exil geschickt. Zuvor hatte Reza Khan von England und Russland die territoriale Unabhängigkeit Persiens zurückerkämpft.

Reza Khan ließ sich 1926 durch die persische Nationalversammlung zum Schah mit erblicher Kaiserwürde krönen und begründete die Dynastie der → *Pahlavis*, die Iran bis zum Ausbruch der islamischen Revolution 1979 beherrschte. Der neue Herrscher setzte sich zum Ziel, das Land umfassend zu modernisieren und zu säkularisieren. Als Vorbild diente ihm die Politik *Kemal Atatürks* im Nachbarland Türkei. Mitte der 1930er-Jahre wurden ausländische Berater ins Land geholt, die mit dem Aufbau der Wirtschaft und vor allem mit der Reorganisation des Rechts- und Finanzwesens begannen. Im Zuge dieser Maßnahmen kamen auch zahlreiche deutsche Experten ins Land. Beide Regierungen schlossen 1929 nach einem Besuch des deutschen Wirtschaftsministers in Iran eine Reihe von Kooperationsverträgen, darunter einen Freundschaftsvertrag, der die diplomatischen und konsularischen Beziehungen regelte. Ein Niederlassungsabkommen über zehn Artikel gewährte den Angehörigen beider Staaten den Schutz der Person und ihrer Güter, Freizügigkeit, Rechtsschutz, Aufenthalts- und Niederlassungsfreiheit. Ein Handels-, Zoll- und Schifffahrtsabkommen regelte die Ein- und Ausfuhr von Boden- und Gewerbeerzeugnissen. Ein weiteres Abkommen regelte den gemeinsamen Schutz von Patenten bei Erfindungen, Fabrik- und Handelsnamen. Diese vier Abkommen trugen die deutsch-iranischen Handelsbeziehungen bis zum Ausbruch des Zweiten Weltkriegs.

Für den Sprung aus einer bäuerlichen, seminomadischen Gesellschaft in die Moderne brauchte Iran vor allem technologisches Know-how, moderne Industrieanlagen und Maschinen. Für Reza Khan waren deutsche Fachleute besonders wichtig, zum einen wegen ihrer Qualifikation und zum anderen, weil sie keine kolonialistischen Absichten hegten wie die Engländer und Franzosen. Hinzu kam, dass Produkte und Dienstleistungen „Made in Germany" bereits damals einen hervorragenden Ruf genossen. Der deutsche Anteil an der Modernisierung Irans beschränkte sich nicht nur auf Ingenieursleistungen. Es waren deutsche Pädagogen, die die ersten Gewerbe- und Höheren Schulen einrichteten und die Technische Universität in Teheran gründeten. Eine spürbare Verbesserung erfuhren die deutsch-iranischen Wirtschaftsbeziehungen 1936 durch die Gründung der Deutsch-Iranischen Handelskammer (DIHK) in Berlin. Aufgabe der Kammer war es, deutsche Kaufleute mit allen wichtigen Wirtschaftsinformationen für ihren Eintritt in den iranischen Markt zu versorgen. Die Arbeit der DIHK war bis zum Ausbruch des Zweiten Weltkriegs sehr erfolgreich und Ende der 1930er Jahre waren zahlreiche deutsche Unternehmen in Iran tätig. Der Flugzeughersteller Junker z. B. richtete eine inneriranische Fluglinie ein, Telefunken war für die Entwicklung und Einrichtung des iranischen Rundfunks und den Aufbau eines Telefonnetzes federführend. Andere deutsche Unternehmen bauten das inneriranische Schienennetz.

Der Zweite Weltkrieg brachte eine Zäsur in die deutsch-iranischen Beziehungen. Obwohl Iran sich offiziell zu Neutralität bekannte, unterhielt es dennoch gute Kontakte zu Hitler-Deutschland. Deutsche Agenten waren in Iran tätig, auch, um die einheimische Bevölkerung zum Widerstand gegen England und Russland zu „motivieren". Der Russland-Feldzug der deutschen Wehrmacht 1941 führte dazu, dass britische und russische Truppen Iran besetzten. Die Alliierten zwangen Reza Schah Pahlavi zur Abdankung und deportierten ihn nach Südafrika, wo er 1944 in Johannisburg starb. Als Nachfolger wurde sein Sohn *Mohammed Reza Schah* → *Pahlavi* inthronisiert, den die islamische Revolution Jahre später (1979) zu Fall bringen sollte. Iran erklärte 1943 Deutschland auf Drängen der Großmächte formal den Krieg und trat den Vereinten Nationen bei. Noch im gleichen Jahr erhielt Iran auf der Konferenz von Teheran seine politische Souveränität und Unabhängigkeit von den Großmächten USA, Sowjetunion und Großbritannien zurück. Erst drei Jahre später räumten deren Truppen das Land.

Die Nachkriegsjahre sind geprägt von einer Fortsetzung der von Reza Khan begonnenen Säkularisierungs- und Modernisierungspolitik. Die USA und Großbritannien wurden zu den wichtigsten Verbündeten des noch jungen Shahs. Nach der Verstaatlichung der iranischen Erdölindustrie (März 1951) auf Beschluss des iranischen Parlaments unter Premierminister *Mohammed Mossadegh*, verhängte Großbritannien einen Wirtschaftsboykott, in dessen Folge die iranische Wirtschaft kollabierte. Der Shah floh ins Ausland und konnte erst nach einem von der CIA (1953) und dem britischen Auslandsgeheimdienst (MI6) organisierten Putsch (*Operation Ajax*) an die Macht zurückkehren. Premierminister Mossadegh wurde inhaftiert und später unter Hausarrest gestellt.

Die Wiederaufnahme der diplomatischen Beziehungen zwischen Westdeutschland und Iran fand ihren Abschluss im Oktober 1953 durch die Einrichtung von Gesandtschaften in Teheran und in Köln, die 1955 den Status von Botschaften erhielten. Eine Reihe von bilateralen Verträgen wie Handels- und Zahlungsabkommen (1949) und Verträgen über die wirtschaftliche und technische Zusammenarbeit (1954) förderten die Beziehungen zwischen beiden Ländern. In Iran begünstigten die gestiegenen Einnahmen aus dem Ölgeschäft die ehrgeizige Modernisierungspolitik des jungen Shahs, ein Wirtschaftsaufschwung, von dem auch die deutsche Wirtschaft profitierte. Ab1952 wurde die Bundesrepublik zu Irans wichtigstem Handelspartner und mehr als tausend deutsche Unternehmen waren dort tätig. Gegenseitige Staatsbesuche (1955, 1957) und die Eröffnung einer deutschen Schule und der Jahre später die des Goethe-Instituts (1958) in Teheran förderten die gegenseitigen Beziehungen.

Bis 1979 wurden 2.0000 iranische Studenten an deutschen Universitäten ausgebildet. In den 1970er-Jahren versuchte die iranische Regierung die wirtschaftliche

Entwicklung des Landes durch eine staatlich geführte Form der Planwirtschaft zu forcieren, um Anschluss an den Westen zu gewinnen. Fehlplanungen, Korruption und Inflation gingen aber an den Bedürfnissen der Mehrheit der iranischen Bevölkerung vorbei. Die permanente Einschränkung der Bürgerrechte, die Verfolgung politisch Andersdenkender und die wirtschaftlichen Benachteiligung der breiten Massen bereiteten schließlich den Boden für die revolutionäre Situation der Jahre 1978/79, die im Februar 1979 mit der Machtübernahme des schiitischen Klerus durch Ayatollah Khomeini endete.

Für die deutschen Firmen waren die 1970er-Jahre in Iran die Goldenen Jahre und die wirtschaftlich erfolgreichsten. Iran war der wichtigste Absatzmarkt für deutsche Waren und Dienstleistungen im Mittleren Osten. Bis zum Ausbruch der Revolution arbeiteten mehr als 15.000 Deutsche in Iran, darunter 3.000 an Kernkraftprojekten. Westdeutsche Firmen investierten Milliarden D-Mark in ihre iranischen Niederlassungen und Fabriken und die Bundesregierung bürgte über Hermes-Bürgschaften ebenfalls im Milliardenbereich.

Die Islamische Revolution, die für die meisten Beobachter und Experten völlig überraschend kam, bereitete dem ein jähes Ende. Nach der Abdankung des Schahs am 16.01.1979, seiner übereilten Flucht ins Exil und der Machtübernahme durch Ayatollah → Khomeini am 1. Februar 1979 kamen die Geschäfte praktisch zum Erliegen. Zahlreiche deutsche Firmen schlossen ihre Niederlassungen oder unterhielten nur noch eine kleine Repräsentanz in Iran, von den ursprünglich mehr als tausend deutschen Unternehmen blieben ganze 40 weiterhin im Land.

Die 1980er-Jahre waren für alle ausländischen Firmen eine Phase wirtschaftlicher und politischer Stagnation. Erschwerend hinzu kam der Krieg Irans gegen den Irak (1980–89), der die Ressourcen des Landes in jeder Hinsicht verschlang. Erst nach dem Ende des achtjährigen Krieges setzte unter der Regierung von Präsident *Rafsanjani* (1989–97) eine Phase der wirtschaftlichen und politischen Konsolidierung und vorsichtigen Öffnung gegenüber dem Westen ein. Allerdings wurden die Beziehungen zwischen Deutschland und Iran 1997 durch den *Mykonos-Prozess* getrübt. In diesem Gerichtsverfahren verurteilte das Berliner Kammergericht zwei der iranischen Attentäter wegen der Morde an vier iranisch-kurdischen Oppositionellen 1992 im gleichnamigen Berliner Lokal zu einer lebenslangen Haftstrafe. Eine barsche Reaktion der iranischen Regierung und des Revolutionsführers Khamenei sowie antideutsche Proteste vor der deutschen Botschaft in Teheran waren die Folge.

Die isolationistische Politik der iranischen Regierung endete erst mit der Wahl von *Mohammed Khatami* (1997–2005) zum neuen Präsidenten. Die Machthaber in Iran erkannten, dass sie die ökonomischen und sozialen Herausforderungen im Lande nicht länger ignorieren konnten. Die Politik einer vorsichtigen politischen und ökonomischen Liberalisierung sollte verstärkt private und ausländische Investoren fördern. Durch eine Reihe gesetzlicher Maßnahmen wurde der iranische Markt für ausländische Firmen weiter geöffnet. Die deutsch-iranischen Beziehungen wurden unterdessen durch den „Fall Hofer" eingetrübt. Dem in Iran tätigen deutschen Kaufmann Hofer wurde 1997 vorgeworfen, eine sexuelle Beziehung zu einer unverheirateten Iranerin unterhalten zu haben. Der eigentliche Hintergrund war der Mykonos-Prozess und die Verhaftung des Deutschen Hofer war die iranische Reaktion auf die vom Gericht in Berlin verhängten lebenslangen Haftstrafen. Hofer war zum Faustpfand der iranischen Regierung geworden und wurde zunächst zum Tode verurteilt, die Strafe später in eine lebenslängliche Haft umgewandelt. Nach einer Reihe von Bemühungen seitens der Bundesregierung kam er 1999 frei und konnte nach Deutschland ausreisen. Die iranische Regierung erwartete als Gegenleistung eine Verbesserung der deutsch-iranischen (Wirtschafts-) Beziehungen, um die marode iranische Wirtschaft mit deutschem Kapital und Know-how in Fahrt zu bringen.

In den folgenden Monaten zogen die Exporte deutscher Waren und Güter nach Iran erheblich an. Zwischen beiden Ländern fand eine Reihe von gegenseitigen Besuchen auf höchster politischer Ebene statt. Der iranische Präsident kam 2000 zu einem zweitägigen Besuch nach Deutschland und warb für ein verstärktes Engagement deutscher Unternehmen in Iran. Die beiden letzten Jahre seiner Amtszeit wurden von inneriranischen Auseinandersetzungen rivalisierender politischer Gruppen (Fundamentalisten vs. Liberale) überschattet, die sich für die bevorstehenden Wahlen bereits in Stellung brachten.

Im Frühsommer 2004 geriet das iranische Nuklearprogramm auf die internationale Agenda. Die USA unter Präsident George W. Bush warfen Iran Unterstützung der Terrororganisation al-Kaida vor, ein Vorwurf, der sich später als haltlos erwies. Bei den Wahlen im Juni 2005 gewann vor diesem Hintergrund der als Hardliner bekannte *Mahmud → Ahmadinejad* die Präsidentschaftswahlen (2005-13) und leitete eine Kehrtwende in der iranischen Außenpolitik gegenüber dem Westen ein. Antisemitische Äußerungen, dem Staat Israel wurde das Existenzrecht abgesprochen, öffentliche Provokationen des Präsidenten und eine Forcierung der iranischen Nukleartechnologie sind nur einige wenige markante Punkte seiner Politik. Die iranische Volkswirtschaft geriet unter der Regierung Ahmadinejad an den Rand eines Bankrotts. Die Beziehungen Irans zu Deutschland erreichten einen erneuten Tiefpunkt. Die deutschen Unternehmen reagierten mit ihren Ausfuhren nach Iran sehr zurückhaltend. Die von der internationalen Staatengemeinschaft unter Federführung der USA, Russland, China (Frankreich, England und Deutschland) gegen Iran verhängten Sanktionen, führten zu einer weiteren Verschlechterung der ökonomischen und sozialen Lage in dem Land. Gegen Ende der Regierungszeit von Ahmadinejad stand Iran außenpolitisch isoliert und volkswirtschaftlich am Abgrund. Vor diesem Hintergrund setzten viele, vor allem junge Iraner, ihre Hoffnungen auf den als gemäßigt geltenden Kandidaten *Hassan Rouhani*. Rouhani gewann die Wahlen im August 2013. Nach seinem Amtsantritt bekannte er sich zu einer Änderung der bisherigen Außenpolitik seines Vorgängers und bot dem Westen Gesprächsbereitschaft im Hinblick auf das iranische Atomprogramm an. Innenpolitisch sollte der Kampf gegen die allgegenwärtige Korruption, die Privatisierung staatlicher Unternehmen, die Schaffung von Arbeitsplätzen sowie die Verbesserung der Meinungsfreiheit vorangetrieben werden. Nach zahlreichen Gesprächen erzielten die Verhandlungspartner im November 2013 eine vorläufige Einigung im Atomstreit und im Juli 2015 dann eine endgültige Vereinbarung auf ein Rahmenabkommen, das → *Joint Comprehensive Plan of Action* (JCPOA). Das Abkommen trat am 18.10.2015 in Kraft (Adoption Day). Iran erklärte sich bereit, seine Atomkraft ausschließlich für zivile Zwecke zu nutzen und das Atomprogramm schrittweise abzubauen. Der Internationalen Atomenergiebehörde (IAEA) wurden substanzielle Zugangs- und Kontrollrechte zu den iranischen Anlagen eingeräumt. Im Gegenzug wurden die Sanktionen zurückgenommen und Iran finanzielle Hilfen gewährt. Das entscheidende Datum schließlich war der 16.01.2016 (Implementation Day), der Tag, an dem die IAEA erklärte, dass Iran alle Vereinbarungen aus dem JCPOA erfüllt habe. Im Anschluss wurden die verhängten Wirtschafts- und Finanzsanktionen von der EU außer Kraft gesetzt. Nach dem Wegfall der Sanktionen war der „Weg frei" für die deutschen Unternehmen, sich erneut auf den iranischen Absatzmarkt hin zu orientieren.

Den Weg dazu bereitete Wirtschaftsminister Sigmar Gabriel. Gabriel reiste nur wenige Tage nach Unterzeichnung des *Joint Comprehensive Plan of Action* im Juli 2015 als erster westlicher Politiker nach Iran, um Möglichkeiten für eine Verbesserung der wirtschaftlichen Beziehungen zwischen beiden Ländern auszuloten. Nach dem Besuch stieg das Handelsvolumen spürbar wieder an und die deutsche Wirtschaft profitierte nicht zuletzt dank der von der Bundesregierung erneut gewährten Hermes-Bürgschaften. Ein immer noch ungelöstes Problem, das 2017 erneut zu einem Rückgang der deutschen Ausfuhren führte, ist das weiterhin fehlende Engagement deutscher Kreditinstitute in Iran, was den Finanztransfer erschwert und zu einer gewissen Verunsicherung beiträgt.

LITERATUR Johann Friedrich Gleditsch. Compendioeses Gelehrten-Lexikon, Leipzig 1715. – Friedrich Kochwasser. Iran und Wir. Geschichte der deutsch-iranischen Handels- und Wirtschaftsbeziehungen, Herrenalb 1961.

Michael Gorges. Business-Knigge Iran. Mit interkultureller Kompetenz zum Erfolg im Iran-Geschäft. Wiesbaden 2016

Diwan

(pers. Diwan)

Umgangssprachlich bekannt als eine Anthologie (Sammlung von Gedichten). Der Begriff wurde ursprünglich aus der Verwaltungssprache der → Sassaniden (224–642) übernommen und bezeichnete ein Register von Schriftstücken oder ein Amtszimmer zum Abfassen von Dokumenten. Im Arabischen bedeutet Diwan registrieren oder sammeln. Nach der islamischen Eroberung Irans (642) griffen die Araber auf die Erfahrung der sassanidischen Verwaltungsbeamten zurück, um dort neue Herrschaftsstrukturen aufbauen zu können. Im Diwan wurde die Finanzverwaltung organisiert, „der für die Zahlung von Pensionen an Muslime, vor allem die Truppen, zuständig war".

Unter den Abbasiden erforderte die Verwaltung des großen Reiches eine Aufteilung in spezielle Abteilungen, die als Diwane im Sinne von Ämtern (Schatzamt, Heeresamt, Grundbuchamt) bezeichnet wurden. Der Begriff erfuhr im Lauf der Zeit verschiedene Bedeutungswandel. Im Indien der Mogulherrscher bezeichnete der Diwan einen hohen Beamten, im Osmanischen Reich dagegen den Reichsrat, den der Sultan regelmäßig einberief.

Unter den Osmanen wurde der Begriff Diwan auch zur Bezeichnung der Thron- und Audienzsäle und für die Polsterbänke verwendet. Über italienische Händler „entstand aus dem Wort *Diwan* das französische Douane („Zoll")". Diwan als Gattungsbezeichnung für die Hof-Dichtung ist ebenfalls osmanisch. Bekannte Diwan-Gedichtsammlungen sind der *West-Östliche Diwan* von Goethe oder die des persischen Mystikers Rumi, der *Diwan-e Shams-e Tabrizi* und der Diwan des persischen Dichters → Hafez.

LITERATUR Werner Ende, Udo Steinbach (Hrsg.): Der Islam in der Gegenwart. München 52005; Yves Thoraval. Lexikon der islamischen Kultur. Herausgegeben und übersetzt von Ludwig Hagemann und Oliver Lellek. Darmstadt 1999

Drogen

Drogen haben in Iran Konjunktur. Iran hat eines der härtesten Anti-Drogengesetze der Welt und zugleich eine der höchsten Zahlen an Drogensüchtigen. Auf die Herstellung und den Handel mit Drogen, gleich welcher Art, stand bisher die Todesstrafe durch öffentliches Hängen. Nach offiziellen Angaben haben mehr als sechs Millionen Iraner Drogenprobleme, drei Millionen Menschen konsumieren regelmäßig harte Drogen, darunter sind 700.000 Frauen (2014). Opium ist die populärste Droge (67%) gefolgt von Marihuana und Derivaten (12%) sowie mit steigender Tendenz von Methamphetaminen (8%).

Opium wird vorwiegend geraucht und ist in Iran erst seit dem 17. Jh. verfügbar, als sie von den Briten aus Afghanistan nach Iran eingeführt wurde. Iran ist eines der Länder mit den meisten Opiumkonsumenten weltweit und dient als Haupttransitland für den Transport der Droge aus Afghanistan, wo die Produktion in den vergangenen Jahren stark angestiegen ist. Afghanistan ist der größte Drogenexporteur der Region, drei Viertel der weltweit konsumierten Menge wird dort hergestellt. Nach Einschätzung iranischer Behörden schlägt sich die große Nachfrage nach illegalen Drogen zunehmend im Gebrauch von Heroin nieder.

Neben Opium ist in Iran vor allem die Herstellung und der Konsum von synthetischen Drogen, von hochreinem, kristallinem Methamphetamin (*Crystal Meth*), unter der Bezeichnung *Shisheh* im Handel, zu einem ernsthaften Problem geworden. Der Konsum von Shisheh ist nicht auf eine bestimmte Konsumentengruppe beschränkt, sondern die Droge erobert als äußerst billig und leicht verfügbares Rauschmittel alle Gesellschaftsschichten. Unter Studenten ist Crystal Meth besonders populär, weil sie als sogenannter „Wachmacher" konsumiert wird, um die Examen zur Universitätszulassung zu bestehen. Viele Iraner greifen zu Drogen, weil sie bis zur Erschöpfung in zwei oder drei Jobs arbeiten, um über die Runden zu kommen. Ein in den letzten Jahren aufgetretenes Problem ist der Anstieg der Drogensüchtigen unter jungen verheirateten und gut ausgebildeten Frauen, bei denen das Einstiegsalter oft schon bei 15 bis 19 Jahren beginnt.

Nach Auskunft iranischer Behörden hat sich der Anteil der jungen weiblichen Drogenabhängigen in den vergangenen acht Jahren mehr als verdoppelt. Landesweit stieg die Anzahl der Drogensüchtigen von 2011 bis 2017 um mehr als das Doppelte. Die Ursachen für diese starke Zunahme sind vor allem soziale und wirtschaftliche Gründe, ein Drittel aller Iraner lebt unterhalb der offiziellen Armutsgrenze. Symptomatisch für diese Entwicklung sind die rückläufigen Heiraten und Geburten, während umgekehrt die Zahl der Scheidungen (2012: 232.462) steigt. Eine weitere Ursache ist der Konflikt zwischen den traditionell konservativen islamischen Werten der älteren Generation und dem Wunsch nach persönlicher Freiheit und sozialer Sicherheit bei jungen Iranern. Auch das Internet beeinflusst das Weltbild der jungen Bevölkerung. In die Dogenabhängigkeit führen oft völlig falsche Vorstellungen, weil viele Iraner glauben, Crytal Meth sei vor allem ein Aufputschmittel. Viele wissen nicht, dass es relativ schnell abhängig macht.

Der starke Drogenkonsum steht in einem unmittelbaren Zusammenhang mit der Ausbreitung von HIV-Infektionen in Iran. Nach Angaben des *Global AIDS Report 2013*, der auf den Daten der iranischen Regierung fußt, beträgt die Zahl der HIV-Infizierten in Iran schätzungsweise 71.000 Personen (Schätzungsbreite 53.000 – 100.000). Etwa 68 % aller Infektionen gehen auf verunreinigtes Injektionsbesteck zurück, ca. 15 % der fixenden Drogenabhängigen und 3-5 % derjenigen Drogensüchtigen, die nicht injizieren, sind HIV-positiv. Sie bilden für ihre Ehepartner und unverheirateten Sexualpartner ein erhebliches Risikopotenzial. Die

Antidrogenpolitik der iranischen Regierung bestand anfangs in der Bekämpfung des Drogenschmuggels aus Afghanistan, Pakistan und den Staaten des Persischen Golfs. Angesichts der beschränkten Wirksamkeit solcher Maßnahmen ist die Regierung dazu übergegangen, Rehabilitationskliniken für Drogenkranke einzurichten, die mangels Erfahrung und Ausstattung nicht westlichen Standards entsprechen, ferner Aufklärungskampagnen durchzuführen sowie Behandlungsprogramme anzubieten. Dabei wird sie von den Vereinten Nationen (UNDOC Iran) unterstützt.

Der Besitz und/oder der Handel von 30 Gramm harter Drogen wie Heroin oder Kokain wurden in Iran bislang mit der Todesstrafe geahndet, das betraf vor allem junge Menschen. Allein 2016 wurden 567 Hinrichtungen wegen Drogendelikten vollzogen (2015: 1.000) und weitere 5.000 Iraner, die Mehrzahl im Alter zwischen 20 bis 30 Jahren, warteten auf ihre Hinrichtung. Vermutlich wegen des anhaltenden internationalen Drucks und auch aus den Reihen iranischer Politiker verabschiedete das iranische Parlament (Majlis) am 13. August 2017 ein Gesetz zur Aussetzung des Vollzugs der Todesstrafe für den Besitz und den Handel mit kleinen Mengen (30 gr.) an Drogen. Demnach wird die Todesstrafe zukünftig bei wiederholten Vergehen gegen das Gesetz oder bei Straftaten, die im Zusammenhang mit Drogen stehen, angewendet. Als neue Obergrenze gilt der Besitz von zwei Kilogramm harten Drogen und mehr als 50 Kilogramm Cannabis oder Opium.

INTERNETQUELLEN www.rferi.org/a/iran; www.welt.de; www.unodc.org/islamicrepublicofiran; www.iranjournal.org

Dynastien

Herrscherfamilien oder -geschlechter, die den Erhalt ihrer Herrschaft über einen längeren Zeitraum durch Vererbung oder Heirat organisieren. In vorislamischer Zeit herrschten drei genuin iranische Dynastien (Achämeniden, Parther und → Sassaniden) in Iran. Nach der islamischen Eroberung 642 wurde Iran für 100 Jahre von den Umayyaden-Kalifen in Damaskus regiert. Unter dem Kalifat der Abbasiden (749–1258) beherrschten eine Reihe islamischer Lokaldynastien das Land. Die letzte iranische Dynastie der Pahlavi wurde nach der Islamischen Revolution 1979 beendet.

1. Vorislamische Dynastien:

- Achämeniden (550 bis 330 v. Chr.)
- Seleukiden (312 bis 174 v. Chr.)
- Parther (174 v. Chr. bis 224 n. Chr.)
- Sassaniden (224 bis 642)

2. Dynastien unter dem Islam:

Dynastien

- Umayyaden (651 bis 750)
- Abbasiden (750 bis 936)
- Samaniden (892 bis 1005)
- Buyiden (930 bis 1062)
- Ghaznaviden (962 bis 1040)
- Seljuken (1036 bis 1194
- Il-Chane (1250 bis 1334)
- Muzaffariden (1314 bis 1393)
- Timuriden (1370 bis 1502)
- Safaviden (1501 bis 1722)
- Afsharen (1736 bis 1795)
- Zand-Dynastie (1750 bis 1794)
- Qajaren (1779 bis 1924)

3. Pahlavi-Dynastie (1924 bis 1979)

LITERATUR Ali M. Ansari. Iran. A Very Short Introduction. Oxford 2014; Michael Axworthy. Iran. Empire oft the Mind. A History from Zoroaster to the Present Day. London 2007; Clifford E. Bosworth. The Islamic Dynasties. Edinburgh 1980; Sandra Mackay. The Iranians. Persia, Islam and the Soul of a Nation. New York 1996

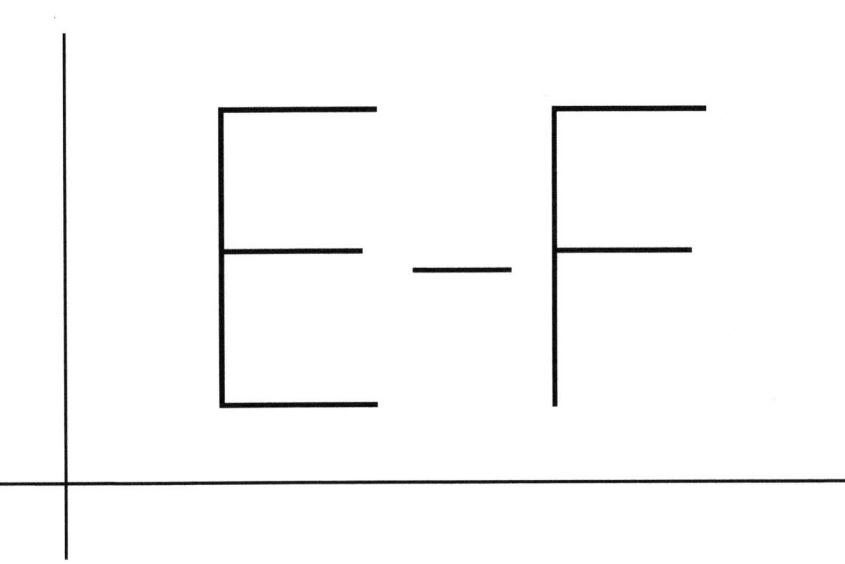

Ehe auf Zeit → Zeitehe

Esfand

Eine in Iran und auch bei Exiliranern häufig immer noch verwendete Maßnahme zum Schutz von potentiellen oder wirklichen Opfern der Zauberkraft des → Bösen Blicks ist die Verwendung von Esfand. Dabei wird in einem kleinen rechteckigen Gefäß (Mangral) echter Weihrauch und Myrrhe über ein Stück Holzkohle verbrannt und der dabei entstehende Rauch über den Kopf einer Person gefächelt, wobei bestimmte Formeln ausgesprochen werden. Diese religiösen Formeln beziehen sich auf die für den schiitische Glauben wichtigen fünf Personen (*pandj tan*): Mohammed, dessen Tochter Fatima, seinen Schwiegersohn → Ali sowie dessen beide Söhne Hassan und → Hussein, die den Status von Heiligen genießen. Vor allem das Märtyrerschicksal des Prophetenenkels Hussein spielt im zeremoniellen religiösen Leben der Schiiten eine herausragende Rolle. Formelhafte Schwüre auf den Namen Gottes (Allah), den → Koran oder die Namen der schiitischen Heiligen sind im Alltag omnipräsent. Sie sollen ihren Beistand sichern und werden häufig genutzt, wenn jemand beteuern soll, die reine Wahrheit zu sagen. Jemanden auf die Heiligen schwören zu lassen, ist auch ein probates Mittel, um festzustellen, ob er/sie die Wahrheit sagt. Schließlich werden die Heiligen in bedrohlichen, auswegslosen oder furchteinflößenden Situationen angerufen. Im islamischen Trauermonat → Muharram gedenken → Schiiten der Leiden *Imam Husseins* bei den alljährlichen Trauerumzügen anlässlich von → Ashura und Tas'ua. Esfand wird immer dann verwendet, wenn jemand etwas erreicht hat, das den Neid anderer auf ihn ziehen könnte oder bei wichtigen beruflichen oder privaten Vorhaben (Hochzeit, Kauf eines Autos, Hauses, Grundstücks usw.).

Ehrentitel → Personennamen

Expertenrat

(Majles-e Khobregan-e rahbari)

Besteht ausschließlich aus Geistlichen (Mullahs), die mindestens den Rang eines *Hojatolleslam* einnehmen und die Befähigung (*Ijtihad*) zur Erteilung von Rechtsgutachten besitzen. Dieses wichtige Gremium besteht aus 86 Mitgliedern, die nach Prüfung durch den Wächterrat vom Volk für die Dauer von acht Jahren gewählt werden. Die Anzahl der Sitze richtet sich nach der Größe der verschiedenen Provinzen, die ihre Kandidaten für die Expertenversammlung vorschlagen.

Die wohl wichtigste Aufgabe ist die Wahl des Revolutionsführers und damit in Personalunion die des Staatsoberhauptes (Art. 107 der iranischen Verfassung).

Der Expertenrat überwacht dessen Amtsführung und kann bei schwerwiegenden Verstößen gegen die Prinzipien des Islam oder die Verfassung den Revolutionsführer seines Amtes entheben (Art. 111). Nach dem Tod von Ayatollah → Khomeini wählte die Expertenversammlung am 04.06.1989 Ali → Khamenei zum neuen Revolutionsführer. Das Gremium tagt mindestens einmal jährlich in Teheran für die Dauer von zwei Tagen. Es besteht eine enge personelle Verflechtung zwischen dem Expertenrat und anderen staatlichen/halbstaatlichen Institutionen und revolutionären Organisationen, in denen die Mehrzahl der Mitglieder weitere Funktionen ausüben.

Familiennamen → Personennamen

Fars

Provinz in Südwestiran mit der Hauptstadt Shiraz (1.565.572 Einwohner.). Die Provinz hat eine Größe von 122.608 km², das sind 10 % der Fläche Irans und 4.851.274 Einwohner, das entspricht einer Bevölkerungsdichte von 40 Einwohnern pro km² (Zensus 2016). Die Bevölkerung setzt sich mehrheitlich zusammen aus ethnischen Persern, Luren, Bakhtiari, Qashqa'i, Kurden und Angehörigen kleinerer turkmenischer Gruppen.

Fars ist eine der geschichtsträchtigsten Provinzen Irans. Nachweise einer frühen Besiedlung datieren aus dem 5. vorchristlichen Jahrtausend. Vor der Ankunft der Perser war die Provinz Teil des Reichs der *Elamiter* (3200–2700 v. Chr.) und wurde vor 2500 Jahren unter dem Namen Pars (griech. *Persis*) Kernland des ersten Weltreichs der Antike. Aus Fars stammen die beiden mächtigsten altiranischen Königshäuser, die *Achämeniden* (558–330 v. Chr.) und die *Sassaniden* (224–642 n. Chr.). Die heutige Bezeichnung *Fars* etablierte sich erst im 7. Jh. nach der arabischen Eroberung Irans, in deren Folge die Provinz von verschiedenen islamischen Dynastien regiert und Shiraz zur Hauptstadt der arabischen Emire wurde. Aus Fars kam im 9. Jh. die Dynastie der persisch-schiitischen *Buyiden* (934–1055), die ihre Herrschaft über Iran und den Irak spannten und im 11. Jh. von den aus dem Osten einfallenden *Seljuken* (1038–1194) besiegt wurden.

Nach den Seljuken regierten verschiedene lokale Fürstentümer die Provinz bis zum Einbruch der mongolischen Ilkhane (1256–1353). Auf die Mongolen folgte das Herrscherhaus der persischen *Muzaffariden* (1314–1393), sie machten Shiraz zu ihrer Residenz, aber durch interne Machtkämpfe geschwächt unterlagen sie den mongolischen Timuriden (1370–1406) unter der Herrschaft von *Timur Leng* (Tamerlan). Nach Timurs Tod begann der Zerfall des mongolischen Reiches im Westen Irans, wo sich lokale türkischstämmige Dynastien niederließen.

Im 16. Jh. wurde Iran unter den Safaviden (1502–1722) wieder zu einem Nationalstaat zusammengeführt, der schiitische Islam wurde zur Staatsreligion. *Shah Abbas I.* (1588-1629) machte Isfahan zur neuen Hauptstadt und die Provinz Fars geriet ins politische Abseits. Der Zerfall des safavidischen Reichs begann nach dem Tod von Shah Abbas I. Aus den Machtkämpfen ging *Karim Khan Zand* (1750-1794) als Sieger hervor, der Shiraz für eine kurze Phase der wirtschaftlichen und kulturellen Blüte wieder zur Hauptstadt machte.

Nach dem frühen Tod des Herrschers gelang es den turkmenischen Qajaren (1796-1921) unter Agha Muhammad (1779) Iran zu erobern und das Land wieder in den Grenzen des Safavidenreichs zu vereinen. Als neue Hauptstadt wurde → Teheran auserkoren, das zu dieser Zeit lediglich eine kleine unbedeutende Stadt war. Die Qajarendynastie führte Iran langsam in die Moderne. In der Verfassungsrevolution von 1905-1911 wurden der Monarchie ein Parlament und eine Verfassung abgerungen. Unter ihrer Herrschaft geriet Iran in die Auseinandersetzung zwischen den beiden Großmächten England und Russland. Im zweiten Weltkrieg wurde die Provinz Fars unter britische Besatzung gestellt, um die Ölvorkommen im Süden Irans unter britischer Kontrolle zu haben. Nach dem Ende des Krieges übernahm Mohammed Reza Shah → Pahlavi (1919-1980) mit britischer und amerikanischer Unterstützung die Macht in Iran, die 1979 mit der Islamischen Revolution beendet wurde.

Die Provinz Fars beheimatet zwei ehemalige Residenzstädte der altiranischen Achämenidenkönige, die Sommerresidenz → *Persepolis* und das ältere *Pasargadae*. In Shiraz befinden sich die Mausoleen zweier berühmter Dichter: → *Hafez* (1320-1398) und *Saadi* (1184-1282). Fars hat 18 Universitäten.

LITERATUR Eckart Ehlers. Iran. Grundzüge einer geographischen Landeskunde. Darmstadt 1980; Richard N. Frye. Persien bis zum Einbruch des Islam. Essen 1975; Ulrich Gehrke, Harald Mehner (Hrsg.): Iran. Natur. Bevölkerung. Geschichte. Kultur. Staat. Wirtschaft. Tübingen/Basel 21976; Josef Wiesehöfer. Das Antike Persien. Von 550 v. Chr. bis 650 n. Chr. Düsseldorf/Zürich 21998

Fatwa

Ist ein Rechtsgutachten (Rechtsbelehrung), das von einem Rechtsgelehrten abgegeben wird. Eine Fatwa ist die Antwort auf eine Anfrage, die Auskunft über ein bestimmtes Thema auf der Grundlage der → Scharia, also der muslimischen Lebens- und Rechtsordnung, gibt. Das Spektrum der Anfragen kann sich auf ein Detail aus dem Gebetsritus beziehen oder auf Fragen der richtigen Lebensführung, die Stellung von Mann und Frau im islamischen Kosmos, die richtige Ernährungsweise oder auf politische Themen. Die Auskünfte des Rechtsgelehrten können in wenigen Zeilen gegeben werden oder sehr umfassend sein. Sie müssen auf der Basis der Argumentation der Scharia erfolgen, die Begründung muss nachvollziehbar sein. Populäre Fatwas von berühmten Rechtsgelehrten dienen häufig auch als Präzedenzurteile und werden in der theologischen Ausbildung im Rahmen der Rechtsausbildung behandelt.

Im Prinzip kann jeder Rechtsgelehrte eine Fatwa verfassen. Im Bereich des sunnitischen Islams wird die Fatwa von einem Mufti verfasst, einem Religionsgelehrten, der sich als Kenner von Koran, der Sunna des Propheten und der Scharia, erwiesen hat. In modernen islamischen Staaten ist der Mufti Teil einer staatlichen Behörde, die Scharia-Auskünfte erteilt. Für Sunniten sind die Fatwas von Gelehrten der al-Azhar-Universität in Kairo von großem Gewicht und haben in Politik und Gesellschaft erheblichen Einfluss.

Bei den → Schiiten kann eine Fatwa von einem Dorf-Mullah ebenso verfasst werden wie von einem hochrangigen Rechtsgelehrten im Rang eines Ayatollah. Im Alltag hat das Wort eines Großayatollah allerdings mehr Gewicht als das des kleinen Dorf-Mullahs. Fatwas sind unverbindliche Rechtsgutachten, sie haben keine rechtsverbindlichen Konsequenzen. Sie können eine Anfrage lediglich klarstellen und Empfehlungen abgeben. Die in der Fatwa vertretene Rechtsauffassung ist, anders als ein Gerichtsurteil, nur für denjenigen Gläubigen bindend, der die Autorität des Rechtsgelehrten anerkennt. Auch können zwei gleichrangige Geistliche zu unterschiedlichen Einschätzungen kommen, das Gewicht einer Fatwa hängt im Wesentlichen von der persönlichen Autorität seines Verfassers ab. In den Medien vieler islamischer Staaten werden Fatwas veröffentlicht und sind Gegenstand öffentlicher Diskussionen.

Der 1989 vom damaligen Ayatollah → Khomeini veröffentlichte Aufruf zur Ermordung des Schriftstellers Salman Rushdie (Die → Satanischen Verse) im Gewand einer Fatwa entsprach weder formal noch inhaltlich den Anforderungen an eine Fatwa.

LITERATUR Ralf Elger (Hrsg.): Kleines Islam-Lexikon. Geschichte. Alltag. Kultur. München 2001; Werner Ende, Udo Steinbach (Hrsg.): Der Islam in der Gegenwart. München 52005

Fedayin-e Khalq

(pers. Sazman-e Cherakhay-e Feda'i-e Khalq-e Iran)

Die „Organisation der Sich-Selbst-Opfernden Widerstandkämpfer Irans" waren eine marxistisch-leninistische Untergrundorganisation in Iran, die sich 1970 aus dem Zusammenschluss zweier linksextremistischer Gruppen bildete. Diese beiden Gruppen waren ursprünglich 1963 von Universitätsstudenten in Teheran nach dem Vorbild der siegreichen kubanischen Widerstandskämpfer unter *Fidel Castro* und der vietnamesischen Widerstandskämpfer unter dem General *Nguyen Giap* gegründet worden. In Anlehnung an die Ideen von Ernesto Che Guevara, insbesondere an das „Konzept" einer „Propaganda der Tat"versuchten die Guerilla-Gruppen durch gezielte Anschläge in Iran das westlich orientierte Shah-Regime zu repressiven Gegenmaßnahmen zu provozieren, die letztendlich den Widerstand in der Bevölkerung hervorrufen und zu einer Revolution führen sollten.

Bereits 1971 wurde am Kaspischen Meer eine Station der Gendarmerie angegriffen, was der Organisation größere Aufmerksamkeit verschaffte und ihr hunderte von jungen Rekruten aus der iranischen Mittelschicht zuführte. Ihre militärische Guerilla-Ausbildung erhielten die angehenden Kämpfer in den Ausbildungslagern der Palästinensischen Befreiungsfront (PLO) im Libanon. Nach deren Rückkehr verübten sie Anschläge auf Polizeistationen, → Banken sowie auf Informanten von Polizei und dem staatlichen Geheimdienst SAVAK. In den bewaffneten Auseinandersetzungen mit den staatlichen Sicherheitskräften wurden in den folgenden fünf Jahren 180 Kämpfer der Fedayin getötet und einige zehntausend verhaftet, allerdings blieb die erhoffte Revolution des iranischen Volkes aus, sie sollte einige Jahre später stattfinden. Die zahlreichen Verhaftungen und die hohen Verluste an Kämpfern führten schließlich zu einer Teilung der Organisation in zwei verschiedene Gruppen, wobei die gemäßigtere ihre politischen Aktivitäten unter den Industriearbeitern fortsetzte. Als im Zuge der landesweiten Unruhen im Herbst 1977 dem iranischen Geheimdienst SAVAK die Kontrolle über die Opposition entglitt, begannen die *Fedayin-e Khalq* mit der Reorganisation ihrer Kämpfer und beteiligten sich an den teils gewaltsamen Anti-Shah-Demonstrationen.

Nach der Revolution von 1979 hoffte die Organisation, an der politischen Macht beteiligt zu werden, was jedoch von Ayatollah → Khomeini entgegen früheren Zusagen abgelehnt wurde. Die Fedayin ging in die Opposition zu den neuen Machthabern und sah sich plötzlich der Verfolgung durch die Regierung ausgesetzt. Unter dem zunehmenden Druck verlagerte sie ihre Aktivitäten in die Regionen von Kurdistan und schloss sich den kurdischen Guerilla-Kämpfern an. Im Juni 1980 kam es schließlich zu einer Spaltung der Organisation in eine „Mehrheit" und in eine „Minderheit", wobei die Mehrheitsfraktion sich für eine Zusammenarbeit mit dem islamischen Regime aussprach. Aufgrund inhaltlicher Überschneidungen ging sie eine Kooperation mit der kommunistischen Tudeh-Partei ein, die ähnliche politische Ziele verfolgte und zu diesem Zeitpunkt noch nicht verfolgt wurde. Unterdessen führte das islamische Regime die bewaffnete Auseinandersetzung mit den → Mujaheddin-e Khalq, die ein ähnliches Schicksal erlitten hatten wie zuvor die Fedayin-Organisation. Nach deren Zusammenbruch im Mai 1983 wendete sich das Blatt und die Mehrheitsfraktion der Fedayin-e Khalq geriet in den Strudel der staatlichen Repression. Obwohl zahlreiche ihrer Kader im Untergrund lebten, erlitt die Organisation 1989 einen herben Rückschlag, als sie von der Polizei in → Teheran entdeckt wurde, von dem sie sich nicht mehr erholte.

Der Zusammenbruch der Sowjetunion zwang die Minderheitsfraktion der Fedayin zu einer inhaltlichen Neuausrichtung ihrer politischen Ziele hin zu einer stärker sozialdemokratisch ausgerichteten Politik. In Opposition zum islamischen Regime fand sie einen Verbündeten in Ex-Staatspräsident Abol Hassan → Bani-Sadr, den sie im Juni 1981 in der Konfrontation mit Khomeini im Wahlkampf unterstützte. Bani-Sadr musste kurze Zeit später Iran unter dubiosen Umständen verlassen und lebt seitdem im Exil in Paris. Die anhaltende staatliche Repression zwang die Fedayin-e Khalq 1987 schließlich zur formalen Auflösung. Splittergruppen der FKO sollen in Iran und Europa weiterhin aktiv sein.

LITERATUR Ervand Abrahamian. Iran Between Two Revolutions. Princeton 1982; ders., Die Guerilla-Bewegung im Iran von 1963 bis 1977, in: Religion und Politik im Iran. Mardom Nameh – Jahrbuch zur Geschichte und Gesellschaft des Mittleren Orients. Herausgegeben vom Berliner Institut für Vergleichende Sozialforschung. Berlin 1981; Nikki Keddie. Modern Iran. Roots and Results of Revolution. New Haven/London 2003; Peyman Vahabzadeh. „FADĀ'IĀN-E ḴALQ", in: Ehsan Yarshater. *Encyclopædia Iranica* 2016; Donald Newton Wilber. Iran. Past and Present. Princeton 91981

Feiertage → Kalender

Feste

(islamische)

Die religiösen Feste in den islamischen Ländern richten sich nach dem islamischen arabischen → Kalender, dessen Zählung mit Jahr der Hijra 622 n. Chr. beginnt. Die „Hijra" bezeichnet die sogenannte „Auswanderung" des Propheten Mohammed aus der Stadt Mekka nach Medina. Im islamischen Kalender sind zwei kanonische Feiertage von herausragender Bedeutung, das Opferfest im Monat „Dhul Hidscha" (arab. *Id al-Adha*, pers. *Eid-e Ghorban*, türk. *Kurban Bayram*), an dem an die Opferbereitschaft von Abraham gedacht wird und das Fest des Fastenbrechens (arab. *Id al-Fitr*, pers. *Eid-e Fetr*, türk. *Scheker Bayram*) nach dem Ende des Fastenmonats Ramadan, die regional unterschiedlich drei bis vier Tage dauern können. Vor Beginn beider Feste versammeln sich die Gläubigen am frühen Morgen zum Gebet, häufig auch unter freiem Himmel.

Weitere, nichtkanonische Feste mit religiöser Bedeutung sind die → Ashura-Feierlichkeiten am 10. Tag des Trauermonats *Muharram*, der zugleich den Beginn des islamischen Jahres markiert. Während Ashura (bed. Zehn) für die Sunniten ein eher freudiges Fest im Zeichen der göttlichen Gnade und Vergebung ist, ist es für die → Schiiten der zeremonielle Höhepunkt des kollektiven Trauerns an das Martyrium des Prophetenenkels → Hussein, der bei Kerbala (Irak) sein Leben verlor ebenso wie seine Gefährten. Vor den Ashura-Prozessionen wird von den Gläubigen ein Passionsspiel (Ta'ziyeh) aufgeführt, das die Leiden Husseins inszeniert.

Der Geburtstag des Propheten (arab. *Maulid, pers. Moulud*) am 12. Rabi al-Awwal (3. Monat) des islamischen Kalenders wird von Sunniten und Schiiten gleichermaßen mit Volksfesten und Andachten gefeiert. In der Nacht vom 14. auf den 15. des Monats Shaban (8. Monat) gedenken die Gläubigen beider Konfessionen in der „Nacht der Erlösung" (*Lailat al-Baraa*) ihrer Sünden und bitten Gott um Vergebung. In dieser Nacht soll das Schicksal des kommenden Jahres festgelegt werden. In Iran wird der 15. Shaban als offizieller Feiertag begangen, an dem das (eigentliche) Staatsoberhaupt (→ *Mahdi*) Geburtstag hat, auf dessen Erscheinen alle Gläubigen warten.

Die Nacht der Bestimmung (arab. Lailat al-Qadr) am 27. Ramadan erinnert an die Nacht, in der dem Propheten der Koran „herabgesandt" wurde. Dieses Fest ist vor allem für gläubige Sunniten wichtig. Mit dem Fest „Eid-e Ghadir" (arab. *Ghadir Khumm, Brunnen von Khumm*) gedenken Schiiten einem Ereignis, das von den Sunniten zwar nicht in Frage gestellt, dennoch anders interpretiert wird. Der Ghadir von Qom ist ein kleiner Teich, an dem der Überlieferung zufolge Mohammed nach seiner Abschiedswallfahrt → *Ali ibn Abi Talib*, seinen Schwiegersohn und Cousin im Beisein seiner engsten Gefährten zum Nachfolger bestimmt haben soll. Dieses Schlüsselereignis ist der Ausgangspunkt für sämtliche Auseinandersetzungen zwischen Sunniten und Schiiten.

Schiiten gedenken zahlreicher weiterer Ereignisse, die mit dem Leben ihrer Imame verbunden sind, wie die Geburts- und Todestage ihrer zwölf Imame. Im Leben von Iranern spielen die eher profanen Feste aus der vorislamischen Zeit eine ebenso wichtige Rolle.

LITERATUR Gustave E. von Grunebaum. Muhammadan Festivals. New York. 1988; Adel Theodor Khoury, Ludwig Hagemann, Peter Heine. Islam-Lexikon. Geschichte-Idee-Gestalten, 3 Bde. Freiburg 1991; Annemarie Schimmel. Das islamische Jahr. Zeiten und Feste. München 2001

Ferdowsi

(auch Firdausi, Ferdausi, Firdusi) Abu-l Qasem Mansur,

Nach pers. Angaben auch Abu Mansur Abdolrazzaq Abdollah Farrokh (*940 in Baz (Paj) bei Tus, † 1021 in Mashad), war ein persischer Dichter und Autor des berühmtesten Buches der persischen LITERATUR, des monumentalen, rund 50.000 Doppelverse umfassenden Shahnameh (*Buch der Könige*). Es ist das größte Epos, das je von einem einzelnen Autor geschaffen wurde. Es ist doppelt so umfangreich wie die Odyssee des Griechen Homer. Ferdowsi ist der Erneuerer der persischen Sprache und des persischen Nationalbewusstseins. Vor allem aber ist er der Bewahrer der persischen Kultur und ihrer Traditionen. Als sein Epos erschien, durchlebte die iranische Gesellschaft eine tiefgreifende Identitätskrise, die durch den Verlust der nationalen Souveränität unter der Fremdherrschaft der Araber ausgelöst wurde. Es war eine Zeit des gesellschaftlichen und kulturellen Umbruchs.

Arabische Sprache und Kultur hatten das Persische aus allen Lebensbereichen verdrängt. Mit Ferdowsi erlebte die persische Kultur dagegen ihre Wiedergeburt auf den Trümmern ihrer einstigen Größe.

Die persische Dichtung des Ferdowsi umfasst eine phänomenale Zeitspanne: Sie erzählt die gesamte Geschichte der Könige des alten Iran, von ihrem mythischen Anfang unter König Gajumarth bis zur Eroberung Irans durch die Araber im Jahr 642 n. Christus. Sie berichtet vom königlichen Glanz, von wundervollen Palästen und den Heldentaten iranischer Könige sowie von der tausendjährigen Feindschaft zwischen den sesshaften Iranern und dem Nomadenvolk der türkischen *Turaner*. Turan gilt als Urheimat der Türken und ist *Aneran*, das Land der Nicht-Iraner. Mit dieser Unterscheidung zieht Ferdowsi nicht nur eine sprachliche Grenze, sondern vor allem auch eine kulturelle, eine geistige. Ferdowsi arbeitete an der Abfassung dieses gewaltigen Heldengedichts, das über ein historisches Werk hinausgeht, mehr als 30 Jahre und schöpfte dabei aus allen ihm verfügbaren zeitgenössischen Quellen und aus den Traditionen seiner Kindheit.

Über die wahre Herkunft und die frühen Lebensjahre von *Abu-l Qasem Mansur Ferdowsi* ist relativ wenig bekannt. Selbst die richtige Angabe des Namens ist umstritten, wobei Ferdowsi sein Pseudonym gewesen ist, was wörtlich übersetzt „der Paradiesische" bedeutet. Geboren wurde er in dem Dorf *Baz* oder *Paj* in der Nähe von Tus in Ostiran als Sohn einer wohlhabenden Familie von Landbesitzern aus niederem Adel (*Dehqane*). Die Dehqane waren Grundbesitzer aus ursprünglich parthischem Landadel, konservativ eingestellt und sahen es als ihre Aufgabe, das vorislamische Erbe, die Traditionen und die Heldengeschichten aus sasanidischer Zeit vor dem Vergessen zu bewahren. So wurden sie quasi zu Historikern einer längst vergangenen Epoche.

Ferdowsi wurde in dieses Umfeld hineingeboren. Bereits seit früher Kindheit beschäftigte er sich mit den Überlieferungen aus der Geschichte des alten Iran, mit ihren Mythen und Erzählungen, die später im Shahnameh ihren Niederschlag finden sollten. Er verbrachte sein ganzes Leben in dem kleinen Ort Tus nordwestlich von Mashad in Khorasan (Nordostiran). Von Hause aus vermögend, war er nicht auf Zuwendungen vom Hofe angewiesen. Ferdowsi begann mit der Arbeit am Shahnameh um das Jahr 977 und konnte auf Vorarbeiten seines Dichterkollegen *Daqiqi* zurückgreifen, der von einem Sklaven getötet worden war. Er konnte jedoch nicht absehen, dass sein Lebenswerk drei Jahrzehnte in Anspruch nehmen (1010) und ihn in die Armut führen würde.

Ferdowsi lebte in einer Zeit des politischen Umbruchs. Das abbasidische Kalifat befand sich in einer Krise und im Osten Irans waren lokale Fürstentümer entstanden. Die Herrschaft der *Samaniden* (892-999) in Khorasan, die an das Erbe der Sassaniden anzuknüpfen versuchte und das Neupersische als Hofsprache eingeführt hatte, zerbrach noch zu seinen Lebzeiten. Ihr folgte die Herrschaft der türkischen *Ghaznaviden* (997-1190) unter Sultan Mahmud (998-1030) von *Ghazna* (Afghanistan). Mahmud führte das Arabische als Korrespondenzsprache wieder ein in der Erwartung, die Gunst des abbasidischen Kalifen zu gewinnen. Ferdowsi lebte als Schiit in Opposition zum sunnitischen Herrscher und hoffte, den Sultan als Mäzen zu gewinnen, um so vor politischer Verfolgung geschützt zu sein. Er schrieb Lobgedichte auf den Sultan, der ihm für jeden Vers des Shahnameh ein Goldstück versprochen haben soll. Es existieren verschiedene Legenden über die Beziehung zwischen Ferdowsi und dem Sultan. Wahrscheinlicher ist, dass Ferdowsi nach Vollendung des Shahnameh verarmt gestorben ist. Allerdings liegen keine Hinweise über sein letztes Jahrzehnt vor. Sultan Mahmud soll das Werk achtlos beiseitegelegt haben.

Ferdowsi ist der Vater des modernen Persisch. Er ist der einflussreichste und wortmächtigste iranische Dichter und einer der größten Epiker der WeltLITERATUR. Seine Bedeutung für die Wiederbelebung der persischen Sprache und Kultur kann nicht hoch genug eingeschätzt werden. Mit dem Shahnameh hat er den Iranern ihre Identität und ihr kollektives Bewusstdein zurückgegeben. Die moderne persische Sprache ist nahezu identisch mit der eintausend Jahre alten Sprache des Ferdowsi und das Shahnameh ist eines der wenigen Bücher, die seit ihrem Erscheinen immer wieder gedruckt werden.

Die erste deutsche Übersetzung des Shahnameh erschien 1865 von Graf Adolf Friedrich von Schack, Heldensagen des Firdusi in deutscher Nachbildung. Die erste und bislang einzige Übersetzung in Versform ist die von Friedrich Rückert, deren erste Band posthum 1890 erschien.

LITERATUR Abū'l Qāsem Ferdausi. Rostam. Die Legenden aus dem Šāhnāme. Aus dem Persischen übersetzt und herausgegeben von Jürgen Ehlers. Stuttgart 2002; Richard N. Frye. The Golden Age of Persia. London 1975; Robert Hillenbrand. Ferdowsi, the Mongols and the History of Iran. Art, LITERATURE and Culture from Early Islam to Qajar Persia. Cambridge 2014; Theodor Nöldeke. Das iranische Nationalepos. Berlin ²1920; Friedrich Rückert. Firdosi's Königsbuch (Schahname). Berlin 1890-94; Ali Shapur Shahbazi. Ferdowsi: a critical biography. Harvard 1991; Graf Adolf Friedrich von Schack. Heldensagen von Firdusi. Berlin 1865; Uta von Witzleben. Firdausi: Geschichten aus dem Schahnameh. Düsseldorf/Köln 1984;

FIPPA

(Foreign Investment Promotion and Protection Act)

Die gesetzliche Rahmenbedingung für ausländische Investoren. Sie wurde 2002 durch die Regierung ratifiziert und löst die bis dahin gültigen Regelungen ab. Investitionen sind in allen Bereichen der Wirtschaft möglich mit bestimmten Ausnahmen (Waffen, Munition und Sicherheitsdienste). Bevor ein ausländischer Investor sich auf die Regelungen des „FIPPA" beziehen kann, benötigt er eine Investitionslizenz.

Die für das Genehmigungsverfahren zuständige Behörde ist die „Organization for Investment, Economic and Technical Assistance of Iran (OIETAI)". Die endgültige Entscheidung über eine Genehmigung der Investition erfolgt durch eine gesonderte Kommission für Auslandsinvestitionen auf der Basis des OIETAI-Berichts. Für den Fall, dass Investoren eine bestehende Investition neu strukturieren wollen, um in den Geltungsbereich eines bilateralen Investitionsabkommens zu fallen, muss unter Umständen eine neue OIETAI-Zulassung beantragt werden. Bezüglich der Art der Investition, des Investitionsvolumens, des Anteils der Beteiligung, bezüglich Gewinn und Kapitalrückführung und der gegenseitigen Beziehungen zwischen den jeweiligen Parteien des Investitionsvorhabens, gibt es keine Beschränkungen im FIPPA.

Die FIPPA-Regelungen bieten höhere Sicherheiten gegen nichtkommerzielle Risiken wie z. B. im Hinblick auf die Rückführung von Kapital und Enteignung. Durch die Regelungen des FIPPA wird die Regierung verpflichtet, die Kapitalrückführung zu erleichtern und eine vollständige und faire Entschädigung bei Enteignungen durch den Staat oder eine Unterbrechung der Geschäftstätigkeit des ausländischen Investors zu gewährleisten. Ausländischen Investoren werden die gleichen Rechte gewährleitet wie den iranischen Investoren.

Ausländische Investitionen werden in zwei Gruppen eingeteilt:

1. Investitionen in sämtliche Wirtschaftsbereiche des privaten Sektors durch direkte Beteiligung am Aktienkapital iranischer Unternehmen, z. B. in bestehende Unternehmen oder

2. in Form vor Neuprojekten (Greenfield-Projekte). Es gibt keine Deckelung der ausländischen Beteiligung am iranischen Unternehmen durch einen prozentualen Höchstsatz.

Bei einer Kooperation mit iranischen Unternehmen kann – im Gegensatz zum Direktinvestment – in jede Art von Investitionsmöglichkeit investiert werden. Dadurch erhalten ausländische Investoren die Möglichkeit, sich an nationalen Projekten zu beteiligen, die vor Direktinvestitionen gesetzlich geschützt sind.

Flagge

Die iranische Flagge zeigt von oben nach unten drei waagerechte gleichgroße Farbstreifen in Grün, Weiß und Rot. Grün symbolisiert den Islam, Weiß bedeutet Frieden und Rot steht für Mut und Tapferkeit. Unterhalb des grünen und oberhalb des roten Streifens befindet ist in kufischer (arabischer) Schreibweise der Schriftzug „Gott ist am größten". Diese Losung erscheint jeweils elf Mal im grünen und im roten Feld. Sie wird auch in Art. 18 der iranischen Verfassung erwähnt. Zusammen symbolisieren sie die Zahl 22, damit ist der 22. Bahman 1357 (11. Februar 1979) gemeint. Das Datum verweist auf die Rückkehr von Religionsführer Ayatollah → Khomeini nach Iran und gilt als Tag des Sieges der Islamischen Revolution. Das Emblem in der Mitte der Flagge in Form eines stilisierten Globus, der vier Halbmonde und ein Schwert in sich trägt, symbolisiert die fünf Säulen des Islam. Das W-förmige Taschdid-Zeichen (Verdoppelung) über der Schwertspitze lässt sich auch als „Allah" (Gott) lesen. Der Globus steht für den weltweiten Anspruch des Islam.

Flüchtlinge

Iran ist seit Jahrzehnten für zahlreiche Volksgruppen aus den Nachbarländern ein bevorzugtes Rückzugsgebiet. Nach der sowjetischen Invasion von 1979 kamen ca. 1-2 Mio. afghanische Flüchtlinge. Deren Zahl erhöhte sich durch die nachfolgenden Bürgerkriege in Afghanistan wie der Machtübernahme durch die Mujaheddin (1992) und der Taliban (1996). Im Iran-Irak Krieg (1980-88) flüchteten etwa 500.000 Iraner aus dem Irak, wo sie seit Generationen ansässig waren. Ebenso flohen viele schiitische Araber nach Iran in der Hoffnung, bei iranischen Arabern Zuflucht zu finden, wurden jedoch über die Grenze zurückgeschickt. Irakische Kurden suchten nach Strafaktionen des irakischen Diktators Saddam Hussein Schutz in Iran – ebenso wie türkische Kurden nach der Verfolgung durch das türkische Militär. Nach dem Ende des ersten Golfkrieges 1991 migrierten mehr als 1,5 Mio. Menschen aus dem Irak nach Iran. Flüchtlinge aus Armenien und der Republik Azerbaijan überschreiten nach Unruhen in ihren Regionen häufig die Nordgrenze zu Iran. Iran ist bei der Versorgung der Flüchtlinge wegen der fehlenden internationalen Unterstützung weitgehend auf sich selbst gestellt.

INTERNETQUELLE Staistical Center of Iran, www.amar.org.ir

Freihandelszonen

Sind kleine zollfreie Areale für Warenlager und Depots mit Vertriebseinrichtungen für Handel und Umladeeinrichtungen zum Re-Export von Gütern (World Bank). Die iranischen Wirtschaftssonderzonen existieren als Freihandelszonen (*Free Trade Zones*) oder als Sonderwirtschaftszonen (*Special Economic Zones*). Weil sie nicht als Teil des iranischen Zollgebiets gelten, sind sie von den zoll- und außenwirtschaftsrechtlichen Bestimmungen befreit. Demnach können Maschinen, Ausrüstungen, Rohstoffe und Baumaterialien ohne Einfuhrabgaben eingeführt werden. Die Freizonen bieten ferner vereinfachte Zollabfertigungsverfahren, wobei je nach Zone individuelle Zoll- und Steuererleichterungen möglich sind. Wareneinfuhren aus der Wirtschaftssonderzonen auf das iranische Festland sind zulässig und werden wie Einfuhren aus dem Zollausland behandelt.

Angesichts rückläufiger Einnahmen aus dem Ölgeschäft beschloss die iranische Regierung 1989 nichterdölbasierte Produkte stärker zu fördern. Dies sollte über die Einrichtung von Freihandelszonen an strategisch wichtigen Orten in Iran erfolgen. Die ersten Freihandelszonen wurden auf den Inseln → *Kish* (1989) und → *Qeshm* (1990) im Persischen Golf ausgewiesen. Bis 2011 kamen fünf weitere FTZs hinzu: → *Chabahar* in Südostiran (Provinz Balutschistan), → *Arvand* (Khuzestan) Südwestiran, → *Anzali* (Gilan-Provinz) Nordiran,→ *Aras* (Ostazerbaijan) und → *Maku* (Westazerbaijan) Nordwestiran.

Ziel der FTZs ist die Förderung der nationalen Wirtschaft (Transfer von technischem Know-how aus dem Ausland, Schaffung von Arbeitsplätzen) mittels Privilegien für ausländische Investoren (Steuer-, Visa- und Einfuhrerleichterungen, Kapitaltransfer u.a.m.). Die ursprünglichen Ziele sind auch 30 Jahre seit Einrichtung der Freihandelszonen nicht vollständig erreicht, es gibt weiterhin Schwierigkeiten. Die Gründe sind: unverhältnismäßig kleine Anlagen, nicht genügend Arbeitsplätze trotz günstiger Steuer- und Zollbestimmungen, Ausbau der Infrastruktur durch private Unternehmen unzureichend, Mangel an administrativer und finanzieller Unabhängigkeit in den Verwaltungen und zu wenig Autonomie im Management der FTZs. Positiv ist die Zunahme an ausländischem Investment nach dem Aussetzen der Sanktionen 2016 um 41,3 % von 1,29 Mrd. USD (2016) auf 3,1 Mrd. USD in 2017 (*Mahnaz Abdi. Free Trade Zones still far from objectives, in: Tehran Times, 4. Dec. 2017*).

Freihandelszonen bieten folgende Vorteile:

- Steuerbefreiung für die ersten 15 Jahre der Investition
- Visa zu den Freihandelszonen werden bei der Einreise erteilt
- Regelungen zu Transaktionen und Bankgeschäften treffen die Verwaltungen der Freihandelszonen
- Keine Zollgebühren beim Import von Waren
- Steuer- und Kostenfreier Kapitalverkehr
- Waren, die in den Freihandelszonen produziert und in andere Landesteile importiert werden, sind von Zöllen befreit

- Vereinfachte Möglichkeit, Joint Ventures einzugehen
- Arbeitsrechts- u. Arbeitsschutzbestimmungen bezüglich der Rekrutierung iranischer Arbeitskräfte treffen die Verwaltungen der Freihandelszonen

Aktuell bestehen sieben große Freihandelszonen, die ausländischen Investoren Vorteile bieten:

Name	Geographische Lage	Provinz
Anzali Free Zone	Kaspisches Meer	Gilan
Aras Free Zone	Kaspisches Meer	Ost-Azerbaijan
Arvand Free Zone	Persischer Golf	Khuzestan
Chabahar Free Zone	Golf von Oman	Sistan-Balutschistan
Kish Free Zone	Insel Kish, Persischer Golf	Hormozgan
Maku	Nähe zur türkischen Grenze	West-Azerbaijan
Qeshm Free Zone	Persischer Golf, Straße von Hormuz	Hormozgan

Tabelle: eigene Anfertigung

Freitagsgebet

(arab. Jaum al-Djum'a)

Ist eine religiöse Verpflichtung, die für alle männlichen Muslime, bei Jungen ab der Pubertät, bindend ist. Das Gebet wird am Tag der Versammlung, am Freitag, gemeinsam vollzogen. Im Koran werden die Muslime in Sure 62, Vers 9, dazu aufgefordert, *„Ihr, die ihr glaubt, wenn zum Gebet am Tag der Versammlung – am Freitag – gerufen wird, dann eilt, Gottes zu gedenken, und lasst den Handel! Das ist besser für euch, falls ihr Bescheid wisst"* (Sure 62:9). Das Freitagsgebet ist für Frauen nicht verpflichtend, sie können dennoch daran teilnehmen. Befreit sind lediglich Kinder, Kranke und Reisende.

Das Gebet am Freitag gilt Muslimen als das wichtigste Gebet der Woche und wird in größeren Orten meist in der Hauptmoschee der Stadt, der Freitagsmoschee, gemeinschaftlich vollzogen. Das Freitagsgebet folgt einer besonderen Liturgie, vor dem eigentlichen Gebet hält der Imam eine Predigt von einem Podest oder einer hölzernen Kanzel, der *Minbar*. Das am Mittag übliche Gebet (*zuhr*) entfällt. In Iran haben die Predigten einen politischen Charakter und spiegeln die offizielle Regierungspolitik wider. Als Freitagsprediger treten dort häufig prominente Kleriker auf, die meist auch wichtige politische Ämter ausüben oder ausübten, wie der ehemalige Staatspräsident *Hashemi Rafsanjani*. Themen, die in den Predigten wiederholt angesprochen werden, sind etwa das iranische Atomprogramm oder die Auseinandersetzung mit der US-Politik. Ursprünglich fand das Freitagsgebet zu Lebzeiten des Propheten auf dem Wochenmarkt von Medina statt, wohin die Muslime aus der Umgebung kamen, um ihren Geschäfte nachzugehen. Bei dieser Gelegenheit konnte Mohammed Ansprachen halten oder Streitigkeiten schlichten, an die sich ein gemeinsames Gebet anschloss.

Fünf Säulen des Islams

(arab. Arkan, Säulen, Stützen)

Bezeichnen die für Muslime fünf wichtigsten religiösen Pflichten:

1. Shahada, Glaubensbekenntnis. Der Gläubige bekennt, „Es gibt keinen Gott außer Allah, und Mohammed ist der gesandte Gottes".

2. Salat, das fünfmalige tägliche Gebet. Gläubige Schiiten verrichten ihre Gebete, insgesamt nur dreimal innerhalb von 24 Stunden. Das Mittagsgebet (*zuhr*) wird mit dem Gebet am Nachmittag (*asr*) und das Gebet bei Sonnenuntergang (*maghrib*) mit dem Nachtgebet (*asha*) zusammengelegt.

3. Zakat, das Almosen, die Abgabe eines vorgeschriebenen Vermögensanteils an Bedürftige.

4. Saum, das Fasten im Monat Ramadan.

5. Hajj, die Wallfahrt nach Mekka. Jeder Muslim sollte sie einmal im Leben unternehmen sofern er/sie dazu körperlich und finanziell in der Lage ist. Was nicht dazu zählt, ist der *Jihad*, der sogenannte „Heilige Krieg".

Fünfer-Schia → Zaiditen

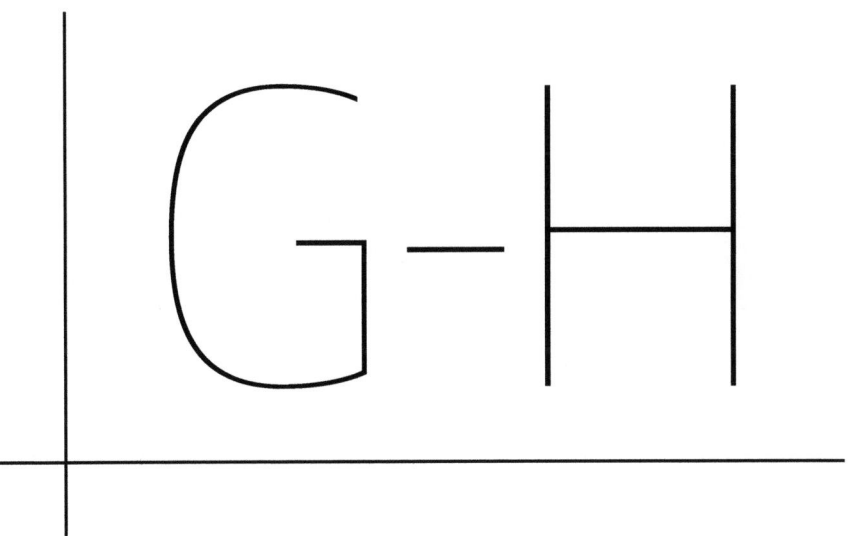

Geographie

Iran liegt geographisch an der Schnittstelle zwischen der Türkei und dem Irak im Westen und den zentralasiatischen Staaten Afghanistan und Pakistan im Osten. Im Norden grenzt Iran an Armenien, Azerbaijan, das Kaspische Meer und Turkmenistan. Im Süden bildet der Persische Golf mit einer Länge von rund 1.000 km die natürliche Grenze. Das Staatsgebiet erstreckt sich zwischen dem 25. und 40. Breitengrad. Die heutigen Landesgrenzen umfassen eine Länge von 8.731 km und haben sich im 18. und 19. Jahrhundert herausgebildet. Mit einer Gesamtfläche von 1.648 Mio. km² ist Iran eines der größten Länder in der MENA-Region. Der → Persische Golf als Ausläufer des Indischen Ozeans und das Meer von Oman stellen den einzigen maritimen Zugang Irans zu internationalen Gewässern.

Iran ist ein Land der ausgesprochenen Gegensätze. Der größte Teil des Staatsgebiets, das zentraliranische Hochland und der Osten des Landes, bestehen aus Wüsten- und Steppenlandschaften mit einem trockenen Klima und geringen Niederschlägen im Jahresdurchschnitt. In der südkaspischen Küstentiefebene im Norden herrscht ein gemäßigt feuchtes Klima mit milden Sommern und Wintern. Der Süden dagegen ist geprägt von einem subtropischen Klima mit hohen Tagestemperaturen, die stellenweise über 50 °C hinausgehen können. Im Westen Irans herrscht ein kontinentales Klima mit milden Sommern und harten, oft schneereichen Wintern. Charakteristisch für Iran sind zwei große Gebirgszüge: die beiden großen Randgebirge Elburs (→ Albors) im Norden, der sich nach Westen im Talisch-Gebirge fortsetzt und im Osten im Bergland von Khorassan ausläuft. Das andere große Randgebirge, der Zagros, beginnt in Ostanatolien und Nordwestiran im Westen und verläuft im Südwesten nach Khuzestan. Die größte Erhebung in Iran ist der Damavand im Alborz-Gebirge (Elburs) im Nordwesten mit einer Höhe von 5.671 Metern.

Literatur Eckart Ehlers. Iran. Grundzüge einer geographischen Landeskunde. Darmstadt 1980; Ulrich Gehrke, Harald Mehner (Hrsg.): Iran. Natur. Bevölkerung. Geschichte. Kultur. Staat. Wirtschaft. Tübingen/Basel 21976

Geschäftsanbahnung

Iran ist aus unternehmerischer Sicht eines der bedeutenderen Schwellenländer und ein Land mit einem langfristigen Potential. Das Land ist flächenmäßig (1.648 Mio. km²) etwa viereinhalbmal so groß wie Deutschland und hat eine Bevölkerung von ca. 81 Mio. Menschen. Nach Saudi-Arabien ist die iranische Volkswirtschaft die zweitgrößte in der MENA-Region und für deutsche Unternehmen ein wichtiger Absatzmarkt.

Nach dem World Bank Report 2017/18 nimmt Iran bei den folgenden Indizes eine mittlere Position ein:

Geschäftsanbahnung 104

- *Global Competitiveness*: Rang 69 von 137 Staaten
- *Ease of Doing Business*: Rang 124 von 190 Staaten
- *Networked Readiness*: Rang 92 von 139 Staaten
- *Korruption*: Rang 130 von 175 Staaten

Der *Global Competitiveness Index* der World Bank bewertet Volkswirtschaften nach ihren Wachstumschancen. Der Index *Ease of Doing Business* gibt Auskunft darüber, in welchem Umfang ein Regierungssystem Firmengründungen in dem jeweiligen Land fördert. Die *Networked Readiness* bewertet die Infrastruktur im Bereich der Informations- und Kommunikationstechnologien. Beim *Korruptionsindex* ist keine Veränderung im Vergleich zum Vorjahr erkennbar.

Iran bietet eine Vielzahl von Investitionsmöglichkeiten, die gerade für deutsche Investoren von besonderem Interesse sein können. Die nachfolgenden Ausführungen stellen nur eine knappe Übersicht über einige ausgewählte Sektoren dar.

SWOT-Analyse

Strengths (Stärken)	**Weaknesses (Schwächen)**

große Öl- und Gasvorkommen
zahlreiche andere Rohstoffe
diversifizierte Wirtschaftsstruktur
hohes Ausbildungsniveau
traditionell gute Beziehungen
   zu Deutschland
	Reformstau, langsamer Privatisierungs-
	   prozess
	Währungsschwäche
	schwaches Bankensystem
	schwierige Bürokratie
	staatlich kontrollierte konservative
	   Gesellschaftsordnung

Opportunities (Chancen)	**Threats (Risiken)**

Ausbau, Modernisierung von
   Öl- und Gasindustrie
verarbeitende Industrie
Verkehrsinfrastruktur
Umwelttechnik
erneuerbare Energien u. a. m.
	Rückkehr zu Sanktionen
	Abhängigkeit vom Ölpreis
	politische Instabilität in der Region
	interne Konflikte in Iran
	staatliche Intervention in die Privat-
	   wirtschaft

Tabelle: eigene Darstellung

Für Unternehmen ohne Iran-Erfahrung bieten sich verschiedene Wege der Informationsbeschaffung an. Als einer der ersten Schritte empfiehlt sich die Kontaktaufnahme zur Industrie- und Handelskammer zu Bielefeld, sie betreut schwerpunktmäßig Iran und die Staaten der MENA-Region (https://www.ostwestfalen.ihk.de). Die deutsch-iranische Handelskammer zu Teheran (http://iran.ahk.de) bietet ein umfangreiches Servicepaket für Unternehmen ohne Iran-Erfahrung an und hilft bei der Suche nach iranischen Geschäftspartnern. Empfehlenswert ist die

Teilnahme an einer der zahlreichen internationalen Messen in Iran. Ausführliche Informationen über den Ausstellungs- und Messe-Ausschuss der deutschen Wirtschaft e.V. (AUMA) unter (http://www.auma.de/de/messemarkt/messemaerkteausland/laenderberichte/iran/).

Umfangreiche Landes-, Reise- und Sicherheitsinformationen bieten das Auswärtige Amt (https://www.auswaertiges-amt.de/de/) und die Deutsche Botschaft Teheran (https://teheran.diplo.de/ir-de) an. Branchenspezifische Informationen sind erhältlich bei German Trade & Invest (www.gtai.de) und beim Statistischen Bundesamt (https://www.destatis.de/DE/Startseite.html). Vgl. auch → Bilaterales Investitionsabkommen; → FIPPA; → Freihandelszonen; → Zoll - und Ausfuhrbestimmungen.

Geschichte

Die ältesten archäologischen Zeugnisse, die eine Besiedlung Irans im Zagros-Gebirge und im südkaspischen Küstentiefland belegen, stammen aus dem mittleren Paläolithikum vor etwa 30.000 bis 40.000 Jahren. Im Gebiet des Fruchtbaren Halbmondes (Syrien, Irak, Nordwestiran und Südanatolien) vollzog sich vor ca. 8.000 Jahren (Neolithikum) der Übergang zur Sesshaftigkeit. Um diese Zeit wurden bereits Weizen und Gerste kultiviert sowie Schafe und Ziegen domestiziert.

Die Geschichte Irans beginnt im 8. Jahrhundert vor unserer Zeitrechnung, als das Reitervolk der *Meder* (612–550 v. Chr.) im Westen und Norden des iranischen Hochlandes zur herrschenden Königsfamilie aufstieg. Die Meder unterlagen den später eingewanderten Persern und vereinigten sich mit ihnen zur Dynastie der *Achämeniden* (559–331 v. Chr.). Die Eroberungszüge *Alexanders des Großen* um 330 v. Chr. fügten den Achämeniden empfindliche Niederlagen bei, die zu ihrem Niedergang verursachten.

Nach dem Tod Alexanders 323 v. Chr. teilten seine ehemaligen Generäle als Diadochen (Nachfolger) das Reich unter sich in mehrere Satrapien auf. *Seleukos I.* (312–281) übernahm die asiatischen Satrapien und gab sich 305 v. Chr. den Königstitel. Als Gründer der Dynastie der Seleukiden regierte er ein Reich, das teilweise von der Türkei im Westen bis zum Industal im Osten und von Tajikistan im Nordosten bis nach Palästina im Süden reichte. Von 223–164 v. Chr. führten die Seleukiden mehrere bewaffnete Auseinandersetzungen mit den Römern und unterlagen endgültig, als 63 v. Chr. der letzte Herrscher der Seleukiden von dem römischen Feldherrn Pompeius abgesetzt wurde. Die Provinzen westlich des Euphrat gingen an die Römer verloren, in den östlichen Satrapien herrschten die aus Khorasan (Nordostiran) stammenden Parther (250 v. Chr. - 224 n. Chr.), ein zentralasiatisches Reitervolk. Nach der Eroberung der seleukidischen Satrapie Hyrkanien um 250 v. Chr. brachten sie in rascher Folge ganz Iran unter ihre Kontrolle, ihre Hauptstadt wurde Ktesiphon. Die Parther unterhielten damals weitreichende Handelsbeziehungen vom Römischen Reich bis nach China und führten dennoch mit den Römern mehrere Kriege (Perserkriege).

Der Sassanide *Ardeshir I.* aus der Provinz → Fars erhob sich gegen die Parther, besiegte den Arsakiden *Artabanes* V. im Jahre 224 n. Chr. und gründete die Herrschaft der → Sassaniden (224-642 n. Chr.), die sich als die wahren Erben der Achämeniden verstanden. Unter Ardashir I. (224-242 n. Chr.) wurde der Zoroastrismus, die Lehre des Propheten Zarathustra, zur Staatsreligion erhoben. Die Sassaniden regierten als letztes iranisches Königsgeschlecht bis die Einheit des Reiches 642 unter den Einfällen der Araber zusammenbrach. Ein erstes militärisches Aufeinandertreffen von Sassaniden und Arabern fand 436 bei *Qadisiya* in Mesopotamien statt, die sassanidische Hauptstadt Ktesiphon wurde 437 eingenommen und sechs Jahre später, 443 kam es zur die Entscheidungsschlacht bei Nihavand (Nehavend) in der Nähe des heutigen Hamadan. Obwohl die Sassaniden militärisch überlegen waren, verloren sie gegen die muslimischen Streitkräfte. Als der letzte Sassanidenkönig *Yazdegerd III.* 651 in Merw (Afghanistan) ermordet wurde, war ihr Schicksal besiegelt.

Die Islamisierung und Arabisierung Irans vollzog sich innerhalb von nur 15 Jahren. Es war der Beginn einer Jahrhunderte währenden Fremdherrschaft, die einen tiefgreifenden Wandel in der iranischen Gesellschaft verursachte. Die arabischen Eroberungen kamen aus dem Westen und Südwesten. Die Araber stießen aus Mesopotamien kommend über Khuzestan in die Provinz Fars, über Kermanshah und Hamadan in das ehemalige Siedlungsgebiet der Meder vor. In rascher Folge wurden 643 Hamadan erobert, es folgten die Städte Isfahan (644), Kashan und Qom. Über diese Städte stand der gebirgige Westen Irans fest unter arabischer Kontrolle, die Unterwerfung des zentralen Hochlandes erfolgte über Rhages, das heutige Ray. Von dort war der Zugang nach Gorgan im Norden und nach Khorassan im Osten offen. Im Süden landeten arabische Truppenverbände an den Ufern des Persischen Golfes und drangen nach Sirjan und nach Hormoz vor. Als Khorassan 650 erobert war, befand sich neben Fars das zweite iranische Hochland in den Händen der Araber.

Die Islamisierung des Landes verursachte Veränderungen im politischen wie im geistigen Leben Irans. Sie führte zu Jahrhunderte dauernden Streitigkeiten und Machtkämpfen gefolgt von blutigen und zermürbenden Kriegen lokaler Dynastien im zentralen Hochland und in den Randgebieten. Letztendlich erleichterte die Islamisierung Irans die Eroberung und Fremdbestimmung des Landes durch zentralasiatische Völker und Herrscher. In den ersten drei bis vier Jahrhunderten verließen die Anhänger des Zoroastrismus Iran und emigrierten nach Indien, wo sie als Parsen lebten. In den Fürstentümern Khorassan, Sistan und Fars kämpften lokale Fürsten um die Einigung und Vorherrschaft im Hochland von Iran. Der Osten Irans

(Khorassan), die Gebiete des heutigen Afghanistan und Zentralasiens, kamen unter die Herrschaft der Taheriden (821-873), die Nishapur (pers. *Neyshabur*) zu ihrer Hauptstadt machten, und in der Region Sistan regierten die Saffariden (867-911), beides kleine lokale Herrscherhäuser.

Khorassan im Osten Irans wurde zum Ausgangspunkt des Kalifats der Abbasiden (750-1258), als das Kalifat der Umayyaden in Bagdad (660-750) von inneren Machtkämpfen geplagt in den Strudel des Niedergangs geriet. Die Abbasiden brachten einige weitreichende Neuerungen mit in das Amt und schafften die bis dahin übliche Praxis der Nachfolgeregelung (Wahl) ab und führten das Prinzip der Vererbbarkeit des Kalifenamtes ein. Damit brachen sie mit einer Tradition, auf die man sich nach dem Tod des Propheten zwar geeinigt hatte, gegen die die Schiiten seither aber opponierten. Das Beharren auf den schiitischen Grundsatz der Nachfolge des Kalifen durch Angehörige der Familie des Propheten (Aliden) war ein Kerngedanke einer nun von Khorassan ausgehenden Schia-Bewegung, die in den Kalifen Harun al-Rashid (786-807) und Ma'mum (811-833) Unterstützung fand. Das persische Element kam ebenso in der Administration des Kalifats zum Tragen, wo die in der Verwaltung eines großen Reichs erfahrenen Iraner bevorzugt eingesetzt wurden.

Parallel zum abbasidischen Kalifat schufen die aus dem westlichen Turkestan und Khorassan stammenden iranischen Samaniden (892-999) ein mächtiges Reich. Ihre Hauptstadt Buchara wurde zu einem bedeutenden Zentrum der persischen Kunst und Wissenschaft, in dem berühmte Iraner wie Avicenna (Ibn Sina) und Rudaki wirkten. Im Westen und Südwesten des Hochlands errichteten die iranischen Buyiden (945-1055) ihren Herrschaftsreich, der bis tief in den Irak hinein reichte. Die Buyiden stammten ursprünglich aus der Landschaft Dailam im zentralen Nordiran und eroberten zunächst Ray und Isfahan und 946 den Sitz des Kalifen in Bagdad. Ähnlich wie die Samaniden im Nordosten Irans dehnten die Buyiden ihren Einflussbereich im ehemaligen Herrschaftsgebiet der Achämeniden und Sassaniden kontinuierlich weiter aus. Sie förderten den Ausbau die ehemaligen Hauptstädte Ray, Shiraz und schließlich Bagdad. Nach dreihundert Jahren der Fremdherrschaft war erstmals wieder ein persisches Herrschergeschlecht in Mesopotamien an der Macht.

Nach den Buyiden begann eine Phase, in der türkische, seljukische, mongolische und timuridische Fremdherrscher in Iran einfielen und die nächsten Jahrhunderte das Schicksal des Landes bestimmten. Die oghuzischen Seljuken (1038-1258) drangen vom Norden und Nordosten über Gorgan und das Kaspische Tor sowie über Khorassan in das iranische Hochland ein. Unter ihrem Ansturm begann der zerfall des abbasidischen Kalifats. Die Seljuken errichteten zahlreiche deutende Bauwerke wie Karawansereien, Brücken, Schulen und Grabtürme mit kunstvollen Ziegel- und Stuckornamenten, die als Baudenkmäler bis heute erhalten sind. Den einzigen Widerstand leisteten die ismailitischen → Assassinen in Qazvin und in den Bergfestungen (Alamut) bis sie schließlich den Mongolen unterlagen.

Auf der gleichen Route drangen später die mongolischen Herrscher in das iranische Hochland ein. Zunächst besiegelten die Einfälle unter *Dschingis Khan* um 1218 das Ende der Herrschaft der Seljuken. Die Mongolen eroberten und verwüsteten einen großen Teil von Iran. Dschingis Khans Enkel, *Hülegü*, schuf um 1256 eine eigene Dynastie, die sich Ilkhane (1256-1353) nannten. Die ehemaligen Heerführer Dschingis Khans zerteilten das große Reich in mehrere kleine Fürstentümer. Weitgehend unbeeinflusst von den Mongolen war in der Provinz → Fars eine kleine persische Lokaldynastie entstanden, die als Muzaffariden (1314-1393) eine kleine politische und kulturelle Blüte schufen.

Das Ende der Herrschaft der mongolischen Ilkhane besiegelte im 14. Jahrhundert ein anderer türkisch-mongolischer Herrscher, *Timur Leng* (1370-1506), der im Westen als Timur der Lahme oder Tamerlam bekannt wurde und bei seinen Eroberungszügen in Iran eine Spur der Verwüstung hinterließ. Ihre Herrschaft endete mit dem Erscheinen der Safaviden.

Für die weitere Geschichte Irans entscheidend, vor allem im Hinblick auf seine nationalstaatliche Entwicklung, wurde der Aufstieg der Safaviden zur herrschenden Dynastie (1491-1722), der es gelang, Iran zu einer nationalen Einheit und zu einem Staat zu formen. Unter *Shah Ismail I.* (1501-24) wurde Iran von der jahrhundertelangen Fremdherrschaft befreit. Shah Ismail eroberte in rascher Folge weite Teile von Mesopotamien (1508), im Westen führte er Kämpfe gegen die Osmanen und im Osten des Reichs (Khorassan) gegen die Usbeken. Unter seiner Herrschaft wurde der schiitische Islam zur offiziellen Staatsreligion erhoben. Die Safaviden legten im Wesentlichen die heutigen staatlichen Grenzen fest. Sie schufen ein Nationalgefühl, indem sie schiitische Glaubensinhalte mit der Vorstellung eines eigenständigen, national geprägten Iranertums, verbanden. Sein Nachfolger *Shah Abbas I.* (1588-1629) verschaffte Iran eine kurze Phase kultureller Blüte. Der Shah verlegte wegen der Bedrohung durch die Osmanen die Hauptstadt zunächst von Tabriz über Qazvin nach → Isfahan im Südwesten. Die Stadt prosperierte und zog viele europäische Kaufleute und Händler an, die dort ihre Handelsniederlassungen gründeten. Shah Abbas I. bereitete den Weg, der dreieinhalb Jahrhunderte später in die Islamische Republik Iran führen sollte. Allerdings stürzten seine Nachkommen Iran wieder in eine Reihe von Kriegen und beschleunigten so den eigenen Niedergang.

Den Safaviden war es nicht gelungen, die Grenze im Osten des Reichs dauerhaft abzusichern. Ständige Einfälle afghanischer Nomadenstämme sorgten für eine instabile Lage, sodass die afghanischen Afsharen 1722 die Hauptstadt Isfahan eroberten. Der Afsharenherrscher *Nadir Shah* (1732-1747) verlegte die Hauptstadt weiter ostwärts nach Mashad. Von dort führte er mehrere Raubzüge bis nach Indien und brachte den Pfauenthron der Moghulkaiser nach Iran. Nach seiner Ermordung ergriffen die kurdischen Zand unter *Karim Khan Zand* (1750-79) die Macht und verlegten die Hauptstadt wieder nach Shiraz. In seiner kurzen Regierungszeit gelang es ihm, das Reich politisch und wirtschaftlich zu stabilisieren. Die Ermordung Karim Khan Zands 1794 leitete das Ende der Zand-Herrschaft ein.

Die turkmenischen Qajaren stammten ursprünglich aus den Steppen im Nordosten Irans. Seit der Zeit der Mongolen siedelten sie in den Nähe von Astarabad am Kaspischen Meer. Nachdem sie zwei Jahrhunderte zuvor die schiitischen Safaviden unterstützt hatten, drängten sie nun selbst an die Macht und in das iranische Hochland vor. Dem letzten Zandfürsten fügten sie unter ihrem Führer *Fath Ali Khan* (1797-1843) eine herbe Niederlage zu, die dessen Herrschaft endgültig beendete. Nach der Niederlage der Zand-Herrschaft begannen die Qajaren mit der territorialen Neuordnung der Landesgrenzen, die dabei ihre noch heute gültige Gestalt anzunehmen begannen. Unter den Qajaren geriet Iran in die Auseinandersetzung zwischen den beiden Großmächten Russland und Großbritannien, die ihre imperialistischen Ansprüche auch in Iran durchsetzten und das Land im Ersten Weltkrieg unter sich aufteilten.

Diese Situation änderte sich erst 1921 nachdem der durch einen Staatsstreich an die Macht gekommene Offizier einer Kosaken-Brigade, *Reza Khan Pahlavi*, die Kontrolle über das Land übernommen hatte. Der faktisch ohnehin machtlose Schah wurde vom Parlament abgesetzt und ging ins Exil nach Europa. Reza Khan ließ sich zum neuen Schah proklamieren und begann eine an seinem Vorbild *Kemal Atatürk* (Gründer der modernen Türkei) orientierte Modernisierungs- und Säkularisierungspolitik. Infolge der Annektion Irans im Zweiten Weltkrieg durch Großbritannien und Russland wurde Reza Khan, unter anderem wegen seiner Beziehungen zu Nazi-Deutschland, 1941 zur Abdankung gezwungen und ging ins Exil nach Johannesburg. Dort verstarb er 1944.

Auf Druck der Siegermächte übernahm dessen Sohn Mohammed *Reza Schah* → *Pahlavi* (1941-78) die Nachfolge und setzte die Modernisierungspolitik seines Vaters fort. Die USA und Großbritannien wurden die wichtigsten Verbündeten. Gegen die starke Westorientierung des Schahs entwickelte sich eine wachsende Opposition. Mit dem Wahlsieg der Partei der Nationalen Front 1951 wurde *Mohammed Mossadegh* zum Premierminister gewählt. Mossadegh verstaatlichte die Ölindustrie gegen den Widerstand der USA und Großbritanniens und setzte sich für weitergehende politische Reformen ein. Nach dem von Großbritannien verhängten Wirtschaftsboykott kollabierte die iranische Volkswirtschaft. Der Schah floh vorübergehend ins Ausland, kam allerdings nach einem von der CIA und dem britischen Geheimdienst MI5 angezettelten Staatsstreich (Operation Ajax) wieder an die Macht. Premierminister Mossadegh wurde zunächst zu einer dreijährigen Haftstrafe verurteilt und stand bis zu seinem Tod (1967) unter Hausarrest. Durch die (militärische) Intervention der USA und Englands wurde die demokratische Entwicklung in Iran bereits im Ansatz blockiert, was letztendlich den Aufstieg des militanten politischen Islam und die Entstehung der Islamischen Republik Iran begünstigt hat.

Die Politik der „Modernisierung Irans" der 1960er- und 1970er-Jahre brachte nicht den erhofften Aufschwung, sondern beschleunigte die Verelendung der Mehrheit der iranischen Bevölkerung. Oppositionelle und Andersdenkende wurden Opfer der staatlichen Repression, die nicht nur auf Iran beschränkt blieb. Die enge politische und wirtschaftliche Anlehnung an die USA konnte den Ausbruch der Islamischen Revolution nicht verhindern, in deren Verlauf das Schah-Regime von der Mehrheit der iranischen Bevölkerung unter Führung des islamischen Geistlichen, *Ayatollah Ruhollah* → *Khomeini* (1902–89), gestürzt wurde.

Literatur Ervand Abrahamian. Iran. Between Two Revolutions. Princeton 1982; Ali M. Ansari. The Politics of Nationalism in Modern Iran. Cambridge 2012; Abbas Amanat. Iran: A Modern History. Yale 2017; Clifford E. Bosworth. The Islamic Dynasties. Edinburgh 1980; Eckart Ehlers. Iran. Grundzüge einer geographischen Landeskunde. Darmstadt 1980; Richard N. Frye. The History of Ancient Iran. München 1984; Richard Folz. Iran in World History. Oxford 2016; Monika Gronke. Geschichte Irans. Von der Islamisierung bis zur Gegenwart. München 2003; Sandra Mackay. The Iranians. Persia, Islam and the Soul of a Nation. New York 1998; Josef Wiesehöfer. Das Antike Persien. Von 550 v. Chr. bis 650 n. Chr. Düsseldorf/Zürich 21998; Karl-Heinz Ziegler. Die Beziehungen zwischen Rom und dem Partherreich. Wiesbaden 1964

Großstädte

Iran weist im globalen Maßstab einen hohen Grad der Urbanisierung auf und zählt zu den Ländern mit einem außerordentlich starken Wachstum seiner städtischen Bevölkerungen. Seit der in den frühen 1960er-Jahren einsetzenden Landflucht hat sich der Grad der Verstädterung fast verdreifacht von anfangs 27 % (1950) auf mehr als 71 % (2018) und liegt damit auf dem gleichen Niveau wie beispielsweise in Deutschland. Nach Berechnungen der UN soll dieser Trend bis ins Jahr 2030 auf 80 % ansteigen. Die Gründe für die anhaltende starke Landflucht liegen in der sozialen, wirtschaftlichen und medizinischen Unterentwicklung der ländlichen Infrastruktur, die sich nach der Islamischen Revolution 1979 nicht wesentlich geändert hat. Besonders die hohe Arbeitslosigkeit unter der jungen Bevölkerung und eine fehlende Zukunftsperspektive zwingen die Menschen in die Städte, wo sie Teil eines urbanen Subproletariats werden. Hinzu kommen seit gut einem Jahrzehnt massive Umweltprobleme wie Wassermangel, Dürre, Versteppung und Versalzung (Urmia-See) großer

Landstriche sowie Energieknappheit infolge der verantwortungslosen Ausbeutung der natürlichen Ressourcen.

Iran hat knapp 100 Städte mit mehr als hunderttausend Einwohnern. Die größten Städte sind weiterhin die Hauptstadt Teheran, Mashad, Isfahan und Shiraz. In der folgenden Übersicht sind die 10 größten Städte aufgelistet. Zu beachten ist allerdings, dass bei vielen Städten das Jahr der offiziellen Stadtgründung nicht mit dem tatsächlichen Alter der Stadt übereinstimmt. Viele iranische Städte sind oft mehrere hundert Jahre alt.

Rang 2016	Stadt	Provinz	Jahr der offiziellen Gründung	Einwohner 2016 Zensus	2011 Zensus	Veränderung
1	Teheran	Teheran	1907	8.683.706	8.154.051	+6 %
2	Mashad	Khorasan-Razavi	1918	3.001.184	2.749.374	+9 %
3	Isfahan	Isfahan	1907	1.961.260	1.756.126	+11,68 %
4	Karaj	Alborz	1951	1.592.492	1.614.626	-1,37 %
5	Shiraz	Fars	1907	1.565.572	1.460.665	+7,18 %
6	Tabriz	Ost-Azerbaijan	1907	1.558.693	1.480.665	+5,27 %
7	Qom	Qom	1926	1.201.158	1.074.036	+11,84 %
8	Ahvaz	Khuzestan	1925	1.184.788	1.112.021	+6,54 %
9	Kermanshah	Kermanshah	1930	946.651	851.405	+11,19 %
10	Urmia	West-Azerbaijan	1928	736.224	667.499	+10,30 %

INTERNETQUELLE Statistical Center of Iran: www.amar.org.ir; Tabelle: eigene Anfertigung

Die Binnenmigration veränderte ihre Richtung in dem Zeitraum von 2011 bis 2016 und konzentrierte sich nicht mehr wie bisher auf die „klassischen" Städte Teheran, Isfahan, Mashad oder Shiraz, sondern auf urbane Zentren, die in der Rangfolge der bevölkerungsreichsten Städte bisher auf den unteren Plätzen rangierten. Die Gründe für diese Entwicklung liegen vermutlich in strukturellen Veränderungen wie verbesserte Arbeitsmöglichkeiten infolge der Ansiedlung von Industrie- und Produktionsbetrieben, ausreichend und günstigen Wohnraum und bessere Bildungsangebote.

Die zehn am schnellsten wachsenden Städte in Iran

Rang	Stadt	Provinz	Gründung	Einwohner 2016	Veränderung
1	Robat Karim	Teheran	1983	105.393	+ 35 %
2	Baneh	Kurdistan	1948	110.218	+ 29,38 %
3	Dorud	Lorestan	1949	121.638	+ 22,25 %
4	Nasimshahr	Teheran	1995	200.393	+ 27,25 %
5	Ardabil	Ardabil	1925	529.374	+ 26,57 %
6	Zanjan	Zanjan	1923	430.871	+ 26,06 %
7	Eslamshahr	Teheran	1978	448.129	+ 25,47 %
8	Chabahar	Sistan-Baluchestan	1950	106.739	+ 24,65 %
9	Jahroom	Fars	1925	141.634	+ 24,12 %
10	Yasuj	Kohgiluyeh -Boyer Ahmad	1970	134.532	+ 24 %

INTERNETQUELLE Statistical Center of Iran, www.amar.org.ir; Tabelle: eigene Anfertigung

LITERATUR Michael Bonine. The Morphogenesis of Irannian Cities, in: Annals of the Association of American Geographers (1979), Vol. 69, Issue 2, pp. 208-224; Eckart Ehlers. Iran. Grundzüge einer geographischen Landeskunde. Darmstadt 1980; Heinz Gaube. Iranian Cities. New York 1979; Masoud Kheirabadi. Iranian Cities: Formation and Development. Syracuse 2000; Lawrence Lockhart. Persian Cities. London 1960.

Hadith

(arab. Erzählung)

Bezeichnet die Gesamtheit der Aussprüche und Anordnungen des Propheten Mohammed, die über seine Gefährten und ihren Nachfolgern überliefert und gesammelt wurden. Der Prophet hatte keine schriftlichen Zeugnisse hinterlassen, daher gelten die seinen Gefährten zugeschriebenen Berichte, Überlieferungen und Aussagen nach dem Koran als zweitwichtigste Quelle der für die Lebensführung von Muslimen relevanten religiösen und rechtlichen Normen des Islams. Die ersten Bemühungen, die Aussprüche Mohammeds in eine Sammlung einzubringen, begannen etwa 50 Jahre seinem Tod.. Allerdings dauerte es aufgrund verschiedener Krisen um die politische und religiöse Autorität der Prophetengefährten und wegen theologischer Streitfragen fast zwei Jahrhunderte bis zu ihrer Anerkennung als zuverlässige Quelle. Für die Legitimation der in der Frühzeit des Islams entstehenden rechtlichen und theologischen Schulen wie in Mekka, Medina, Damaskus, Basra und → Kufa waren die Hadithe von zum Teil existenzieller Bedeutung, da sie sich auf die Autorität der Prophetengenossen berufen konnten.

Die Hadithe wurden über eine formalisierte Überlieferungsmethode gesammelt, die zwischen einer Kette von Überlieferern (*isnad*) und dem Text selbst unterschied, wobei unterschiedliche Grade der Authentizität der Berichte und ihrer Überlieferer entwickelt wurden. Bereits früh entstand eine spezifische Hadith-Wissenschaft, deren Tradition bis in die Gegenwart fortdauert. Die bis heute gültigen und großen Hadith-Sammlungen im sunnitischen Islam entstanden im 9. und 10. Jh. und werden als kanonische Sammlungen anerkannt. Dazu zählen insbesondere die beiden Sahih-Werke von *al-Bukhari* († 870) mit 7.000 und *Muslim* († 875) mit 4.000 als gesichert eingestuften Überlieferungen. Für Schiiten sind neben den traditionellen Hadith-Sammlungen vor allem die Auslegungen ihrer Imame von besonderer Bedeutung.

LITERATUR Sahih al-Buhari. Nachrichten von Taten und Aussprüchen des Propheten Muhammad. Übers. u. Hg. Dieter Ferchl. Stuttgart 1991; J. Robson. Hadith, in: The Encyclopaedia of Islam (Neuausgabe), Bd. III. Leiden/London 1971, 23-28; Tilman Nagel. Der Koran. Einführung, Texte, Erläuterungen. München 1991; Gerhard Endreß. Einführung in die islamische Geschichte. München 1982;

Haj
(Wallfahrt)

Eine der fünf Säulen des Islams und wird mit der Pilgerfahrt nach Mekka (Saudi-Arabien) gleichgesetzt, die für alle gläubigen Muslime, von wenigen Ausnahmen abgesehen, einmal in ihrem Leben verpflichtend ist. Als Ausnahmen gelten: chronische Krankheiten, Armut, unsicherer Reiseweg. Frauen müssen in Begleitung einer „geeigneten Person" reisen. Die Wallfahrt dauert fünf Tage, als Zeitpunkt wird im Koran (Sure 2:197) daraufhin gewiesen, dass die Monate der Pilgerfahrt bekannt seien. Als geeigneter Zeitraum gilt der letzte Monat des islamischen Mondkalenders (Dhu l-Hiddscha) vom 8. bis 13. des Monats. Ein Gläubiger, der an der Haj nicht teilnehmen kann, soll eine Ersatzleistung erbringen (Fasten, ein Opfertier schlachten, Almosen geben).

Der Haj beginnt mit dem Eintritt in den Weihezustand (arab. ihram). Nach einer Ganzkörperwaschung bekleiden die Pilger sich mit einem Pilgergewand. Männer umhüllen den Körper mit zwei weißen, ungesäumten Tüchern, die nur umgeschlungen werden und tragen dazu offene Sandalen. Während der Wallfahrt ist es untersagt, sich zu rasieren, zu kämmen oder Haare und Nägel zu schneiden. Frauen dürfen keine Vollverschleierung und keine Handschuhe tragen. Im Zustand der Weihe ist es untersagt, Tiere zu töten, sich die Körperhaare zu entfernen, Parfüm zu benutzen, zu fluchen oder Sex zu haben. Durch die einfachen Kleidungsstücke sollen alle gesellschaftlichen, kulturellen und nationalen Unterschiede aufgehoben werden. Alle Menschen sollen als Gleiche vor Gott erscheinen. Anschließend begeben sich die Pilger zur Ebene beim Berg Arafat, der 25 km östlich von Mekka liegt, um Gott um Vergebung zu bitten. Zur Hadsch gehört auch das siebenmalige Umschreiten des Heiligtums der Kaaba in Mekka, der siebenmalige Gang zwischen den Hügeln um die beiden Orte Safa und Marwa und das symbolische Steinigen des „Teufels". Die Wallfahrt endet mit dem Rasieren des Haupthaares bei Männern, Frauen schneiden eine Haarsträhne aus ihrem Haar, was den Beginn eines neuen Lebensabschnitts symbolisiert, und dem Opferfest, bei dem ein Tier geopfert wird.

Der Haj gilt als eines der Hauptfeste im islamischen Kalender. Seine Wurzeln reichen zurück in die vorislamische Zeit Altarabiens, aus der viele der heute praktizierten Riten stammen.

Als eigentliches Geburtsjahr der Haj gilt das Jahr 632, als die „Abschiedswallfahrt" des Propheten Mohammed stattfand, bei der er die Einzelheiten des Rituals festlegte. Seit dem Jahr 1941 ist die Zahl der ausländischen Pilger über die Jahre exponentiell angestiegen. Während 1941 ca. 24.000 Muslime nach Mekka pilgerten, ist deren Anzahl 2017 auf 2,35 Mio. Pilger gestiegen. Der Haj ist zu einem bedeutenden Wirtschaftsfaktor für die lokale saudi-arabische Wirtschaft geworden mit jährlichen Einnahmen von 1,45 Mrd. Euro. Bis zum Jahr 2020 rechnet die Regierung nach Investitionen in die lokale Infrastruktur mit jährlichen Einnahmen aus dem Pilgergeschäft in Höhe von 11,2 Mrd. Euro. Allein der logistische Aufwand zum Schutz der Pilger ist enorm, annähernd 100.000 Sicherheitskräfte sind während einer Wallfahrt im Einsatz. In der Vergangenheit sind wiederholt Massenpaniken ausgebrochen mit mehreren tausend Todesopfern. Bei einer solchen wurden am 02.09.2015 in der Stadt Mina 2.400 Gläubige getötet, darunter 460 iranische Pilger, als saudische Sicherheitskräfte eine Straße wegen des großen Andrangs sperrten, woraufhin die iranische Regierung einen Boykott verhängte.

Für iranische Pilger ist die Teilnahme kontingentiert, weil es in der Vergangenheit wiederholt zu Zwischenfällen mit saudischen Sicherheitskräften kam und regimetreue iranische Pilger die Wallfahrt für propagandistische Zwecke missbrauchten. Für 2018 haben sich das iranische Amt für das Pilgerwesen und die saudischen Behörden auf ein Kontingent von 85.000 Pilgern für die Wallfahrt nach Mekka geeinigt, ihre Anwesenheit in Saudi-Arabien soll nicht länger als 28 Tage betragen. Die Wallfahrer werden von den iranischen Behörden in Mekka durch einen Catering-Service versorgt. Für Schiiten ist die Wallfahrt nach Mekka und Medina weniger bedeutend als die Wallfahrt zu den schiitischen Heiligtümern im Irak in *Najaf* und *Kerbala* sowie in Iran zum Imam Reza-Schrein in *Mashad*. Allein nach Mashad pilgern jährlich ca. 20 Mio. schiitische Gläubige aus aller Welt.

Der Koran behandelt die Wallfahrt in den Suren: 2:158,189,196,197,198-200; 3:97; 5:1-2,95-97; 9:3 und 22:25-29.

LITERATUR Adel Theodor Khoury, Ludwig Hagemann, Peter Heine (Hrsg.): Islam-Lexikon. Geschichte-Ideen-Gestalten. Freiburg 1991 Der Koran. Übers. Hans Zirker. Darmstadt 2007; Bernhard Maier. Koran-Lexikon. Stuttgart 2001; Andre Miquel, H. Laurens. Der Islam. Eine Kulturgeschichte. Religion, Gesellschaft und Politik. Heidelberg 2004; Tilman Nagel. Der Koran. Einführung. Texte. Erläuterungen. München 1983

Hafen

(pers. Bandar)

Hafenstädte werden in Iran als *Bandar* und in Kombination mit dem Namen eines Orts oder einer Person bezeichnet. Iran hat insgesamt elf Handelshäfen, die am Kaspischen Meer in Nordiran oder am → Persischen Golf im Süden liegen. Die wichtigsten Häfen am Kaspischen Meer sind Bandar Anzali, Bandar Nowshahr und Amirabad. Am Persischen Golf liegen in west-östlicher Richtung die acht großen Häfen: → Abadan, Khorramshahr, Bandar Imam Khomeini, Bandar Bushehr, Bandar Abbas, Bandar Shahid Rajaee, Bandar Lengeh, Bandar → Chahabar. Hinzu kommen kleinere Öl- und Gas-Terminals, die zwar als Häfen (Ports) bezeichnet werden, beim kommerziellen Warenverkehr allerdings keine Rolle spielen, wie Bandar Jask, Bandar Taheri, Port Asaluyeh, Sirus Terminal. Insgesamt sind die Angaben seitens der verschiedenen iranischen Behörden oft widersprüchlich und nicht verifizierbar.

Der maritime Warenverkehr ist für die iranische Volkswirtschaft von existenzieller Bedeutung. Auf dem Seeweg werden 85% des gesamten iranischen Außenhandels abgewickelt. Das Gesamtwarenaufkommen aller iranischen Häfen lag im iranischen Kalenderjahr 2016-17 bei 145 Mio. Tonnen an Öl- und Nicht-Öl-Produkten. Das entspricht einem Zuwachs von 4,3 % im Vergleich zum Vorjahr. Allein die beiden wichtigsten Häfen, *Bandar Imam Khomeini* und *Bandar Shahid Rajaee,* haben einen Anteil von 80% am Gesamtwarenumschlag aller iranischen Häfen. Der jährliche Umsatz der maritimen Wirtschaft liegt bei 16-17 Mrd. USD, das entspricht einem Anteil von 4,1 % am BIP. Nach dem Aussetzen der internationalen Sanktionen liefen 2017 wieder 9301 internationale Schiffe iranische Häfen an.

Das Passagieraufkommen stieg auf 17% an, das sind 7,17 Mio. Reisende. Irans größter Containerhafen ist Bandar Shahid Rajaee, der 30 km westlich von Bandar Abbas liegt und 1985 eröffnet wurde. Zusammen mit der zugehörigen *Shahid Rajaee Special Economic Zone* haben beide eine Lagerkapazität von 100 Mio. Tonnen. Etwa 85 % der ein- und ausgehenden Containerverkehre und die Hälfte aller Im- und Exporte laufen allein über Shahid Rajaee. Derzeit liegen die Containerkapazitäten in Shahid Rajaee bei einem Jahresumschlag von vier Millionen TEU (*Twenty-foot Equivalent Unit*). Weil der Hafen nur von Schiffen bis zu 100.000 DWT (*Deadweight Tonnage*), das ist die Gesamttragfähigkeit des Schiffes, angelaufen werden kann, wird ein großer Teil der für Iran bestimmten Container im Hafen von Dubai von ULCS auf kleinere Container-Shuttleschiffe umgeladen. Nach Angaben der iranischen Ports & Maritime Organization soll in den nächsten Jahren ein drittes Terminal in Shahid Rajaee gebaut werden.

Irans größter und ältester Hafen ist Bandar Abbas. Er liegt gegenüber dem Horn von Afrika an der Straße von Hormuz und an Einfahrt in den Persischen Golf. Bis zur Eröffnung von Bandar Shahid Rajaee war Bandar Abbas Irans größter Importhafen. Zwischen den beiden Häfen liegt ein Stützpunkt der iranischen Marine. Bandar Imam Khomeini in der Nähe der Stadt Bandar-e Mahshahr ist der zweitgrößte Hafen des Landes und als Umschlagplatz für Getreide und Öl von großer Bedeutung. Die Häfen Anzali und Amirabad Port am Kaspischen Meer sollen nach Plänen der iranischen Regierung zu Drehscheibe für Im- und Exporte ausgebaut werden, Amirabad soll als Transportknotenpunkt für die Verbindungen nach Zentralasien, Europa und dem Mittleren Osten fungieren.

Chabahar in der östlichen Provinz Sistan-Baluchistan am Golf von Oman ist Irans einziger Überseehafen und war bislang ein relativ unbedeutender Hafenstandort. Wegen seiner strategisch günstigen Lage außerhalb des Persischen Golfes ist er ohne die Passage durch die Meerenge von Hormuz zugänglich. Im Rahmen eines Vertrages über ein indisch-iranisches Joint Ventures vom Mai 2016 will Indien 500 Mio. US-Dollar in den Ausbau des Hafens und der Freihandelszone von Chabahar investieren. Chabahar soll zum größten iranischen Containerhafen ausgebaut und als Drehscheibe für Exporte nach Afghanistan und Zentralasien genutzt werden. Damit entfällt die Landroute über Pakistan, die wegen der anhaltenden politischen Spannungen derzeit nicht möglich ist. Über Chabahar sollen auch indische Gas-Importe geroutet werden. Ein wichtiges Bindeglied bei diesen Überlegungen ist die seit 2012 im Bau befindliche 1400 km lange Schienenstrecke zwischen Chabahar und Zahedan, nahe der Grenze zu Afghanistan (Entfernung etwa 76 km) und der iranischen Stadt Mashad mit einer Anbindung Richtung Zentralasien. Chabahar steht in Konkurrenz zum Ausbau des pakistanischen Tiefseehafens *Gwadar* durch chinesische Staatsunternehmen auf der anderen Seite der Grenze. Der Warenumschlag in Chabahar lag 2017 gerade mal bei 1,4 Mio. Tonnen, wovon fast 99 % auf Entladungen entfielen. Als Kapazität werden 2,5 Mio. Tonnen pro Jahr angegeben.

Im Dezember 2017 wurde die erste Ausbauphase in Chabahar, der *Shahid Beheshti Port*, von der iranischen Regierung feierlich eröffnet. Der Ausbau des ersten

Teils, an der die indische Regierung mit lediglich 85 Mio. US-Dollar beteiligt war, soll eine Milliarde US-Dollar gekostet haben. Indien will weitere Kredite zu Verfügung stellen ebenso wie der iranische Staatsfonds, der 400 Mio. US-Dollar bereitgestellt hat. Alle iranischen Häfen sind an das Straßen- und Schienennetz angebunden.

INTERNETQUELLE www.financialtribune.com; www.gtai.de; Ports & Maritime Organization Iran: www. https://www.pmo.ir/en/home; www.investment.mrud.ir; http://ports.com/browse/asia/iran/map-view/

Häfen

Hafen	Provinz	Stadt	Entfernung nach Teheran km	Wassertiefe in m	Webseite
Abadan	Khuzestan	Abadan	1.000	-5,5	
B. Abbas	Hormozgan	B. Abbas	1.350	-14	
Amirabad	Mazanderan	Neka	300	-6	www.amirabadport.pmo.ir
Anzali	Gilan	Bandar Anzali	365	-5	www.anzaliport.pmo.ir
Bushehr	Bushehr	Bushehr	1.100	-6	www.bushehrport.pmo.ir
Chabahar	Sistan-Balutschistan	Chabahar	1.961	-12	www.chabaharport.pmo.ir
Khorramshahr	Khuzestan	Khorramshahr	997		www.khorramshahrport.pmo.
Imam Khomeini	Khuzestan	Mahshahr	950	-14	www.bikport.pmo.ir
Lengeh	Hormozgan	B. Lengeh	1.700	-5,5	
Nowshahr	Mazanderan	Nowshahr	215	-6	www.nowshahrport.pmo.ir
Shahid Beheshti	Sistan-Balutschistan	Chabahar	1.961	-12	www.shahidrajaeeport.pmo.ir
Shahid Rajaei	Sistan-Balutschistan	Chabahar	1.350	-14	

Tabelle: eigene Darstellung

Hafez, Muhammad Shams ad-Din

(1315–1390, pers. Behüter, Bewahrer)

Einer der bedeutendsten persischen Dichter. Hafez wurde in der südwestiranischen Stadt → Shiraz geboren und dort beerdigt. Ihm zu Ehren wurde in seiner Heimatstadt das Hafiz-Mausoleum errichtet. Den Beinamen *Hafez* erhielt Muhammad Shams ad-Din, weil er bereits im Alter von sechs Jahren den Koran auswendig kannte („der den → Koran auswendig weiß"). Hafez ist der Verfasser zahlreicher Lobgedichte auf prominente Persönlichkeiten. Bekannt wurde er durch seine lyrischen Gedichte (pers. ghazal, Ghaselen), deren Themen ein breites Spektrum menschlicher Wünsche und Bedürfnisse abdecken und von unerwiderter Liebe, Sehnsucht, Trennung, Wein und die Schönheit des Menschen handeln und die wegen ihrer Mehrdeutigkeit eine Vielzahl unterschiedlicher Auslegungen zulassen. Sein Hauptwerk ist der → *Diwan*, eine Gedichtsammlung, die erst nach seinem Tod zusammengestellt wurde, aber seither immer wieder in zahlreichen Sprachen aufgelegt wird.

Hafez' Gedanken über die Vergänglichkeit des Lebens und die Unvermeidbarkeit des Schicksals haben den Diwan besonders im persischen Kulturkreis zu einem Orakelbuch werden lassen, dessen man sich in persönlichen Krisen oder bei wichtigen Entscheidungen bedient.

Durch die Übersetzungen von *Joseph von Hammer-Purgstall* (1812) und *Friedrich Rückert* gelangten Hafez' Werke auch nach Europa und beeinflussten die europäische LITERATUR. Die Übersetzung der Ghaselen inspirierte Goethe 1819 zu seinem *West-Östlichen Diwan*.

LITERATUR Hafis: Der Diwan. Aus dem Persischen von Joseph von Hammer-Purgstall. Stuttgart 2007; Hafiz. Dreiundsechzig Ghaselen des Hafis, Übersetzt von Friedrich Rückert, hg. Von W. Fischer. Frankfurt 1988; Liebesgedichte von Hafis. Übersetzt von Cyrus Atabay. Frankfurt 1980

Halal

(arab. erlaubt, zulässig)

Beschreibt nach islamischen Recht einen umfangreichen Komplex an Vorschriften für Dinge oder Taten, die als erlaubt oder zulässig gelten. Neben den Speisevorschriften bezieht Halal sich auch auf die Ehe, auf Anstand und Sitte (*adab*), die Musik oder den Handel. Das islamische Recht unterscheidet fünf Kategorien des Erlaubten/Verbotenen:

- *Fard*: alles, was absolute Pflicht ist
- *Mandub*: alles, was empfohlen ist

- *Halal*: alles, was erlaubt ist
- *Makruh*: alles, was erwünscht ist
- *Haram*: alles, was verboten ist

Die islamischen Speisevorschriften sind im Koran und in der *Sunna* (Brauch, Tradition des Propheten) geregelt und basieren auf der Vorstellung von den elf ursprünglichen Unreinheiten, wie z. B. Blut, Aas oder Schweinefleisch. Nach islamischem Recht ist der Genuss dieser Stoffe ebenso verboten wie der von Lebensmitteln, die aus diesen Stoffen hergestellt oder mit ihnen in Berührung gekommen sind. Verzehrt dürfen demnach nur Lebensmittel, die für den Konsum zulässig sind und nach den Regeln der Scharia hergestellt wurden. Bei tierischen Produkten bedeutet dies, dass Tiere nach den Vorschriften der Scharia geschlachtet (Schächtung) werden, sie dürfen nicht bereits vorher verendet oder einem anderen Gott außer Allah geopfert worden sein. Ausgenommen sind sämtliche Lebensmittel, die nicht eindeutig oder ausdrücklich verboten sind. Der Koran (Sure 5:3) schreibt vor, welche Unreinheiten gemeint sind:

„Verboten ist euch Verendetes, Blut Schweinefleisch (Sure 16:115), das, worüber anderes als Gott angerufen worden ist, Ersticktes, Erschlagenes, Gestürztes und Gestoßenes, was ein Raubtier angefressen hat – nicht, was ihr schächtet – und was auf einem Opferstein geschlachtet worden ist." (...)

Verboten sind:

- Blut (nur das Blut darf konsumiert werden, das nach vorgeschriebener Schlachtung im Tier verbleibt).
- Aas (alle Tiere, die eines natürlichen Todes gestorben sind).
- Schwein (alle Lebensmittel, die Bestandteile vom Schwein enthalten oder daraus gewonnen werden).
- Tiere, die geschlachtet sind oder als Opfertiere für einen anderen Gott vorgesehen sind
- Alkohol (Sure 4:43; 5:90–91).

Verboten sind nach dem Koran auch fleischfressende Tiere (Raubtiere) mit Fangzähnen, Raubvögel, alle giftigen Tiere (z. B. Giftschlangen) und Schädlinge. Alle aus Pflanzen gewonnenen Lebensmittel sind dagegen *halal*. Ausgenommen sind berauschende (Alkohol) und toxische Produkte. Gewürze zählen nicht dazu.

Zu den ausdrücklich erlaubten (*Halal*-)Fleischsorten gehören viele Geflügelsorten wie Huhn, Truthahn, Ente, Gans, Taube, Rebhuhn, Wachtel, Sperling und Strauß. Die Eier dieser Geflügelsorten sind ebenfalls erlaubt. Fast alle Fischarten sind zulässig, wobei die Tötung der Fische nicht nach den Halal-Vorgaben erfolgen muss.

In Iran wie in den übrigen islamischen Ländern erfolgt das traditionelle Schlachten (*Schächten*) der Tiere nach islamischem Ritus ohne vorherige Betäubung mit einem speziellen Messer und einem einzigen Schnitt quer durch die Halsunterseite. Dabei werden die großen Blutgefäße sowie die Luft- und Speiseröhre durchtrennt, sodass ein rückstandloses Ausbluten des Tieres gewährleistet ist. Aufgrund der klimatischen Bedingungen ist eine einwandfreie hygienische Aufbewahrung, also fachgerechte Kühlung des Fleisches, häufig nicht gewährleistet. In einigen Ländern gibt es einen nationalen Halal-Standard (*Animal Slaughtering Requirements According to Islamic Rules*), wie in den Vereinigten Arabischen Emiraten (UAE), nach dem die Schlachtungen vorgenommen werden müssen. Allerdings ist in den islamischen Ländern eine Zertifizierung als Halal-Lebensmittel zur Zeit wegen des großen Aufwands und der hohen Kosten noch unüblich. Eine Zertifizierung muss die gesamte Produktionskette von den Rohstoffen über die Produktionsprozesse, Lager, Logistik bis hin zum Handel berücksichtigen, wobei alle Stufen des Herstellungsprozesses als *Halal* zu qualifizieren sind.

In Iran sind sämtliche Lebensmittel als Halal einzustufen, Schweinefleisch ist nicht im Handel.

LITERATUR Peter Heine. Kulinarische Studien. Untersuchungen zur Kochkunst im arabisch-islamischen Mittelalter. Wiesbaden 1988; Marvin Harris. Wohlgeschmack und Widerwillen. Die Rätsel der Nahrungstabus. Stuttgart 1989; Ernst Gräf. Jagdbeute und Schlachttier im islamischen Recht. Eine Untersuchung zur Entwicklung der islamischen Jurisprudenz. Diss. Bonn 1959; Der Koran. Übers. und Einl. Hans Zirker. Darmstadt 2007.

INTERNETQUELLEN https://halal-welt.com; https://www.n-tv.de/reise/Wie-Muslime-halal-reisen-koennen-article19684268.html

Hamas

(arab. Harakat al-muqawama al-islamiya, Eifer, Begeisterung)

Die „Bewegung des islamischen Widerstands" ist eine sunnitisch-palästinensische politische Organisation. Sie wurde im Dezember 1987 als militärischer Arm der palästinensischen Muslimbruderschaft unter Beteiligung von Sheikh Ahmad Yassin gegründet. Ihr paramilitärischer Arm sind die Qassem-Brigaden, die von Iran unterstützt werden. Der Islam als Medium der Identifikation im Befreiungskampf der Palästinenser spielte zu diesem Zeitpunkt noch keine besondere Rolle. Erst im Zuge einer allgemeinen Re-Islamisierungswelle, von der die arabische Welt nach dem verlorenen Sechs-Tage-Krieg gegen Israel 1967 erfasst wurde, traten palästinensische Aktivisten gemeinsam mit ihren Gesinnungsgenossen in Ägypten und Jordanien mit der Forderung nach einer islamischen Reformierung der arabischen Gesellschaften auf.

Als im November 1988 eine Autonome Palästinenserbehörde eingerichtet wurde, kam es zu einer Radikalisierung der Hamas und zum Bruch mit der PLO als Dachorganisation aller Palästinenser. Das erklärte politische Ziel der Hamas ist die gewaltsame Beseitigung Israels und die Errichtung eines islamischen Staates. In den 1990er-Jahren verübte die Hamas eine Reihe von blutigen Selbstmordanschlägen in Israel, um mit diesen Aktionen den Friedensprozess zu behindern. Der israelische Staat reagierte mit der Schließung der Grenzen für die palästinensischen Pendler, die in Israel als Tagelöhner arbeiteten und verhängte eine Ausgangssperre. Auch die Freilassung ihres Führers, Sheikh Ahmad Yassin, aus israelischer Haft 1997 führte zu keiner Verbesserung der Beziehungen. Die Hamas gewann 2006 die Wahl im Gaza-Streifen und etablierte ihre Macht 2007 in einem „bürgerkriegsähnlichen Kampf" gegen die Fatah-Organisation der PLO. Seitdem regiert sie mit repressiven Mitteln im Gaza. Israel hat nach wiederholtem Raketenbeschuss durch die Hamas mehrfach mit harten militärischen Maßnahmen geantwortet. Von den meisten westlichen Regierungen mit Ausnahme von Norwegen, Russland und der Schweiz, wird die Hamas als terroristische Vereinigung eingestuft. Die Hamas erhält finanzielle Unterstützung von Saudi-Arabien, Syrien und Iran sowie Spenden von zahlreichen Unterstützergruppen aus aller Welt. Iran unterhält zur radikal palästinensischen Hamas eine besondere Beziehung und sieht in der Organisation einen natürlichen Verbündeten im Kampf gegen Israel. In einem Bericht des Handelsblatts vom 28. August 2017 erklärt Hamas-Führer *Jehja al-Sinwar* vor Journalisten,

„‚die Beziehungen zum Iran sind ausgezeichnet' (...). Die Islamische Republik sei größter Unterstützer des militärischen Arms der Hamas mit Geld und Waffen. Das Verhältnis sei wieder das von früher. Über das Ausmaß der Hilfen des Iran haben sich beide Seiten nicht geäußert."

Der Sekretär des Obersten Sicherheitsrates in Iran, *Ali Schamkhani*, äußerste sich zur Zukunft des palästinensischen Widerstands gegen Israel: „Die Einkehr der Ruhe und Sicherheit in Syrien und im Irak wird für Israel das Ende der „goldenen Sicherheit" bedeuten, sagte Schamkhani heute. Laut dem Sekretariat des Obersten Sicherheitsrats Irans sagte er dazu weiter: Die Widerstandgruppen und die Öffentlichkeit in der Islamischen Welt hätten heute mehr denn je zuvor die Tatsache begriffen, dass sie durch Gespräche mit den USA und Rückzug aus ihren Forderungen den Hegemonialbestrebungen und Aggressionen des zionistischen Regime ein Ende setzen könnten (Pars Today vom 03.06.2018).

LITERATUR Tareq Baconi. Hamas Contained: The Rise and Pacification of Palestinian Resistance. Stanford 2018; Helga Baumgarten. Hamas. Der politische Arm in Palästina. München 2006; dies., Kampf um Palästina – Was wollen Hamas und Fatah? Freiburg 2013; Joseph Croitorou. Hamas. Der islamische Kampf um Palästina. München 207; Alexander Flores. Intifada. Aufstand der Palästinenser. Berlin 1988; Khaled Hroub. Hamas. Die islamische Bewegung in Palästina. Freiburg 2011; Helmut Mejcher. Sinai, 5. Juni 1967. Krisenherd Naher und Mittlerer Osten. München 1998.

INTERNETQUELLEN http://parstoday.com/de/news/iran-i41126-sekretär_des_obersten_sicherheitsrats_im_iran_palästinenserproblem_wird_bald_wieder_in_vordergrund_stehen

http://www.handelsblatt.com/politik/international/hamas-chef-die-beziehungen-zum-iran-sind-ausgezeichnet/20250694.html?ticket=ST-3650166-uloWlfmn0yHrufGfNoxi-ap3

Handelspartner

Seit der Lockerung der Sanktionen Anfang 2016 hat sich das Außenhandelsvolumen Irans kräftig erhöht, wobei nicht zuletzt die Exporte von Rohöl und petrochemischen Erzeugnissen erheblich beigetragen haben. Die wichtigsten ausländischen Handelspartner Irans sind gegenwärtig (2016/17) die VR China (10,8 Mrd. US$), die Vereinigten Arabischen Emirate (VAE mit 6,4 Mrd. US$) und die Türkei (2,7 Mrd. US$), gefolgt von Südkorea, Japan und Indien. Die Bundesrepublik Deutschland, ehemals wichtigster ausländischer Handelspartner Irans, hat mit Beginn der Sanktionen den Spitzenplatz und damit erhebliche Markanteile verloren. Das deutsche Exportvolumen lag (2017) bei 2,4 Milliarden Euro.

INTERNETQUELLEN German Trade & Invest. Im Fokus. Iran. Schwieriger Partner mit Potenzial. Bonn 20018; www.gtai.de; Wirtschaftskammer Österreich, April 2018; www.wko.at; https://news.wko.at/news/oesterreich/WKOe-Praesident-Mahrer:-Oesterreich-und-Iran-verbindet-la.html

Haram

(arab. verboten, unverletzlich, heilig)

Ist ursprünglich die religiöse Bezeichnung für die „beiden heiligen Stätten" (*Haramain*) in Mekka und Medina, die Nichtmuslime nicht betreten durften. In vorislamischer Zeit fielen darunter auch Heiligtümer wie die Kaaba in Mekka, in der Flüchtlinge Asyl fanden, weil dort keine Waffen getragen werden durften.

Eine weitere Bezeichnung bezieht sich auf die Fremden unzugänglichen oder verbotenen Räume der Frauen (*Harem*). Als Harem gilt der Teil des Hauses, der den Frauen vorbehalten ist. In Herrscherhäusern bewohnten den Harem Ehefrauen, Töchter, Schwiegertöchter, Dienerinnen, Sklavinnen und oft auch Konkubinen. Im Osmanischen Reich spielte der Harem im 18. Jh. eine wichtige politische Rolle für die Thronfolge des Sultans. Beim Anspruch auf die rechtmäßige Nachfolge des Sultans kam es immer wieder auch zu Auseinandersetzungen zwischen den verschiedenen Ehefrauen des Herrschers.

Mit der Einführung der Einehe 1926 wurde der Harem in der Türkei abgeschafft, auch in vielen arabischen Ländern ist er heute unüblich. Als literarisches Motiv lebt der Harem fort in z. B. den Erzählungen aus den 1001 Nächten oder in der bildenden Kunst der französischen Orientmaler (Delacroix, Ingres). Im Alltag steht der Begriff *haram* im islamischen Recht (→ Scharia) für eine Vielzahl unterschiedlicher Verbote, darunter Speiseverbote, als Gegensatz zu → *halal*. Alles, was nicht ausdrücklich verboten ist, *halal*.

LITERATUR Vittoria Alliata. Harem. Die Freiheit hinter dem Schleier. Berlin 1997; Roswita Gost. Die Geschichte des Harems. Berlin 2002; Valentine Gallet. Harem. Köln 2016; Silke Förschler. Bilder des Harem: Medienwandel und kultureller Austausch. Berlin 2010

Herrschaft des anerkannten Rechtsgelehrten → Velayat-e Fahiq

Hezbollah

(arab. hizb allah, die Partei Gottes)

Ist eine politisch/militärische Organisation der libanesischen Schiiten mit einem ausgeprägt islamistischen Charakter, die von Iran logistisch und finanziell unterstützt wird. Der politische Arm der Hezbollah nimmt regelmäßig an den Parlamentswahlen im Libanon teil und ist seit 1992 in der libanesischen Nationalversammlung (Parlament) vertreten. Zu unterscheiden ist die libanesische Organisation von deren Vorläufer in Iran. Die iranische Hezbollah entstand um 1979 in Iran zunächst als eine eher lose schiitische Gruppierung, die als Anhänger Khomeinis während der Islamischen Revolution in Iran Streiks und Demonstrationen organisierte. Nach der Revolution trat sie als paramilitärische Kampftruppe auf, die in der Öffentlichkeit für die Aufrechterhaltung von Recht und Ordnung sorgte.

Die libanesische Hezbollah wurde um 1982 durch Abspaltung und Zusammenschluss radikaler schiitischer Splittergruppen, teilweise aus der libanesischen → *Amal-Miliz*, gegründet. In der mehrheitlich sunnitisch dominierten Gesellschaft des Libanon führten die schiitischen Gemeinschaften jahrzehntelang ein politisch und sozial eher marginalisiertes Schattendasein. Dieser Zustand änderte sich mit der Gründung einer schiitischen Miliz 1975 zu Beginn des libanesischen Bürgerkriegs durch den in Iran geborenen schiitischen Prediger *Imam Musa as-Sadr*, die unter dem Namen Amal (arab. *Hoffnung*) bekannt wurde. Musa as-Sadr verschwand 1978 unter mysteriösen Umständen in Libyen. Die Amal war von Beginn an prosyrisch orientiert und kämpfte im Bürgerkrieg sowohl gegen christliche als auch gegen sunnitische politische Gegner.

Nach dem israelischen Einmarsch in den Libanon 1982 wurde die radikal-islamische *Hezbollah* mit iranischer Unterstützung als eine militante, antizionistische und antiwestliche Kampftruppe gegründet, deren Mitglieder von den iranischen → Pasdaran (*Revolutionsgarden*) ausgebildet und finanziert wurden. Die Unterstützung der iranischen Regierung für die Hezbollah beschränkte sich nicht nur auf die finanzielle, organisatorische und spirituelle Hilfe, sondern bezog auch den Aufbau gemeinsamer Kommandostrukturen mit ein, auf die Iran Jahre später im syrischen Bürgerkrieg (seit 2011) und im Irak beim Kampf gegen den „Islamischen Staat" zurückgreifen sollte. Mit dem syrischen Regime unter *Bashar al-Assad* verbindet die Hezbollah zudem eine enge militärische Zusammenarbeit, die den Kampf gegen Israel mit einbezieht.

Kämpfer der Hezbollah waren im libanesischen Bürgerkrieg an zahlreichen Selbstmordanschlägen wie auf die amerikanische Botschaft 1982 in Beirut, auf amerikanische und französische Soldaten sowie an Entführungen beteiligt. Nach dem anfänglichen Schulterschluss mit der → Amal-Miliz gegen die israelischen Invasionstruppen kämpften beide Organisation zwischen 1985 und 1989 um die Führung unter den Schiiten im Libanon. Der bewaffnete Konflikt wurde im November 1990 unter syrischer Vermittlung mit einem Friedensabkommen beigelegt. Die Amal-Miliz übergab ihre schweren Waffen an die syrische Armee und konzentrierte sich seitdem auf die politische Auseinandersetzung, wobei sie vor allem für eine Verbesserung der sozialen und wirtschaftlichen Lage der Schiiten im Libanon eintritt. Amal und Hezbollah, die beide vorwiegend im Südlibanon und in einigen Stadtvierteln der Hauptstadt Beirut beheimatet sind, nehmen seitdem regelmäßig an den libanesischen Parlamentswahlen teil, wobei die Hezbollah regelmäßig 10 % der Sitze im Parlament gewinnen konnte. Während sie sich innenpolitisch durch eine pragmatische Politik auszeichnet, führt sie außenpolitisch den (bewaffneten) Kampf gegen Israel fort. Oberstes Ziel der Hezbollah ist die Vernichtung des israelischen Staates und die Errichtung einer „Herrschaft des Islams" nach iranischem Vorbild.

Nach dem Rückzug der israelischen Armee aus der von Israel beanspruchten und besetzten „Sicherheitszone" im Südlibanon im Mai 2000 übernahmen Kämpfer der Hezbollah die Kontrolle über den Süden des Landes. Angaben über die militärische Stärke der Hezbollah schwanken zwischen 25.000 permanenten Kämpfern und 20.000 bis 40.000 Reservisten. Sie übertrifft damit die Mannschaftsstärke der regulären libanesischen Armee. Tausende Hezbollah-Milizionäre kämpfen seit sieben Jahren gemeinsam mit iranischen Pasdaran-Truppen (al-Quds-Einheiten) im syrischen Bürgerkrieg an der Seite des Assad-Regimes. Die Miliz verfügt weder über eine eigene Luftwaffe noch über Panzer oder gepanzerte Fahrzeuge. Ihre militärische Stärke bezieht sich vor allem auf die große Anzahl an Raketen, auch hier variieren die Angaben zwischen

40.000 und 150.000 Raketen, die vornehmlich im Südlibanon stationiert sind und sich gegen Israel richten. Das Militärbudget liegt schätzungsweise bei einer Milliarde US-Dollar pro Jahr und wird aus dem iranischen Staatshaushalt finanziert. Generalsekretär und „Oberbefehlshaber" der Hezbollah ist der Kleriker *Hassan Nasrallah*, der in enger Verbindung zum iranischen Staatsoberhaupt Ayatollah → Khamenei steht. Die Miliz betreibt zahlreiche soziale Projekte, vorwiegend unter der sozial schwachen schiitischen Bevölkerung des Libanon, wie den Betrieb von Kindergärten, Schulen und eigenen Krankenhäusern bis hin zu Ausbildungsbeihilfen und die Zahlung von Renten.

Aus den Parlamentswahlen im Mai 2018, der ersten regulären Wahl seit 2009, ist der politische Arm der Hezbollah eindeutig als Sieger hervorgegangen, während die „Zukunftsbewegung" des amtierenden sunnitischen Premierministers *Saad Hariri* etwa ein Drittel aller Parlamentssitze verloren hat. Mit ihrer parlamentarischen Macht wird sie zukünftig einen noch größeren Einfluss auf die libanesische Innen- und Außenpolitik ausüben und den Einfluss Irans in der Region weiter stärken.

Die Organisation wird im Gegensatz zur Amal-Bewegung seit Jahren vom US-amerikanischen Außenministerium als terroristische Vereinigung eingestuft, eine Einschätzung, der sich die meisten Staaten angeschlossen haben. Nach der einseitigen Aufkündigung des sogenannten Iran-Deals durch die US-Regierung unter Präsident Trump verschärften die USA die Sanktionen gegen die Hezbollah.

LITERATUR Werner Ende, Udo Steinbach (Hrsg.). Der Islam in der Gegenwart. München ⁴2005; Alexander Flores. Die arabische Welt. Ein kleines Sachlexikon. Stuttgart 2008; Raphael D. Marcus. Israel's Long War With Hezbollah. Military Innovation and Adaptation Under Fire. Georgetown 2018; Nicholas Noe (Ed.): Voice of Hezbollah. The Statements of Sayyed Hassan Nasrallah. New York 2007; Augustus Richard Norton. Hezbollah. A Short History. Princeton 2007; Volker Perthes. Geheime Gärten. Die neue arabische Welt. Berlin 2002;

INTERNETQUELLEN https://www.theguardian.com/world/2018/may/07/hezbollah-makes-strong-showing-lebanon-elections; http://www.spiegel.de/politik/ausland/usa-verschaerfen-sanktionen-gegen-radikal-islamische-hisbollah-a-1208174.html

Hoveyda, Amir Abbas

(19.02.1919 - 07.04.1979)

Premierminister des Iran und der am längsten amtierende Premier in der Geschichte des Landes (27.01.1965 bis 07.08.1977). Hoveyda wurde in Teheran als erstes Kind des iranischen Diplomaten *Habib-Allah* geboren, der sich nach der für alle Iraner verbindlichen Einführung eines Familiennamens und eines Personalausweises unter Reza Shah den neuen Namen Hoveyda (*der Sichtbare*) zulegte. Seine Mutter *Afsar al-Moluk* stammte aus der herrschenden Königsfamilie der Qajaren. Sein Bruder *Fereydoun*, der später in den diplomatischen Dienst wechselte, kam 1923 zur Welt.

Hoveyda wuchs zunächst in Damaskus auf, wohin der Vater als Diplomat entsandt worden war, später wechselte die Familie nach Beirut. Weitere Stationen in seinen jungen Jahren waren Paris, London und Brüssel. Im Alter von siebzehn Jahren starb sein Vater Habib-Allah. Hoveyda besuchte in Beirut die französische Schule und entdeckte seine Leidenschaft für die französische Kultur, die ihn sein Leben lang stark beeinflusste. 1938 reiste er nach Paris zum Studium, das er jedoch nach kurzer Zeit wegen einer diplomatischen Krise zwischen der Regierung des Iran unter Reza Shah und der französischen Regierung wieder verlassen musste. Über London als Zwischenstation, wo er Englisch lernte, gelangte Hoveyda nach Brüssel, wo er an der Freien Universität Brüssel ein Studium der Politikwissenschaft abschließen konnte. Zurück in der Hauptstadt Teheran, die unter englischer und russischer Besatzung stand, trat er 1942 eine Stelle im Außenministerium an und schloss Freundschaften mit den beiden bekannten iranischen Schriftstellern *Sadeq Hedayat* und *Sadeq Chubak*, die letztere hielt ein Leben lang. Nach dem Ende des Zweiten Weltkriegs wurde Hoveyda als Presseattaché an die iranische Botschaft nach Paris entsandt und geriet in den Verdacht, an illegalen Finanz- und Goldtransaktionen unter iranischen Botschaftsangehörigen verwickelt zu sein. Der Vorwurf erwies sich Jahre später als unbegründet, wurde aber in seinem „Prozess" vor dem Revolutionstribunal des Sonderrichters *Sadeq Khalkhali* wieder aufgegriffen. In Paris lernte er den späteren Premierminister *Hassan Ali Mansour* und *Abd-Allah Entezam* kennen, der lange Jahre im Auswärtigen Dienst tätig und ein bekanntes Mitglied der iranischen Freimaurer-Loge war. Beide wurden langjährige Freunde von Hoveyda. Nach der Ernennung Entezams als neuer Botschafter in der amerikanischen Besatzungszone in Deutschland arbeitete Hoveyda drei Jahre mit ihm zusammen an der diplomatischen Vertretung in Stuttgart und kehrte 1950 nach Iran zurück

In Iran war der Führer der Nationalen Front, *Mohammed Mossadegh*, vom Shah zum Premierminister ernannt worden. Außenminister wurde zunächst *Baqer Kazemi* und wenig später *Hussein Fatemi*. In der politisch aufgeheizten Atmosphäre um die Verstaatlichung des iranischen Erdöls entließ Fatemi sämtliche Mitarbeiter des Außenministeriums, darunter auch Hoveyda, der Iran erneut verlassen musste und in Genf eine Stelle beim Hohen Flüchtlingskommissar der Vereinten Nationen antrat. Nach einer fünfjährigen Dienstzeit kehrte er 1955 in den diplomatischen Dienst zurück, zunächst an die Botschaft Irans in der Türkei, wo der Vater seines Freundes, Hassan Ali Mansur, als Botschafter akkreditiert war. Nach einem Wechsel des dortigen Botschafters kehrte Hoveyda nach Iran zurück und übernahm den Posten eines Managers in der *National Iranian Oil Company* (NIOC), den er erfolgreich ausübte. Während dieser Zeit war Hoveyda auch als Literat und als Herausgeber des Magazins *Kavosh* tätig, das sich zum Sprachrohr der führenden iranischen Intellektuellen jener Zeit entwickelte. Gemeinsam mit seinem Freund Mansur gründeten sie ein Gesprächsforum, den „Progressiven Kreis" (*Qanun-e motaraqqi*), in dem die Notwendigkeit einer modernen Entwicklungspolitik für Iran diskutiert wurde, um das Land aus seiner technologischen und ökonomischen Rückständigkeit zu befreien. Eine neue technokratische Klasse sollte herangebildet werden, um die westlichen Experten ersetzen zu können. Viele dieser Überlegungen fanden später ihren Niederschlag in seiner Politik/Arbeit als Premierminister. Während dieser Phase, besonders nach dem Putsch gegen Mossadegh (1953), drängte die amerikanische Regierung unter Präsident Eisenhower den Shah zu grundlegenden ökonomischen und politischen Reformen. Nach Auffassung der Amerikaner befand sich Iran in einer äußerst instabilen innen- und außenpolitischen Lage.

Auf den „Progressiven Kreis", der sich 1963 in die „Neue Iran Partei" (*Iran-e Novin Party*) umbenannte, war auch der Shah aufmerksam geworden, zumal die neugegründete Partei als Alternative zur Nationalen Front des früheren Premierministers Mossadegh erschien. Im März 1964 wurde der amtierende Premierminister *Amir Asad-Allah Alam* vom Shah entlassen und Hussein Ali Mansur als dessen Nachfolger ernannt. Hoveyda, der das Finanzministerium übernahm, begann mit umfangreichen Reformen innerhalb des Ministeriums, darunter vor allem mit dem Kampf gegen die allgegenwärtige Korruption. Nach einem Attentat auf Premierminister Mansur im Januar 1965 durch einen religiösen Fanatiker wurde Hoveyda zum neuen Premierminister ernannt.

Die langjährige Amtszeit von Hoveyda ist einerseits gekennzeichnet durch eine erfolgreiche Politik der Modernisierung mit einem rasanten wirtschaftlichen Aufschwung, den das Land in seiner langen Geschichte bisher nicht erlebt hatte. Aus einem Agrarstaat sollte eine moderne Industriegesellschaft werden. Das Bruttoinlandsprodukt (BIP) stieg ebenso wie die Einkommen der Beschäftigten. Das Bildungssystem wurde ausgebaut und der Ausbau der Infrastruktur in Angriff genommen. Trotz dieser anfänglichen Erfolge bleib die iranische Gesellschaft eine primär patriarchalisch dominierte Gesellschaft mit ausgeprägten sozialen Gegensätzen, einem starken Stadt-Land-Gefälle, einem hohen Analphabetentum, politischer Unfreiheit und einem Monarchen, der die Politik seines Premierministers argwöhnisch konterkarierte auf Grund der Erfahrungen, die er unter dem Ex-Premier Mossadegh gemacht hatte. Der Shah kontrollierte mehr als 75 % des Staatshaushalts, alle politischen Pläne mussten ihm vorab vorgelegt werden, die Korruption florierte und die willkürliche Verfolgung von Regimekritikern im In- und Ausland nahm Überhand. Andererseits entwickelte Hoveyda angesichts dieser ständigen Bevormundung durch den Shah eine überaus resignative Einstellung zu seinem Amt.

Nach dem erfolgreichen Parteitag der von Hoveyda mitgegründeten *Iran Novin Partei* am 2. März 1975 mit mehr als 5.000 Delegierten aus ganz Iran und zahlreichen ausländischen Gästen, entschied der Shah, das bisherige System der zwei Parteien aufzugeben und ein Einparteiensystem einzuführen, was auch das Ende der Iran Novin Partei bedeutete. Der König wollte jeden Versuch von Hoveyda unterbinden, eine eigenständige Machtbasis aufzubauen. Während einer Audienz beim Shah am 05.08.1977 wurde Hoveyda aufgefordert, das Amt als Premierminister zu Verfügung zu stellen, sein Nachfolger wurde der Technokrat *Djamshid Amuzegar*. Hoveyda wurde als Hofminister bestellt und löste damit *Amir Asad-Allah Alam* ab, der dieses Amt zehn Jahre innehatte und wegen einer Krebserkrankung nicht mehr zur Verfügung stand.

Die neue Amtszeit als Hofminister währte nur kurz und fiel in den Beginn allgemeiner Unruhen, die letztendlich zur Islamischen Revolution führten. Auf der einen Seite schürten die Aufrufe Khomeinis zum gewaltsamen Sturz der Regierung, die er aus seinem französischen Exil verbreiten ließ, ein Klima der Unsicherheit. Auf der anderen Seite wurde die Berichterstattung in den Medien staatlicherseits zensiert. Hinzu kam, dass die Öffentlichkeit durch die von den → Mullahs und den Anhängern → Khomeinis bewusst gestreuten Gerüchte über angebliche Massenerschießungen von Demonstranten durch die Armee, falsch informiert und manipuliert wurde. Der Premierminister glaubte anfangs noch, er könne die Krise mithilfe seiner guten Kontakte zum schiitischen Klerus in den Griff bekommen. Das sollte sich jedoch als Irrtum herausstellen. Mit der Verschärfung der Proteste änderte er seine Strategie und plädierte für eine Politik, die Recht und Ordnung im Land wiederherstellt. Nach dem Zwischenfall auf dem Jaleh-Platz in Teheran, wo am 09.09.1978 die Armee das Feuer auf die Demonstranten eröffnet und 64 Personen getötet wurden, auf Seiten von Polizei und Armee hatte es 70 Tote gegeben, trat Hoveyda aus Protest von allen Ämtern zurück. Gezielt gestreute Gerüchte hatten zunächst behauptet, es habe 15.000 tote Demonstranten gegeben. Das Angebot des Shahs, eine Stelle als Botschafter in Belgien anzutreten, lehnte er ab.

Hoveyda wurde am 8.11.1978 als Hauptverantwortlicher für den Einsatz der bewaffneten Sicherheitskräfte gegen die Demonstranten unter Hausarrest gestellt.

Die Entscheidung zu dieser Maßnahme wurde in einer Sitzung getroffen, bei der der Shah den Vorsitz hatte. Damit war die Regierung unter dem neuen Premierminister, *Djafar Sharif Emami*, einer Forderung der Opposition auf der Straße nachgekommen in dem Glauben, mit dieser Geste weitere Unruhen und Proteste verhindern zu können. Zwar hatte Hoveyda weiterhin die Chance zu fliehen, doch lehnte er es ab in dem Glauben, nichts Unrechtes getan zu haben. Nach der Rückkehr → Khomeinis am 01.02.1979 nach Iran wurde Hoveyda in die Refah-Schule überstellt, wo in den ersten Tagen nach der Revolution das provisorische Hauptquartier von Khomeini untergebracht war. Am 15.03.1979 fand das erste *Tribunal* gegen Hoveyda statt, alles andere als ein ordentliches Gerichtsverfahren. Den „Vorsitz" des Tribunals bekleidete ein Mullah namens *Sheikh Sadeq Khalkhali*, der im Volksmund als „Blutrichter" bekannt werden sollte. Die Anschuldigungen in 17 Punkten gegen den früheren Premierminister umfassten unter anderem den Vorwurf der Verbreitung der Korruption auf der Erde, Kampf gegen Gott, Zerstörung der Umwelt, Verbreitung des amerikanischen Imperialismus, Spionage für den Westen und den Zionismus, Mitglied der Freimaurer-Loge bis hin zum Vorwurf des Drogenhandels zusammen mit seinem Freund und ehemaligem Premierminister Hassan Ali Mansur. Es waren im Prinzip die gleichen Vorwürfe, die Khomeini jahrelang in seinen Reden gegen die Monarchie geäußert hatte. Hoveyda glaubte zu diesem Zeitpunkt noch, die Anschuldigungen in einem ordentlichen Gerichtsverfahren entkräften zu können. Das zweite Tribunal fand am Nachmittag des 7. April 1979 im berüchtigten Qasr-Gefängnis statt, verlief noch bizarrer als das erste und endete nach wenigen Stunden mit der Hinrichtung Hoveydas auf dem Innenhof, wo vermutlich ein anderer Mullah zwei Schüsse aus einer Pistole auf das Opfers abgab, ihn dabei aber nicht tötete. Hoveyda bat schwerverletzt darum, man möge ihn doch endlich erschießen, um das Leiden zu beenden. Den letzten und tödlichen Schuss gab schließlich vermutlich Khalkhali selbst auf den Kopf des Opfers ab. Der Leichnam wurde anschließend für drei Monate in einem Kühlraum des Leichenhauses aufgebahrt. Ein Arzt ermöglichte es der Familie von Hoveyda, den Leichnam heimlich auf einem Friedhof in Teheran beizusetzen.

Amir Abbas Hoveyda war war von 1966-71 mit Laila Emami verheiratet, das Paar hatte keine Kinder.

Literatur Fereydoun Hoveyda. The Shah and the Ayatollah. New York 2003; Abbas Milani. The Persian Sphinx. Amir Abbas Hoveyda and the Riddle oft the Iranian Revolution. Washington 2000; ders., Eminent Persians. The Men and Women Who Made Modern Iran, 1941-1979. Vol. One. New York 2008; ders., „Hoveyda, Amir Abbas," *Encyclopædia Iranica*, Vol. XII, Fasc.5, pp.543-550; availabe online at http://www.iranicaonline.org/articles/hoveyda-amir-abbas (abgerufen online am 07. Juli 2018)

Internetquellen http://www.spiegel.de/spiegel/print/d-40350305.html; https://www.nytimes.com/1979/04/08/archives/expremier-hoveida-is-executed-in-iran-after-closed-trial-clemency.html

Hussein

Enkel des Propheten Mohammed und Sohn des 4. Kalifen → *Ali ibn Abi Talib*, des Stammvaters der → Schiiten. Hussein wurde mit seinen Anhängern 680 n. Chr. in der Nähe von Kerbala (im heutigen Irak) von einer Streitmacht der Umayyaden niedergemetzelt, als er den Bewohnern von Kerbala gegen den sunnitischen Umayyadenkalifen Mu'awiyya zu Hilfe eilte. Für die Schiiten ist das Massaker an Hussein, nur seine Frau und seine Kinder sollen überlebt haben, zu einem Symbol geworden, zu einem Paradigma für Leidensfähigkeit, Unterdrückung, Opferbereitschaft und die Notwendigkeit, gegen Ungerechtigkeit zu kämpfen. Ungerechtigkeit bedeutet in diesem Zusammenhang aus Sicht der schiitischen Muslime, die Ablehnung der sunnitischen Herrschaftsansprüche auf das Kalifat und damit auf die rechtmäßige Nachfolge des Propheten Mohammed. Hussein wird als einer der ersten schiitischen Märtyrer verehrt, sein Todestag wird alljährlich am 10. Tag des islamischen Trauermonats Muharram, am Tag → Ashura (arab. = 10), in allen Ländern mit schiitischen Glaubensgemeinschaften mit Prozessionen gedacht, bei denen die Gläubigen sich blutig geißeln, um so Abbitte für die damals versagte Hilfe bei Kerbala zu tun.

LITERATUR Werner Ende, Udo Steinbach (Hrsg.). Der Islam in der Gegenwart. München ⁵2005; Heinz Halm. Die Schia. Darmstadt 1988

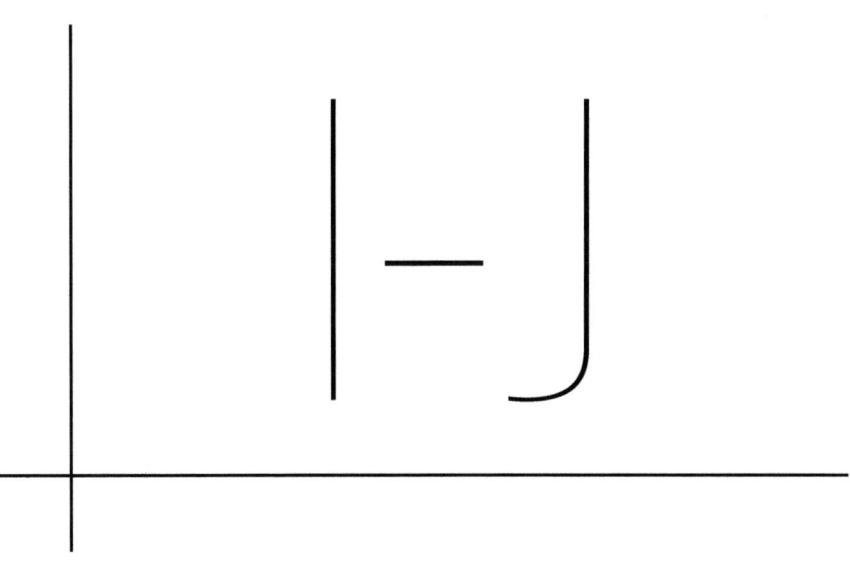

© Springer Fachmedien Wiesbaden GmbH, ein Teil von Springer Nature 2019
M. Gorges, *Kleines Iran-Lexikon*, https://doi.org/10.1007/978-3-658-23698-4_6

Imam

(arab., Plural: a'imma)

Bezeichnet im → Koran zunächst das Vorbild (Sure 2:124) und den Anführer der menschlichen Gemeinschaften (Sure 17:71), eine Form der Auslegung, die für schiitische Muslime von besonderer Bedeutung ist. Bei Sunniten ist ein Imam der Vorbeter und Prediger des Freitagsgebets, auch Leiter einer Moschee, eine Auslegung, die im Koran noch nicht vorkommt. Bei den → Schiiten bezeichnet der Titel Imam auch die männlichen Nachkommen des Propheten Mohammed der durch die Prophetentochter *Fatima* und → *Ali ibn Abi Talib* begründeten Abstammungslinie. Nach schiitischem Verständnis waren die historischen zwölf Imame auch Menschen, aber von Gott (Allah) inspiriert, und gelten als unfehlbar. Das umfangreiche Schrifttum der schiitischen Imame und ihre Auslegungen des islamischen Rechts (*Scharia*), gelten als heilige Schriftzeugnisse. Revolutionsführer Ayatollah → Khomeini begründete seinen Machtanspruch auf das Amt des Staatsführers in seinem Werk, *Der Islamische Staat*, als ein in der Traditionslinie schiitischer Imame stehender Oberster Rechtsgelehrter.

LITERATUR Ralf Elger (Hrsg.): Kleines Islam-Lexikon. Geschichte. Alltag. Kultur. München 2001; Werner Ende, Udo Steinbach. Der Islam in der Gegenwart. München 52005; Michael M. J. Fisher. Iran. From Religious Dispute to Revolution. Cambridge/London 1980; Adel Theodor Khoury, Ludwig Hagemann, Peter Heine (Hrsg.): Islam-Lexikon. Geschichte-Ideen-Gestalten. Freiburg 1991; Yann Richard. Der verborgene Imam. Die Geschichte des Schiismus im Iran. Berlin 1983

Imamats-Lehre

Ist das wesentliche Unterscheidungskriterium zwischen Sunniten und → Zwölfer-Schiiten. Bei Schiiten ist der → Imam in seiner Doppelfunktion als politischer und religiöser Führer der alleinige Entscheidungsträger der Gemeinschaft und in dieser Funktion dem Propheten Mohammed gleichgestellt. Dazu gehören das Bekenntnis und die Bereitschaft, sich dem absoluten Willen der Imame unterzuordnen. Der einzige Unterschied zwischen dem Propheten und dem Imam besteht darin, dass der Imam keine schriftlich fixierte Botschaft hat, sondern seine Legitimation einzig auf den Koran und die Verwandtschaftsbeziehung zu Mohammed gründet.

Die Zwölfer-Schia kann im Unterschied zu anderen schiitischen Gemeinschaften für sich den politischen und historischen Erfolg verbuchen, als bislang erste und einzige Glaubensgemeinschaft einen islamischen Staat (Iran) auf der Grundlage der Imamats-Ideologie geschaffen zu haben. Sie ist ferner die einzige schiitische Glaubensrichtung, die ihre Theologie und Jurisprudenz in einem umfangreichen Schrifttum fixiert hat. Dazu gehört vor allem eine umfangreiche häresiographische LITERATUR, in der über die Jahrhunderte hinweg der Versuch unternommenen wurde, sich bezüglich der eigenen Herkunft und Glaubenslehre von den anderen schiitischen Gemeinschaften abzugrenzen.

Aus wissenschaftlicher Sicht ist die Imam-Reihe der Zwölfer-Schiiten im Vergleich zu anderen schiitischen Gruppen weder „logischer" noch anderweitig zu legitimieren.

LITERATUR Ralf Elger (Hrsg.): Kleines Islam-Lexikon. Geschichte. Alltag. Kultur. München 2001; Werner Ende, Udo Steinbach. Der Islam in der Gegenwart. München 52005; Michael M. J. Fisher. Iran. From Religious Dispute to Revolution. Cambridge/London 1980; Adel Theodor Khoury, Ludwig Hagemann, Peter Heine (Hrsg.): Islam-Lexikon. Geschichte-Ideen-Gestalten. Freiburg 1991; Yann Richard. Der verborgene Imam. Die Geschichte des Schiismus im Iran. Berlin 1983

Iran-Embargo

Ist eine international getroffene Vereinbarung, die den Import und Export von Waren und Gütern sowie deren Beförderung aus und in den Iran seit einigen Jahren durch ein Embargo einschränkt. Europäische Unternehmen, die mit iranischen Personen oder Unternehmen in Iran oder außerhalb Irans Handel treiben wollen, sind an diese Beschränkungen gebunden. Als rechtliche Grundlage gilt die Iran-Embargo-Verordnung (VO) (EU) Nr. 267/2012 vom 23.03.2012 in ihrer jeweils aktuellen Fassung, zuletzt geändert durch die VO (EU) 2015/1328 vom 31.07.2015. Die Beschränkungen zeigen sich in Form von Verboten und Genehmigungspflichten in unterschiedlichen Bereichen und sind zu beachten. Wenn an Vertragsverhandlungen iranische Personen, Organisationen oder Unternehmen beteiligt sind, kann unter Umständen bereits die Abgabe eines Angebots unter eine Beschränkung fallen, ebenso Einfuhr oder Ausfuhr von Waren und Gütern. Als Ausgangspunkt für Verbote und Genehmigungen gilt nicht nur Iran als Bestimmungsland, auch Lieferungen innerhalb Deutschlands sowie Dienstleistungen an kontrollierten Waren können davon betroffen sein. Alles, was im Zusammenhang mit Massenvernichtungswaffen, der nuklearen Verwendung oder militärischer Nutzung, steht, unterliegt bestehenden Beschränkungen. Hierfür besteht eine Vorab-Mitteilungspflicht mit anschließender Genehmigungspflicht. Unter das Embargo fällt auch die unmittelbare oder mittelbare Bereitstellung von wirtschaftlichen Ressourcen an die auf der *Black List* des *Office of Foreign Assets Control* (OFAC) aufgeführten iranischen Personen oder Einrichtungen. Die Listen sind regelmäßig zu prüfen. Das Iran-Embargo umfasst auch den Finanztransfer, unabhängig davon, ob es sich um die Lieferung von Gütern oder die Erbringung von Dienstleistungen handelt. Die Zahlung in Form eines Finanztransfers ist unter Umständen genehmigungspflichtig und von der Empfängerbank bei der Bundesbank einzuholen.

Am 14.07.2015 erzielten die Verhandlungspartner der E3/EU3-Gruppe (USA, Russland, China, Großbritannien, Frankreich und Deutschland) und Iran eine Einigung über das iranische Atomprogramm und vereinbarten im sogenannten *Wiener Abkommen* einen gemeinsamen umfassenden Aktionsplan, den → *Joint Comprehensive Plan of Action* (JCPoA). Im JCPoA wurde festgelegt, in welchen Schritten die Umsetzung der Sanktionserleichterungen gegenüber Iran erfolgen soll. Der JCPoA wurde vom UN-Sicherheitsrat im Rahmen der Resolution UNSCR 2231 (2015) (Annex A) gebilligt. Voraussetzung für das Inkrafttreten des JCPoA war die Bestätigung durch die Internationale Atomenergiebehörde (IAEO) über die im JCPoA beschlossenen Auflagen bezüglich des Herunterfahrens des iranischen Atomprogramms. Das ist mit Datum vom 16.01.2016 geschehen (*Implementation Day*) und im Amtsblatt der EU bestätigt worden.

Für den Fall, dass Iran gegen die JCPoA-Vereinbarungen ganz oder teilweise verstößt, sehen die Sanktionserleichterungen einen sogenannten „Snap-back"-Mechanismus vor, der die Sanktionen jederzeit wieder in Kraft setzt. Unabhängig von der weiteren Entwicklung der von Iran zu erfüllenden Auflagen bleiben weiterhin in Kraft:

- VO (EU) Nr. 359/2011 und VO (EU) Nr. 264/2012 zum Schutz der Menschenrechtssituation

- Regelungen der EU wie Art. 4 EG-Dual-Use-VO Nr. 428/2009 (Verpflichtung, das Bundesamt für Wirtschaft und Ausfuhrkontrolle (BAFA) über nichtgelistete Dual-Use-Güter zu informieren)

- Waffenembargo des Außenwirtschaftsgesetzes (AWV, § 690)

- Proliferationsbezogene Sanktionen zur Verhinderung der Verbreitung von Atomwaffen

Am 08.05.2018 hat der amerikanische Präsident Trump das „National Security Presidential Memorandum" unterzeichnet, mit dem die USA einseitig das nach 13-jährigen Verhandlungen gemeinsam mit China, Russland, Großbritannien, Frankreich und Deutschland (E3/EU3-Gruppe) und Iran ausgehandelte Atom-Abkommen aufkündigen. Die amerikanische Regierung will alle Maßnahmen ergreifen, um die Iran-Sanktionen wieder in Kraft zu setzen. Am 4.11.2018 soll die vor dem Abkommen geltende Rechtslage wieder hergestellt sein. Neue Sanktionen sollen folgen. Nicht-amerikanische Unternehmen, die in den USA geschäftlich tätig sind, stehen vor der Wahl, ihr Iran-Engagement aufzugeben oder das Risiko von US-Sanktionen einzugehen. Für US-Bürger galt das primäre US-Wirtschaftsembargo weiterhin trotz der Vereinbarungen mit Iran. Mit der Entscheidung der US-Regierung werden die „Iran Sanctions Act of 1996" des „Iran Thread Reduction and Syria Human Rights Act of 2012" und das „Iran Freedom and Counter-proliferation Act of 2012" wieder in Kraft gesetzt. Des Weiteren sollen alle natürlichen und juristischen (iranischen) Personen, die im Zuge des JCPoA von den „Schwarzen Listen" (*Specially Designated Nationals and Blocked Persons List*) des „Office of Foreign Assets Control (*OFAC*) gestrichen wurden, wieder gelistet werden. Das OFAC ist als eine Behörde des amerikanischen Finanzministeriums für die Umsetzung und Kontrolle der Iran-Sanktionen zuständig. Zur Beendigung der nach US-Recht strafbaren Aktivitäten gelten Übergangsfristen von 90 (bis zum 6. August 2018) bzw. 180 Tagen (bis zum 04.11.2018).

Die „90-Tage-Frist"gilt für den Handel mit Gold und anderen Edelmetallen, Graphit, Aluminium, Stahl, Kohle und Software für die industrielle Prozessintegration. Darunter fallen ferner Transaktionen von US-Währung in iranische Währung. Nach Ablauf dieser Frist gelten für die iranische Petrochemie und den iranischen Kfz-Sektor wieder die „vollen Sanktionen". Die Genehmigungen zur Lieferung von Flugzeugen und Teilen, Iran hatte Verträge mit Airbus und Boeing über die Lieferung von mehr als 200 Flugzeugen abgeschlossen, wird ebenfalls aufgehoben.

Bei der „180-Tage-Frist" werden die Sanktionen auf den Kauf von Öl, Ölprodukten und petrochemischen Erzeugnissen wieder eingesetzt. Davon betroffen sind konkret die *National Iranian Oil Industry* (NIOC), die *Naftiran Intertrade Company* und die *National Iranian Tanker Company*. Das bedeutet, dass Investitionen in den Öl- und Gassektor den Betrag von 20 Mio. US-Dollar (USD) im Jahr nicht überschreiten *dürfen*. Bei der Lieferung von Treibstoffen liegt die Grenze bei maximal 5 Mio. USD, bei Ausrüstungen und Dienstleistungen für den Öl- und Gassektor ebenfalls bei maximal 5 Mio. USD. Die Grenze für Investitionen in die Petrochemie und den Transport von iranischem Erdöl liegt bei einer Mio. USD pro Jahr. Die gleiche Regelung gilt für den Hafensektor, den Schiffbau sowie für die iranischen Reedereien *Islamic Republic of Iran Shipping Line* (IRISL) und die *South Shipping Line Iran*. Von den Sanktionen betroffen sind schließlich wieder Transaktionen mit der iranischen Zentralbank, mit dem iranischen Finanzsektor sowie verschiedene Versicherungsdienstleistungen. Nach Ablauf der 180-Tage-Frist werden die „Schwarzen Listen" (OFAC-Listen) wieder auf den Stand vor den JCPoA-Vereinbarungen gesetzt. Die iranische Regierung hofft unterdessen auf die Unterstützung durch die europäischen Regierungen und Unternehmen und erwartet ein stärkeres politisches Engagement, um die bislang geplanten und vereinbarten Projekte umsetzen zu können. Aufgrund der fehlenden Bereitschaft europäischer Banken bei der Finanzierung von Großprojekten, sind diese bislang allerdings gescheitert.

Die deutsche Bundesregierung hat derweil deutschen Unternehmen zugesichert, sie bei den anstehenden Problemen im Rahmen der Wiedereinführung der US-Sanktionen sowie bei neuerhobenen Sanktionen, zu unterstützen und juristisch zu beraten.

Wichtige Informationen	
Bundesamt für Wirtschaft und Ausfuhrkontrolle (BAFA)	www.bafa.de
Bureau of Industry and Security (BIS)	http://www.bis.doc.gov
Office of Foreign Assets Control (OFAC)	www.treasury.gov/resource-center/sanctions
Aktualisierte FAQs zum Stand der Sanktionen	www.treasury.gov/jcpoa_faqs
Email-Verteiler zum Iran-Embargo	http://service.govdelivery.com

Tabelle: eigene Anfertigung

INTERNETQUELLEN Antrittsbesuch in den USA. Heiko Maas verteidigt Iran-Abkommen: http://www.spiegel.de/politik/ausland/iran-abkommen-heiko-maas-trifft-marc-pompeo-aussenminister-in-den-usa-a-1209026.html; Konfrontation mit Iran. USA kündigen „stärkste Sanktionen der Geschichte" an: http://www.spiegel.de/politik/ausland/iran-mike-pompeo-kuendigt-staerkste-sanktionen-der-geschichte-an-a-1208811.html; Robert Espey. Alle US-Sanktionen gegen Iran wieder in Kraft gesetzt. Teheran droht nun mit dem Ausstieg aus atomvertrag. Bislang vergebliche Suche nach Lösungen. (German Trade & Invest, vom 15.05.2018);

Iran-Gate

Auch Iran-Contra-Affäre (*Arms-for-hostages deal with Iran*), war 1986 ein politischer Skandal in der Regierungszeit des amerikanischen Präsidenten Ronald Reagan. Dabei ging es um geheime Waffenverkäufe der USA an Iran im Austausch für amerikanische Geiseln im Libanon. Nach Aufdeckung des Skandals wurden die Verantwortlichen zu Freiheitsstrafen auf Bewährung verurteilt bzw. die Gerichtsverfahren wegen Verfahrensfehlern eingestellt.

Das Waffengeschäft wurde bekannt durch einen Artikel des in Beirut erscheinenden arabischen Magazins, *Al Shira* (Das Segel), das am 03.11.1986 über geheime Waffenverkäufe der USA an den Iran berichtete. Mit dem Verkauf der Waffen versuchte die US-Regierung, das iranische Regime zu einer Aufgabe seiner feindseligen Haltung gegenüber den USA, zu bewegen. Der eigentliche Zweck war, die im Libanon von pro-iranischen Terroristen verschleppten amerikanischen Geiseln frei zu bekommen, die während des libanesischen Bürgerkriegs in Gefangenschaft geraten waren. Das Waffengeschäft stand eigentlich im krassen Widerspruch zu dem von Präsident Reagan gegen Iran verhängten Waffen-Embargo, wonach es den USA verboten war, Geschäfte mit Terroristen und Geiselnehmern zu tätigen. Vorausgegangen war im März 1984 die Gefangenenahme des CIA-Stationschefs von Beirut, William Buckley, durch den *Islamischen Jihad*. Der CIA-Mitarbeiter sollte im Austausch gegen 17 Schiiten, die in Kuwait nach einem Bombenanschlag auf die Botschaften der USA und Frankreichs gefasst worden waren, freikommen. Außerdem sollten die USA und Frankreich das Waffen-Embargo gegen den Iran, der sich im Krieg mit dem Irak befand, aufheben. Bis zum Mai 1985 kamen fünf US-Geiseln frei und im Juli wurde der Sicherheitsberater von Präsident Reagan, Robert McFarlane, beauftragt, das iranische Regime um Unterstützung für die Freilassung weiterer amerikanischer Geiseln aus den Händen libanesischer Terrorgruppen zu bitten. Im Gegenzug waren die USA bereit, amerikanische Waffen an den Iran zuliefern. Nach der Lieferung von 508 US-amerikanischen panzerbrechenden Raketen, wurde ein Amerikaner freigelassen. Wegen weiterer Schwierigkeiten reiste schließlich eine amerikanische Delegation unter McFarlane am 25. May 1986 nach Teheran, ohne allerdings Fortschritte zu erzielen. Die USA lieferten sieben Tonnen Waffen und Munition nach Iran und erreichten schließlich die Freilassung von zwei weiteren US-Gefangenen, während die drei übrigen in der Hand der Geiselnehmer blieben. Ein Teil der aus den Waffengeschäften erlösten Gelder wurde an die mittelamerikanische Guerilla-Gruppe der Contras weitergeleitet, die in Nicaragua gegen die sandinistische Regierung kämpften.

Nach dem Bekanntwerden der geheimen Waffengeschäfte mussten sich die involvierten Regierungsvertreter vor einem Untersuchungsausschuss des US-Kongresses verantworten. Dabei wurde auch bekannt, dass die Contras über Jahre und mit Unterstützung der CIA mehrere Tonnen Kokain in die USA schmuggeln konnten, um mit dem Erlös aus dem Drogenhandel ihren bewaffneten Kampf zu finanzieren. Am Ende blieb von dem eigentlichen Skandal nichts übrig.

LITERATUR Alfred W. McCoy. Die CIA und das Heroin. Weltpolitik durch Drogenhandel. Frankfurt 2003; Konrad Ege (Hrsg.): Irangate. Iran-Contra-Skandal und Tower-Report. Köln 1987; Jonathan Marshall, Peter Dale Scott, Jane Hunter. Iran-Contra-Connection. Montreal 1987; Lawrence E. Walsh. Firewall: Iran-Contra Conspiracy Cover-Up. New York 1997; Ralf Leonhard. Von der Iran-Contra-Affäre zur NRA, in: taz vom 08.05.2018, http://www.taz.de/!5501448/; Peter Philipp. Die Iran-Contra-Affäre., in. Deutsche Welle vom 20.07.2009; https://www.dw.com/de/die-iran-contra-affäre/a-4502179

Isfahan

(pers. Esfahan)

Stadt in Zentraliran mit 1.961.260 Einwohnern und Hauptstadt der gleichnamigen Provinz (5.120.850 Mio. Ew., Zensus 2016). Sie liegt an zwei wichtigen Verkehrswegen, die Iran durchqueren, der Nord-Süd- und der Ost-West-Achse. Die Stadt liegt rund 400 km südöstlich der Hauptstadt Teheran am Fluss *Zayandeh Rud* an der Südroute der alten Seidenstraße. Isfahan ist die drittgrößte Stadt Irans nach → Teheran und Mashad und besitzt einen internationalen Flughafen. Einst eine der größten Städte der Welt, erlebte Isfahan ihre Blütezeit von 1050-1722, besonders im 16. und 17. Jh. unter der Dynastie der Safaviden, die sie zu ihrer Hauptstadt machten. Isfahan ist berühmt für seine prachtvollen historischen Bauwerke der persisch-islamischen Architektur, von denen viele zum UNESCO-Weltkulturerbe gehören.

Neben zahlreichen Moscheen und Palästen ist der *Naqsh-e Jahan-Platz* (Meidan-e Emam-Platz), der zwischen 1598 bis 1629 gebaut wurde, einer der größten öffentlichen Plätze der Welt. Die Stadt kann auf eine wechselvolle Geschichte zurückblicken.

Erste Zeugnisse einer frühen Besiedlung gehen zurück bis in die Zeit des Reichs von Elam (2700–1600 v. Chr.) im Südwesten (heute Khuzestan) am Persischen Golf. Unter den Medern (715–550 v. Chr.) entwickelte sich die Siedlung zu einem Handelsplatz, begünstigt durch die Nähe zum Fluss Zayandeh Rud. Der Achämenidenkönig *Kyros I. d. Gr.* (559–529) erlaubte jüdischen Siedlern, die er aus babylonischer Gefangenschaft befreit hatte, sich in Isfahan niederzulassen. Ein Großteil der späteren Stadtentwicklung ist das Verdienst der jüdischen Gemeinde Isfahans. Die Parther (247 v. Chr. -226 n. Chr.) machten Isfahan zu einer Garnisonsstadt, von der aus der arsakidische Gouverneur die umliegenden Provinzen regierte. Die Sassaniden (226–452), unter denen Isfahan die Bezeichnung *Aspahan* (pers. Armee) oder *Spahan* erhielt, nutzten den Ort als Armeestandort und bauten die Straßen nach Susa und Persepolis weiter aus. Der Sassanidenherrscher *Yazdegerd I.* (399–420) förderte die weitere Ansiedlung jüdischer Siedler, dennoch verlor die Stadt an wirtschaftlicher und politischer Bedeutung.

Im Jahr 642 eroberten die Araber unter dem Befehl des Kalifen Umar Isfahan und bereiteten von dort ihre Feldzüge Richtung Osten vor. Aus dieser Zeit datieren auch die ersten Informationen über die Stadt Isfahan. Unter der Herrschaft der Buyiden, die seit 935 Isfahan regierten, erlebte die Stadt eine erste wirtschaftliche und kulturelle Blüte, bis sie 1051 von den Seljuken erobert und zur Hauptstadt des westlichen Seljuken-Reiches (Iran, Irak) erhoben wurde. Die Seljuken erlangten Ruhm als hervorragende Baumeister und schufen zeitlose Bauwerke wie Moscheen, Bibliotheken, Türme und Schulen aus Ziegelsteinen, von denen einige bis heute erhalten geblieben sind. Der Niedergang der Seljuken begleitete den der Stadt und Isfahan sank in die Bedeutungslosigkeit einer Provinzstadt zurück. Im 13. Jh. erlebte die Stadt den Einfall der Mongolen unter den Ilchanen und blieb dennoch weitgehend verschont. Als *Timur Leng* (Tamerlan) 1387 und dann wiederholt 1414 die Stadt mit ihren 70.000 Einwohnern überfiel, wurden Tausende von Menschen niedergemetzelt und Isfahan verwüstet.

Das Goldene Zeitalter Isfahans begann 1598 durch den Safavidenherrscher Shah Abbas I., der die Hauptstadt der Safaviden von Qazvin in Nordwestiran nach Isfahan verlegte, um so der Bedrohung durch das Osmanische Reich auszuweichen.

Shah Abbas I. siedelte → Armenier aus Jolfa an der Grenze zur Türkei in Isfahan an, die den wirtschaftlichen Aufschwung der Stadt beförderten. Unter seiner Herrschaft entfaltete sich eine rege Bautätigkeit, es wurden einige der schönsten Bauwerke geschaffen und Isfahan galt damals als eine der schönsten Städte der Welt.

Der erneute Niedergang und Bedeutungsverlust der Stadt trat ein, als sie nach einer monatelangen Belagerung 1722 von den afghanischen Afsharen erobert wurde. Isfahan verlor seinen Status als Hauptstadt, den nun an Mashad in Khorasan im Osten Irans ging. Nach den Afsharen folgte für kurze Zeit die Zand-Dynastie, die → Shiraz zur Hauptstadt wählte, und schließlich die der Qajaren, die 1775 → Teheran zur neuen Hauptstadt ausbauten.

Zu Beginn des 20. Jhs. begann die langsame Industrialisierung Isfahans mit der Errichtung moderner Industriebetriebe zur Herstellung von Nahrungsmitteln, dem Aufbau einer Textil-, Stahl- und Ölindustrie. Die Stadt hat eine Ölraffinerie und ist mit den atomaren Forschungsreaktoren ein Zentrum der iranischen Atomindustrie. Isfahan ist ebenso eine Universitätsstadt. Die Stadt leidet seit Jahren unter der seit 2011 anhaltenden Dürre infolge ausbleibender oder zu geringer Niederschläge. In der Stadt und auf dem Land herrschen absolute Wasserknappheit, die Bauern können ihre Felder nicht bewässern und der einst so stolze *Zayandeh Rud*, die Lebensader Isfahans, führt seit Jahren kein Wasser mehr. Die Ursachen sind wie so oft selbstverschuldet: Dem Fluss wurde über Jahre zu viel Wasser entzogen und es fehlt ein entsprechendes Umweltbewusstsein, was den privaten und gewerblichen Wasserverbrauch betrifft.

Literatur Eckart Ehlers. Iran. Grundzügen einer geographischen Landeskunde. Darmstadt 1980; Ulrich Gehrke, Harald Mehner (Hrsg.): Natur. Bevölkerung. Geschichte. Kultur. Staat. Wirtschaft. Tübingen/Basel 21976; Heinz Gaube, Eugen Wirth. Der Bazar von Isfahan. Beihefte zum TAVO, Reihe B (Geisteswissenschaften) Nr. 22. Wiesbaden 1978; Heinz Gaube. Iranian Cities. New York 1979; Mohammed Ali Jamalzadeh. Isfahan Is Half the World (*Esfahan nesf-e jahan*) : Memoirs of a Persian Boyhood. Princeton 2014

Islam

(arab. Sich-Unterwerfen, Sich-Ergeben)

Eine der großen Offenbarungsreligionen und die jüngste der fünf Weltreligionen. Der Islam ist eine monotheistische Religion (Glaube an den einen Gott) mit ca. 1,8 Milliarden Anhängern und nach dem Christentum die zweitgrößte aller Religionen. Entstanden ist sie im 7. Jh. in Arabien durch den Propheten Mohammed (570–632), der durch den Erzengel Gabriel die Offenbarungen Gottes (Allahs) erhalten haben soll. Die textliche Grundlage für den Islam ist der → Koran (arab. Qor'an, *Lesung, Vortrag*), der seine schriftliche Fassung unter den Kalifen Umar

(634-644) und Uthman (644-656) nach dem Tod des Propheten erhalten hat. Neben dem Koran bilden die *Sunna* (Brauch, Lebenspraxis) des Propheten und die → *Hadithe* (mündlichen Überlieferungen) der Prophetengenossen die beiden weiteren wichtigen Quellen des Islams. Der Islam hat sich nach dem islamischen Schisma (Glaubensspaltung) von 656 in zwei große Richtungen entwickelt, in Sunniten (Mehrheit) und → Schiiten Minderheit) sowie in zahlreiche kleinere Splittergruppen und Sekten. Die Zugehörigkeit zum Islam erfolgt bei der Geburt, wenn der Vater Muslim ist, oder durch die Konversion (Übertritt) zum Islam, indem das Glaubensbekenntnis (→ *Shahada*) öffentlich und in Gegenwart von Zeugen ausgesprochen wird. Eine Re-Konversion vom Islam zu einer anderen Religion ist nicht möglich und gilt als → Apostasie (Abfall vom Glauben) und kann in islamischen Staaten häufig mit dem Tode bestraft werden. Die → Besmala/Basmala (Anrufungsformel) lautet:

„*Ašhadu an lā ilāha illā 'llāh, wa-ašhadu anna muḥammadan rasūlu 'llāh*, Ich bezeuge, es keinen Gottheit außer Gott gibt und dass Mohammed der Gesandte Gottes ist."

Ein weiteres Kennzeichen des Islams sind die Fünf Säulen:

- Das Glaubensbekenntnis (→ *Shahada*)
- Das fünfmalige Gebet (→ *Salat*)
- Das Fasten im Fastenmonat Ramadan (→ *Saum*)
- Die Pilgerfahrt nach Mekka (→ *Haj*)
- Das Almosen (→*Zakat*).

Die meisten Muslime leben in Asien und im Pazifischen Raum (986.420.000 Mio.), in Nordafrika (317.070.000 Mio.), Südafrika/Subsahara (248.420.000 Mio.), Nordamerika (3.480.000 Mio.), Lateinamerika (840.000) und Europa (43.470.000 Mio.)

LITERATUR Gerhard Endreß. Einführung in die islamische Geschichte. München 1982; Heinz Halm. Der Islam. Geschichte und Gegenwart. München [10]2015; Richard Hartmann. Die Religion des Islam. Darmstadt 1987; Gudrun Krämer. Geschichte des Islam. München 2008; Annemarie Schimmel. Die Religion des Islam. Eine Einführung. Stuttgart 122015;

INTERNETQUELLE PEW Research Center; http://www.pewresearch.org/fact-tank/2017/01/31/worlds-muslim-population-more-widespread-than-you-might-think/

Islamische Kleidervorschrift → Kopftuch

Islamische Mystik → Sufismus

Islamische Republik

(pers. Jomhuri-ye Eslami-ye Iran)

Iran ist seit dem 01.04.1979 eine Islamische Republik. Die iranische Verfassung von Dezember 1979 legt in Art. 12 fest, dass der Islam (schiitischer Ausprägung) die offizielle Staatsreligion des Landes ist und dass der schiitische Klerus über allen staatlichen Institutionen steht. Die Grundlage des iranischen Rechtswesens ist das islamische Recht der → Scharia. Der unter der Monarchie gültige *Code Napoleon* als Kern der iranischen Rechtsordnung wurde aufgegeben. In der Verfassung ist die Trennung von Staat und Religion aufgehoben, beide sind eins und untrennbar.

Die staatstheoretische Legitimation der Islamischen Republik ist das von Ayatollah → Khomeini entwickelte theokratische Konzept der „Herrschaft des anerkannten Rechtsgelehrten" (→ *Velayat-e Faqih*), das er 1970 in seiner Schrift „Der Islamische Staat" (*Hokumat-e Eslami*) veröffentlichte. Der Begriff Velayat ist mehrdeutig, er bezeichnet das Amt, die Regierung, die Provinz oder die Erhabenheit. Velayat im Sinne → Khomeinis bedeutet allerdings auch Bevormundung des iranischen Volkes durch einen Kleriker, der vorgibt zu wissen, welche Regierungsform für die Gesellschaft die einzig richtige und angemessene ist. Es ist in der islamischen Welt bislang einzigartig. → Khomeini entwarf sein Konzept in den 1960er-Jahren im Exil als Gegenentwurf zu westlichen demokratischen Herrschaftsmodellen. Khomeini war davon überzeugt, dass nach schiitischer Glaubenslehre für die unbestimmte Dauer der Abwesenheit des Zwölften *Imams al-*→ *Mahdi*, den die → Zwölferschiiten als den Erlöser der Menschheit erwarteten, ein religiöser Rechtsgelehrter (*Faqih*) stellvertretend die Glaubensgemeinschaft (→ *Umma*) führen müsse. Die Gemeinschaft dürfte nicht sich selbst überlassen werden, da sie ihre Angelegenheiten nicht eigenverantwortlich regeln könne. Khomeini bezog sich hierbei auf die Tradition der vier Rechtgeleiteten Kalifen in der Nachfolge Mohammeds aus der Frühzeit des Islam. Diese Vorstellung wird von den Sunniten schlichtweg abgelehnt.

LITERATUR Werner Ende, Udo Steinbach. Der Islam in der Gegenwart. München 52005; Heinz Halm. Die Schia. Darmstadt 1988; Hans-Peter Schreiner, Kurt E. Becker, Wolfgang Slim Freund. Der Imam. Islamische Staatsidee und revolutionäre Wirklichkeit. St. Michael (Austria) 19982; Yann Richard. Der Verborgene Imam. Die Geschichte des Schiismus in Iran. Berlin 1983

Ismailiten

(arab. Isma'iliya)

Werden auch als Siebenerschiiten bezeichnet. Sie erkennen, anders als die → Zwölferschiiten, nur sieben rechtmäßige → Imame als die wahren Nachfolger des Propheten an. Nach Lesart der Ismailiten war nicht Musa al-Kazim († 799), der zweite Sohn von *Jafar as-Sadeq* († 765), dem sechsten Imam, sondern dessen zu früh verstorbener erster Sohn Ismail oder dessen Sohn Mohammed, der siebte Imam. Die Zahl „Sieben" symbolisiert einen Geschichtszyklus von sieben Epochen, von denen jede durch einen Imam abgeschlossen wird. Im Gegensatz zu den Zwölferschiiten ist für die Ismailiten der → Mahdi nicht der letzte der zwölf Imame, sondern der in der Verborgenheit lebende siebte Imam. Die ismailitische Lehre unterscheidet zwischen einem allen Gläubigen zugänglichen äußerlichen Wissen (exoterisch) und einem esoterischen Wissen. Das äußerlich zugängliche Wissen sind die allgemein akzeptierten Offenbarungsschriften mit ihren religiösen Geboten, die sich allerdings bei jedem Propheten wieder ändern können.

Das esoterische Wissen sind die in den Schriften verborgenen, geheimnisvollen Wahrheiten, die nur unter der Anleitung des Imams erkannt und verstanden werden können. Aufgabe des siebten Imams ist es daher, alle verborgenen Wahrheiten zu offenbaren. Auch die Seelen können nur durch die mit Hilfe des Imams erworbene Erkenntnis befreit werden. Die Lehre der Ismailiten weist starke Einflüsse des iranischen Manichäismus auf und betont den Dualismus zwischen dem „Offensichtlichem" *(zahir)* und dem „Verborgenen" *(batin)*, ein Dualismus, der sich in der persischen Sprache ebenso widerspiegelt wie in der Architektur. Die Wahrheit lässt sich aus der mystischen Bedeutung der Buchstaben und Zahlen erschließen. Den orthodoxen Sunniten galt die ismailitische Lehre mit ihrer allegorischen Auslegung der religiösen Schriften und dem Glauben an die Seelenwanderung als Häresie, die sie mit aller Härte verfolgten.

Ihren größten politischen Erfolg erzielten die Ismailiten mit der Gründung des Kalifats der Fatimiden (909-1171) zunächst in Nordafrika *(Maghreb)* und später in Ägypten, das mit dem Kalifat der Abbasiden in Bagdad rivalisierte. Nach dem Ende der Herrschaft der Fatimiden spaltete sich die Bewegung in zwei unterschiedliche Zweige, deren extremistischer die → Assassinen hervorbrachte, eine revolutionäre und gefürchtete Geheimorganisation, die ihre Missionare ausschickte, um ihre politischen Widersacher zu töten und dabei sehr erfolgreich war. Die Assassinen (1090-1275) erbauten in Iran und in Syrien zahlreiche Burgen (wie Alamut im → Alborz-Gebirge), die ihnen als Rückzugsorte vor der Verfolgung durch die sunnitischen Kalifen dienten. Der Einfall der Mongolen in Iran im 12. Jh. beendete den Terror der Assassinen, in Syrien unterlagen sie später den türkischen Mameluken. Aus den schiitischen Assassinen leitete sich 1094 die Linie der *Musta'liten* als größere Gemeinschaft, und die Nizaris (pers. *Nezariyan*) her, deren Führer Karim Agha Khan IV. auch als geistliches Oberhaupt angesehen wird. Die Ismailiten bilden heute mit 15-20 Mio. Anhängern nach den Zwölferschiiten die zweitgrößte schiitische Glaubensgemeinschaft. Ismailitische Gemeinden leben heute in 25 Ländern und in nahezu allen islamischen Staaten, in Ägypten, Iran, Syrien, im Jemen, Afghanistan, Libanon, in den zentralasiatischen Staaten und Ostafrika sowie in der chinesischen Provinz Xinjiang (Sinkiang). Von vielen sunnitischen Muslimen wird ihre Zugehörigkeit zum Islam allerdings bestritten.

LITERATUR Werner Ende, Udo Steinbach. Der Islam in der Gegenwart. München 52005; Farhad Daftary. Assassin Legends: Myths of the Isma'ilis. London 1995; Heinz Halm. Sie Schia. Darmstadt 1988; ders., Kalifen und Assassinen in Ägypten und der Vordere Orient zur Zeit der ersten Kreuzzüge 1074-1171. München 2018; ders., Die Assassinen. Geschichte eines islamischen Geheimbundes. München 2017; Bernard Lewis. Die Assassinen. Nördlingen 1989

Jannati, Ayatollah Ahmad Mesah

(*1926 in Ladan, Isfahan),

Vorsitzender des → Wächterrats (seit 1992) und Vorsitzender des → Expertenrates, den er seit 2016 leitet und Mitglied des → Schlichtungsrats. Nach dem Studium der Theologie in → Qom war er dort bis zur Revolution als Hochschullehrer tätig und wurde 1980 von Ayatollah → Khomeini in den Wächterrat berufen, dessen Vorsitz er bis heute innehat. Jannati wurde noch von → Khomeini selbst zum Freitagsprediger von Teheran berufen. Jannati ist ein ultrakonservativer Vertreter des Prinzips des anerkannten Rechtsgelehrten (→ *Velayat-e Faqih*) und ein radikaler Gegner des „reformorientierten" Flügels im iranischen Parlament.

Joint Comprehension Plan of Action

(JCPoA)

Die internationale Vereinbarung (*Atomvertrag*) zwischen den Großmächten USA, Russland und China sowie den europäischen Staaten Großbritannien, Frankreich, Deutschland (E3+3-Verhandlungen) und Iran. Der JCPoA ist als Annex A ein Bestandteil der UN-Resolution 2231 (2015). Die Anhänge regeln a) den Rückbau des iranischen Nuklearprogramms (Annex I); b) die Lockerungen der Sanktionen seitens der EU und den USA (Annex II); c) die Liste der Personen und Unternehmen, bei denen individuelle Sanktionen, wie das Einfrieren von Vermögenswerten und das Bereitstellungsverbot, aufgehoben werden sollen (Annex II Attachment); d)

Aussagen zum sogenannten Beschaffungskanal (Annex III) und e) die Arbeitsweise der zu bildenden „Joint Commission" (Annex IV) und schließlich f) die Beschreibung eines genauen Zeitplans bezüglich der Umsetzungsmaßnahmen (Annex V).

Nach jahrelangen Verhandlungen mit dem Iran wurde schließlich am 14.07.2015 eine Einigung erzielt, die als „Wiener Abkommen" einen „gemeinsamen umfassenden Aktionsplan" (*Joint Comprehension Plan of Action*) vorsieht. Am 16.01.2016 (*Implementation Day*) ist der multilaterale Atom-Vertrag mit Iran in Kraft getreten. Mit dieser Vereinbarung wurden zahlreiche Wirtschafts- und Finanzsanktionen gegen Iran vorläufig oder teilweise dauerhaft aufgehoben.

Die wichtigsten Kernpunkte des JCPOA sind:

- Das Verbot von Geschäften mit iranischen Banken und der *National Iranian Oil Company* (NIOC) wurde aufgehoben. Die Änderung des Anhangs IX der EU-Verordnung 267/2012 regelt die Durchführungs-VO 2015/1862.
- Aufhebung der Beschränkungen des Zahlungs- und Kapitalverkehrs.
- Hermesbürgschaften und Ausfuhrgewährleistungen konnten wieder beantragt werden.
- Aufhebung der Investitions- und Lieferverbote in den Bereichen Erdöl, Erdgas, Petrochemie und Schiffsausrüstung sowie entsprechende Dienstleistungen (bisherige Anhänge IV, IV A; V, VI, VI A, VI B, und VII).
- Lieferung von Dual-Use-Gütern teilweise möglich nach vorheriger Genehmigung. Zu prüfen ist der Grund, warum eine Ware als Dual-Use-Gut erfasst ist, z. B. ob ein Geschäft genehmigungspflichtig oder weiterhin verboten ist. Anhang III listet verbotene Dual-Use-Güter auf. Für genehmigungspflichtige Güter gilt ein besonderes (Anhang I) oder ein einfaches (Anhang II) Genehmigungsverfahren.
- Die in Anhang II + III der VO 267/2012 gelisteten Güter benötigen bei Verkauf, Lieferung, Weitergabe oder Ausfuhr nach Iran weiterhin eine Genehmigung. Das Gleiche gilt umgekehrt für einen Kauf und einer Einfuhr aus dem Iran.
- Güter mit Iran-Bezug wie a) Software für die Ressourcenplanung im Unternehmen (Rüstungs- oder Atomindustrie) oder b) Grafite, Rohmetalle und Metallhalbfertigungserzeugnisse (Anhang VII B) sind genehmigungspflichtig.
- Die Anhänge der genehmigungspflichtigen oder verbotenen Irangüter sind in EU-VO 2015/1861 erfasst, die Anhänge I, III, VII B sind neu gefasst in der EU-VO 2016/1375.

Genehmigungspflichten aus der Verordnung 267/2012 gelten nicht nur für die Ausfuhr, sondern auch für den Vertragsabschluss mit einer iranischen Person bzw.

mit einem iranischen Unternehmen. Eine Erleichterung des Verfahrens bietet die „Allgemeine Genehmigung (AGG) Nr. 30" des Bundesamts für Wirtschaft und Ausfuhrkontrolle (BAFA) vom 11.12.2017, wodurch der Vertragsabschluss allgemein genehmigt wird. Für Ausfuhren sind weiterhin Einzelgenehmigungen erforderlich, deshalb empfiehlt sich eine Registrierung beim BAFA für die Nutzung der AGG 30.

	Übersicht Neusortierung der Anhänge	
Neue Regelung	**Wesentlicher Inhalt**	**Alte Regelung**
Anhang I	Güter des NSG-Regimes	Teilmenge des früheren Anhangs I
Anhang II	Sonstige proliferationsrelevante Güter	Frühere Anhänge II u. III
Anhang III	Güter des MTCR-Regimes	Teilmenge des früheren Anhangs I
Ersatzlos aufgehoben	Produkte der Erdöl- u. Erdgasindustrie, petrochemische Erzeugnisse, Energie- u. marine-Schlüsselausrüstung, Gold- u. Edelmetalle	Anhänge IV, IV A, V, VI, VI A, VI B, und VII
Anhang VII A	Industrielle Software	Anhang VII A
Anhang VII B	Graphit und Metalle	Anhang VII B
Anhang VIII. IX	Namenslisten	Anhänge VIII u. IX
Anhang X	Liste der zuständigen Behörden	Anhang X
Ersatzlos aufgehoben	Güterliste für bislang ausgesetzte Beschränkungen	Anhänge XI, XII
Anhänge XIII, XIV	Namenslisten	

Quelle: Bundesamt für Wirtschaft und Ausfuhrkontrolle 2017, eigene Anfertigung

Vgl. auch → Iran-Embargo; → Sanktionen

Juden

(pers. Yahuhdi, auch Kalimi)

Die jüdische Glaubensgemeinschaft in Iran stellte nach dem Ende des 2. Weltkriegs 1948 mit 150.000 Mitgliedern noch die größte jüdische Bevölkerung im Nahen Osten außerhalb von Israel. Neben → Armeniern (→ Christen) und Zoroastriern werden sie als dritte Religionsgemeinschaft vom islamischen Staat anerkannt und haben laut der iranischen Verfassung (Art. 13+14) das Recht auf freie Ausübung ihrer Religion im Rahmen der iranischen Gesetze. Es gibt mehr als 20 aktive Synagogen in Teheran, eine jüdische Schule und fünf koschere Metzgereien. Die meisten der 9826 iranischen Juden leben in der Hauptstadt → Teheran, kleinere Gemeinden leben in Isfahan, → Shiraz, Hamadan und in einigen kleineren Städten (Zensus 2016). Nach der Islamischen Revolution 1979 ist die jüdische Glaubensgemeinschaft von 80.000 Mitgliedern durch Auswanderung nach Israel, in die USA und Kanada rapide zurückgegangen und betrug 2013 zunächst noch 25.000 Personen. Seither verlassen wegen der anhaltenden Repressalien und der Drohgebärden iranischer Politiker gegenüber Israel immer mehr Menschen das Land.

Die Geschichte der Juden in Iran beginnt in vorislamischer Zeit unter der Herrschaft der Achämenidenkönige im 6. Jh. vor Christus. Iranische Juden sind neben den Persern die am längsten in Iran lebende Ethnie. Die ersten Juden wurden nach der Eroberung der Stadt Babylon 534 v. Chr. durch *Kyros den Großen* (559-530) aus der „babylonischen Gefangenschaft" (Buch Esther der Bibel) befreit, konnten nach Israel zurückkehren oder ihm nach Iran folgen, wo sie wie die iranischen Armenier, geschlossene Gemeinschaften bildeten, die in ihren jüdischen Stadtvierteln lebten. Die Segregation der jüdischen Minderheiten von der iranischen Gesellschaft hat auch in Iran eine lange Tradition. Die räumliche Trennung durch die Einrichtung bestimmter „Judenviertel" erleichterte die staatliche Kontrolle und Repression, sie ist allerdings auch Teil einer unterschwelligen Angst vor der kulturellen „Andersartigkeit" der jüdischen Mitbewohner. Die Erhebung des schiitischen Islams 1502 zur Staatsreligion unter Shah Ismail I. verschärfte die Situation weiterhin, denn nun kam neben einem politischen auch ein religiöser Herrschaftsanspruch hinzu, weil die schiitischen → Ulema (*Religionsgelehrte*) die jüdischen Geistlichen als ihre natürlichen Konkurrenten betrachteten. Mit Ausnahme einer kurzen Phase der Respekts und der Anerkennung unter dem Herrscher der Zand-Dynastie, *Nader Shah* (1736-47) waren die iranischen Juden stets Diskriminierungen und Missgunst ausgesetzt.

Die Islamische Revolution brachte nicht die von → Khomeini angekündigte Verbesserung des Status der jüdischen Bevölkerung. Alle jüdischen Iraner müssen sich dem islamischen Gesetz der → Scharia trotz der versprochenen Religionsfreiheit unterordnen und sind in ihren Bürgerrechten Muslimen gegenüber benachteiligt. Juden haben vor dem iranischen Gesetz nicht die gleichen Rechte und werden von vielen Berufen ausgeschlossen. Sie können zum Beispiel keine Richter werden, haben in der Armee trotz Wehrpflicht keine Aufstiegschancen, dürfen keine hohen politischen Ämter bekleiden und vieles mehr. Es ist ihnen ferner verboten, Kontakte nach Israel zu unterhalten und sie haben nur einen Parlamentsabgeordneten. Auch Ehen zwischen Juden und Muslimen sind verboten, außer wenn ein Jude bereit ist, zu konvertieren. Ehen zwischen Juden und den Angehörigen anderer Religionen sind daher extrem selten, die Quote liegt bei 0,1 %. Dennoch sind sie heute von der iranischen Bevölkerung physisch, kulturell und linguistisch kaum noch zu unterscheiden, zumal alle Juden zweisprachig aufwachsen und sowohl Persisch als auch das Hebräische als ihre Muttersprache wahrnehmen.

LITERATUR Marc R. Cohen. Unter Kreuz und Halbmond: Die Juden im Mittelalter. München 22011; Roman Ghirshman. Iran from the Earliest Times to the Islamic Conquest. Harmondsworth 1954; Bernard Lewis. The Jews of Islam. Princeton 1985; Eliz Sanasarian. Religious Minorities in Iran. Cambridge 2000; Heather J. Sharkey. A History of Muslims, Christians and Jews in the Middle East. Cambridge 2017

INTERNETQUELLEN Mena-Watch, https://www.mena-watch.com/juden-im-iran-seit-1979-ist-alles-anders/; Gesellschaft für bedrohte Völker,

Justizwesen

In der Islamischen Republik Iran ist das islamische Gesetz der → Scharia Grundlage der Verfassung und des Rechtswesens. Nach der Revolution wurde das iranische Justizwesen personell und inhaltlich umfassend geändert. Das auf dem Code Napoleon basierende Bürgerliche Gesetzbuch aus der Shah-Zeit wurde abgeschafft sowie zahlreiche Verfahrens- und Strafrechtsvorschriften. Auf ihrer konstituierenden Sitzung Ende März 1979 beschloss die iranische Übergangsregierung die Wiedereinführung des islamischen Rechts und Strafrechts (Art. 4, 156, Nr. 4, 5 der Verfassung von 1979). Als allererste Maßnahme wurde am 17. Juni 1979 das Gesetz zur Einrichtung von Revolutionsgerichten beschlossen mit der dürren Begründung, die Gerichte hätten „nach islamischem Recht" (Art. 12) zu urteilen. Diese Formulierung erlaubte jedem (religiösen) Richter das Recht so auszulegen, wie er es verstand. Die Kodifizierung des islamischen Strafrechts erfolgte dagegen erst später in den Jahren 1982/83.

Die Präambel der neuen Verfassung sieht die Schaffung eines Rechtswesens auf der Grundlage islamischer Gerechtigkeit vor. In Artikel Vier wird eindeutig festgelegt, dass sich „alle Gesetze und Vorschriften im Zivil- und Strafrecht, im Finanzwesen, in Wirtschaft, Kultur, Militär, Politik und sonstigen Bereichen nach islamischen Maßstäben" richten müssten.

Die Leitung der iranischen Justiz wird von einer einzelnen Person ausgefüllt. Diese wird vom „Obersten Führer" für die Amtszeit von fünf Jahren bestimmt, ohne dass andere Institutionen oder die Richterschaft ein Mitspracherecht hätten. Er kann jederzeit wieder entlassen werden. Der Leiter der Justiz entscheidet über die Besetzung von Richterämtern und Staatsanwälten.

Die iranische Gerichtsbarkeit gliedert sich in zwei Teilbereiche: den der ordentlichen Gerichtsbarkeit aus Zivil- und Strafgerichten und den der Revolutionsgerichtsbarkeit. Während die zivile Gerichtsbarkeit sich auf die Arbeit von Polizei, Staatsanwälten und Sicherheitskräften stützt, arbeiteten die Revolutionsgerichte bis 1994 mit der Revolutionsstaatsanwaltschaft zusammen. Die Sondergerichte für Geistliche wurden 1987 von → Ayatollah → Khomeini eingerichtet, um Vergehen und Verbrechen von Geistlichen zu ahnden. Mit dem Gesetz von Juli 1994 „zur Errichtung von allgemeinen und Revolutionsgerichten" wurden alle Staatsanwaltschaften abgeschafft. Seitdem müssen sich beide Gerichtsbarkeiten ausschließlich der ordentlichen Justiz- und Sicherheitsbehörden bedienen.

In den Anfangsjahren der Islamischen Republik (1982–84) wurden von den sogenannten „Revolutionsgerichten" unter Ausschluss der Öffentlichkeit tausende Oppositionelle und Repräsentanten des früheren Regimes unter oft dubiosen Vorwänden liquidiert. Eines der prominentesten Opfer war der letzte Premierminister unter dem Shah, Amir Abbas → Hoveyda, der 1979 hingerichtet wurde. Die Revolutionsgerichte urteilten auf der Basis einer → Fatwa von Revolutionsführer Ayatollah → Khomeini. Prominente Ankläger waren der als „Blutrichter" auch außerhalb Irans bekannt gewordene Geistliche *Sadegh Khalkhali* († 2003) und der heutige Leiter der Stiftung Astan-e Quds in Mashad, Ebrahim → *Raisi*.

Die Gerichtsverhandlungen sind in der Regel öffentlich außer, wenn die nationale Sicherheit betroffen ist oder wenn der vorsitzende Richter die Auffassung vertritt, das Verfahren sei für die Öffentlichkeit ungeeignet.

LITERATUR Werner Ende, Udo Steinbach (Hrsg.): Der Islam in der Gegenwart. München 52005; Ulrich Gehrke, Harald Mehner (Hrsg.): Iran. Natur. Bevölkerung. Geschichte. Kultur. Staat. Wirtschaft. Tübingen/Basel 21976; Ruholla Khomeini. Der islamische Staat. Berlin 1986;

Silvia Tellenbach. Strafgesetze der Islamischen Republik Iran. (Sammlung außerdeutscher Gesetzbücher in deutscher Übersetzung, Band 106). Berlin 1995

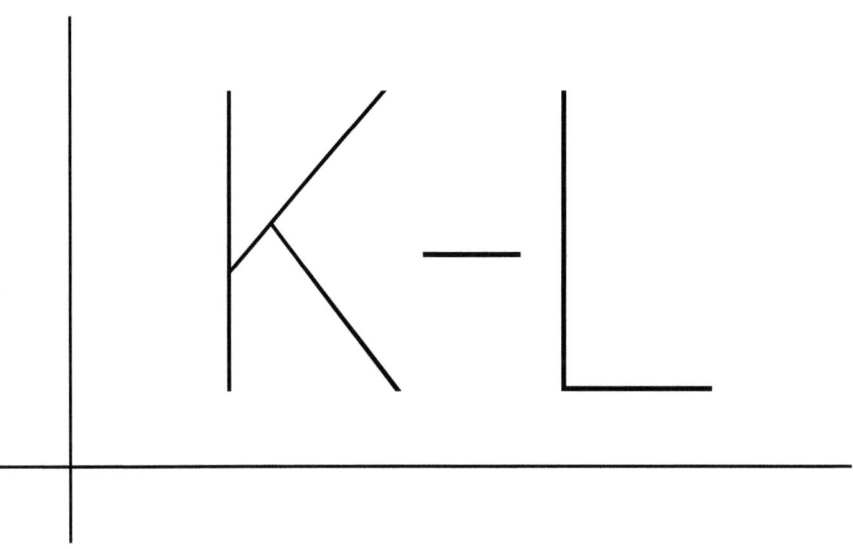

Karun

(pers. Rud-e Karun)

Fluss im Südwesten Irans und mit einer Länge zwischen 860–890 km der längste und zugleich einzige schiffbare Fluss in Iran. Der Karun entspringt in den Bakhtiari-Bergen des zentralen → Zagros 75 km westlich von → Isfahan, mäandert durch das Gebirge und mündet fünf km oberhalb der Stadt Khorramshahr in den Shatt al-Arab (pers. *Arvand Rud*), der 200 km weiter südwärts in den Persischen Golf mündet. Der Karun speist sich aus mehreren Quellen und aus dem Schmelzwasser des Zagros. Der Verlauf des Flusses ist durch drei natürliche Streckenabschnitte gekennzeichnet. Der obere wasserreiche Abschnitt verläuft von der Quelle 400 km bis zur Ortschaft *Gotvand*; der zweite Abschnitt von Gotvand durch *Shushtar*, wo er sich mit dem Fluss *Ab-e Dez* verbindet und weiter bis zur Provinzhauptstadt → Ahwaz durch die Ebene von Khuzestan, wo er in den *Shatt al-Arab* mündet. Unterhalb von Ahwaz führt der Karun jahreszeitlich bedingt oft nicht genügend Wasser, um schiffbar zu sein.

LITERATUR Eckard Ehlers. Iran. Grundzüge einer geographischen Landeskunde. Darmstadt 1980

INTERNETQUELLE http://iranjournal.org/gesellschaft/fliessender-fluss-gottes-wille-oder-ablenkungsmanöever

Khamenei, Ayatollah Seyyid Ali

Staatsoberhaupt des Iran, „Oberster Führer", religiöses und politisches Oberhaupt, auch „Revolutionsführer" (Rahbar-e Enghelab) des Iran. Khamenei wurde am 17.07.1939 in Mashad als zweiter Sohn eines Klerikers im Rang eines Mujtahed, Javad Husseini Khamenei, geboren. Der Vater stammte ursprünglich aus Azerbaijan, die Mutter aus Yazd, die Eltern hatten acht Kinder.

Nach dem Besuch der Grundschule (*Maktab*) und dem religiösem Seminar in seiner Heimatstadt wechselte Khamenei 1957 zum Studium an einer der wichtigsten islamischen Ausbildungsstätten nach Najaf im Irak. Bereits ein Jahr später unterbrach er die Ausbildung auf Wunsch seines Vaters und kehrte 1958 nach Mashad zurück. Im Jahr darauf ging Khamenei nach → Qom, wo er bei Großayatollah Seyyid Hussein Borujerdi, einem der bedeutendsten Gelehrten seiner Zeit, und bei Ruhollah → Khomeini studierte. Die Ausbildung beendete Khamenei 1964 ohne Abschluss. Während der Studienzeit lernte er den späteren „Revolutionsführer" Khomeini kennen, der ihn als Mentor begleitete und in die politische Laufbahn dirigierte.

Khameneis politische Karriere begann nach dem Ende der Islamischen Revolution. Zusammen mit anderen Schlüsselfiguren aus dem schiitischen Klerus, wie

Mohammed Beheshti, Mohammed Javad Bahonar, Akbar Hashemi Rafsanjani und Abdul-Karim Mousavi Ardebili, gründete er 1979 die *Islamische Republikanische Partei* (IRP). Die Gruppe gehörte bereits vor der dem Umsturz einem „Inneren Zirkel" an, der von → Khomeini im Exil in Frankreich gegründet worden war, und als sogenannter „Revolutionsrat" die politischen Aktionen und Proteste in Iran plante und koordinierte. Dieses Gremium begann nach der Revolution mit dem Aufbau der administrativen und politischen Strukturen in Iran und legte den Entwurf einer ersten Verfassung für die Islamische Republik vor.

In den Jahren von 1980 bis 1988 bekleidete Khamenei eine Vielzahl von wichtigen und unterschiedlichen Ämtern in Entscheidungspositionen. Anfang 1980 ernannte Khomeini ihn zum Vorbeter des Freitagsgebets an der Hauptmoschee in → Teheran. Nachdem sein Vorgänger im Amt, Mohammed Ali Raja'i, 1981 einem Sprengstoffanschlag zum Opfer gefallen war, wurde er zum dritten Ministerpräsidenten (1981–89) gewählt. Khamenei selbst wurde am 27.07.1981 Opfer eines Anschlags der Widerstandsgruppe Mujaheddin-e Khalq. Bei der Detonation einer Bombe in einer Moschee wurde u. a. sein rechter Arm verletzt, der seitdem gelähmt ist. Während des Iran-Irak-Krieges (1980–88) betreute Khamenei als Feldgeistlicher die Kämpfer der Revolutionsgarden an der Front im Südwestiran. Seit dieser Zeit unterhält er ein enges Verhältnis zur Führungsspitze der Pasdaran. Neben vielen anderen repressiven Maßnahmen gegen Oppositionelle – Khamenei soll nach Aussage eines der Attentäter vor Gericht die Ermordung des letzten Ministerpräsidenten des Shahs, *Shahpur Bakhtiar,* im Pariser Exil (06.08.1991) angeordnet haben, führte Khamenei am 03.07.1981 auf Anweisung von Khomeini den Tschador für Frauen wieder ein.

Nach dem Tod von Revolutionsführer Khomeini wurde Khamenei völlig überraschend am 04.07.1989 vom Expertenrat zum Nachfolger gewählt. Die Entscheidung war insofern überraschend, weil die Verfassung festlegt, dass der religiöse und politische Führer des Landes im Rang eines obersten Rechtsgelehrten (*Marja'*) sein muss. Der Rang eines Marja' ist die höchste Stufe schiitischer Gelehrsamkeit, die nur wenigen Ayatollahs von den Rechtsgelehrten zugestanden wird. Khamenei fehlte dieser Status, er besitzt lediglich den mittleren Rang eines Hojatolleslam. Daher wurde dieser Passus der Verfassung dahingehend geändert, dass er „für das Amt geeignet sein" muss, und in einem Verfassungsreferendum am 28.07.1989 vom Volk bestätigt. Anschließend wurde sein Rang auf den eines Ayatollah aufgewertet.

Das Amt des „Obersten Führers" ist nach der Verfassung (Art. 110) mit absolutistischen Vollmachten ausgestattet, der Amtsinhaber kann nur durch den Expertenrat entlassen werden.

Als Oberster Führer legt Khamenei die Richtlinien für die iranische Innen- und Außenpolitik fest und kann über sein Veto quasi alle politischen Entscheidungen widerrufen. Er ist der Oberbefehlshaber aller iranischen Streitkräfte (Armee, Revolutionsgarden) und der Sicherheitsorgane. Er kann den Kriegszustand ausrufen oder den Friedenszustand. Der Revolutionsführer ernennt oder entlässt:

- den Oberbefehlshaber der regulären Armee und der Sicherheitskräfte
- den Leiter der Justiz
- den Oberbefehlshaber der Revolutionsgarden (Pasdaran)
- den Vorsitzenden der staatlichen Rundfunk- und Fernsehanstalten
- die sechs geistlichen Rechtsgelehrten des Wächterrats
- die Imame der Freitagspredigten in ganz Iran
- die Vorsitzenden der Bonyads (parastaatliche Stiftungen).

Khamenei direkt unterstellt ist ein auf vier Jahre gewählter Staatspräsident, der als Leiter der Exekutive die Minister ernennt. Nach der Verfassungsreform von 1989 wurde die Stellung des Präsidentenamtes gestärkt und das Amt des Ministerpräsidenten abgeschafft. Die Mitglieder des Expertenrats, das den Obersten Führer wählt, kontrolliert und absetzen kann, werden alle acht Jahre vom Volk gewählt. Über deren Kandidatur entscheidet jedoch der Wächterrat, dessen sechs geistliche Mitglieder vom Obersten Führer bestellt werden. Die übrigen sechs weltlichen Juristen wählt das Parlament, dessen Abgeordnete vor ihrer Kandidatur vom Wächterrat überprüft werden.

Khamenei greift immer wieder in die politischen Debatten des Parlaments oder die der Öffentlichkeit ein. Für die anhaltenden landesweiten Unruhen nach dem offensichtlichen Wahlbetrug bei den Präsidentschaftswahlen 2009, die → Ahmadinejad eine zweite Amtszeit bescherten, machte Khamenei Wissenschaftler und die Lehrpläne an den Hochschulen verantwortlich. Iranische Professoren mussten öffentlich abschwören, westliche Wissenschaftler wie Max Weber, Talcott Parsons oder Jürgen Habermas in ihren Seminaren zu unterrichten, da sie das Denken *korrumpierten*. Seitdem wurden Lehrpläne und Universitäten stärker überwacht und Professoren in den Ruhestand versetzt.

Der Oberste Führer fühlt sich vom „Gesetz des Propheten und dem göttlichen Auftrag" geleitet, nicht von dem der iranischen Verfassung. Das Gesetz des Propheten sieht die Verbreitung des Islams und seiner Wert- und Normvorstellungen vor. Die Außenpolitik der iranischen Regierung unterliegt der Kontrolle und Zustimmung von Khamenei, der, unterstützt von einem Beraterstab, die Richtlinien festlegt. Gegenüber dem „Westen" verfolgt er einen Kurs der Konfrontation, scheut jedoch die direkte Auseinandersetzung. Die iranische Außenpolitik im Mittleren Osten zielt entweder auf die Destabilisierung iranfeindlicher Regierungen (Libanon, Jemen, Saudi-Arabien) durch verdeckte militärische Operationen (Aufbau und Ausrüstung paramilitärischer Kampfeinheiten) oder auf die Stabilisierung iranfreundlicher Regimes (Irak, Syrien) durch die direkte militärische Intervention der al-Quds-Einheiten (→ Pasdaran). Iran unterstützt zahlreiche militante islamistische Organisationen, die im weltweiten Maßstab operieren. Als regionale Erzfeinde Irans gelten Israel und Saudi-Arabien. Khamenei leugnet den Holocaust und propagiert offen eine anti-israelische Politik.

Literatur Mehrzad Boroujerdi, Kourosh Rahimkhani. Postrevolutionary Iran: A Political Handbook. Syracuse 2018; Wilfried Buchta. Who Rules Iran? The Structure of Power in the Islamic Republic. Washington 2000; Hans-Peter Drögemüller. Iranisches Tagebuch. 5 Jahre Revolution. Hamburg 1983; Martin Gehlen. Ali Chamenei kündigt Feldzug gegen die Geisteswissenschaften an, Tagesspiegel 19.09.2009; Nikki Keddie, Yann Richard. Modern Iran. Roots and Results of Revolution. Yale 2003; Amin Saikal. Iran at the Crossroads. Cambridge 2016; Vali Reza Nasr. The Shia Revival: How Conflicts within Islam will shape the Future. New York 22016; Detlef zum Winkel. Khamenei: vom Leader zum Imam, Telepolis 15. Mai 2018

Internetquellen https://www.tagesspiegel.de/politik/kulturkampf-im-iran-ali-chamenei-kuendigt-einen-feldzug-gegen-die-geisteswissenschaften-an/1597870.html; https://www.heise.de/tp/features/Khamenei-vom-leader-zum-Imam-4049178.html

Khomeini, Ruholla Musawi [Hendi]

Ayatollah, religiöser und politischer Führer der Islamischen Revolution 1979 in Iran, Oberster Führer und iranisches Staatsoberhaupt bis zu seinem Tod am 3.06.1989 in Teheran. Unter seiner Führung wurde die iranische → Pahlavi-Dynastie unter Mohammed Reza Shah gestürzt.

Khomeini wurde 1902 in dem kleinen Ort Khomein in der Nähe von → Isfahan in eine religiöse schiitische Familie geboren. Das genaue Geburtsdatum ist unklar, da es zu diesem Zeitpunkt in Iran keine Melderegister gab. Auch über die Herkunft der Familie gibt es widersprüchliche Informationen. Khomeini soll großväterlicherseits indische Wurzeln haben, was sehr wahrscheinlich ist und von ihm zeitlebens bestritten wurde. Die Familie war vermögend und verfügte über beträchtlichen Landbesitz. Khomeinis Vater, Seyyid Mustafa Mousavi (1856–1902) war ein Geistlicher im Rang eines Mujtahed und starb als Khomeini fünf Monate alt war, auch darüber gibt es widersprüchliche Informationen. Aus der Ehe seiner Eltern gingen sechs Kinder hervor, drei Mädchen und drei Söhne.

Khomeini wurde nach dem Tod seines Vaters von seiner Tante Sahebe erzogen. Im Alter von 16 oder 18 ging er nach Arak und erhielt eine theologische Ausbildung bei Groß-Ayatollah *Karim Hairi-Yazdi*. Als Hairi-Yazdi 1922 an das Seminar nach → Qom wechselte, folgte Khomeini ihm und beendete 1925 das Studium des islamischen Rechts (→ Scharia), der Ethik und der Spirituellen Philosophie. Seither vertrat Khomeini die Auffassung, reale soziale/politische Probleme ließen sich mithilfe ethischer und spiritueller Denkansätze lösen.

Etwa um 1945 schloss Khomeini das Studium mit dem Rang eines Hojatolleslam (Beweis des Islam) ab, was ihm erlaubte, einen eigenen Kreis von Schülern um seine Person zu versammeln, die seinen Auslegungen der Scharia folgten. Als 1961 Groß-Ayatollah *Mohammed Hussein Borujerdi* starb, ging mit ihm der letzte der noch von allen schiitischen Geistlichen anerkannte Marja'e Taqlid (Vorbild zur Nachahmung) und die höchste Autorität in allen religiösen Fragen. In der Hierarchie des iranischen schiitischen Klerus gab es seitdem keine oberste religiöse Autorität mehr, ein Umstand der Khomeinis Ambitionen beförderte. Auf Drängen seiner Schüler veröffentlichte er seine „Klärung verschiedener Aspekte der Scharia", die Veröffentlichung bereitete ihm den Weg zum Aufstieg in die höheren Ränge des Klerus. Gleichzeitig bestätigte sie Khomeini in seinen Ambitionen, sich in die Politik einzumischen.

Im Rahmen der vom Shah 1963 begonnenen → „Weißen Revolution", die eine teilweise Enteignung der Großgrundbesitzer zugunsten der landlosen Kleinbauern vorsah, rief Khomeini, selbst Besitzer umfangreicher Ländereien und ein erklärter Gegner der Monarchie, zu landesweiten Protesten auf, in deren Verlauf mehrere Menschen getötet wurden. Seine Verhaftung am 5.06.1963 markiert ein historisches Datum in seiner Biographie und den Beginn des langsamen Endes der Pahlavi-Monarchie 1979. Wegen der anhaltenden Proteste, auch vom Klerus, wurde Khomeini im August aus der Haft entlassen und unter Hausarrest gestellt, im November 1964 ins Exil in die Türkei (Bursa) abgeschoben. Ein Jahr später siedelte er nach Najaf (Irak) über, wo Khomeini am theologischen Seminar unterrichtete. Von Najaf wurde die Kampagne gegen den Shah fortgesetzt und 1971 erschien seine Schrift „Der Islamische Staat. Die Herrschaft des Faqih", eine Sammlung seiner Vorlesungen. Darin fordert er, anstatt auf den Verborgenen Imam zu warten, sei es Aufgabe des Klerus, das korrupte System des Shahs zu beseitigen und an dessen Stelle eine Regierung aus Religionsgelehrten einzusetzen.

Als sich die politischen Beziehungen zwischen Iran und Irak 1975 verbesserten, pilgerten iranische Schiiten wieder zu den Schreinen der schiitischen Märtyrer in Najaf und Kerbala. Khomeini und seine Anhänger nutzten die Gelegenheit, um seine auf Tonbandkassetten aufgenommenen Hasstiraden gegen den Shah unter die Gläubigen zu bringen, die sie nach Iran zurückbrachten. Die Reden Khomeinis, die nur in den Moscheen abgespielt werden konnten, wurden zu Beginn der allgemeinen Unruhen in Iran 1978/79 für die Streikenden und Protestierenden immer wichtiger. Sie sollten eine Art Orientierungshilfe sein und waren doch bloße Versprechen an die Zukunft. Aber sie heizten die Stimmung gegen den Shah weiter auf. Khomeini bediente sich in seinen Reden nationalistischer Motive, verband sie geschickt mit den Leidensgeschichten schiitischer Märtyrer und überließ den Zuhörern die allegorische Deutung. Die Monarchie wurde als das Übel aller gegenwärtigen Probleme verdammt.

Die Regierung des Irak verwies ihn 1978 wegen seiner Aktivitäten des Landes, Khomeini bekam in Frankreich Asyl. Von seinem sicheren Zufluchtsort in Neauphle-le-Chateau nahe Paris setzte er seine Bemühungen zum Sturz der Monarchie fort, Unterstützung bekam er von nahezu allen politischen Lagern. Gegen Ende des Jahres 1978 befand sich die iranische Volkswirtschaft, nicht zuletzt wegen der anhaltenden Unruhen, auf Talfahrt, die Ölexporte waren wegen der Streiks der Erdölarbeiter eingebrochen, es herrschte eine allgemeine Verunsicherung unter der Bevölkerung, Mullahs ließen Gerüchte über einen bevorstehenden Putsch verbreiten und in diesem Klima kam die Ankündigung, Khomeini habe eine Art Exilregierung gegründet, die bereit sei, die Macht in Teheran sofort zu übernehmen. Tatsächlich gab es einen „Islamischen Revolutionsrat (IRC)", der drei Tage vor der Flucht des Shahs bereits den Aufbau einer provisorischen Regierung im Exil vorantrieb.

Angesichts dieser Umstände floh der Shah am 16.01.1979 völlig übereilt aus Iran und überließ seinem letzten Ministerpräsidenten Shahpur Bakhtiar für wenige Wochen die Regierungsgeschäfte. Bakhtiar musste nach kurzer Zeit erkennen, dass Regierungshandeln unter diesen Umständen nicht mehr möglich war und trat zurück. Am 01.02.1979 kehrte Khomeini in Begleitung von 150 ausländischen Journalisten in einem Triumphzug nach Iran zurück. Auf dem Zentralfriedhof *Behesht-e Zahra* vor Teheran hielt Khomeini vor seinen Anhängern eine flammende Rede, als sollte der Ort symbolisch auf das hinweisen, was in den folgenden Jahren unter Khomeini zu erwarten war.

In Tehran ernannte Khomeini den Ex-Politiker und Mitglied des Islamischen Revolutionsrats, Mehdi → Bazargan, zum ersten Premierminister einer islamischen provisorischen Regierung. Nach einem Referendum wurde am 01.04.1979 die „Islamische Republik Iran" ausgerufen. Im August 1979 legte der → Expertenrat den Entwurf einer zukünftigen Verfassung vor auf der Grundlage des von → Khomeini geschaffenen Konzepts der Herrschaft des obersten Rechtsgelehrten. In der ersten Phase nach der Machtübernahme wurden die verschiedenen Oppositionsgruppen und Parteien, die Khomeini während der Revolution unterstützt hatten, wie die Mujaheddin-e Khalq und die Tudeh-Partei, isoliert und verfolgt. In Schauprozessen, die im staatlichen Fernsehen ausgestrahlt wurden, mussten deren Führungspersönlichkeiten unter Folter erzwungene „Geständnisse" abgeben, wonach sie eine Konterrevolution versucht hätten. Eines der ersten prominenten Opfer aus dem Umfeld Khomeinis wurde der erste gewählte Staatspräsident Irans, Abol-Hassan Bani-Sadr (25.01.1980–21.06.1981). Ihm wurde während des Iran-Irak-Krieges (1980–88) mangelnde Führungsstärke vorgeworfen und für die Niederlage der iranischen Streitkräfte verantwortlich zu sein. Das Parlament veranlasste seine Absetzung am 21.06.1981 und Bani-Sadr floh unter dubiosen Umständen nach Frankreich. Nach Bani-Sadrs Ablösung wurden nur noch Khomeini absolut loyale Personen wie Muhammad Ali Raja'i (†1981) und Ali → Khamenei für die Kandidatur in hohe politische Ämter zugelassen.

In den ersten Jahren nach der Machtübernahme veranlasste Khomeini die „Säuberung" der staatlichen Institutionen (*Kulturrevolution*) von ehemaligen Angestellten des Shah-Regimes und (vermeintlichen/tatsächlichen) Oppositionellen. Universitäten und Schulen wurden für mehrere Jahre (1980–84) geschlossen, um neues Lehrpersonal und neue Lehrpläne nach den Vorgaben des Islams einzustellen bzw. zu erstellen. Private Unternehmen wurden enteignet (verstaatlicht) und in die neugegründeten → Bonyads (Stiftungen) eingegliedert. Khomeini schürte ein Klima der Angst und witterte überall Verschwörungen und Pläne für einen Staatsstreich. Die Bevölkerung wurde aufgefordert „wachsam" zu sein, Kinder mussten in den Schulen berichten, worüber zuhause gesprochen wurde. Seit Khomeini ist es in Iran üblich geworden, bei der Besetzung von Führungspositionen nicht die Qualifikation zu berücksichtigen, sondern nach dem Herkunftsprinzip (religiöses Milieu) zu verfahren. Mit den Jahren hat sich so ein Vererbungsprinzip etabliert und Personen, die nun in zweiter Generation in Schlüsselpositionen sitzen, werden landläufig als *Aghazadehs* (Abkömmlinge von Herren) bezeichnet. Im Zuge der Islamisierungskampagne der 1980er-Jahre wurden sogenannte Revolutionsgerichte einberufen, die zehntausende Oppositionelle auf der Basis einer → Fatwa von Khomeini aburteilten und hinrichten ließen. Amnesty International beziffert die Zahl der Hingerichteten allein bis 1983 auf 5447 Opfer, Tausende dürften in den Jahren danach hinzugekommen sein.

Als außenpolitischer Gegner wurden die USA zum großen Feindbild (*Sheitan-e Bozorg*, der große Teufel) und deren imperialistische Politik zu einem argumentativen Muster in den Reden Khomeinis. Zwar ist weiterhin fraglich, ob Khomeini die Erstürmung der amerikanischen Botschaft in Teheran im November 1979 persönlich angeordnet hat, er hat sie auch nicht verurteilt. Die irakische Invasion Irans 1980 kam für Khomeini völlig überraschend und zu einem Zeitpunkt, als das Land sich in einer instabilen Phase des Umbruchs befand. Der Krieg zwischen Iran und Irak endete in einer Pattsituation, vereinbart wurde der Staus ante quo. Dennoch hat er letztendlich zu einer Festigung der Macht von Khomeini und dem islamischen Regime geführt, indem der Oberste Führer die Opferbereitschaft der Iraner durch den Apell an ihre nationalistischen Gefühle schürte.

Unter Khomeini scheiterten die Versuche, die Islamische Revolution in die Staaten der Golfregion zu exportieren am Widerstand der lokalen Herrscher. Khomeini bekam das Image eines Führers der Schiiten in einer von Sunniten dominierten arabischen Welt und bot damit keine Alternative zu den despotischen arabischen Regimes. Lediglich in den von Schiiten bewohnten Regionen des Libanon gelang es dem Regime nachhaltig, zunächst durch Förderung der → Hamas und später der → Hezbollah, eine bewaffnete, das Land destabilisierende Kampftruppe aufzubauen. Damit legte er den Grundstein für die spätere Außenpolitik seines Nachfolgers → Khamenei, die in der Auseinandersetzung mit den arabischen Regimes im Ergebnis zu einer völligen Destabilisierung der Staaten des Mittleren Ostens führen sollte.

Khomeini war ein erklärter Gegner Israels, dem er das Existenzrecht absprach und das er für die politischen Verwerfungen im Nahen Osten verantwortlich machte. Durch Annäherung an die Palästinenser, die seitdem von Iran finanziell und logistisch unterstützt werden, schuf er ein Gegengewicht zu Israel und einen ständigen Unruhefaktor in der Region.

Khomeinis Weltbild war das eines patriarchalischen Herrschers, für den das iranische Volk aus unmündigen und unwissenden Menschen bestand. Seinem Anspruch und seinem Selbstverständnis zufolge braucht eine Gesellschaft einen mit göttlicher Weisheit ausgestatteten Obersten Führer, der stellvertretend für den erwarteten zwölften Imam die Gesellschaft mit aller gebotenen Härte regiert. Frauen spielten in diesem Kosmos nur die Rolle eines dienenden Wesens, das sich den Regeln des Korans und in diesem Sinne dem Mann unterzuordnen hat.

Khomeinis letzte Jahre bis zu seinem Tod am 03.06.1989 waren gekennzeichnet von Krankheiten und körperlicher Gebrechlichkeit. Als er starb, hatte er an der Stelle der Monarchie einen Gottesstaat errichtet.

LITERATUR Said Amir Arjomand. Turban fort the Crown. The Islamic Revolution in Iran. Oxford 1990; ders., After Khomeini. Iran Under His Successors. Oxford 2009; Imam Seyyid Ruhullah Chomeini. Der islamische Staat. Bremen 2014; Hans-Peter Drögemüller. Iranisches Tagebuch. 5 Jahre Revolution. Hamburg 1983; Baqer Moin. Khomeini: Life of the Ayatollah. London 2009; Bahman Nirumand. Mit Gott für die Macht. Eine politische Biographie des Ayatollah Chomeini. Reinbek 1987; Fariborz Riyahi. Ayatolah Khomeini. Berlin 1998; Amir Taheri. Chomeini und die Islamische Revolution. Hamburg 1985; Gabriele Thoß, Franz-Helmut Richter. Ayatollah Khomeini. Zur Biographie und Hagiographie eines islamischen Revolutionsführers. Münster 1991.

Kish

Insel und Freihandelszone im nördlichen Teil des → Persischen Golfs in der Provinz Hormozgan. Die Insel ist 19 km vom Festland entfernt, bis → Teheran sind es 1052 km, bis zur Insel → Qeshm 225 km und bis Dubai 200 km. Kish hat eine elliptische Form, ist flach ohne topographische Erhebungen mit einer Gesamtfläche von 90 km². Ihre West-Ost-Ausdehnung ist 15,4 km lang, die maximale Breite beträgt 7,5 km. Der Flughafen (Kish International Airport) befindet sich in der Mitte der Insel und wurde 35–40 Meter über dem Meeresspiegel angelegt. Auf Kish herrscht ein trockenes Klima, die Jahresdurchschnittstemperatur liegt bei 26,6 °C mit 300 Sonnentagen, die Luftfeuchtigkeit bei 60% im Jahresschnitt. Wegen der gemäßigten klimatischen Bedingungen ließ bereits der letzte Schah für Kish ein Tourismuskonzept entwickeln, das allerdings nicht mehr realisiert werden konnte.

In den vergangenen 30 Jahren wurde auf Kish eine Tourismusinfrastruktur mit Hotels, Shopping Malls, Restaurants, Wassersportangeboten, Vergnügungsparks, einem Delphinarium u. a. m. aufgebaut. Auf der Insel gibt es aktuell 14 große Märkte und Einkaufszentren (Malls): Abshar Mall, Almas Mall, Behkish Mall, French Mall, Khalij Mall, Kish Trading Center, Marjan Mall, Maryam Mall, Morvarid Mall, Pardisone-Mall, Pardis-two-Mall, Venus Mall, Zeyton Mall. Jährlich besuchen mehr als zwei Millionen Iraner und ca. 100.000 ausländische Touristen die Insel. Viele Iraner reisen aus dem Festland für einen Kurzurlaub an, da die religiösen Vorschriften auf Kish weniger streng ausgelegt werden. Neben dem Tourismus sind auf Kish weitere Industriezweige angesiedelt. Es gibt IT- und Elektronikfirmen, eine Nahrungsmittelindustrie, chemische und holzverarbeitende Betriebe sowie metallverarbeitendes Gewerbe und Textilindustrien. Der Status als Freihandelszone mit geringen Zollgebühren wirkt sich positiv auf die Handelsaktivitäten aus. Viele Händler nutzen die Insel als Zwischenlager für den Export in die Golfanrainerstaaten oder in die zentralasiatischen Länder bzw. für den Re-Export auf das iranische Festland. Investoren bietet die Freihandelszone eine Reihe von Vorteilen. Die Verwaltung der FTZ sucht für die Ansiedlung von neuen Unternehmen folgende Branchen:

- High-Tech-Unternehmen
- Export-orientierte Firmen
- Elektronik- und Computerfirmen
- Medizin- und Dentaltechnik
- Kleidungs- und Textilunternehmen
- Verpackungsindustrie
- Lebensmittelverarbeitende, pharmazeutische und Firmen aus dem Hygienebereich.

Die Insel verfügt mit dem *Kish International Campus* über eine höhere Bildungseinrichtung, einer Zweigstelle der Sharif University of Technology (→ Teheran), an der neben iranischen auch ausländische Studenten studieren können. Kooperationspartner dieser Einrichtung sind die australische Monash University und die Multi Media University of Malaysia. Kish hat ca. 30.000 Einwohner (Zensus 2016).

→ Weitere Informationen: www.investiniran.ir

Kopftuch

(pers. hejab)

Seit der Islamischen Revolution in Iran 1979 offiziell vorgeschriebene Kopfbedeckung für Frauen außerhalb des Hauses und in Gegenwart von fremden Männern. Iran ist das einzige islamische Land mit einem staatlich verordneten Kleiderzwang (Artikel 368 des iranischen Strafgesetzbuches). Verstöße gegen die Kleidervorschrift können/werden als Ordnungswidrigkeit mit einer Haftstrafe von zehn Tagen bis zu zwei Monaten und einer Geldstrafe zwischen umgerechnet einem und zehn Euro geahndet. Das Kopftuch ist in Kombination mit einem Mantel zu tragen und obligatorisch für Mädchen ab neun Jahren. Es ist ebenso Teil der in Iran üblichen Schuluniform. Der Koran enthält, anders als oft behauptet, keine Hinweise auf ein Verschleierungsgebot. Frauen sollen lediglich ihre Reize nicht offen zeigen und sich in Gegenwart von Männern in einen Überwurf hüllen (Koran 33:59), um Belästigungen zu vermeiden. Während die Frauen sich zur Zeit des Propheten noch unverschleiert bzw. ohne Kopfbedeckung in der Öffentlichkeit bewegen konnten, wurde die Verschleierung seit dem 9. Jh. allgemein üblich, um Frauen generell aus der Öffentlichkeit auszuschließen.

Das Kopftuch ist Teil einer islamischen Bekleidungssitte mit regional unterschiedlichen Ausprägungen. Eine einheitliche Bekleidungsvorschrift oder -sitte für Frauen gibt es nicht. Das Spektrum möglicher islamischer Bekleidungsformen reicht von der bloßen Kopfbedeckung (*al-Amira, Hejab, Khimar, Shaila*) bis zur Ganzkörperverhüllung (*Abaya, Burka, Jilbab, Khimar, Tschador*).

	Kopftuchvarianten
Al-Amira	Zweiteilige Kopfbedeckung, besteht aus einer eng anliegenden, elastischen Kappe, über die ein weit geschnittener schlauchartiger Überzug gelegt ist. Bedeckt sind Haar, Ohren, Hals, Schultern. Wird in unterschiedlichen Farben getragen.

Hejab	Kopftuch und Hejab werden oft auch synonym verwendet. Einfarbiges oder buntes quadratisches Tuch oder Schal, am Hals geknotet oder mit Nadeln fixiert und meist mit einem Mantel kombiniert, der den Körper als Ganzes bedeckt (in allen islamischen Staaten).
Khimar	Einfarbiger oder bunter, lockerer mantelartiger Überwurf mit einer Aussparung für das Gesicht. Reicht bis zur Taille, oft auch knielang mit Öffnungen für die Hände. Bedeckt sind: Haar, Ohren, Hals, Oberkörper, teilweise auch die Oberschenkel (in vielen asiatischen Ländern, im Mittleren Osten).
Shaila, Shayla	Rechteckiger langer Schal, der um den Kopf gewickelt und über die Schulter gelegt wird, in verschiedenen Farben. Bedeckt Haar, Ohren, Hals, teils auch die Schultern (Iran, Golfstaaten).
Ganzkörperbedeckungen	
Abaya	Schwarzes Überkleid in Verbindung mit einem Kopftuch (Hejab), auch in der Kombination mit einem Niqab als Gesichtsschleier (Golfregion, Saudi-Arabien, Jemen)
Burka	Ganzkörperumhang mit eingelassener Kappe und einem Gitter als Sichtfenster in den Farben Blau, Schwarz (Afghanistan, Pakistan), in Oman in der Farbe Grün mit Stickereien.
Bushija, Ghatwa	Dünnes, schwarzes Tuch, meist in Kombination mit einem Niqab, das die Augen verdeckt und mit zwei Bändern am Kopf festgebunden wird (Golfstaaten).
Djilbab	Mantelartiges (häufig genähtes) Gewand in unterschiedlichen Farben, das bis zu den Füßen reichen kann (Golfregion, Ostafrika).
Niqab	Rechteckiges schwarzes Tuch mit zwei seitlichen Bändern, das über die Nase gelegt und am Hinterkopf zugebunden wird. Meist als Gesichtsschleier in Verbindung mit einer Abaya, kann bis auf die Brust reichen (Vorderer Orient, Nordafrika, Golfregion, Arabische Halbinsel).
Tschador	Trapezförmiges Stoffteil, das um den Kopf und den Körper gelegt wird und nur das Gesicht frei lässt, meist in schwarz oder grau. (Iran, Afghanistan, Pakistan, teilweise auch in der Golfregion), in bestimmten Berufszweigen vorgeschrieben (Schule, Polizistinnen), beim Betreten einer Moschee obligatorisch (Gebetstschador).

Tabelle: eigene Anfertigung

In Iran ist der staatliche Kleiderzwang in der Verfassung vorgeschrieben. Die Einhaltung dieser Vorschrift wird von weiblichen Sicherheitskräften in der Öffentlichkeit kontrolliert. Verstöße wurden in der Vergangenheit häufig durch brutale Übergriffe (Säureangriffe) auf Frauen durch Milizionäre der → Basj (Volksmiliz) „geahndet". Seit den landesweiten Unruhen vom Dezember 2017 ist die Frage des Kopftuchs aus Sicht der herrschenden Klasse ein Problem der nationalen Sicherheit. Die Proteste junger Frauen gegen das Kopftuch zeigen nicht nur die Unzufriedenheit eines Großteils der iranischen Bevölkerung, sondern stehen symbolisch für den Zerfall der staatlichen Ordnung. Immer wieder haben sich junge Frauen in den vergangenen Monaten in der Öffentlichkeit ohne Kopftuch gezeigt und stattdessen meist ein weißes Kopftuch an einen Stock gebunden und in die Höhe gehalten. Die Bilder dieser Proteste verbreiten sich über die sozialen Medien in Windeseile im ganzen Land und darüber hinaus. Diese Form des Protests ist derart erfolgreich, dass der Hejab zu einem Hauptthema der Freitagspredigten im ganzen Land geworden ist, denn der staatliche Kleiderzwang ist das wichtigste Symbol des islamischen Gottesstaates.

Nach einer neuen Studie des staatlichen parlamentarischen Forschungszentrums „Islamic Parliament Research Center" (IPRC) sind 70 % der iranischen Frauen gegen eine staatliche Kleidervorschrift und gegen den Hejab.

Literatur Elizabeth Bucar. The Islamic Veil: A Beginner's Guide. Oxford 2012; dies.; Pious Fashion: How Muslim Women Dress. Harvard 2017; Ziba Mir-Hosseini. Islam and Gender. The Religious Debate in Contemporary Iran. Princeton 1999; Faegheh Shirazi. Islamic Religion and Women's Dress Code: The Islamic Republic of Iran, in: Linda B. Arthur (Ed.). Undressing Religion: Commitment and Conversion from a Cross-Cultural Perspective. Oxford 2000, pp. 113-130; Parvin Paidar. Women and the Political Process in Twentieth Century Iran. Cambridge 1997; Ali Sadrzadeh. Die Mädchen der Revolutionsstraße. Kochtuchdebatte im Iran, auf: www.qantara.de/print/30635

Internetquellen www.instagram.com/honarmandanplus/; http://iranjournal.org/news/iran-studie-kopftuchzwang; www.instagram.com/ir.streetstyle/?hl=en; www.theteherantimes.com;

Koran

(arab. al-Qur'an, pers. Qor'an, Vortrag, Lesung)

Ist die Offenbarungsschrift des → Islams. Der Koran besteht aus 114 Suren, die der Prophet Mohammed zwischen 610 und 632 zu verschiedenen Zeiten in Mekka und in Medina (Saudi-Arabien) vom Erzengel Gabriel empfangen hat. Die Suren sind von unterschiedlicher Länge und mit ihren Verszeilen *(ayat)* durchnummeriert. Die längeren Suren aus medinensischer Zeit (aus der Stadt Medina) stehen zu Anfang des Buchs, gefolgt von den kürzeren aus mekkanischer Zeit (Mekka). Da der Prophet des Schreiben und Lesens unkundig war, beschäftigte er Sekretäre, die die Offenbarungen schriftlich festhielten. Die Texte des Korans wurden erst nach Mohammeds Tod (632) unter den Kalifen Abu Bakr (632-34) und Umar (634-44) gesammelt und unter dem dritten Kalifen Uthman (644-56) zu einer Textsammlung zusammengestellt, die den ersten vollständigen Koran ergab. Der Koran ist kein einheitlich durchstrukturiertes Werk und besitzt keine inhaltliche Systematik. Themen und Stoffe werden häufig nur angedeutet oder kurz zitiert, sodass ein genaueres Verständnis ohne eine Koranexegese (Erläuterungen) nicht möglich ist. Viele Verse handeln von aktuellen Ereignissen zur Zeit Mohammeds, andere behandeln biblische Stoffe und erzählen von den Propheten aus dem Alten Testament (Adam, Abraham, Noah, Josef, Moses, Jesus), wieder andere behandeln allgemeine Glaubensgrundsätze, Rechtsvorschriften und theologische Diskussionen.

Alle Suren haben einen Namen, häufig ein bestimmtes Wort, das im Text vorkommt. Ihre inhaltliche Anordnung ist unzusammenhängend und folgt keinem bestimmten Muster. Die Anordnung der Suren soll von Mohammed in dieser Reihenfolge überliefert worden sein, deshalb werden sie nacheinander gebetet. Die kürzeste Sure 108 (*Al-Kautar*, die Überfüllte) besteht aus nur drei Versen, die längste Sure ist die zweite Sure (*Al-Baqara*, die Kuh) mit 286 Versen. Mit Ausnahme von Sure 9 beginnen sämtliche Suren mit der Eingangsformel (→ Besmala), *Besmellahi rahmani rahim*, „Im Namen Gottes, des Erbarmers, des Barmherzigen".

Über den Ursprung des Korans gehen die Meinungen von Sunniten und → Schiiten auseinander. Sunniten haben keinen Zweifel daran, dass der Koran Gottes Wort ist, während → Schiiten behaupten, der Koran sei erschaffen, also von Menschen gemacht. Dies ist einer der wesentlichen Streitpunkte in der Auseinandersetzung zwischen den beiden Glaubensgemeinschaften. Schiiten sind außerdem davon überzeugt, dass ihr Stammvater, → Ali ibn Abi Talib, der Schwiegersohn und Neffe des Propheten, Augenzeuge der ersten Offenbarung gewesen sei.

Die 1924 von der *al-Azhar*-Hochschule in Kairo herausgegebene Koranausgabe ist die am meisten verbreitete und gilt als Standardausgabe. Kritische muslimische Gelehrte bemängeln, dass andere Lesarten des Korans den Gläubigen vorenthalten würden.

LITERATUR Hartmut Bobzin. Der Koran. Eine Einführung. München 2007; Michael Cook. Der Koran. Eine kurze Einführung. Stuttgart 2002; Ralf Elger (Hrsg.): Kleines Islam-Lexikon. Geschichte. Alltag. Kultur. München 2001; Werner Ende, Udo Steinbach. Der Islam in der Gegenwart. München [5]2005; Der Koran. Aus dem Arabischen übersetzt von Max Henning. Stuttgart 2006; Der Koran. Übersetzt und eingeleitet von Hans Zirker. Darmstadt [2]2007; Tilman Nagel. Der Koran. Einführung. Texte. Erläuterungen. München [2]1991;Theodor Nöldeke, Friedrich Schwally (Bearb.): Geschichte des Qorans. Drei Teile in einem Band. Hildesheim/Zürich 2005 (Neuauflage der Ausgabe von 1860) Rudi Paret. Mohammad und der Koran. Stuttgart [5]1980; Malise Ruthven. Der Islam. Eine kurze Einführung. Stuttgart 2000.

Korruption

Ist in Iran wie in den übrigen Staaten des Nahen und Mittleren Ostens kein neuzeitliches Phänomen, sondern an bestimmte politische und kulturelle Konstellationen gebunden. Ein wesentliches Merkmal diktatorisch regierter Regime sind Vetternwirtschaft und Nepotismus. Weil das Problem systemisch ist, versagen die staatlichen Institutionen bei der Strafverfolgung von Korruption. Es ist auffällig, dass Korruption in demokratisch regierten Staaten weniger auftritt und auch energischer bekämpft wird. Eine weitere Ursache für Korruption sind die schlechten sozioökonomischen Rahmenbedingungen. In Iran lag das Pro-Kopf-Einkommen 2016 umgerechnet bei *5.257 US$* (Deutschland: 42.188 US$) und ist damit im weltweiten Vergleich sehr niedrig. Dagegen steigen Inflation und damit die Lebenshaltungskosten sowie die Arbeitslosigkeit (ca. 40 %) besonders unter der jungen Bevölkerung. Im Ranking des Corruption Perception Index (*CPI*) von Transparency International (www.transparency.org) nimmt Iran aktuell den Rang 130 von 180 Staaten ein. Der *CPI* ist der Index für die wahrgenommene Korruption im öffentlichen Sektor und lag 2017 in Iran bei 30 Punkten auf einer Skala von Null bis Hundert. Je geringer der Wert, desto massiver die Korruption, mit steigender Punktzahl sinkt demnach die Korruption. Iran verharrt seit Jahrzehnten auf einem unteren Level.

Die Korruption in Iran ist und war stets allgegenwärtig. Unter dem letzten Shah-Regime floss ein Großteil der staatlichen Einnahmen aus dem Ölgeschäft in die kaiserlichen Stiftungen (→ Pahlavi Foundation). Nach der Revolution vor 39 Jahren hat die Korruption entgegen den Bekundungen der Politiker und des Klerus epidemische Ausmaße angenommen. In der Islamischen Republik Iran bestimmen seit 1979 „zunehmend große Familiendynastien" die Politik und die Wirtschaft, die vorwiegend dem schiitischen Klerus zuzurechnen sind, wie die Familien Rafsandjani, → Laridjani, → Khomeini und → Khamenei, um nur die wichtigsten zu nennen. Der Klerus verfügt traditionell über ein weitverzweigtes Netz an religiösen Stiftungen (→ Auqaf), zu denen nach der Revolution die von Ayatollah Khomeini ins Leben gerufenen → Bonyads (*Stiftungen*) hinzukamen. Es gibt eine Vielzahl von „Instituten", in die unter dem Deckmantel der Wissenschaft und/ oder der Aus- und Weiterbildung erhebliche finanzielle Mittel aus dem Staatshaushalt fließen. Seit dem Ende des Iran-Irak-Krieges 1988 erhalten auch die Revolutionswächter (→ Pasdaran) massive staatliche Gelder für ihre Organisation und für ihre neugegründeten Unternehmen, die heute zu mehr als einem Drittel die iranische Volkswirtschaft dominieren. Behördenmitarbeiter, Ärzte und auch Polizisten bestehen auf Zuwendungen. Kein Geschäft lässt sich ohne verdeckte Zahlungen oder Vergünstigungen realisieren.

Einer der bekanntesten Fälle von Korruption ist die Geschichte des iranischen Milliardärs *Babak Sanjani*, der 2016 wegen Korruption zum Tode verurteilt wurde. Für die Regierung von Mahmoud ➜ Ahmadinedjad hatte Sanjani trotz der gegen Iran verhängten internationalen Sanktionen über ein Netz von mehr als 60 Firmen im Ausland iranisches Erdöl im Wert von 100 Milliarden US-Dollar auf dem Schwarzmarkt verkauft und soll dabei 2,7 Milliarden Dollar beiseite geschafft haben. Sein Vermögen wurde auf 10 Milliarden US-Dollar geschätzt. Bei seinem Amtsantritt 2013 versprach Präsident ➜ Rouhani, die Bekämpfung der Korruption zu einem Schwerpunkt seiner Regierungszeit zu machen und veranlasste Ermittlungen gegen verschiedene Personen. In diesem Zusammenhang wurde auch Sanjani festgenommen und vor Gericht gestellt. Der Präsident hat allerdings keinen Einfluss auf die Justiz, die unabhängig von der Regierung agiert und dem Staatsoberhaupt Khamenei in allen Belangen untersteht. Leiter der Justizverwaltung ist ein Bruder des Parlamentspräsidenten Ali ➜ Larijani, Sadegh ➜ Larijani. Die Justizverwaltung verfügt allein bei der iranischen Nationalbank über ein System von 63 Konten, deren Einnahmen nur von Laridjani persönlich kontrolliert werden. Allein diese Konten „erwirtschaften" jährlich Zinseinnahmen von umgerechnet 62 Mio. Euro.

Einer breiteren Öffentlichkeit bekannt wurde 2016 der sogenannte „Gehälter-Skandal", bei dem es um „maßlose Bonuszahlungen" an Banker und andere Staatsbedienstete ging, die trotz der globalen Finanzkrise Gehälter in „astronomischer" Höhe kassierten und schließlich auf Anordnung des Obersten Führers Ayatollah ➜ Khamenei von ihren Ämtern entlassen wurden. Astronomisch meint in diesem Zusammenhang Größenordnungen im Bereich von mehreren Hunderttausenden Euro. Das wahre Ausmaß der Selbstbedienung wurde eigentlich erst im Dezember 2017 bekannt, als Präsident Rouhani den Entwurf für den Staatshaushalt für 2018 vorlegte. Trotz der gestiegenen Öleinnahmen nach der Aussetzung der Sanktionen kann die Mehrheit der Bevölkerung davon nicht profitieren. Stattdessen wurden von der Regierung Rouhani die staatlichen Subventionen für Benzin (minus 50%) und Grundnahrungsmittel (minus 40%) weiter gekürzt, während gleichzeitig die Ausgaben für die Truppen der Revolutionswächter (➜ Pasdaran), für die ➜ Basij-Miliz und das Militär um zehn Milliarden US-Dollar erhöht wurden, was einem Anstieg von 20 % entspricht. Gestiegen sind gleichfalls die staatlichen Ausgaben für die Unterstützung der im Libanon, in Syrien, im Jemen und im Irak operierenden al-Quds-Brigaden der Pasdaran sowie für die Unterstützung der Hezbollah und anderer paramilitärischer Kämpfer in Syrien und im Irak. Erhebliche finanzielle Mittel fließen auch weiterhin in das iranische Atom- und Raketenprogramm.

LITERATUR Wilfried Buchta. Who Rules Iran? The Structure of Power in the Islamic Republic. Washington/Bonn 2000; Gerhard Hegmann. „Es wird geschmiert an allen Ecken und Enden", in: Die Welt vom 24.11.2016, abzurufen unter: https://www.welt.de/wirtschaft/article159707267/Es-wird-geschmiert-an-allen-Ecken-und-Enden.html ; Shabnam von Hein. Korruption in Irans Wirtschaftselite, in. Deutsche Welle vom 14.03.2016, abzurufen unter:

https://www.dw.com/de/korruption-in-irans-wirtschaftselite/a-19115558; Paul Anton Krüger. Gehälter-Skandal. Astronomische Gehälter seien es, die Irans Spitzenmanager im Bankwesen kassieren, findet der Oberste Führer Ali Chamenei. Und das hat nun Konsequenzen, in: Süddeutsche Zeitung vom 06. Juli 2016, abzurufen unter: http://www.sueddeutsche.de/politik/korruption-wassernot-drogen-sieben-ursachen-fuer-die-unruhen-in-iran-1.3813991; Detlef zum Winkel. Sind im Iran 100 Milliarden Dollar verschwunden?, in: Mena-Watch vom 08.02.2018, abzurufen unter: https://www.mena-watch.com/iranischer-embargobruch

Kufa

(arab. al-Kufa)

Stadt im Irak am Ufer des Euphrats, etwa 170 km südlich von der irakischen Hauptstadt Bagdad und zehn Kilometer nordöstlich von Najaf. Kufa gehört zusammen mit Samarra, Kerbala, Kadhimiya und Najaf zu den fünf bedeutendsten religiösen Stätten des schiitischen Islams im Irak. Die Stadt wurde 638 als arabische Garnisonsstadt durch den zweiten Kalifen Umar (634–44) gegründet und übertraf an Größe bald das viel ältere Basra. Unter dem vierten Kalifen, → Ali ibn Abi Talib, war Kufa 657 zeitweise Hauptstadt der alidischen Opposition, bis 702 Residenz des arabischen Gouverneurs und zeitweilig Sitz des abbasidischen Kalifats. In der frühislamischen Phase beherbergte die Stadt wichtige Verwaltungseinrichtungen. Im 8. Jh. entstand dort die hanafitische → Rechtsschule, die sich von Kufa aus im gesamten islamischen Reich verbreitete. Die Mitte des 7. Jahrhunderts vom Kalifen Umar erbaute „Große Moschee von Kufa" (*Masjed al-Kufa*) ist eine der frühesten und zählt zu den heiligsten Moscheen der islamischen Welt. In Kufa lebten 2005 ca.128.000 Einwohner.

LITERATUR Heinz Halm. Die Schia. Darmstadt 1988; Albert Hourani. Geschichte der arabischen Völker. Frankfurt 22016; Bernd Lemke (Hrsg.): Iran und Syrien. Wegweiser zur Geschichte. Paderborn 2016; Michael G. Morony. Iraq after the Muslim Conquest. Princeton NJ 1984;

INTERNETQUELLE http://www.uokufa.edu.iq/about-the-university-of-kufa/our-history

Kurden

Gehören zu den kleineren Volksgruppen (10%) in Iran. Sie leben mehrheitlich im nördlichen Teil des → Zagros-Gebirges in Westiran (Kurdistan) und in Westazerbaijan sowie in kleiner Gruppen in Hamadan, Luristan und Teilen von Kermanshah, in Khorassan, Baluchistan (Ostiran) und in der Provinz → Fars. Jenseits der iranischen Staatsgrenze in der Türkei, im Irak, in Syrien und im südlichen Kaukasus. Kurden sind ethisch homogene Gruppen, die in streng hierarchisierten Stammeseinheiten organisiert sind mit teils sesshafter, teils nomadisierender Wirtschaftsweise. Sie sind weder ein einheitliches Volk noch eine Nation. Räumliche Segregation (Zersplitterung), politische Uneinigkeit untereinander sowie staatliche Repressionspolitik verhinderten bislang jeden Versuch einer Staatsbildung. Kurden sind mehrheitlich Sunniten, die Sprache einschließlich zahlreicher Dialektvarianten zählt wie Persisch zur indogermanischen Sprachfamilie. Als Nomaden oder Semi-Nomaden legen sie jahreszeitlich bedingt mit ihren Schaf- und Ziegenherden große Entfernungen zurück. Die Kurden praktizieren Endogamie (Heirat nur innerhalb des eigenen Stammesverbands) und verschiedene religiöse Bräuche (→ Derwischtum). Die meisten Iraner haben kaum Kenntnisse über Kurden und ihre Kultur, auch, weil sie sich selten in Städten ansiedeln. Wegen ihres jahrhundertewährenden Kampfes um staatliche Autonomie gelten Kurden vielen Iranern als wildes, unberechenbares und gefährliches Volk, dessen nomadisierende Lebensweise uralte Ängste vor Diebstahl und hinterhältigen Attacken weckt. Informationen über Kurden erhalten Iraner meist über die staatlichen Medien. Kurdistan zählt im Bereich der Alphabetisierung und in der Gesundheitsversorgung zu den rückständigsten Regionen in Iran.

LITERATUR Eckart Ehlers. Iran. Grundzüge einer geographischen Landeskunde. Darmstadt 1980; Ulrich Gehrke, Harald Mehner (Hrsg.). Iran. Natur. Bevölkerung. Geschichte. Kultur. Staat. Wirtschaft. Tübingen/Basel 21976; Martin M. van Bruinessen. Agha, Scheich und Staat. Politik und Gesellschaft Kurdistans. Berlin 1989; Massoume Price. Iran's Diverse Peoples. A Reference Source Book. Santa Barbara 2005

Larijani, Ali Ardeshir

(* 03.06.1958 in Najaf, Irak)

Iranischer Politiker und seit dem 26.05.2008 zunächst Sprecher und seit 28.05.2012 Präsident des iranischen Parlaments (Majles). Er ist Sekretär des Nationalen Sicherheitsrats, der für das iranische Atomprogramms zuständig ist und ein loyaler Gefolgsmann des Obersten Führers Ayatollah →Khamenei. Larijani ist ein Bruder von → Sadeq Amoli Larijani, Leiter der iranischen Justizbehörde, von Mohammed Javad L. (Direktor des Instituts für theoretische Physik und Mathematik an der Universität in Teheran), Baqer L. (Kanzler der Medizinischen Fakultät der Universität Teheran), Fazel L. (ehem. Iranischer Kulturattaché in Ottawa, Kanada) und Sohn des späteren Ayatollah Mirza Hashem Amoli. Sein Bruder Mohammed Javad Larijani gilt als einer der wichtigsten Berater des „Obersten Führers" Ayatollah → Khamenei. Ali Larijani ist mit Farideh, der Tochter von Ayatollah Morteza Motahari verheiratet, das Paar hat vier Kinder, zwei Söhne und zwei Töchter.

Larijani verbrachte aufgrund seiner Herkunft aus dem klerikalen Milieu die Grundschulzeit an einer der religiösen Schulen in → Qom. Das Studium der Mathematik und Informatik schloss er mit dem Bachelor ab und promovierte in westlicher Philosophie. Nach dem Studium wurde er von 1982-1992 Mitglied der Revolutionsgarden (→ Pasdaran) mit Kriegseinsätzen im Iran-Irak-Krieg (1980-88). Anschließend übernahm Larijani verschiedene Ämter als Stellvertretender Minister für Arbeit & Soziales unter den Präsidenten Mir-Hussein Mousavi (1981-89) und als Kulturminister (Kultur & islamische Führung) in der Regierung von Präsident Akbar Hashemi Rafsanjani (1992-94). Von 1994 bis 2004 war Larijani Direktor der staatlichen Rundfunkanstalt IRIB, die unter seiner Leitung ein streng konservatives Radio- und TV-Programm ausstrahlte. Bei seiner Kandidatur für das Bündnis der Konservativen bei der Präsidentschaftswahl 2005 errang er lediglich 6 % der Stimmen. Von Präsident → Ahmadinejad wurde Larijani am 15.08.2005 zum Sekretär des Nationalen Sicherheitsrates bestellt (bis 20.10.2007) und ersetzte in dieser Funktion Hassan Rouhani, der zusammen mit Larijani in diesem Gremium als Repräsentanten des „Obersten Führers" Khamenei vertreten waren. Einen Tag später wurde Larijani wiederum von Präsident Ahmadinejad zum Chefunterhändler für die Atomverhandlungen mit der EU, Rußland, USA und China ernannt und trat erneut die Nachfolge von Staatspräsident Hassan → Rouhani an. Am 20. Oktober 2007 erklärte Larijani für viele überraschend seinen Rücktritt von diesem Amt, unter seiner Leitung waren keine Ergebnisse bei den Gesprächen erzielt worden (Nachfolger Said Jalili). Bei der Parlamentswahl im August 2008 errang Larijani einen Sitz im iranischen Parlament und wurde am 05.06. 2008 zum Sprecher/Parlamentspräsidenten gewählt, am 29. Mai 2016 erfolgte seine Wiederwahl.

Literatur Shmuel Bar, Rachel Machtiger, Shmuel Bachar. Iranian Nuclear Decision Making under Ahmadinejad. The Eighth Herzliya Conference on the Balance of Israels National Security „Israel at Sixty. Tests of Endurance", 20-23. January 2008, unter: http://www.herzliyaconference.org/_uploads/2814shmuelbariranianahmadinejad.pdf; Wilfried Buchta. Who Rules Iran? The Structure of Power in the Islamic Republic. New York 2000; Der Spiegel vom 20.10.2007; Atom-Chefunterhändler Laridschani zurückgetreten; http://www.spiegel.de/politik/ausland/iran-atom-chefunterhaendler-laridschani-zurueckgetreten-a-512597.html; Der Standard vom 15. Dezember 2007. Larijani: Iran wollte niemals Atomwaffen herstellen; https://derstandard.at/3142587/Larijani-Iran-wollte-niemals-Atomwaffen-herstellen; Nour Samaha. The Brothers Larijani: A sphere of power, Al Jazeera 9. June 2013

Larijani

Sadeq Amoli, auch Amoli Larijani (* 12.03.1961 in Najaf, Irak) ist ein Bruder des Parlamentspräsidenten → Ali Larijani, Mohammed Javad Larijani, Baqer Larijani (Kanzler der Medizinischen Fakultät der Universität Teheran), Fazel Larijani (ehem. Kulturattaché in Ottawa, Kanada) und Sohn des späteren Ayatollah Mirza Hashem Amoli. Die Familie lebte bis 1979 im Exil und kehrte nach der Revolution nach Iran 1979 zurück. Nach dem Studium der Theologie und Philosophie in → Qom dort als Lehrer am theologischen Seminar tätig. Larijani wurde am 15. August 2009 von Revolutionsführer → Khamenei erstmals für die Dauer von fünf

Jahren zum Chef der Justizbehörde berufen und 2014 für weitere fünf Jahre. In seiner Funktion als Leiter der Justiz ernennt er den Generalstaatsanwalt und den Leiter des Obersten Gerichts. Er hat ferner das Vorschlagsrecht für die Kandidaten der sechs „weltlichen" Juristen des Wächterrats sowie für die Kandidaten, die der Präsident dem Parlament für das Amt des Justizministers vorschlagen kann. Vor seiner Berufung war er acht Jahre Mitglied im Wächterrat und ist gegenwärtig Mitglied des Expertenrats. Larijani bekleidet lediglich den Rang eines Hojatolleslam.

Mahdi

(al-Mahdi, arab. der Rechtgeleitete, pers. auch Mehdi)

Ein religiös-politischer Ehrentitel und bezeichnet die von Sunniten und → Schiiten gleichermaßen erwartete Person des Erlösers, der am Ende der Zeit auf die Erde zurückkehrt und den gerechten Islam wiederherstellen wird, der durch das Wirken ungerechter Herrscher und verdorbener Religionsgelehrter seinen wahren Charakter verloren hat. Die Vorstellung von einem gerechten Erlöser entwickelte sich bereits in der Frühzeit des Islams und ist verbunden mit chiliastischen Erwartungen, die auf christliche (Person des Messias) und altiranische Einflüsse hindeuten.

Im → Koran gibt es keine Hinweise auf eine messianische Figur, allerdings wird das Mahdi-Motiv bereits zu einem frühen Zeitpunkt in den Hadith-Sammlungen und in der zeitgenössischen arabischen LITERATUR thematisiert. Nach dem Tod des Propheten Mohammed wird der Mahdi mit der Person Jesu gleichgesetzt, der nach christlicher Auffassung vom Himmel herabsteigt, die Bösen besiegt und ein tausendjähriges Reich der Gerechtigkeit auf Erden errichtet. Schon zu einem frühen Zeitpunkt wird der Mahdi von den Schiiten als ein Mitglied der Familie des Propheten assoziiert und in einen politischen Kontext gesetzt als ein Symbol für den anhaltenden Widerstand gegen jede Form von Ungerechtigkeit und Unterdrückung. In diesem Sinne konnte die Schia ihre eigene Leidensgeschichte mit der Figur des Mahdi verbinden und so ihre Opposition gegen den Islam sunnitischer Prägung legitimieren. Der Mahdi wurde Teil einer schiitischen Hagiographie. Für Schiiten besteht die historische Ungerechtigkeit darin, dass der Anspruch ihrer Imame auf die rechtmäßige Führung der islamischen Gemeinde in der Nachfolge des Propheten von den Sunniten bis in die Gegenwart verweigert wird.

Bei den → Zwölfer-Schiiten (Imamiten), der größten schiitischen Glaubensgemeinschaft in Iran und Irak, wird der Mahdi mit dem im 9. Jh. von Gott vor dem Zugriff seiner sunnitischen Häscher geretteten Imam gleichgesetzt. Der zwölfte und letzte der schiitischen Imame hat, anders als seine Vorgänger, keinen Eigennamen – er wird als „Muhammad, der erwartete Mahdi" bezeichnet, sein Schicksal verliert sich in der Verborgenheit. Als Sohn des elften Imams *al-Hassan al-Askari* (gest. 874) und einer byzantinischen Sklavin, auch sein Geburtsdatum ist ungewiss, ist er im Todesjahr seines Vaters noch als Kind von Gott in eine geheimnisvolle Verborgenheit entrückt worden. Zwar soll der „Verborgene Imam" bis 941 noch durch vier Sendboten mit der schiitischen Gemeinde in Verbindung gestanden haben, doch seitdem sind die Zwölfer-Schiiten ohne absolute Lehrautorität und warten auf die Wiederkehr des ersehnten Mahdi, des Endzeit-Herrschers.

Die Aufgabe der zwölf schiitischen Imame bestand darin, die religiöse Wissenschaft und das islamische Gesetz zu interpretieren und die islamische Gemeinde zu leiten. Als geistliche Führer waren sie im Besitz des inneren esoterischen Wissens um die Dinge, eine Fähigkeit, die erstmals → Ali ibn Abi Talib von Gott verliehen wurde. Dieses esoterische Wissen wurde in der Reihe der zwölf Imame jeweils vom Vater auf den Sohn vererbt. Deshalb kann nach dem Verschwinden des zwölften Imams von den Menschen auch kein neuer Imam gewählt werden. Sunniten gelten die Nachfolger des Propheten nur als politisch-gesellschaftliche Führer, während Schiiten auch deren geistliche Führungsrolle betonen. Weil der zwölfte Imam seine Verborgenheit noch nicht verlassen und keine neuen Richtlinien zur Führung der Gemeinschaft erlassen hat, müssen die Gläubigen diejenige Ordnung bewahren oder wiederherstellen, die zur Zeit Alis bestanden hat. Dies war auch das erklärte Ziel von Ayatollah Khomeini und der Islamischen Revolution in Iran. Die iranische Verfassung bezeichnet den zwölften Imam als das eigentliche Staatsoberhaupt, auf den die iranische Bevölkerung warte. Aufgabe des schiitischen Klerus sei es, für die Dauer der Abwesenheit des Mahdi, als dessen Stellvertreter das Land zu regieren. Das ideologische Konzept, auf dem dieses Staatsverständnis aufbaut, ist die von Khomeini entwickelte Doktrin des → Velayat-e Faqih, die Herrschaft des anerkannten obersten Rechtsgelehrten.

LITERATUR Werner Ende, Udo Steinbach. Der Islam in der Gegenwart. München 52005; Heinz Halm. Die Schia. Darmstadt 1988; Heinz Halm: Das Reich des Mahdi. Der Aufstieg der Fatimiden (875-973). München 1991; Moojan Momen. An Introduction to Shi'i Islam. The History and Doctrines of Twelver Shi'ism. Yale 1987; Mathew Pierce. Twelve Infallible Men. The Imams and the Making of Shi'ism. Cambridge, MA. 2016

Maku

Stadt und Freihandelszone im äußersten Nordwesten der Provinz Westazerbaijan (Westiran), 22 km von der türkisch-iranischen Grenze entfernt, 41.000 Einwohner (Zensus 2016). Im Osten grenzt Maku an die Autonome Republik Nakhchivan (Exklave) und an die Republik Azerbaijan. Maku liegt auf einer Höhe von 1634 Metern und wird im Norden und Süden von Bergen flankiert. Der Fluss Zangmar fließt durch die Stadt. Das kontinentale Klima ist semi-arid mit trockenen Sommern und schneereichen, kalten Wintern. Die wechselhafte Geschichte von Maku reicht zurück bis in die Frühzeit des Mittleren Ostens (Herrschaft von Urartu im 8. Jh. v. Chr.). Im 11. Jh. siedelten die Seljuken in der Region türkischsprachige Stämme an, die das Land gegen armenische und georgische → Christen verteidigten. Durch die ethnische Überlagerung sind heute ca. 90 % der Bevölkerung in den Provinzen West- und Ostazerbaijan türkischsprachige → Azeris, die sprachlich und kulturell mit den anatolischen Türken verwandt sind, sich aber im Gegensatz zu diesen zum schiitischen Islam bekennen. Persisch ist die offizielle Landessprache und wird in allen Schulen und Behörden verwendet. Maku Freihandelszone wurde 2011 eröffnet und ist die jüngste und größte FTZ in Iran (5.000 qkm). 2014 wurde mit dem Bau eines Flughafens (Maku Airport) auf einem Areal von 400 ha begonnen, 2019 soll der (internationale) Flugbetrieb aufgenommen werden.

Info.: www.makufz.org/en; www.freezones.ir

Minderheiten

Iran ist ein Vielvölkerstaat, in dem zahlreiche ethnische Minderheiten beheimatet sind. Neben ethnischen Persern, die die Mehrheit stellen, leben in Iran → Azeris, → Kurden, → Araber, → Baluchen, → Turkmenen, Afro-Iraner sowie verschiedene Nomadenvölker, die unterschiedlichen Glaubensgemeinschaften (→ Schiiten, Sunniten, → Christen, →Juden, Zoroastrier) angehören und ihre eigenen Sitten, Bräuche und Sprachen haben. Nach Aussage des ehemaligen Ministers für Bildung, Hamid Reza Baba'ie, sind 70 % der Schüler im Iran zweisprachig. Die Minderheiten stellen mit ca. 50 % in etwa die Hälfte der iranischen Gesellschaft und sprechen eine Vielzahl verschiedener Sprachen, die teilweise keinerlei Ähnlichkeiten untereinander aufweisen. Zahlreiche Sprachen sind regional gebunden und werden oft nur von kleinen lokalen Gemeinschaften gesprochen. Es gibt schätzungsweise etwa 76 verschiedene Sprachen und lokale Dialekte. Trotz dieser Vielfalt werden die ethnischen Minderheiten in staatlichen Medien weitgehend ignoriert. Bereits 2015 warf der iranische Staatspräsident → Rouhani der staatlichen Rundfunkanstalt IRIB vor, die ethnischen und religiösen Minderheiten des Landes zu ignorieren. Daran hat sich bislang nichts geändert. Ein gleichberechtigter Umgang mit den iranischen Minderheiten(völkern) auf der Basis eines gleichen Status, bereitete den iranischen Zentralregierungen seit jeher Probleme. Neben der erschwerten staatlichen Kontrolle aufgrund einer nomadisierenden Lebensweise kommen häufig unterschwellige Ängste und Befürchtungen bei der sesshaften Bevölkerung hinzu. Schon unter der Herrschaft von Reza Shah Pahlavi und seinem Sohn Mohammed Reza Shah → Pahlavi war es den Minderheiten nicht erlaubt, ihre Kultur öffentlich zu leben. Es gab weder eigene Schulen noch Publikationsorgane wie Zeitungen oder Zeitschriften in den Minderheitensprachen. Nach der Verfassung (Art. 15) der Islamischen Republik Iran ist und war Persisch die einzige Amtssprache, die in allen staatlichen Einrichtungen toleriert wird. Allerdings ist die Verwendung der einheimischen Sprachen und Dialekte in den Medien wie auch die Verwendung der entsprechenden Literatur im Unterricht neben dem Persisch erlaubt und freigestellt. Davon kann auch 39 Jahre nach der Revolution bislang noch keine Rede sein.

Literatur Richard W, Cottam. Nationalism in Iran. Updated through 1978. Pittsburgh ²1979; Eckart Ehlers. Iran. Grundzüge einer geographischen Landeskunde. Darmstadt 1985; Ulrich Gehrke, Harald Mehner (Hrsg.). Iran. Natur. Bevölkerung. Geographie. Kultur. Staat. Wirtschaft. Tübingen/Basel 21976, Massoume Price. Iran's Diverse Peoples. A Reference Source Book. Santa Barbara 2005 Internetquellen Amnesty International, „Iran: New government fails to address dire human rights situation", AI Index: MDE 13/010/2006, February 16, 2006; Archived October 12, 2007, at the Wayback Machine.

https://web.archive.org/web/20071012203327/http://web.amnesty.org/library/Index/ENGMDE130102006?open&of=ENG-IRN

Moschee

(arab. Masjid, pers. Masjed)

Der ursprünglichen Bedeutung nach ein Ort der Niederwerfung und Anbetung. Die zuweilen im Deutschen gebräuchliche Bezeichnung „Gotteshaus" ist falsch, weil im Islam jeder reine Ort als „gottgeweiht" und für das Gebet geeignet gilt. In der Frühzeit des Islams war ein für kultische Zwecke errichtetes Gebäude nicht vorgesehen. Selbst der Prophet soll es vorgezogen haben, im Freien oder in seinem Haus zu beten. Diese Einstellung spiegelt die damalige und teilweise auch heute noch nomadische Lebensweise der Araber wider. Der Überlieferung nach soll Mohammed die ganze Erde als „Masjed" bekommen haben. Im Verlauf der muslimischen Eroberungen entwickelte sich das Bedürfnis nach einem baulich umgrenzten Raum, in dem die Gläubigen sich zu einem gemeinsamen Gebet versammeln konnten. Bereits im vorislamischen Arabien war es üblich, sich zum gemeinsamen Gebet auf einen außerhalb der Stadt gelegenen viereckigen und mit einer einfachen Mauer umfriedeten Platz, dem sogenannten *Musalla,* an bestimmten Festtagen zu versammeln, um gemeinsam zu beten. Diese ursprüngliche Gebetsstätte ist auch heute in vielen islamischen Ländern, meist an Wallfahrtsstätten, noch in Gebrauch.

Als Vorbild bei der Gestaltung der Moschee diente der geräumige, mit einem Mauerwerk aus Lehmziegeln umgebene viereckige Wohnhof (arab. *dar*), in dem eine größere Anzahl von Menschen und Tieren Unterkunft finden konnte. Zum Schutz gegen die Sonne hatte dieser Wohnhof an einer der schmalen Seiten eine mit Palmblättern bedeckte kleine offene Laube. Durch bauliche Veränderungen entstand daraus zunächst eine Art Hofmoschee, später dann die eigentliche Moschee, bei deren Gestaltung vor allem die sakralen Bauwerke zeitgenössischer religiöser Gemeinschaften wie die der Christen als Vorbild dienten. Christliche Kirchen gab es in allen vom Islam eroberten Gebieten in Ägypten und Syrien seit langem und sie wurden anfangs auch von beiden Konfessionen zum Beten genutzt. In Iran wurden zoroastrische Feuerheiligtümer von den muslimischen Eroberern in islamische Gebetsstätten umgewandelt.

Vor dem Bau neuer Gebetshäuser musste nach dem Vorbild des Propheten zunächst die Orientierung des neuen Gebäudes in Richtung Mekka mittels einer sorgfältigen astronomischen Berechnung festgelegt werden. Erst danach konnte mit dem eigentlichen Bau begonnen werden, der meist am Wohnsitz des Kalifen oder seines Statthalters erfolgte. Moscheen dienten anfangs dazu, den Gläubigen als Ort zum Verrichten des täglichen Gebets zu dienen. Aus dieser Übung entwickelte sich später die Pflicht zur Teilnahme an einem gemeinsamen Freitagsgebet in einer der Hauptmoscheen (pers. *Jom'e*), die das Vorrecht besaßen, die Freitagspredigt (arab. *khutba*), zu verkünden. Die Freitagsmoscheen dienten bereits zu einem frühen Zeitpunkt auch als ein Instrument der Herrschaft. Während der Freitagspredigt, die im Namen des Kalifen oder seines Stellvertreters erfolgte, wurden die Gläubigen über politische Veränderungen informiert oder über bevorstehende Maßnahmen, deren Entscheidung der Kalif bereits getroffen hatte. In Iran haben Freitagspredigten einen vorwiegend politischen Charakter. Sie fungieren als Sprachrohr des Obersten Führers und dienen größtenteils propagandistischen Zwecken zur Mobilisierung der Massen.

Je schneller die muslimischen Gemeinden wuchsen, desto mehr nahmen die Bedeutung und die Zahl der Freitagsmoscheen zu, während die übrigen Moscheen auf den Status kleinerer Gebetshäuser (*Masjed*) sanken. Die wichtigsten Kulthandlungen in einer Moschee sind das Gebet und die Predigt. Später wurde es üblich, in ihr regelmäßig „erbauliche Vorträge" durch dazu berufene Personen, Lobpreisungen Gottes und Koranrezitationen oder Ansprachen frommer Männer zu halten. Erst sehr viel später entwickelte sich die Vorstellung von der Moschee als ein heiliger Ort, an dem der Gläubige gerne verweilt. Die Moschee entwickelte sich zu einem Refugium und einem Ort der Abkehr von der Welt. Im Fastenmonat → Ramadan galt es als ein Zeichen besonderer Pietät, sich tagelang in der Moschee aufzuhalten. Auch (politisch) Verfolgte genießen in der Moschee Asyl. Vor dem Ausbruch der Islamischen Revolution in Iran wurden die Moscheen zu Rückzugsorten für Regimegegner, in denen sie die „Botschaften" Khomeinis hörten, die von Tonbandkassetten abgespielt wurden und zum Widerstand aufriefen. In den Moscheen formierte sich unter der Leitung des schiitischen Klerus der Widerstand gegen das Shah-Regime.

Mit der zunehmenden Bedeutung der Moschee als ein Ort der Einkehr und der Versammlung wurde bereits zu einem frühen Zeitpunkt dazu übergegangen, bestimmte Verhaltensregeln und Vorschriften einzuführen:

- Ablegen der Fußbekleidung
- Rituelle Waschung vor dem Betreten des Waschraumes
- Gebot der Ruhe innerhalb der Moschee
- Verbot des Ausspuckens
- Frauen sollten ungeschminkt und unparfümiert sein
- Frauen ist es untersagt, während der Menstruation die Moschee zu betreten
- Frauen sollen den Kontakt zu betenden Männern vermeiden
- Frauen dürfen sich nur in bestimmten Bereichen aufhalten.

In vielen islamischen Städten liegt die Hauptmoschee (*Masjed-e Jom'e*) meist in unmittelbarer Nachbarschaft oder im Zentrum des Basars. Neben ihrer Funktion als Gebetshaus dient sie auch Fremden und Reisenden als Unterkunft, in der sie

Verpflegung erhalten. In Großstätten und an Wallfahrtsorten gehören zum Moscheekomplex weitere soziale Einrichtungen wie Herbergen, Armenküchen, Hospitäler, Krankenstationen oder Unterrichtsstätten für Kinder und Studenten. Moscheen können ebenso wie die berühmte al-Azhar-Moschee in Kairo, deren Gründung in das Jahr 969 fällt und die älteste Universität der Welt ist, zu bedeutenden Stätten der islamischen Wissenschaft werden.

In zahlreichen islamischen Ländern gingen Herrscher dazu über, sich schon zu Lebzeiten eine kunstvoll ausgearbeitete Grabmoschee errichten zu lassen, in der sie nach ihrem Tod aufbewahrt wurden. Obwohl der orthodoxe Islam den Heiligenkult verbietet, ist es dennoch in vielen Regionen heute noch üblich, über den Gräbern von „heiligen" Persönlichkeiten eine Grabmoschee zu bauen, die sich als Mausoleen später zu bedeutenden Wallfahrtsstätten entwickelt haben. Ein Beispiel aus jüngerer Zeit ist der „Emam-→ Khomeini-Schrein" einige km außerhalb der iranischen Hauptstadt → Teheran, der nach seinem Tod 1989 aus Spenden und Steuermitteln errichtet wurde.

Die meisten Moscheen gehören heute als fromme Stiftungen zu den Gütern der „toten Hand" (→ Auqaf) und finanzieren sich über Einkünfte aus der Vermietung von Immobilien, aus Einkünften aus Produktionsbetrieben oder Dienstleistungsunternehmen sowie aus Spenden. Allein die Stiftung → Astan-e Qods des „Emam-Reza-Schreins" in Mashad in Ostiran ist nach dem iranischen Staat der zweitgrößter Grundbesitzer in Iran und besitzt ein Milliardenvermögen.

Die Leitung einer Moschee obliegt dem → Imam, aber in ihren Anfängen war es der Kalif noch selbst. Erst seit dem 12. Jahrhundert wurden die Imame von den Kalifen ernannt. Neben dem Amt des Imams gab es den *Khatib* (arab. Wortführer), der die Freitagspredigt hielt und über den Kalifen den Segen sprach. In allen Moscheen gibt es den Muezzin (arab. Gebetsrufer), der die Gläubigen vom Minarett (Moscheeturm) mit einer vom Propheten gebilligten Formel (Adhan) zum Gebet in der Moschee ruft. Die genaue Feststellung der Gebetszeiten wurde früher durch das Beobachten des Himmels festgelegt ebenso wie die Bestimmung der Qibla. Heute im Zeitalter der Digitalisierung ist das alles kein Problem mehr.

Die wesentlichen Bestandteile einer Moschee sind:

1. Innenhof
2. Gebetsraum
3. Brunnen/Wasserbecken
4. Minarett
5. Qibla-Mauer
6. Mihrab
7. Minbar

Der Bau und die Konstruktionstechnik einer Moschee richten sich nach der traditionellen Bautradition in den islamischen Ländern und den lokalen Werkstoffen (Backstein, Lehmziegel, Holz, Stein). Moscheen bestehen in ihrem Grundriss seit der Zeit des Propheten im Wesentlichen aus einem Hof und einem Gebetsraum, der entweder quadratisch oder rechteckig angelegt ist. In der Mitte befindet sich häufig ein Reinigungsbrunnen für die rituelle Waschung vor dem Gebet, in Iran hat der Hof ein Wasserbecken. Der Gebetsraum (pers. *haram*) ist mit dem Hof durch eine Stützhalle verbunden, die über die Jahrhunderte eine Reihe von Modifikationen erfahren hat. So gibt es Stützenmoscheen mit und ohne Hof oder Kuppelmoscheen mit einem großen Kuppelraum oder welche mit mehreren Kuppeljochen. Die Wand gegenüber ist als *Qibla* mit dem *Mihrab*, eine nischenartige Vertiefung in der Wand, oft eine Ausbuchtung oder Gebetsnische, gekennzeichnet. Die Qibla bezeichnet seit den Tagen des Propheten Mohammed (624 n. Chr.) die Richtung gen Mekka, in der Muslime sich im Gebet verbeugen.

In jeder Mosche steht eine Kanzel (*Minbar*) für die Freitagspredigt, die unter den Kalifen vermutlich auch als Richterstuhl diente. Als Vorbild für den Minbar dienten die christlichen Kanzeln in den koptischen Kirchen in Ägypten. Der Minbar ist durch mehrere Stufen zu besteigen, kann regional unterschiedlich gestaltet sein und befindet sich nach dem Vorbild des Propheten stets rechts vom Mihrab. Das *Minarett* ist ein besonderes architektonisches Merkmal einer jeden Moschee und ist ein zur Moschee zugehöriger Turm, von dem der Muezzin zum Gebet ruft. Als Vorbild dienten vermutlich die Leucht- oder Signaltürme der vorislamischen Zeit. Der Aufstieg im Minarett erfolgt über eine Innentreppe oder über eine Rampe. Minarette wurden unter den Umayyaden im 7. Jh. eingeführt und es gibt sie in zahlreichen regionalen Varianten. In der Frühzeit des Islam erfolgte der Ruf zum Gebet noch von einem Dach oder von der Stadtmauer. Moscheen sind in der Regel dürftig eingerichtet. Das Mobiliar beschränkt sich im Wesentlichen auf eine bestimmte Anzahl an Lampen, um den Betraum zu erhellen, ein Pult oder Faltpult (*Rahla*) zum Auflegen des Korans und den *Kursi*, ein bewegliches Holzgestell mit Sitzfläche für den Redner/Rezitator. Die Gläubigen beten auf ausgelegten Teppichen oder Matten.

Typisch für den persischen Kulturkreis sind die prachtvollen Iwanmoscheen, deren Grundkonstruktion aus dem 2. vorchristlichen Jahrhundert stammt und vermutlich bereits von den Parthern verwendet wurde. Ein Iwan ist eine gewölbte Torhalle, ein von drei Seiten geschlossener Raum mit einer Öffnung zum Hof hin. Der Iwan diente in früheren Moscheen als repräsentative Vorhalle zum Audienzraum des Shahs. In der Zeit der Seljuken erfolgte die Weiterentwicklung zur klassischen Vier-Iwan-Moschee, die unter der Baukunst der Safaviden einen architektonischen Höhepunkt erreichte.

LITERATUR Dietrich Brandenburg, Kurt Brüsehoff. Die Seljuken. Baukunst des Islam in Persien und Turkmenien. Graz 1980; Ernst Diez. Die Kunst der islamischen Völker. Potsdam 1908; Eckart Ehlers. Iran. Grundzüge einer geographischen Landeskunde. Darmstadt 1980; Ralf Elger (Hrsg.): Kleines Islam-Lexikon. Geschichte. Alltag. Kultur. München 2001; Ernst Kühnel. Die Moschee. Bedeutung, Einrichtung und kunsthistorische Entwicklung der islamischen Kultstätte. Graz 1974; ders., Die Kunst des Islam. Stuttgart 1962; Johannes A. H. Potratz. Die Kunst des Alten Orient. Stuttgart 1961

Mostaz'afan va Janbazan

(Stiftung der Unterdrückten und Kriegsveteranen)

Ist eine ursprünglich als Wohltätigkeitsorganisation gegründete → Bonyad (Stiftung). Sie ist nach der staatlichen *National Iranian Oil Company* (NIOC) heute das zweitgrößte kommerzielle Unternehmen in Iran und die größte Holdinggesellschaft im gesamten Mittleren Osten. Unter dem Dach der Holding sind mehr als 400 Firmen und Betriebe angesiedelt, die als Produktions-, Handels- oder Dienstleistungsunternehmen in den Branchen Öl- und Gas, Chemie, Immobilien, Banken und Finanzen, Lebensmittelindustrie und Landwirtschaft, Handel, Tourismus, Hotels, Bergbau, Textil, Bauwirtschaft und Baumaterialien, Ingenieursdienstleistungen, Transport- und Versicherungswesen tätig sind.

Die Stiftung ist nach dem Staat größter Arbeitgeber, beschäftigt mehr als 200.000 Mitarbeiter und hat eine teilweise marktbeherrschende Stellung innerhalb der iranischen Volkswirtschaft. Allein im Marktsegment der Getränkeproduktion von Softdrinks hat Mostaz'afan einen Marktanteil von 40 % (Zam Zam), sie kontrolliert ca. 20% der iranischen Textilproduktion und zwei Drittel der Glasproduktion. Sie besitzt Mehrheitsbeteiligungen an der Herstellung von Ziegeln, Chemikalien, Autoreifen und Lebensmitteln. Schließlich gehören ihr die großen Tageszeitungen Ettelaat und Kayhan. Der jährliche Gesamtumsatz der Holding wird zwischen 10 bis 13 Mrd. USD geschätzt, das Kapitalvermögen und der Grundbesitz auf mehrere Milliarden USD. Nach Aussagen eines ihrer früheren Vorstandsvorsitzenden, Mohsen Rafighdoost, fließen etwa 50% des Gewinns der Stiftung an sozial Schwache auf dem Wege von Niedrigzins-Darlehen oder monatlichen Pensionen, während die übrigen 50% in Rahmen von Subventionen investiert werden.

Die Bonyad ist weder steuer- noch rechenschaftspflichtig und genießt eine Reihe weiterer Privilegien wie Bevorzugung bei der Vergabe staatlicher Kredite, einfacher Zugang zu ausländischen Devisen und generell Schutz vor dem Wettbewerb durch Privatunternehmen.

Mostaz'afan kontrolliert oder hält Beteiligungen an folgenden iranischen Unternehmen: Alborz, Aliaf, Aliaf P.P.Azar, Bonyad, Baftehaie Kerman, Baresh, Behran, Bonyad Parkett Keshvary, Blour Yazd, Bonyad Aluminium Iran, Caolinit, Daftar Abzar, Damavand Mining Company, Doona Mining, Ekbatana, Eshtiyagh, Holeh Laleh, Irana, Iran Abzar, Iran Choob, Iran Footwear, Iran Kork, Iran Parto, Iran Pouya, Iran Tire, Jahan, Kaben, Kaveh, Khalkhal Neopan, Kordestan Textile, Laleh Naghsh, Novaform, Nezam Abad, Pakris, Panbeh Ghabos, Panbeh Shahid Beheshti, Pars Choob, Rey, Sanate Choobe Shomal, Sanaye Korke Kashan, Saveh Tile, Selkbaf, Sitco, Somic, Tabchem, Tizro, Tizro Trading Company, Tebed, and Ziba (https://www.iranwatch.org/iranian-entities/bonyad-e-mostazafan-foundation).

Die Stiftung Mostaz'afan wurde von Revolutionsführer → Ayatollah → Khomeini per Dekret am 28. Februar 1979 als Nachfolgeorganisation der → *Pahlavi-Foundation* gegründet. In einem Schreiben an den obersten Rat der Islamischen Revolution, ordnete Khomeini an,

„By no means of this letter, the Assembly is appointed to confiscate all movable and immovable property of Pahlavi dynasty and its branches, subsidiary and associates whatsoever who have embezzled from the treasury of the Muslims during this unlawful reign, for benefit of the needy, and frail workers and employees, and to deposit the movable assets in a bank account under the name of the Islamic Revolution Council or mine, and to notarize and seize the immovable asset, such as real estate and land lots, in order to utilize them for the benefit of the poor from every stratum of the society, to generate housing, employment, etc.". (http://www.irmf.ir/EN/About-Us/History.aspx).

Die Stiftung ist auf unbefristete Zeit gegründet und wird von einem Vorstand geleitet, dessen Mitglieder von Khomeini persönlich ernannt wurden. Unter den ersten Vorstandsmitgliedern war bereits sein späterer Nachfolger und heutiger Revolutionsführer Ayatollah Seyyid Ali → Khamenei, der diese Funktion als Staatsoberhaupt fortführt. Die Amtszeit des Vorstandsvorsitzenden beträgt fünf Jahre und kann verlängert werden.

Die Bonyad war ursprünglich geplant als ein Non-Profit-Unternehmen für karitative Aufgaben und Dienstleistungen. Als eigentlicher Stiftungszweck vorgesehen war die Unterstützung (finanzielle und medizinische Hilfe) für die Familien von Kriegsveteranen, für ehemalige Kriegsgefangene des Iran-Irak-Kriegs, für einkommensschwache Bevölkerungsgruppen sowie Hilfe für Behinderte (*Janbazan*). In das Eigentum der Stiftung floss neben dem Vermögen der ehemaligen Pahlavi-Foundation von geschätzten drei Mrd. USD weiteres konfisziertes (nationalisiertes) Vermögen von 28 Privatbanken und Vermögen von Unternehmen aus der Automobil-, und der gesamten Kupfer-, Stahl- und Aluminiumindustrie. Auch die Eigentums- und Vermögenswerte von 51 iranischen Millionären und ihrer Familien wurden kurzerhand verstaatlicht und der Stiftung übertragen. Auf Anweisung von Khomeini erhält die Bonyad zudem jährlich Zuschüsse in Millionenhöhe aus dem Staatshaushalt. Im Jahr 2005 erfolgte eine Umfirmierung der Stiftung in Bonyad-e Mostaz'afan, bei der die Versorgung der Kriegsveteranen aufgegeben und in die Verantwortung der Stiftung der Märtyrer und Kriegsveteranen (Bonyad-e Shahid) übergeben wurde (Iran-Daily vom 4. Dez. 2005). Die Bonyad soll unter der Kontrolle durch die Revolutionsgarden (Sepah-e → Pasdaran) stehen. Wichtige ehemalige Führungskräfte der Pasdaran haben wiederholt den Vorsitz der Stiftung ausgeübt, so z. B. *Mohsen Rafighdoost*, der als Minister von 1982 bis 1989 für die Revolutionsgarden verantwortlich war und anschließend bis 1999 den Vorsitz der Stiftung innehatte. *Mohammed Forouzandeh* war zunächst Chef des General-Stabes der Pasdaran, später Verteidigungsminister und ist seit 1999 Vorsitzender der Mostaz'afan. In einem Bericht des britischen *The Economist* vom 19. Juli 2001, „Iranian Privatization. A mess", wird Forouzandeh mit den Worten zitiert, „that 805 of its 350-odd companies were losing money. He promised to privatise 250 companies, and to remove the whiff of corruption and inefficiency that pervaded several of them."

Von der deutschen Bundesregierung wurde die Stiftung Mostaz'afan wegen der Zugehörigkeit zu den → Revolutionsgarden als „riskanter" Endkunde für deutsche Firmen eingestuft. Die britische Regierung sieht die Stiftung als Beschafferin von Gütern und/oder Technologien, die zur Herstellung von Massenvernichtungswaffen verwendet werden.

INTERNETQUELLEN http://www.iran-daily.com/1384/2441/html/index.htm; www.iranwatch.org; http://www.irmf.ir/en/EN-RelatedCompanies.aspx; https://www.iranwatch.org/iranian-entities/bonyad-e-mostazafan-foundation; www.econimist.com/node/705282/

Muharram

Der erste Monat des islamischen Kalenders mit 30 Tagen und der Trauermonat. Die islamische Jahreszählung folgt dem Mondkalender, der im Vergleich zum christlichen Gregorianischen Kalender und zum iranischen Sonnen-Kalender kurzer ist, sodass die islamischen Monate durch das Sonnenjahr wandern und jedes Jahr neu festgelegt werden müssen. Die ersten zehn Tage des Muharram sind bei den Schiiten den Trauerfeierlichkeiten zum Gedenken des Märtyrers Imam → Hussein vorbehalten, der 680 in der Schlacht bei Kerbala ums Leben kam. Ihm zu Ehren finden am zehnten Tag des Muharram in den Ländern mit schiitischen Glaubensgemeinschaften die → Ashura-Prozessionen statt, bei denen Gläubige durch die Straßen ziehen und sich dabei geißeln. Das Martyrium von Hussein wird symbolisch als Ta'ziyeh-Schauspiel nachgestellt. Neben den Schiiten gedenken auch die → Aleviten im Muharram dem Todestag Husseins, wobei sie zwölf Tage lang in Anlehnung an die zwölf schiitischen Imame fasten und trauern. Am zwölften Tag wird das Fasten mit dem Verzehr einer Süßspeise gebrochen. Anders als bei Schiiten finden bei Aleviten keine Geißelungen statt.

LITERATUR Werner Ende, Udo Steinbach (Hrsg.): Der Islam in der Gegenwart. München 5 2005; Gustav E. von Grunebaum. Muhammadan Festivals. New York 1988

Mujaheddin
(pl. arab., sg. Mujahed für Kämpfer)

Sammelbezeichnung für islamische Kämpfer, für islamistische Guerilla-Gruppen, auch islamische Widerstandskämpfer und islamistische Terrorgruppen. Gemeinsam ist ihnen allen, dass sie sich inhaltlich auf den Islam beziehen. Ursprünglich meinte der Begriff einen Verteidiger oder Verbreiter des Islam oder jemand, der individuell „Gottes Weg folgt". Einer breiteren Öffentlichkeit bekannt wurden die Mudjaheddin als Guerilla-Kämpfer in Afghanistan unter ihrem Führer Gulbuddin Hekmatyar, wo sie von 1979 bis 1989 gegen die sowjetischen Besatzungstruppen Krieg führten, der mit dem Abzug der Roten Armee aus Afghanistan endete.

In Iran waren die Volksmujaheddin *(Mujahedin-e Khalq)* bereits 1965 von Studenten der Universität Teheran und ehemaligen Mitgliedern der Iranischen Freiheitsbewegung gegründet worden, um zunächst gegen die westlich orientierte Politik von Shah Mohammed Reza → Pahlavi zu protestieren. Die ideologische Ausrichtung der Volksmujaheddin war zu Beginn ein Gemisch aus marxistischen und islamischen Inhalten, ein sogenannter *Islamischer Sozialismus*, der bereits früh zu teilweise gewaltsamen Auseinandersetzungen zwischen verschiedenen Führungsmitgliedern führte. Diese inhaltliche Festlegung wird heute als verleumderisch abgelehnt. Vor dem Ausbruch der Islamischen Revolution in Iran verübten die Volksmujaheddin zahlreiche Bombenanschläge und Entführungen auf iranische und amerikanische Militärs sowie auf Mitarbeiter von amerikanischen Firmen in Iran, bei denen auch iranische Zivilisten ums Leben kamen. Nachdem der iranische Geheimdienst SAVAK die Organisation unterwandert hatte, konnten zahlreiche Führungsmitglieder verhaftet werden, darunter auch ihr späterer Chef, Masud Rajavi.

Im Zuge der Islamischen Revolution kämpften die Volksmujaheddin an der Seite anderer Widerstandsgruppen und trugen erheblich zum Sturz des Shah-Regimes bei. Nach dem Sieg der Revolution wurden viele ihrer Kämpfer in der Auseinandersetzung um die zukünftige politische Ausrichtung der neuen Regierung unter Ayatollah → Khomeini von den ehemaligen Verbündeten aus dem Klerus und anderen islamistischen Gruppierungen verfolgt und liquidiert. Auf die anhaltende Verfolgung reagierten die Volksmujaheddin mit einer Reihe von Anschlägen auf iranische Regierungsmitglieder. Zu ihren prominentesten Opfern zählen der heutige Revolutionsführer Ali → Khamenei am 23.06.1981, der verletzt überlebte. Einige Tage später, am 28.06.1981, erfolgte ein Anschlag auf das Gebäude der Islamischen-Republikanischen Partei, dem 70 Menschen zum Opfer fielen, darunter der Vorsitzende *Mohammed Beheshti*. Am 30.08.1981 starb der damalige Staatspräsident *Mohammed Ali Raja'i* und der Ministerpräsident *Mohammed Jawad Bahonar* durch einen Bombenanschlag. Nach den Attentaten wurde die Gruppierung von Revolutionsführer Khomeini verboten und ging in den Untergrund, um weiter gegen das iranische Regime zu kämpfen. Viele Kämpfer fanden im benachbarten Irak Unterschlupf, von wo aus sie ihren bewaffneten Kampf fortsetzten. Die Führungskader erhielten in Frankreich Asyl.

Die Volksmujaheddin werden heute als eine neostalinistische Organisation mit einem sektenähnlichen Charakter eingestuft, die abtrünnige Mitglieder schikaniert und verfolgt. Ihre Führerin im französischen Exil ist *Maryam Rajavi*, die das Amt von ihrem verstorbenen Mann, *Masud Rajavi*, übernommen hat. Die Organisation ist Teil des selbsternannten „Nationalen Widerstandsrates Iran", der sich als säkulares und demokratisches Exilparlament des iranischen Volkes versteht. Die Organisation der Volksmujaheddin finanziert sich über Spenden und über ein Geflecht von Firmen in Europa und Afrika, wobei allein der Wert der Währungsreserven bei 500 Mio. US-Dollar liegen soll. Von der US-amerikanischen Regierung (1997-2012) und von der EU (2001-2009) war die Organisation der Volksmujaheddin als Terrororganisation gelistet, heute soll sie im Auftrag der CIA den Regimewechsel in Iran vorbereiten.

LITERATUR Ervand Abrahamian. Iran Between Two Revolutions. Princeton 1982; ders.: Tortured Confessions. Los Angeles 1999; ders.: The Iranian Mojahedin. Yale 2009; Wilfried Buchta. Who Rules Iran. The Structure of Power in the Islamic Republic. Washington 2000; Thomas Pany. Die Sekte von Camp Aschraf und die amerikanischen Vorbereitungen für einen Machtwechsel im Iran, auf Heise Telepolis (24.05.2004), unter: https://www.heise.de/tp/features/Die-Sekte-von-Camp-Aschraf-3401067.html; Bahman Nirumand. Die mit den schwarzen Mappen. Die Volksmudschaheddin: Einst eine iranische Widerstandsorganisation, darin Saddams Söldner, heute im Dienst des CIA, auf: AG Friedensforschung, unter http://www.ag-friedensforschung.de/regionen/Iran/nirumand5.html

Mullah

Religionsgelehrter auf der untersten Stufe des schiitischen Klerus. Der Begriff Mullah ist dem arabischen Terminus *Maula* entlehnt mit der Bedeutung Meister oder Klient. In der iranischen Gesellschaft hat der Begriff eine eher ambivalente Bedeutung im Sinne von schlitzohrig und durchtrieben. So auch literarisch in der Figur des Mullahs *Nasreddin*, der im Deutschen dem Till Eulenspiegel am nächsten kommt. Dennoch üben sie in den Gemeinden zahlreiche wichtige Funktionen aus. Mullahs unterrichten in den religiösen Schulen, sind Standesbeamte bei Geburten, Hochzeiten und Beerdigungen, leiten das tägliche Gebet, überwachen in Krisenzeiten die Zuteilung rationierter Lebensmittel, stellen Bescheinigungen und Beglaubigungen aus, sammeln Almosen und entscheiden über deren Verwendung. Sie überwachen die Einhaltung der islamischen Gesetze und vieles mehr.

Mullahs sind von ihrer Gemeinde finanziell abhängig, eine Religionssteuer analog der deutschen Kirchensteuer gibt es nicht. Sie finanzieren ihren Lebensunterhalt und den ihrer Familien über Spenden und finanzielle Zuwendungen von den religiösen Stiftungen (→ *Auqaf*). Die meisten Mullahs entstammen dem bürgerlichen oder kleinbürgerlichen Milieu, oft in einer Familientradition. Sie unterhalten traditionell enge, häufig auch verwandtschaftliche, Beziehungen zum Milieu der Basarhändler, was letztendlich auch ein mitentscheidender Grund für den Erfolg der Revolution von 1979 war. Verlässliche Daten über die Anzahl der in Iran tätigen Mullahs gibt es offiziell nicht, Schätzungen liegen bei 180.000 Mullahs.

LITERATUR Werner Ende, Udo Steinbach (Hrsg.): Der Islam in der Gegenwart 52005

Nationale Front

(pers. Jebhe-ye Melli)

Bündnis aus nationalen, liberalen, sozialistischen Oppositionsgruppen, sozialdemokratischen Parteien, der Arbeiterpartei, Royalisten und Vertretern der schiitischen Geistlichkeit, das in den Jahren von 1949 bis 1979 in Iran für die nationale Unabhängigkeit und gegen die westlich orientierte Modernisierungspolitik von Shah Mohammed Reza → Pahlavi kämpfte. Zu den Gründungsmitgliedern der Nationalen Front gehörten der frühere iranische Premierminister *Mohammed Mossadegh* (1881-1967) und der Politiker *Mozaffar Baqa'i-Kermani*. Trotz divergierender Interessen vereinigte das Bündnis ein breites Spektrum unterschiedlichster politischer Strömungen.

Das Programm der Nationalen Front forderte ein Ende der Ausbeutung der iranischen Ölressourcen durch britische Unternehmen, die nicht im nationalen Interesse sein konnte sowie eine stärkere Hinwendung zu islamischen Prinzipien. Bei den Nachwahlen 1949 errang sie lediglich acht von 136 Parlamentssitzen. Mossadegh erkannte, dass die Frage einer Verstaatlichung der *Anglo-Iranian Oil Company (AIOC)*, die wie ein Staat im Staate existierte, den Ausgang der Wahlen 1951 zugunsten der Nationalen Front beeinflussen könnte und stellte diese Forderung in den Mittelpunkt seiner politischen Tätigkeit. Aus der Wahl von 1951 ging das Bündnis der Nationalen Front gestärkt hervor.

Nachdem der amtierende Premierminister Ali Razmara einem Anschlag durch einen religiösen Fanatiker zum Opfer gefallen war, ernannte der Shah Mossadegh am 29. April 1951 zum neuen Premierminister, der neun Tage später vom Parlament im Amt bestätigt wurde. Bereits am 15. März 1951 verabschiedete das iranische Parlament auf Drängen Mossadeghs ein Gesetz zur Verstaatlichung der iranischen Ölförder- und Raffinerieanlangen. Zuvor hatte sich die Anglo-Iranian Oil Company, die Vorgängerin der heutigen British Petroleum (BP), geweigert, die Gewinne aus dem Ölgeschäft in einem neu geforderten Umfang zu teilen. Der Anteil des iranischen Staats an den Gewinnen aus dem Ölgeschäfts belief sich auf lediglich 20 % bei einer Laufzeit des Vertrags bis 1993, während amerikanische

Ölkonzerne ihren arabischen Geschäftspartnern bis zu 50 % Anteil am Gewinn zugestanden. Nach der erfolgten Verstaatlichung suchte die britische Regierung unter Premier Churchill die Unterstützung der USA, indem Mossadegh unterstellt wurde, er plane mit Hilfe der kommunistischen Tudeh-Partei eine Annäherung an die Sowjetunion. Gleichzeitig wuchsen die Spannungen zwischen dem iranischen Militär und der Regierung Mossadegh.

Gegen die Nationalisierung der iranischen Ölindustrie erreichte Großbritannien einen Boykott iranischen Erdöls, der die iranische Volkswirtschaft letztendlich in die Knie zwang. Auf Betreiben der britischen Regierung wurde vom Auslandsgeheimdienst MI6 in Kooperation mit dem CIA ein Plan zum Sturz der Regierung Mossadegh (Operation Ajax) vorbereitet, der im August 1953 mit Unterstützung durch das iranische Militär umgesetzt wurde. Der Shah war zwischenzeitlich nach Italien ins Exil geflohen und kehrte nach der erfolgreichen Aktion nach Iran zurück. Mossadegh wurde von einem Militärtribunal zunächst zum Tode verurteilt. Doch der Shah wandelte das Urteil in eine Haftstrafe um und drei Jahre später wurde Mossadegh 1956 aus der Haft entlassen. Bis zu seinem Tod am 05.03.1967 stand er in seinem Haus unter Hausarrest.

LITERATUR Ervand Abrahmian. Iran Between Two Revolutions. Princeton 1982; ders., A Hitory of Modern Iran. Cambridge 2008; ders., The Coup: 1953, the CIA, and the Roots of Modern U.S.-Iranian Relations. New York 2013; Nikki Keddi. Modern Iran. Roots and Results of Revolution. Yale 2003; Stephen Kinzer. Im Dienste des Schah. CIA, MI6 und die Wurzeln des Terrors im Nahen Osten. Weinheim 2009; Donald N. Wilber. Iran Past and Present. From Monarchy to Islamic Republic. Princeton 91981; ders., Regime Change in Iran. Overthrow of Premier Mossadeq of Iran November 1952 - August 1953. Nottingham 2006

Nomaden

Die iranischen Nomaden stellen aktuell mit schätzungsweise ein bis zwei Millionen Menschen nur einen schwindend geringen Anteil an der Gesamtbevölkerung (82 Mio.). Als Nomaden im eigentlichen Sinne gelten alle Hirtenvölker, die mit ihren Tieren (Schafe, Ziegen, Pferde, Kamele, Rinder) saisonal (Transhumanz) oder ganzjährig von einer Sommerweide (garmsir) zur Winterweide (sardsir) wandern und umgekehrt. Sie nutzen häufig Landschaftsareale, die für andere Formen der Bewirtschaftung ungeeignet sind. Nomaden sind für viele Volkswirtschaften ohne industrialisierte Tierhaltung (Fleischversorgung) unentbehrlich und leisten mit ihrer Wirtschaftsweise einen wichtigen ökologischen Beitrag.

In Iran ist der Rückgang der nomadischen Lebensweise zu Beginn des 20. Jhs. das Ergebnis einer unter *Reza Shah* begonnenen Politik der zwangsweisen Ansiedlung, weil sie für die Regierung wegen ihrer Mobilität militärisch und politisch kaum zu kontrollieren waren. Ihre archaische und teils kriegerische Lebensweise führte häufig zu Konflikten mit der sesshaften Bevölkerung, vor allem, wenn die Herden auf deren Feldern und Wiesen weideten. Diffuse Ängste aus jener Zeit bestimmen heute noch die Einstellung vieler Iraner. Die in Iran lebenden Nomaden werden linguistisch drei verschiedenen Sprachfamilien zugeordnet: 1.) der indoiranischen, 2.) der turksprachigen Völker und 3.) der arabischen (semitischen) Familie. Zur indoiranischen Gruppe zählen *Bakhtiari, Luren, Kurden* und *Balutschen.* Zur turksprachigen Gruppe gehören *Afshar, Qashqa'i, Shahsavan, Turkmenen* und die *Khamseh*-Konföderation.

LITERATUR Richard W. Cottam. Nationalism in Iran. Updated Through 1978. Pittsburgh 21979; Gene R. Garthwaite. Khans and Shahs. A documentary analysis oft he Bakhtiari on Iran. Cambridge 1983; Massoume Price. Iran's Diverse Peoples. A Reference Source Book. Santa Barbara 2005; Richard Tapper (Ed.). The Conflict of Tribe and State in Iran and Afghanistan. Beckenham 1983; ders., Pasture and Politics. Economics, conflict and ritual among Shahsevan nomads of northwestern Iran. London 1979

Neujahrsfest → Nowruz

Nowruz

(Neuer Tag, pers. Neujahr, Jahresanfang)

Das persische Neujahrsfest oder Frühlingsfest markiert den Beginn eines neuen Jahres nach dem iranischen Solarkalender (Sonnenkalender) und wird auf der ganzen Welt von Angehörigen iranisch-sprachiger Ethnien von Azerbaijan, Afghanistan, Irak, Iran, Kasachstan, Kirgisistan, Pakistan, Tajikistan, Turkmenistan, Türkei und Usbekistan und in Teilen Indiens gefeiert. Das persische Nowruz beginnt nach gregorianischer (westlicher) Zeitrechnung am 20. oder 21.03. Es ist der Tag der Frühlingsgleiche (Äquinoktium, Tagundnachtgleiche). Der Tag des Nowruz ist der erste Tag des iranischen Solarkalenders im Monat Favardin und ist in Iran ein offizieller Feiertag. Bei den Angehörigen der zoroastrischen Religion gilt Nowruz als heiliger Tag. Der genaue Zeitpunkt des Beginns wird jedes Jahr von Astronomen berechnet.

Der Ursprung des Nowruz liegt in vorislamischer, achämenidischer Zeit. Das altpersische Königsepos Shahnameh von → Ferdowsi datiert seinen Ursprung in die Zeit des mythischen Königs Jamshid zurück, der nach zoroastrischen Quellen die Menschheit von einem tödlichen Winter befreit hat, der alle Lebewesen zu vernichten drohte. Jamshid steht für den Übergang der Proto-Iraner von einer wildbeuterischen (Jagen und Sammeln) Lebensweise zur Sesshaftigkeit und zur Domestikation von Tieren. In der iranischen Mythologie und im Shahnameh wird Jamshid als Schöpfer des Nowruz dargestellt.

Schon die Achämeniden (559–330 v. Chr.) legten die Tagundnachtgleiche als Beginn des Frühlings und des Kalenders fest. Am „Neuen Tag" (Nowruz) kamen die verschiedenen Völker aus dem Achämenidenreich nach Persepolis, um dem König ihre Tributzahlungen zu überbringen. Der achämenidische Kalender war noch relativ ungenau, da er eine Kombination aus Solar- (Sonne) und Lunar- (Mond)-Kalender nach Art des babylonischen Kalenders war. Der viel präzisere Solarkalender wurde von den Parthern (247 v. Chr. – 226 n. Chr.) eingeführt und von den Sassaniden (226–451) übernommen. Dieses Kalendersystem ist noch heute in Iran und bei den Parsen in Indien im Gebrauch. Es gab mehrere Kalenderreformen, weil der Nowruz-Tag sich im Laufe der Jahrhunderte immer wieder verschob. Erst 1006 n. Chr. erfolgte die Festlegung auf den ersten Frühlingstag.

Das traditionelle persische Neujahrsfest wird in Iran und in den angrenzenden Ländern in Verbindung mit verschiedenen alten Bräuchen gefeiert. Am Vorabend des letzten Mittwochs des alten Jahres (*Charshanbeh-Suri*) wird vor dem Haus ein kleines Holzfeuer entfacht, über das alle Anwesenden springen und dabei die Worte ausrufen: „Meine Blässe (alles Schädliche) für dich, deine Röte (alles Gute) für mich." Dem vergehenden Winter wird alles Negative mitgegeben und der anbrechende Frühling wird das Positive bringen. Iraner praktizieren diesen Brauch überall auf der Welt, wobei er häufig weit mehr ist als eine rein symbolische Handlung, er demonstriert eine Erwartungshaltung. Teil des Mittwochbrauchs ist die Figur des Haji-Firuz. Das ist jemand, der in roter Verkleidung, mit einem schwarz gemalten Gesicht und mit seinem Tamburin in der Hand durch die Straßen zieht und die Leute mit seinen Liedern fröhlich stimmen will.

Vor dem eigentlichen Nowruz-Tag wird in jeder Familie ein besonderer Nowruz-Tisch (*Sofreh-ye Haft-Sin*) vorbereitet. Haft-Sin meint die sieben Gegenstände, die im Persischen mit dem Buchstaben „Sin" beginnen und auf einem besonderen Tuch (*Sofreh*) ausgebreitet werden. Dazu zählen: *Sabzi* (Linsen- oder Weizensprossen), *Samanu* (eine süße Speise aus Weizenkeimen), *Shir* (Knoblauch), *Serkeh* (Essig), *Somagh* (saures Gewürz aus dem Essigbaum), *Sib* (Apfel) und *Senjed* (Mehlbeeren). Hinzu kommen außerdem *Sekkeh* (Münzen) und *Sonbol* (Hyazinthe). Zur Dekoration gehören ein durchsichtiges Gefäß, in dem Goldfische schwimmen, ein Stück Brot, bemalte gekochte Eier und ein Band mit Gedichten von → Hafez. Bei religiösen Iranern gehört oft eine Koran-Ausgabe dazu, bei Angehörigen des Zoroastrismus eine Ausgabe der Avesta, die Heiligen Schrift mit den Lehren des Propheten Zarathustra.

Zu Nowruz ist es üblich, sich gegenseitig zu besuchen und zu beschenken, wobei die Kinder mit Geschenken besonders bedacht werden. Zum Brauch des persischen Neujahrsfestes gehört ebenso der *Sizdah-be-dar*, ein Ritual, das am dreizehnten Tag nach Nowruz begangen wird. An diesem Tag treffen sich Verwandte und Freunde in größeren Gruppen zu einem Picknick in der Nähe eines Flusses, nehmen den Teller mit den gewachsenen Weizen- oder Linsenkeimlingen (Sabzi) mit und werfen den „kleinen grünen Teppich" verbunden mit einem Wunsch in den Fluss. Mit dem Ritual soll das neue Jahr viel Glück bringen. Die Bräuche zu Nowruz können innerhalb Irans regional als auch in anderen Ländern unterschiedlich ausfallen.

LITERATUR Bess Allen Donaldson. The Wild Rue. A Study of Muhammadan Magic and Folklore in Iran. London 1938; David Ewing Duncan. Der Kalender. Auf der Suche nach der richtigen Zeit. München 1999; John R. Hinnells. Persian Mythology. London 21985;

Leofranc Holford-Stevens. Kleine Geschichte der Zeitrechnung und des Kalenders. Stuttgart 2008

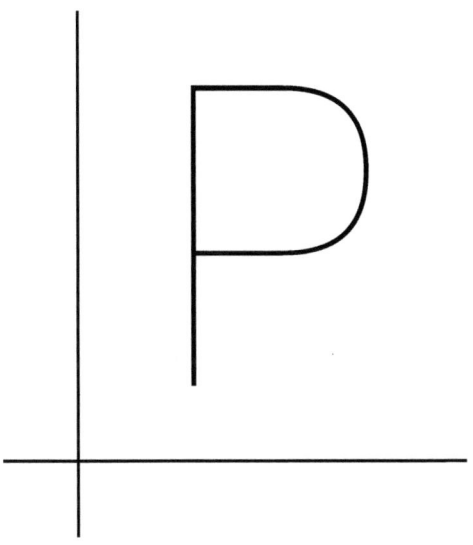

Pahlavi Foundation

Als gemeinnützige Wohltätigkeitsorganisation von Shah Mohammed Reza → Pahlavi 1958 gegründet. In die Stiftung flossen die Vermögen des Shahs, seiner Familie und die seines Vaters Reza Shah Pahlavi. Der Vorstand der Stiftung wurde mit Angehörigen der Shah-Familie besetzt, die für ihr Mandat eine Aufwandsentschädigung erhielten. Zum Vermögen der Pahlavi Foundation, das zeitweise auf drei Mrd. USD geschätzt wurde, gehörten die vier größten Hotels in Iran, darunter das Hilton, das Vanak Hotel, das Evin und das Darband Hotel.

Internationale Aufmerksamkeit erlangte die Stiftung 1975 beim Kauf des *DePinna Buildings* in der Fifth Avenue in New York zum Preis von 14,5 Mio. USD, da sie sich zu diesem Zweck bei den amerikanischen Behörden als eine US-amerikanische Wohltätigkeitsorganisation registrieren lassen musste, deren Stiftungszweck vorsah, mit den Einkünften aus der Vermietung iranischen Studenten in den USA den Aufenthalt zu finanzieren. Da die Stiftung seit ihrer Gründung stets mit dem Vorwurf der Korruption konfrontiert wurde, verhinderte eine Registrierung nach amerikanischem Recht die Offenlegung ihrer Vermögensverhältnisse.

Nach der Islamischen Revolution wurde die Pahlavi Foundation durch ein Dekret von → Ayatollah → Khomeini vom 28. Februar 1979 verstaatlicht und als → *Bonyad-e Mostaz'afan va Janbazan* (Stiftung der Unterdrückten und Kriegsversehrten) umbenannt.

LITERATUR Robert Graham. Iran. Die Illusion der Macht. Berlin 1979; Bahman Nirumand. Persien. Modell eines Entwicklungslands oder Die Diktatur der freien Welt. Reinbek 1967

Pahlavi, Mohammed Reza Shah [Shah-in-Shah, Aryamehr]

Bis zu seinem Sturz am 11.02.1979 durch die Islamische Revolution der letzte iranische Shah (seit 16.09.1941). In der Tradition altiranischer Könige legte Mohammed Reza Pahlavi sich am 26.10.1967, dem Tag seiner Krönung, den Titel *Shah-in-Shah* (König der Könige) und *Aryamehr* (Licht der Arier) zu. Er war der zweite und letzte Monarch aus dem Hause Pahlavi. Nach dem von Großbritannien und Russland erzwungenen Rücktritt seines Vater *Reza Shah Pahlavi* am 15.09.1941 bestieg Mohammed Reza den iranischen Königsthron bereits einen Tag später am 16.09.1941.

Mohammed Reza Pahlavi wurde am 26.10.1919 in Teheran als drittes von elf Kindern des Brigadegenerals einer Kosaken-Brigade, Reza Khan und seiner zweiten Frau Taj ol-Molouk, geboren. Seine Zwillingsschwester war Ashraf Pahlavi. Die Eltern stammten ursprünglich aus Georgien und Mazanderan (Vater) und aus Azerbaijan (Mutter). Mohammed Reza erhielt seine Ausbildung in dem Schweizer Internat Le Rosey und an der Militärakademie in Teheran. Er wurde seit frühester Jugend auf seine spätere Rolle als Thronnachfolger vorbereitet. Im Alter von 20 Jahren heiratete er das erste Mal die ägyptische Prinzessin Fausia (Fawzieh) bint Fuad am 15.03.1939, die Ehe wurde 1948 wieder geschieden, aus ihr stammte die Tochter Shahnaz, die am 27.10.1940 zur Welt kam. Zwei weitere Ehen sollten folgen.

Beim Ausbruch des 2. Weltkriegs erklärte Reza Shah Irans Neutralität, unterhielt dennoch politische Beziehungen zu Nazi-Deutschland, insgeheim sympathisierte er bis zu einem gewissen Grade mit Hitler. Deutsche Agenten waren in Iran als Forschungsexpeditionen getarnt unterwegs, um topographische Informationen für militärische Zwecke zu sammeln. Nach Bekanntwerden dieser Kontakte marschierten am 25. August 1941 sowjetische und britische Truppen in den Iran ein und teilten das Land unter sich auf. Die Sowjetunion besetzte den Norden, England den Süden mit der Erdölprovinz Khuzestan. Anschließend (17.09.1941) marschierten sowjetische und britische Truppen in Teheran ein und übernahmen die Kontrolle über die iranische Regierung, der Vater Reza Shah wurde zur Abdankung gezwungen. Iran stand unter der vollständigen politischen, wirtschaftlichen und militärischen Kontrolle der Besatzungsmächte. Als nächster Schritt wurde der sogenannte „Persische Korridor" eingerichtet, ein Nachschubweg der Alliierten vom Persischen Golf quer durch Iran bis in den Norden zum Kaspischen Meer, über den amerikanische Waffen in die Sowjetunion transportiert wurden. Die faktische Entmachtung des Shahs erlaubte diesem nur noch die Wahrnehmung repräsentativer Aufgaben. Iran gab seine Politik der Neutralität auf und erklärte Deutschland symbolisch den Krieg. In der „Konferenz von Teheran" am 01.12.1943 wurde vereinbart, dass die Alliierten Iran nach dem Ende des 2. Weltkriegs das Land wieder verlassen und für die entstandenen Kriegslasten Entschädigungen leisten.

Innenpolitisch versuchte der Sohn Mohammed Reza Shah, das stark belastete Verhältnis zum islamischen Klerus durch eine Politik der Anbiederung und durch großzügige finanzielle Zuwendungen wieder zu kitten. Sein Vater Reza Shah hatte den Geistlichen verboten, sich in die Politik einzumischen. Außerdem war das Tragen des Tschadors in der Öffentlichkeit untersagt. Sein Sohn dagegen machte dem Klerus, der ihn 40 Jahre später vom Thron und aus dem Land jagen sollte, ein Angebot zur Zusammenarbeit und bot ihm an politisch wieder aktiv zu werden. Diesem Wunsch kamen sie nach.

Im Februar 1949 wurde auf den Shah während eines Besuchs der Universität in Teheran ein Anschlag verübt, den er leicht verletzt überlebte, der Täter wurde erschossen. Obwohl die Urheber des Anschlags unbekannt blieben, wurde die kommunistische Tudeh-Partei dafür verantwortlich gemacht und verboten. Die Mitglieder der Tudeh gingen in den Untergrund, aber traten in der Regierungszeit von Premierminister Mossadegh (1951–53) wieder in die Öffentlichkeit. Sie unterstützten dessen Pläne für eine Nationalisierung der iranischen Ölindustrie. Das endgültige Verbot erreichte die Partei nach der Islamischen Revolution. Der Premierminister verstaatlichte 1951 die im britischen Besitz befindliche Anglo-Iranian Oil Company (AIOC), die fortan als *National Iranian Oil Company* (NIOC) geführt wurde. Nach der Billigung durch das iranische Parlament forderte Mossadegh die Absetzung des Shahs, der im Zuge der Auseinandersetzungen am 16. August 1953 nach Rom flüchtete. Drei Tage später wurde gegen Premierminister Mossadegh ein Staatsstreich (*Operation Ajax*) unternommen, angezettelt von der CIA und vom britischen Auslandsgeheimdienstes MI6. Die Regierung Mossadegh wurde abgesetzt, er selbst inhaftiert und der Shah nach Iran zurückgeholt.

Durch den Staatsstreich hatten sich die USA als verlässlichen Verbündeten empfohlen, ebenso als potentiellen Geschäftspartner, der sich von nun an aktiv in die iranische Politik einmischte. Ein von den USA geführtes westliches Öl-Konsortium erhielt den Zuschlag, die Geschäfte der iranischen Ölindustrie im Auftrag der NIOC zu führen. In den folgenden Jahren wurde unter dem Shah die militärische und ökonomische Anbindung an den Westen (USA, Europa) vollzogen (1955 Bagdad-Pakt, 1957 Eisenhower-Doktrin). Aus Furcht vor der politischen Opposition gründete er zunächst eine politische Polizei, die von Offizieren geführt wurde und später den berüchtigten SAVAK (Sazman-e Amniyat va Ettelaat-e Keshvar), Organisation für nationale Sicherheit und Aufklärung mit Unterstützung durch den CIA und den israelischen Mossad.

Unter dem Druck der US-Regierung unter Präsident Kennedy (1961–63) ließ der Shah 1961 das Programm für eine Landreform entwerfen, das Teil der → Weißen Revolution wurde und den Widerstand der schiitischen Geistlichkeit (→ Khomeini) provozierte. Das Jahr 1963 wurde die Geburtsstunde der vom Klerus angeführten und sich bildenden Oppositionsbewegung, die sechzehn Jahre später die Monarchie abschaffte. Der Auseinandersetzung mit dem Geistlichen Ruhollah Khomeini ging der Shah aus dem Wege, indem er ihn ins Exil schickte, Tausende andere Oppositionelle landeten dagegen im Gefängnis, aus dem sie nur noch tot herauskamen.

In den 1960er- und 1970er-Jahren verstärkte der Shah die wirtschaftliche und militärische Zusammenarbeit vorwiegend mit den USA, ohne die sozialen und ökonomischen Probleme zuhause lösen zu können. Ambitionierte Fünf-Jahres-Pläne sollten zwischen 1963 und 1972 Iran auf europäisches Niveau heben (der „Große Sprung nach vorn"), das Land industrialisieren, den Analphabetismus beseitigen und Iran vom Westen unabhängig machen. Die Mitgliedschaft im OPEC-Kartell sollte für steigende Einkünfte aus dem Ölgeschäft sorgen. Im Vorgefühl des Erfolgs ließ Mohammed Reza 1971 in der alten Reichshauptstadt Persepolis die 2.500 Jahre ununterbrochener Monarchie feiern, für die Kosten mussten alle berufstätigen Iraner einen Teil ihrer Gehälter „spenden". Alle Pläne des Shahs scheiterten an der ausufernden Korruption und am Missmanagement.

Zum 10. Jahrestag der Weißen Revolution im Januar 1973 kündigte der Shah die Nationalisierung des westlichen Ölkonsortiums an. Iran wollte das Geschäft der nationalen Ölgesellschaft (NIOC) in eigener Verantwortung betreiben. Der Ölpreis stieg zwischen 1973–74 in die Höhe und bescherte dem Iran hohe Exporterlöse, während diese Entwicklung in Europa als „Ölpreisschock" wahrgenommen wurde und in Deutschland zum ersten Mal nach dem Krieg die Arbeitslosigkeit stieg. Von dieser Entwicklung befeuert plante der Shah die größte und modernste Armee im Mittleren Osten zu schaffen und avancierte zum wichtigsten Kunden der US-amerikanischen Waffenindustrie. Die überhitzte iranische Volkswirtschaft verstärkte die Landflucht in die Städte, beförderte Inflation und Korruption in bisher unbekannte Ausmaße.

Der Wohlstand ging an den meisten Iranern vorbei. Massenarmut bedingt durch Arbeitslosigkeit und fehlende Zukunftsperspektive lenkten das Heer der Unterprivilegierten und Unzufriedenen in die Moscheen, wo ihnen Mullahs eine bessere Zukunft versprachen. Die bürgerliche politische Opposition litt unter der fortwährenden Repression des Regimes und suchte nach einer Alternative zur Monarchie. Das machte sie empfänglich für die Heilsbotschaften des Ayatollah Khomeini. Mohammed Reza Shah hatte in den vergangenen Jahrzehnten jeden Ansatz einer Entwicklung hin zu einer demokratischen Parteienstruktur mit aller Macht zu verhindert.

Angesichts der sich landesweit verschärfenden Proteste, die durch gezielte Falschinformationen von Khomeini über die Zahl der Opfer von Zusammenstößen mit Sicherheitskräften weiter angefeuert wurden, demonstrierte Mohammed Reza Shah Pahlavi eine erstaunliche Schwäche. Er ging sukzessive immer mehr auf die Forderungen der Mullahs ein, so wie er das nach seinem Amtsantritt bereits getan hatte. Auch sein letzter Versuch, einen integren Dissidenten, Shahpur Bakhtiar, zum Premierminister zu ernennen, der ohnehin nichts mehr retten konnte, während er selbst das Land überstürzt verließ, um sich und seine Familie in Sicherheit zu bringen, bestärkte die Opposition in ihrem Kampf.

Der Shah und seine Familie verließen Iran am 16.01.1979 offiziell zu Urlaubszwecken nach Aswan in Ägypten. Wegen einer Krebserkrankung durfte Mohammed Reza Shah zur medizinischen Behandlung kurzzeitig in die USA einreisen. US-Präsident Jimmy Carter war nicht bereit, seinem Amtskollegen dauerhaften Aufenthalt zu gewährleisten. Nach langer Ungewissheit wurde die Familie des Shahs von dem ägyptischen Präsidenten Anwar al-Sadat eingeladen, sich in Ägypten niederzulassen. Dort starb der letzte iranische Monarch vier Monate später an einem Krebsleiden.

Literatur Ervand Abrahmian. Iran Between Two Revolutions. Princeton 1982; ders., A History of Modern Iran. Cambridge 2008; ders., The Coup: 1953, the CIA, and the Roots of Modern U.S.-Iranian Relations. New York 2013; Nikki Keddi. Modern Iran. Roots and Results of

Revolution. Yale 2003; Stephen Kinzer. Im Dienste des Schah. CIA, MI6 und die Wurzeln des Terrors im Nahen Osten. Weinheim 2009; Mohammed Reza Schah Pahlawi Aryamehr Kaiser von Iran. Die soziale Revolution Irans. Düsseldorf/Köln 1966; Gerard de Villiers. Der Schah. Der unaufhaltsame Aufstieg des Mohammed Reza Pahlewi. Düsseldorf 1975; Donald N. Wilber. Iran Past and Present. From Monarchy to Islamic Republic. Princeton 91981; ders., Regime Change in Iran. Overthrow of Premier Mossadeq of Iran November 1952 – August 1953. Nottingham 2006

Parlament

(Majles-e Shura-ye Eslami)

Das iranische Volk wählt alle vier Jahre ein Parlament, den Präsidenten und seit 1999 in Kommunalwahlen auch die Vertreter der Bezirksparlament und Bezirksregierungen. Das Parlament umfasst 290 Abgeordnete, die Einfluss auf die iranische Innenpolitik ausüben können. Zu den wichtigsten Aufgaben des Parlaments zählen:

- Prüfung und Zustimmung des Staatshaushalts (Art. 52 der Verfasssung)
- Entwurf von Gesetzesvorlagen (Art. 71-75)
- Ratifizierung internationaler Verträge, Protokolle, Vereinbarungen (Art. 77)
- Durchführung von Parlamentsdebatten (Zusammensetzung des Kabinetts, Gesetzesvorlagen), die von mindestens 15 Abgeordneten eingebracht werden.
- Zustimmung zur Anwendung eines Ausnahmegesetzes für die Dauer von 30 Tagen auf Vorschlag des Kabinetts.

Das iranische Parlament ist die wichtigste gesetzgebende Instanz und nimmt daher eine Schlüsselstellung ein. Allerdings unterliegen sämtlichen Gesetzesvorlagen der vorherigen Zustimmung durch den Wächterrat, der auf der Grundlage der iranischen Verfassung und auf der Basis der islamischen Prinzipien deren Konformität prüft. Der Wächterrat übt in dieser Eigenschaft quasi die Funktion eines Oberhauses aus.

Pasdaran

(pers. Sepah-e Pasdaran-e Enghelab-e Eslami)

Wörtlich: Armee der Wächter der Islamischen Revolution, auch als *Revolutionsgarden* bezeichnet, ist eine paramilitärische Organisation, die mit Heer, Luftwaffe und Marine über eine gut organisierte und ausgerüstete Streitmacht verfügt. Sie wurde 1979 von Ayatollah → Khomeini als militärisches Gegengewicht zur bis dahin monarchistisch orientierten Armee (*Artesh*) gegründet. Die Pasdaran sind laut Verfassung (Art. 110) dem Staatsoberhaupt (Revolutionsführer) in direkter

Weise unterstellt, der auch die Oberkommandierenden des Korps der Revolutionswächter ernennt. Nach Artikel 150 der iranischen Verfassung ist es Aufgabe der Pasdaran, „die Revolution und ihre Errungenschaften zu verteidigen". Die Pasdaran waren zunächst eine Freiwilligenmiliz und wurden bei der Bekämpfung separatistischer Aufstände eingesetzt, bei regierungsfeindlichen Demonstrationen oder gegen oppositionelle Milizen. Nach dem Ausbruch des Iran-Irak-Krieges (1980-88) kam ihre erste ernsthafte Bewährungsprobe. Im Verlauf der Kriegshandlungen formierten sie sich zu einer leistungsstarken und opferbereiten Einheit. Anders als in der regulären Armee, in der alle Wehrpflichtigen dienen müssen, ist der Einsatz bei den Pasdaran freiwillig und mit zahlreichen Privilegien verbunden. Voraussetzung für den Dienst bei den Pasdaran sind neben einer guten Physis die Herkunft aus einem erzkonservativen religiösen Milieu, Opferbereitschaft und eine absolute Loyalität zum Revolutionsführer. Die genaue Mannschaftsstärke der Pasdaran wird offiziell nicht genannt, die Angaben schwanken zwischen 120.000 und einer halben Million Soldaten. Aufgrund ihrer besonderen Stellung innerhalb des iranischen Machtgefüges sind sie moderner und besser ausgerüstet als die Soldaten der regulären Armee. Im iranischen Verteidigungshaushalt für 2018 wurde der Wehretat für die Pasdaran um 20% erhöht auf 8 Mrd. US-Dollar und weist damit traditionsgemäß den größten Posten im Verteidigungshaushalt aus. Im Gegenzug erhöhte die Regierung die Benzinpreise und kürzte die Sozialleistungen für 33 Mio. Iraner.

Für Auslandseinsätze der Pasdaran sind die *Al-Quds-Brigaden* vorgesehen, eine Spezialeinheit mit einer Mannschaftsstärke von ca. 11.000 Soldaten. Al-Quds ist der arabische Name für Jerusalem und unterstreicht damit den historischen und territorialen Anspruch, insbesondere den der Palästinenser, auf die Stadt. Die Al-Quds-Einheiten wurden 1989 nach dem Tod von Revolutionsführer Ayatollah → Khomeini von seinem Nachfolger → Khamenei, entgegen der ausdrücklichen Anweisungen Khomeinis, gegründet. Khomeini wollte verhindern, dass sich das Militär in die Politik einmischt. Khamenei werden enge persönliche Beziehungen zur Führungsebene der Pasdaran nachgesagt. Deren Oberbefehlshaber *Ali Jafari* und *Qassem* → *Soleimani* gelten als enge militärische Berater des Staatsoberhaupts.

Al-Quds-Brigaden sind unter dem Oberbefehl ihres Kommandeurs, *Qassem Soleimani*, gegenwärtig in mehreren arabischen Staaten offen oder in verdeckten Operationen im Einsatz. Gemäß dem Selbstverständnis der iranischen Regierung, die erfolgreiche „Islamische Revolution" zu exportieren, betreiben sie dort eine Strategie der Destabilisierung der Nachbarländer, indem sie in lokalen Konflikten Partei ergreifen, Unruhen schüren oder durch direkte terroristische Aktionen. Im syrischen Bürgerkrieg kämpfen Pasdaran an der Seite syrischer Truppenverbände gegen Regimegegner aus verschiedenen politischen Lagern, im Irak gegen die islamistischen Kämpfer des IS (Islammischer Staat, al-Qaida), im Jemen unterstützen sie die jemenitischen *Houthi*-Rebellen in ihrem Kampf gegen die sunnitische Regierung mit logistischen, finanziellen und militärischen Mitteln. Al-Quds-Einheiten „unterstützen" seit Jahrzehnten den Kampf der libanesischen → *Hezbollah-Miliz* und der palästinensischen → Hamas gegen Israel. Für die iranische Regierung sind Hezbollah und Hamas legitime politische Parteien, die durch legale Wahlen bestätigt wurden.

Im Haushaltsentwurf von Präsident Rouhani für 2018 werden für die finanzielle Unterstützung des Assad-Regimes in Syrien jährlich zwischen sechs und 15 Mrd. USD veranschlagt, für die Unterstützung der schiitischen Milizen im Irak, für die Houthi-Rebellen (Jemen), für die Hezbollah (Libanon) und die Hamas (Gazastreifen) sind Ausgaben von weit mehr als eine Milliarde USD vorgesehen. Allein der Etat für die Hezbollah soll auf mehr als eine Mrd. USD/Jahr aufgestockt werden. Die Hamas und der palästinensische islamische Jihad erhalten mehr als 100 Mio. USD/Jahr. Iran ist im Gazastreifen größter Geldgeber und Waffenlieferant. Die al-Quds-Einheiten sind neben ihren Auslandsaktivitäten auch im Waffenhandel tätig und kontrollieren den grenzüberschreitenden Schmuggel mit Alkohol, Drogen und Menschen.

Unter der Präsidentschaft von Akbar Hashemi Rafsanjani wurden die Pasdaran 1989 nach dem Ende des Iran-Irak-Krieges beim zivilen Wiederaufbau des Landes eingebunden. Damit begann quasi ihr Eintritt in die Geschäftswelt. Durch ihre besondere Nähe zum politischen Machtzentrum wurden sie bei der Vergabe öffentlicher Aufträge und staatlicher Fördermittel bevorzugt und erhielten Aufträge ohne Ausschreibungsverfahren. Mit diesem Vorteil konnten sie die privatwirtschaftliche Konkurrenz auskontern und im Laufe der Zeit ein gewaltiges Wirtschaftsimperium aufbauen. An der Vergabepraxis hat sich bislang nichts geändert, zumal zwischen Regierungsmitgliedern und ehemaligen Kommandeuren oft enge persönliche Beziehungen bestehen. Viele Ex-Kommandeure der Revolutionsgarden sind nach ihrem Ausscheiden aus dem aktiven Dienst in die Politik gegangen, wurden Parlamentsabgeordnete, häufig auch Minister oder sitzen in wichtigen Entscheidungsgremien. Die enge Verflechtung mit dem religiösen Establishment und die guten Beziehungen zum religiösen Oberhaupt Ayatollah Khamenei ist für beide Seiten von Vorteil. Die Revolutionswächter sorgen für Sicherheit nach innen und außen und die Kommandeure werden mit lukrativen Posten als Vorsitzende der großen Bonyads belohnt. Im Rahmen ihrer wirtschaftlichen Aktivitäten gründeten die Revolutionsgarden eine Vielzahl eigener Unternehmen, die sich zu gigantischen Holdinggesellschaften entwickelt haben. Für den britischen „The Guardian" sind die Iranian Revolutionary Guards Corps „ a business conglomerate with guns" (The Guardian vom 15.02.2010).

Als größtes und mächtigstes Unternehmen der Revolutionswächter gilt die *Kha-*

tam al-Anbiya, eine Holding, die mehr als 812 registrierte Unternehmen in und außerhalb Irans kontrolliert und in Infrastrukturprojekten sowie in der Öl- und Gasförderung tätig ist. Der wirtschaftliche Aufstieg von Khatam begann Anfang der 1990er-Jahre. Unter der Präsidentschaft von Mahmud → Ahmadinejad (2005–2013), selbst ein ehemaliger Angehöriger der Pasdaran, erhielt das Unternehmen zahlreiche staatliche Aufträge, ohne an Ausschreibungsverfahren teilnehmen zu müssen. Unter den Großaufträgen, für die *Khatam* den Zuschlag erhielt, ist der Bau der Teheraner U-Bahn mit einem Auftragswert über 2,4 Mrd. US-Dollar, dazu gehören Rüstungsprojekte wie das iranische Raketenprogramm oder das Atomprogramm. Im Energiesektor erhielt *Khatam* den Zuschlag zum Bau einer Gaspipeline über 900 km von der Provinz Bushehr (→ Persischer Golf) nach Sistan-Baluchistan im Osten im Wert von 1,3 Mrd. US-Dollar. Für 2,5 Mrd. US-Dollar baut Khatam die Infrastruktur im *South-Pars-Oilfield* (Persischer Golf), das bislang größte entdeckte Gasvorkommen der Welt. Beim Ausschreibungsverfahren für den iranischen Telekommunikationsmarkt erhielt ein Konsortium der Pasdaran (*Etemad-e Mobin*) in letzter Minute den Zuschlag für eine 51%-Übernahme zum Preis von 5 Mrd. USD. Der einzige Mitbewerber war auf Betreiben der Revolutionswächter wegen angeblicher Sicherheitsbedenken vorher kurzerhand ausgeschlossen worden. Der Zuschlag verschaffte den Pasdaran eine monopolartige Stellung im iranischen Telekommunikationsgeschäft, vor allem aber Zugang zu den sensiblen Daten von Millionen privater Kunden. Über Unternehmen wie die *Bahman-Group* sind die Pasdaran in der Automobilbranche (Mazda-Fahrzeuge) tätig oder z. B. über die *MAPNA* in den Sektoren Energie, Transport und Kraftwerksbau. Etwa ein Drittel des Importgeschäfts nach Iran erfolgt über illegale Märkte, „underground economy, and unauthorized docks", die von den Revolutionsgarden betrieben werden (*The Washington Institute*).

Das politische Machtgefüge innerhalb der Islamischen Republik hat sich in den beiden zurückliegenden Jahrzehnten zugunsten der Revolutionsgarden verschoben. Über ihre Unternehmen und Stiftungen (Bonyads) kontrollieren sie heute zwischen einem Drittel bis zwei Drittel der iranischen Volkswirtschaft. Hinzu kommt die personelle Verflechtung zwischen Politik und Sicherheitskräften über ehemalige Kommandeure, die politische Ämter bekleiden oder an den Schaltstellen der großen Stiftungen sitzen. Ehemalige Mitglieder der Pasdaran in wichtigen staatlichen Funktionen waren/sind neben → Ahmadinejad, Ali → Larijani (staatliche Rundfunkanstalt), Ezzatollah Zarghami (Vorsitzender des → Expertenrats), Mohsen Rezai, Mohammed Forouzandeh (Vorsitzender der Bonyad-e Mostaz'afan) sowie zahlreiche (Ex-)Minister und Parlamentsabgeordnete.

Falls es – aus ihrer Sicht – erforderlich ist, mischen sich die Revolutionswächter in die Politik ein, wie z. B. nach dem Ende der Studentenproteste 1999, als 24 Ex-Generäle der Revolutionsgarden Präsident Khatami in einem offenen Brief in der konservativen Zeitung *Jumhuri-e Eslami* aufforderten, seine Reformpolitik zu beenden, andernfalls würden die Pasdaran intervenieren. Nach Einschätzung des *Washington Institute for Near East Policy*, „the Revolutionary Guards actively prevent steps toward democratic reforms." Bei den Kommunalwahlen 2003 wurden Gardisten in Stadträte gewählt. Bei den Präsidentschaftswahlen 2005 kandidierten neben Ahmadinejad auch drei ehemalige Kommandeure der Pasdaran. Nach seiner Wiederwahl 2009, die er durch Wahlbetrug „gewann", besetzte Ahmadinejad alle wichtigen Ministerposten mit ranghohen Revolutionswächtern. Die Dominanz der Pasdaran in Politik, Wirtschaft, Medien und im Telekommunikationssektor ist allgegenwärtig. Ihre Tochterunternehmen operieren im Ausland oder vergeben Aufträge an ausländische Firmen. Durch ihre Kontrolle über die → Bonyad-e Mostaz'afan mit ihren hunderten von Tochtergesellschaften operieren sie in nahezu sämtlichen Bereichen der iranischen Wirtschaft und Gesellschaft. Die Revolutionsgarden verfügen über einen wirkungsvollen und mächtigen eigenen Geheimdienst mit engen Verbindungen zum Geheimdienst-Ministerium. Der Geheimdienst arbeitet im In- und Ausland, dort besonders zur Observation regimekritischer Exiliraner.

Von der US-amerikanischen Regierung wurden die Pasdaran und ihre Al-Quds-Brigaden sowie deren ehemalige und aktive Befehlshaber 2007 auf die Terrorliste (*OPAC-Liste*) gesetzt und mit Sanktionen belegt.

Liste der bisherigen Kommandeure der Pasdaran	
1. Abbas Zamani	1979 - 1980
2. Dr. Mustafa Khamran	1980 - 1981
3. Mohsen Reza'i	1981 - 1997
4. Yahya Rahim Safavi	1997 - 2007
5. Ali Jafari	seit 2007

Tabelle: eigene Anfertigung

Eine Sondereinheit der Revolutionsgarden bildet die → Basij-Miliz.

In Teheran ist ein ganzer Stadtteil nach den Pasdaran benannt. Einmal im Jahr wird der Tag der Pasdaran begangen.

Literatur Wilfried Buchta. Who Rules Iran? The Structure of Power in the Islamic Republic. Washington 2000; Emanuele. Ottolenghi. The Pasdaran. Inside Iran's Islamic Revolutionary Guard Corps. Washington D.C. 2011

Internetquellen https://www.theguardian.com/world/2010/feb/15/financial-power-revolutionary-guard; (http://www.asmeascholars.org/resources/will-the-social-unrest-in-iran-affect-the-regimes-regional-policies/); www.thewashingtoninstitute.org

Passionsspiel (Ta'ziyeh) → Ashura

Persien

(altpers. Parsa, griech. Persis)

Historische Bezeichnung für das ursprüngliche Siedlungsgebiet des Volkes der ethnischen Perser in der heutigen Provinz → Fars im Südwesten des Iran. Der Name *Fars* geht ursprünglich auf die arabische Bezeichnung *(pars)* für diese Region zurück, da es im arabischen Alphabet keine Entsprechung für den Buchstaben „P" gibt. Aus dem gleichnamigen Dialekt wurde Farsi, heute die offizielle Landessprache Irans. Perser stellen die Mehrheit der Bevölkerung in Iran. Die Provinz Fars gilt als „historischer Kernraum Persiens", von dem aus im 6. Jh. v. Chr. das Herrschergeschlecht der Achämeniden das Reich der Meder und deren Hauptstadt Ekbatana *(Hamadan)* eroberte und damit die Voraussetzungen für das erste und bis dahin größte Weltreich der Antike schuf.

Seit wann der Ausdruck *Persien* als politischer und/oder geographischer Terminus in der westlichen Welt gebräuchlich ist, ist strittig. Er wurde von den Persern als Landesbezeichnung nie übernommen. Perser verstehen sich als Iraner bzw. ihr Land als Iran. Der Name *Iran* für Persien wurde 1935 als offizielle amtliche Bezeichnung des Landes von Reza Shah eingeführt. Neben den Persern zählen eine Vielzahl anderer Ethnien wie → Araber, → Armenier, → Azeri, Bakhtiari, → Balutchen, → Kurden, Qashghai, Shahsavan, Turkmenen zu den Iranern.

LITERATUR Eckart Ehlers, Iran, Grundzüge einer geographischen Landeskunde. Darmstadt 1980; Ralf Elger (Hrsg.) Kleines Islam-Lexikon. Geschichte, Alltag, Kultur. München 2001; Richard N. Frye. Persien. Bis zum Einbruch des Islam. Essen 1975; ders.; The History of Ancient Iran. München 1984; Ulrich Gehrke, Harald Mehner (Hrsg.). Iran. Natur, Bevölkerung, Geschichte, Kultur, Staat, Wirtschaft. Tübingen und Basel 1975; Josef Wiesehöfer. Das Antike Persien. Von 550 v. Chr. bis 650 n. Chr. Düsseldorf/Zürich 1998

Persischer Golf

(pers. Khalij-e Fars)

Binnenmeer zwischen dem iranischen Hochland und der Arabischen Halbinsel, das in seiner Verlängerung durch die Straße von Hormuz *(Strait of Hormuz)* im Golf von Oman in den Indischen Ozean (Arabisches Meer) übergeht. Im Nordwesten bildet das Mündungsdelta des *Arvand Rud* (arab. *Shatt al-Arab*, Küste der Araber) die natürliche Küstenlinie. Der Arvand Rud entsteht durch den Zusammenfluss von Euphrat und Tigris 60 km oberhalb (NW) der irakischen Stadt Basra und mündet etwa 50 km unterhalb der iranischen Stadt → Abadan in den Persischen Golf.

Der Persische Golf ist in seiner längsten Ausdehnung ca. 1.000 km lang, die durchschnittliche Breite beträgt 250 km, an seiner schmalsten Stelle an der Meeresenge von Hormoz liegt sie bei 56 km. Der Persische Golf hat eine Gesamtfläche von 251.000 Quadratkilometern, was in etwa der dreifachen Größe Österreichs (83.878 km²) entspricht und ist ein relativ flaches Gewässer mit einer durchschnittlichen Wassertiefe von 50 Metern, mit seichten Stellen im Westen (zehn Meter) und einer maximalen Tiefe von 93 Metern nahe der Insel *Tonb-e Bozorg* vor dem Ausgang in den Indischen Ozean an der Straße von Hormuz. Klimatisch ist die iranische Golfküste ein extrem unwirtliches und ungesundes Gebiet mit extrem hohen Temperaturen von teilweise mehr als 50 °C. in den Sommermonaten (Mai bis September) sowie einer überdurchschnittlich hohen Luftfeuchtigkeit. Die Sommer sind nahezu wolkenlos und niederschlagsfrei und durch die hohe Verdunstung im Binnengewässer sehr schwül. Im Winter fällt nur spärlicher Regen, der zur Erhaltung einer ständigen Vegetation nicht ausreicht. Der Salzgehalt des Wassers liegt bei 4 % und ist relativ hoch. Der Wasseraustausch ist nur durch die Meeresenge bei Hormuz möglich, durch die salzärmeres Wasser aus dem Indischen Ozean in den Golf zurückfließen kann.

Iran ist das Land mit der längsten Küstenlinie am Persischen Golf. Alle wichtigen iranischen Häfen liegen am Persischen Golf, der zugleich Irans einzige Verbindung zu den Weltmeeren bildet. Irans bedeutendster Hafen ist Bandar Abbas, über den mehr als 70 % aller Einfuhren nach Iran laufen. In Bandar Abbas ist auch die iranische Marine stationiert. Weitere Golf-Anrainerstaaten sind (im Uhrzeigersinn im Norden beginnend): Omans Musandam Exklave, die Vereinigten Arabischen Emirate (VAE), Saudi-Arabien, Qatar, Bahrain, Kuwait und der Irak. Die Golfregion beherbergt eine Reihe kleinerer Inseln, die größtenteils zu Iran gehören und für die iranische Volkswirtschaft überaus wichtig sind, dazu zählen die Inseln Kharg, → Kish, → Qeshm, Lavan und Hormuz. Von besonderer strategischer Bedeutung sind die seit 1971 von Iran in der Straße von Hormuz besetzten Inseln Abu Musa (7 km²), Große Tonb (*Tonb-e Bozorg*, 6 km²) und Kleine Tonb (*Tonb-e Kuchek*, 1 km²) und die Insel Siri, die ursprünglich der Irak für sich beanspruchte. Die Insel Kharg mit ihren Ölterminals ist wichtig für die Verladung des iranischen Rohöls, Kish und Qeshm sind beide Freihandelszonen, wobei sich besonders Kish zu einem bedeutenden Tourismusziel entwickelt hat.

Der Persische Golf ist aus geopolitischen, ökonomischen und kulturhistorischen Gründen eine der bedeutendsten Regionen der Welt und aufgrund seiner natürlichen Ressourcen eine der Lebensadern der westlichen Industriestaaten. Nach Informationen der amerikanischen Energieagentur (*EIA*) beheimatet die gesamte Golfregion ca. 163,5 Milliarden Tonnen Rohöl und nach Russland die zweitgrößten Erdgasreserven der Welt. Qatar und Iran teilen sich in der Mittellinie des Golfs ein gigantisches Gasvorkommen, das auf qatarischer Seite als *North Field in the Qata-*

ri sector und auf iranischer Seite als *South Pars Field in the Iranian sector* bekannt ist. Alle Anrainerstaaten sind Ölförderländer und haben eigene petrochemische Industrien entwickelt. Täglich passieren ca. 16–17 Mio. Barrel Rohöl die Straße von Hormuz, was einem Anteil von etwa 40 % des weltweit auf dem Seeweg transportierten Rohöls entspricht.

Der Persische Golf ist erdgeschichtlich eine relativ junge Region und erhielt seine heutige Ausformung vor ca. 7.000 Jahren. Allerdings lag die Küstenregion im Nordwesten zu jener Zeit ca. 250 km weiter im Landesinnern und bestand zu einem großen Teil aus Schwemmland. Damals mündeten die Flüsse Euphrat, Tigris und der Karun noch getrennt in den Persischen Golf. Erst im Verlauf weiterer geologischer Veränderungen durch Verlagerung der Sedimentablagerungen der Flüsse entstand der Zusammenfluss aller drei Flüsse zum Arvand Rud (arab. *Shatt al-Arab*), der in den Golf mündet.

Die Küstenregion des Persischen Golfs ist historisch gesehen eine Wiege der Zivilisation, in der die großen Reiche von *Sumer, Elam, Akkad, Babylon* und das der Perser entstanden sind. Die frühesten Zeugnisse einer menschlichen Besiedlung sind Steinwerkzeuge, die auf der Insel → Qeshm gefunden wurden und aus dem Mesolithikum (ca. 9600 – 4500 v. Chr.) datieren. In Mesopotamien und an der persischen Küste entstand die älteste Zivilisation der Sumerer im 4. Jahrtausend v. Chr., während weiter östlich in der Golfregion (Bahrain) und im östlichen Teil Arabiens im 3. Jahrtausend die Kultur von *Dilmun* existierte, die wirtschaftliche Beziehungen zu den Sumerern unterhielt.

Von ca. 625 v. Chr. bis 226 n. Chr. dominierten in der nördlichen Region des Persischen Golfs die iranischen Großreiche der Meder, Achämeniden, Seleukiden und Parther. Bereits unter dem Achämenidenkönig *Darius I. d. Gr.* (522–486 v. Chr.) befuhren persische Kriegsschiffe die gesamte Golfregion bis Bahrain, Oman und dem Jemen, wo der König Marinebasen errichten ließ. Mit Darius I. beginnt die Tradition der iranischen Kriegsmarine, die bis zur Ankunft der britischen Ost-Indien-Kompagnie im 18. Jh. die Gewässer des Golfs beherrschte. Bereits damals bestanden Handelskontakte zu Indien. Unter den → Sassaniden (224–651 n. Chr.) verliefen durch den Persischen Golf und über die Seidenstraße die damals bedeutendsten Handelsrouten vom Mittelmeer bis nach Süd- und Südostasien (China). Zum damals wichtigsten Golfküstenhafen wurde im 9. Jh. der antike Ort *Siraf* im nördlichen Teil der Golfküste in der Nähe des heutigen Bandar Taheri. Allerdings verlor er seine Bedeutung wieder im 14. Jh. an den Hafenort Hormuz, der zu einem internationalen Handelsplatz für den Perlen-, Gewürz- und Seidenhandel aufstieg.

Im Mittelalter wurde die persische Golfküste zu einem Einfallstor für die europäischen Handelsmächte. Die Expansion der portugiesischen Marine in den Indischen Ozean zu Beginn des 16. Jhs. unter Vasco da Gama führte portugiesische

Seefahrer an den Golf von Oman und in den Persischen Golf, wo sie 1521 Bahrain besetzten und den Perlenhandel unter ihre Kontrolle brachten. Entlang der Golfküste (Bandar Abbas, → Qeshm, Hormuz, Larak) wurden festungsartige Handelsposten errichtet, die Orte an der Golfküste waren der portugiesischen Krone tributpflichtig.

Der Expansionsdrang der Portugiesen wurde erst durch den Safaviden *Shah Abbas* (1587-1629) beendet, der 1622 mit Unterstützung britischer Kriegsschiffe zunächst das portugiesische Fort auf der Insel Qeshm eroberte und in der Folge den Stützpunkt auf Hormuz am Eingang zum Persischen Golf wieder unter iranische Kontrolle brachte, wenn auch unter britischer Protektoratsverwaltung. Verschiedene Versuche der Portugiesen in den Jahren von 1623-1627, ihre früheren Besitztümer zurück zu erobern, blieben erfolglos. Portugal arrangierte sich schließlich mit dem iranischen Königshaus und unterhielt seitdem verschiedene Faktoreien (Basra, Bandar-e Lengeh) im Golf.

Das Ende der portugiesischen Vormachtstellung im Golf eröffnete anderen europäischen Mächten den Zugang in die Region. Nacheinander kamen holländische, französische, spanische und britische Handelshäuser, errichteten Niederlassungen und Faktoreien vor Ort und trugen zum wirtschaftlichen Aufschwung der Golfregion bei. Das iranische Königshaus gewährte ihnen zahlreiche Privilegien. Gegen Ende des 18. Jhs. stieg Bushehr unter der kurzen Herrschaft der *Zand-Dynastie* (1750-94) durch den weiteren Ausbau des Hafens zu einem wichtigen Handelsplatz auf. Allerdings verlagerte sich der Schwerpunkt der Handelsaktivitäten unter den *Qajaren* (1794-1925) wieder stärker an die zentrale Golfküste, die durch den gleichzeitigen Verfall der Zentralgewalt, zu einem beliebten Umschlagplatz für den von den Arabern organisierten Sklavenhandel mit Afrikanern wurde. Die ständige Bedrohung des Handels durch Piraterie, Brigantentum sowie der Sklavenhandel arabischer Händler führten zu einer stärkeren Präsenz der englischen Flotte in der Region, um die wirtschaftlichen Interessen des British Empire abzusichern. Durch Englands Selbstverständnis als Ordnungsmacht geriet der Persische Golf und seine Anrainer unter die militärische und politische Kontrolle der Briten (1763-1971).

Zu Beginn des 19. Jhs. hatte das Osmanische Reich seinen Einfluss auf der Arabischen Halbinsel, besonders im östlichen Teil, weiter ausdehnen können und die lokalen Stämme unter seine Kontrolle gebracht. Mit dem Ausbruch des Ersten Weltkriegs endete die osmanische Herrschaft im Golf nach dem Zusammenbruch des Osmanischen Reichs.

Im Zweiten Weltkrieg diente der Persische Golf den Alliierten als Nachschubweg (*Persian Corridor*) zur Versorgung der UDSSR mit Militär- und Industriegütern, die über die Trans-Iranische Eisenbahn vom Golf über Bandar-e Shahpur und Khorramshahr weiter über Zandjan in die Sowjetunion erfolgte. Wegen der fortgesetzten Angriffe der deutschen Wehrmacht war eine Versorgung der UDSSR vom Westen Europas aus nicht möglich.

Nach dem Ende des Zweiten Weltkriegs übernahmen die USA verstärkt die militärische und politische Kontrolle über die Golfregion und bauten ihren Einfluss durch die Einrichtung verschiedener Militärbasen weiter aus, nicht zuletzt auch wegen der Bedeutung des Persischen Golfs als einer der wichtigsten Regionen für die Lieferung von Erdöl und Erdgas. Die amerikanische Einflussnahme konzentrierte sich dabei vorwiegend auf Iran (bis 1979) und Saudi-Arabien, wobei letzte weiter andauert.

Die britische Regierung hatten den Rückzug ihrer militärischen Präsenz „östlich von Suez" bereits 1968 angekündigt und 1971 dann vollzogen . Mit diesem Schritt endete ihre Jahrhunderte während Vorherrschaft im Golf. Im Jahr 2014 verkündete die britische Regierung ihre Absicht, im Rahmen des Kampfes gegen den internationalen Terrorismus (Jihadisnus) in Bahrain wieder einen ersten Militärstützpunkt nach fast 50 Jahren einzurichten. Der Stützpunkt mit 300 Soldaten und weiterem Personal soll den Kampf gegen die Terrormiliz Islamischer Staat unterstützen. Im April 2018 wurde der Militärstützpunkt eröffnet.

Über die Etymologie und die korrekte Bezeichnung für das Binnenmeer zwischen Iran und der Arabischen Halbinsel gibt es seit einigen Jahrzehnten eine teilweise erbittert und stark emotional geführte Auseinandersetzung sowohl auf politischer Ebene als auch in den jeweiligen regionalen Medien. Fakt ist, dass die Bezeichnung „Persischer Golf" die sehr viel ältere ist. Einen ersten Nachweis liefert eine Inschrift des Achämenidenherrschers *Darius I.* aus dem Jahr 498 v. Chr., die er anlässlich der Fertigstellung des Suezkanals in eine Stele meißeln ließ und in der Darius vom Meer der Perser spricht. Einen weiteren frühen Beleg liefert der griechische Geograph *Strabon* (63. v. Chr.–26. n. Chr.) in der „Geographica", wo er den *Persischen Golf* als auch die Alternativbezeichnung „Arabischer Golf" als „Wohnort der Araber" beschreibt, ebenso der griechische Mathematiker und Geograph *Claudius Ptolemäus* (100 -160 n. Chr.). Im Mittelalter verwendet der Geograph und Kartograph *Gerhard Mercator* (1512-94) den Begriff *Sinus Persicus* (Persischer Golf) in seinem 1541 erschienenen großen Atlas. In fast allen bis 1960 erschienenen Karten, Atlanten, Büchern und offiziellen Dokumenten wird die Wasserstraße ausschließlich als „Persischer Golf" bezeichnet. Erst im Zuge des Erstarkens des arabischen Nationalismus (Pan-Arabismus) und in Abgrenzung zur Hegemonialpolitik des Iran unter dem Shah-Regime setzte sich in den meisten arabischen Staaten (Ausnahme Kuwait) die Bezeichnung *Arabischer Golf* (Sinus Arabicus) durch. Die Verwendung verschiedener Begriffe für ein und dieselbe geographische Region reflektiert dabei nur die gleichen Machtansprüche.

Für das Sekretariat der Vereinten Nationen (UN) ist der Ausdruck „Persischer Golf" die einzig anerkannte und zulässige Bezeichnung (*standard geographical designation*) für das Binnenmeer zwischen Iran und der Arabischen Halbinsel. Den gleichen Standpunkt vertritt die „International Hydrographical Organization" (*„Persian Gulf as the conventional name"*) sowie zahlreiche weitere internationale Institutionen. Aus historischer Sicht gibt es keinen nachvollziehbaren Grund, den „Persischen Golf" in den „Arabischen Golf" umzubenennen.

LITERATUR Geoffrey Bibby. Dilmun. Die Entdeckung der ältesten Hochkultur am Persischen Golf. Reinbek 1973; Deutsches Hydrographisches Institut. Handbuch des Persischen Golfs. Hamburg 51976; Eckard Ehlers. Iran. Grundzüge einer geographischen Landeskunde. Darmstadt 1980; Willem Floor. The Persian Gulf: A Political and Economic History of Five Port Cities 1500-1730. Washington 2006; ders.; The Persian Gulf: Bandar Abbas, the Natural Gateway of Southeast Iran. Washington 2011; Ulrich Gehrke, Harald Mehner (Hrsg.). Iran. Natur, Bevölkerung, Geschichte, Kultur, Staat, Wirtschaft. Tübingen/Basel 1975; Ashley Jackson. Persian Gulf Command: A History of the Second World War in Iran and Iraq. Yale 2018; Michael A. Palmer. Guardians of the Gulf. A History of Americas Expanding Role in the Persian Gulf, 1833-1992. New York 1992; Lawrence G. Potter (Ed.). The Persian Gulf in History. New York 2009; Gary G. Sick, Lawrence Potter (Eds.). The Persian Gulf At the Millennium: Essays in Politics, Economy, Security and Religion. London 1997; Josef Wiesehöfer. Das Antike Persien. Von 550 v. Chr. bis 650 n. Chr. Düsseldorf/Zürich 1998;

Arnold T. Wilson. The Persian Gulf. An Historical Sketch from the Earliest Times to the Beginning oft the Twentieth Century. Oxford 1928

INTERNETQUELLE Briten eröffnen neue Militärbasis in der Region. Stützpunkt in Bahrain. https://www.n-tv.de/politik/Briten-eroeffnen-Militaerbasis-in-Golfregion-article20370637.html

Persische Küche

Die zeitgenössische persische Küche ist eine orientalische Küche und doch verschieden von der Küche anderer nahöstlichen Länder. Dennoch gibt es einige Gemeinsamkeiten bezüglich der Art der Zubereitung mit der türkischen und arabischen Küche. Die traditionellen persischen Gerichte sind im Allgemeinen, mit Ausnahme einiger regionaler Gerichte im Süden Irans, nicht sehr scharf. Während türkische Speisen sehr knoblauchorientiert sind, wird Knoblauch in Iran meist nur in Eingelegtem (pers. *Torshi, sauer*) verwendet, Chili findet, anders als in Indien, keine Verwendung. In Iran gilt bei Speisen das Prinzip der Ausgewogenheit, der Harmonie. Die meisten Iraner mögen keine scharf gewürzten Speisen und bevorzugen stattdessen süß-saure Geschmacksnoten oder den natürlichen Geschmack der Zutaten (z. B. bei Kebabs). Reis als Basis der meisten Gerichte wird als *Polou* oder als *Chelou* zubereitet. Persische Reisgerichte werden, mit Ausnahme von wenigen Kebabgerichten, immer mit Soßen serviert, die unter Verwendung verschiedener Gemüse, Obst oder Nüssen zubereitet werden.

Bei fast allen Speisen wird Fladenbrot in unterschiedlichen Varianten mit aufgetischt. Alle Provinzen in Iran haben ihre eigenen lokalen Spezialitäten, die auf die verschiedenen kulturellen Einflüsse der iranischen Völker zurückzuführen sind. Die häufigsten Zutaten bei persischen Gerichten sind neben Reis und Fleisch, Geflügel, Fisch sowie Zerealien:

- Getrocknete Limonen
- Getrocknete Früchte
- Granatapfelsirup
- Tomatenmark
- Zitronensaft
- Hülsenfrüchte (für Ash)
- Frische Kräuter (Sabzi: Koriander, Petersilie, Dill, Minze, Basilikum, Estragon)

In der persischen Küche ist die Ausgewogenheit zwischen süßen und sauren Geschmacksnoten von besonderer Bedeutung, ein Erbe des alten zoroastrischen Dualismus-Konzepts. Dessen Kern ist der Gedanke/Annahme, dass im Leben wie in der religiösen Sphäre ein ständiger Kampf zwischen dem Guten (*Ahura Mazda*) und dem Bösen (*Ahriman*) um die Vorherrschaft stattfindet. Auf die Ebene des Menschen bezogen geht es um seine körperliche und geistige Gesundheit, um die richtige Balance im Leben. Jeder Mensch versucht Gesundheit und Ausgeglichenheit über Krankheiten und Verzweiflung zu gewinnen. Die Grundlage für körperliche und geistige Gesundheit ist eine gesunde Ernährung. Die „Hitze des Gemüts" lässt sich daher mit „kalten" Speisen lindern, wobei „kalt" nicht in einem physikalischen Sinne gemeint ist, sondern sich auf bestimmte Eigenschaften der Lebensmittel bezieht. Krankheit und Schwermut dagegen lassen sich mit „heißen" Speisen bekämpfen. Iraner beachten das Konzept von „heiß" und „kalt" bei der täglichen Nahrungsaufnahme. Deshalb ist für Hausfrauen eine entsprechende Ausgewogenheit bei der Zusammenstellung und Zubereitung des Essens sehr wichtig und wird meist auch eingehalten. „Heiße" Nahrungsmittel sind kalorienreich und reich an Kohlenhydraten, „kalte" Lebensmittel sind leicht und fettarm.

Die Einteilung der Persischen Küche auf der Grundlage ihrer Haupt-Komponenten:

- Vorspeisen
- Kebab-Gerichte
- Reis-Gerichte
- Fisch-Gerichte (*Mahi*)
- Eintöpfe (*Khoresht*)

- Suppen (*Ash*)
- Süßspeisen (*Shirini*)
- Fladenbrot (*Nan*)
- Snacks

Vorspeisen im eigentlichen Sinn gibt es in Iran bei privaten Essen nicht. Alle Gerichte werden gleichzeitig aufgetragen. Die Auswahl ist häufig begrenzt und oft auch abhängig von den persönlichen Vorlieben der Gastgeber. In Restaurants ist die Auswahl etwas vielfältiger und weniger von regionalen Besonderheiten abhängig. Zu den bekanntesten Vorspeisen zählen in Auswahl:

- *Mast-o Musir* (Wilder Knoblauch in Joghurt eingelegt)
- *Salad Shirazi* (Tomaten-Gurken-Salat in Essig-Öl-Dressing, oft mit Estragon gewürzt)
- *Bademdjan ba Sabzi* (Gebackene Auberginen mit Kräutern)
- *Torshi* (in Essig eingelegtes saures Gemüse, meist mit Estragon)
- *Dolmeh Barg-e Mou* (gefüllte Weinblätter)
- *Salad-e Olivieh* (Salat aus Hähnchenfleisch, Oliven, Erbsen, Eiern, Mayonnaise, Kartoffeln)

Als Kebab gelten alle Fleischgerichte, die auf Spießen und auf Holzkohle zubereitet werden. Sie werden meist in Kombination mit Reis (*Chelou*) und gegrillten Tomaten oder mit Fladenbrot serviert. Häufig werden die Fleischstücke vorher in einer Marinade aus Olivenöl, Zitronensaft und Gewürzen eingelegt. Die populärsten Kebab-Variationen sind:

- Kebab Kubideh (Hackfleischspieß)
- Joojeh Kebab (gegrillte Hähnchenstücke)
- Kebab Barg (in dünne Quadrate geschnittenes Kalb- oder Lammfleisch)
- Chelou Kebab (gedünsteter Reis mit Butter, gegrillter Tomate und Kebab Barg)

Für Reis-Gerichte wird ein Basmati-Langkornreis (*Berendj*) verwendet, der in Kombination mit Fleisch und Gemüse als *Polow* bezeichnet wird. Bei Polow-Gerichten werden die einzelnen Zutaten zunächst getrennt zubereitet und anschließend in einem Topf übereinandergeschichtet gedünstet. Dieses Verfahren ist aufwendiger als die Zubereitung von *Chelow*. Chelow ist weißer gedünsteter, häufig auch gebutterter Langkornreis in Kombination mit Kebab als *Chelow-Kebab* oder mit anderen Gerichten. Beliebte Polow-Gerichte sind, in Auswahl:

- Polow Havidj (Reis mit geriebenen Karotten gegart)

- Polow Albalu (Reis mit Sauerkirchen)
- Polow Baghali (Reis mit verschiedenen getrockneten Bohnen)
- Polow Lubia (Reis mit Brechbohnen)
- Polow Gheime (Reis mit gelben Linsen und Hackfleisch)
- Sereshk Polow va Morgh (Reis mit Huhn und Berberitzen)
- Chelow Safran (Safranreis)

Fisch-Gerichte (Mahi) in Kombination mit Reis (Chelow) und Gemüse sind sehr beliebt. Die Versorgung mit frischem Fisch ist durch die günstige Lage Irans am Kaspischen Meer und am Persischen Golf auch im Landesinnern gegeben, dennoch ist Fisch insgesamt sehr teuer. Fisch wird gegrillt, in der Pfanne zubereitet oder gekocht. Populäre Fischgerichte sind:

- Sorkhu (Gefüllter und gebackener Red Snapper, vorwiegend am Persischen Golf)
- Ghalieh Mahi (in Kräutersauce gekochtes Seelachsfilet)
- Mahi Sorkh shodeh (Gebratenes Seelachsfilet)
- Sabzi Polow va Mahi (Fisch mit gedünstetem Gemüsereis)

Eintöpfe (*Khoresht*) werden saisonal unabhängig zubereitet und sind in der Herstellung sehr arbeitsintensiv. Bei Khoresht wird das Fleisch (Schaf, Ziege, Rind oder Geflügel) nach einem kurzen starken Anbraten zusammen mit verschiedenen Gemüsearten mindestens eine Stunde in geschlossenem Topf bei schwacher Hitze gekocht. Durch das lange Köcheln kann sich das Aroma der Zutaten besser entfalten. Als Beilage wird Reis als Chelow mit frischen Kräutern und Brot serviert. Beliebte Variationen sind:

- Ghormeh Sabzi (spezielle Kräutermischung mit roten Bohnen, Limonen, gebratenem Fleisch und Chelow)
- Khoresht-e Bamieh (Gekochtes Lamm-/Rindfleisch mit Okraschoten)
- Fesenjun (Huhn-/Lammfleisch mit geriebenen Walnüssen in Granatapfelsirup)
- Ghemeh Bademjun (Lamm-/Rindfleisch mit geratenen Auberginen gekocht)

Persische Suppen (*Ash*) bestehen vorwiegend aus Hülsenfrüchten (Linsen, Bohnen, Kichererbsen), die mit Fleisch, Nudeln oder Reis gekocht werden. Hinzugefügt werden verschiedene Kräutermischungen aus Schnittlauch, Petersilie, Spinat, Dill oder Koriander in unterschiedlicher Kombination, die den Speisen ein besonderes Aroma verleihen. Auch hier ist die richtige Zusammenstellung der Zutaten wichtig. Persische Suppen werden besonders in der kalten Jahreszeit gegessen.

Wünsche, die während der Zubereitung geäußert werden, sollen in Erfüllung gehen. Die bekanntesten Suppenrezepte sind:

- Ash Reshteh (persische Nudeln mit verschiedenen Hülsenfrüchten, Kräutern und Hackfleisch)
- Ash-e Mash (Suppe aus Mungbohnen, Reis, Kräutern und weißen Rübchen)
- Ash-e Anar (Suppe aus Rinderhack, gelben Linsen, Kräutern und Granatapfelsirup)
- Ash-e Alou (Suppe mit Reis, Kräutern, Fleisch und Pflaumen
- Ash-e Sholeh Ghalamkar (Suppe mit Reis, Kräutern und Lammfleisch

Süßspeisen (*Shirini*) werden nach dem Essen mit schwarzem Tee oder in modernen Haushalten auch mit Kaffee serviert und sind in regional unterschiedlichen Variationen erhältlich. Wichtige Zutaten sind neben Zucker oft auch Puderzucker, Pistazien, Mandeln, Safran, Rosenwasser und Mehl. Sie können gebacken oder frittiert aufgetragen werden. Die beliebtesten Süßspeisen:

- Sulbia (aus frittiertem Teig mit Rosenwasser aromatisiert)
- Bakhlawa (Blätterteig mit Mandeln und Pistazienfüllung, Kardamom, Rosenwasser, Zimt)
- Halva Khormeh (Gebäck aus Mehl, Datteln, Pistazien, Safran und Rosenwasser)
- Sholeh Sard (Reispudding mit Safran, Pistazien, Zimt und Rosenwasser)
- Faludeh (persisches Eis mit Zitronenaroma)

Ein wichtiger Bestandteil der Persischen Küche ist das Fladenbrot, das bei allen Mahlzeiten traditionsgemäß mit serviert wird. Persisches Fladenbrot wird aus Weizenmehl und Wasser gebacken und täglich frisch bei den örtlichen Bäckereien gekauft. Es ist zum sofortigen Verzehr gedacht. Der Geschmack ist leicht säuerlich. Fladenbrot trocknet allerdings sehr schnell und wird dann brüchig. Zum Frühstück wird Fladenbrot mit Spiegelei, Marmelade und Schafskäse serviert. Es gibt vier Fladenbrotvarianten in Iran.

- Nan-e Barbari (Oval geformtes, dickes Fladenbrot mit Kreuzkümmel und Sesam)
- Nan-e Lavash (Standardfladenbrot, dünn und groß)
- Nan-e Sangak (Oval geformtes, dünnes Fladenbrot, im runden Steinofen gebacken)
- Nan-e Taftun (Rundes, dünnes und sehr weiches Fladenbrot)

In Iran sind Naschereien nicht an bestimmte Anlässe oder Menüfolgen gebunden, sondern auf dem Tisch ständig präsent. Sie sind ein wichtiger Teil der Gastlichkeit. Vor einem Gastmahl werden neben dem obligatorischen Tee verschiedene Erfrischungsgetränke, Obst und Naschereien gereicht. In kleinen Schalen ist eine Mischung aus verschiedenen Nußsorten (*Ajil*), das sind Pistazien, Mandeln, Walnüsse und getrocknete Kichererbsen. Dazu gehören auch getrocknete Korinthen und Maulbeeren. Für den Besuch von Freunden oder Verwandten gedacht sind dagegen geröstete und gesalzene Melonenkerne (*Tokhmeh*), die sehr beliebt, aber auch billiger sind als etwa Pistazien und sehr viel Geschicklichkeit beim Öffnen erfordern. *Gaz* ist eine in der Art des türkischen Honigs mit Pistazien hergestellte feste, würfelartige Süßigkeit, ähnlich dem in Deutschland erhältlichen weißen Nougatriegel. Weitere Zuckerbäckereien sind *Halwa*, eine süße Mehlspeise, *Bakhlawa*, ein Gebäck aus Reismehl (*Nan-e Berenj*) oder *Suhan*, ein festes, brüchiges Gebäck mit Pistazien, das in der Stadt → Qom hergestellt wird. Vor und nach den Mahlzeiten ist es üblich, mit verschiedenen saisonalen Früchten gefüllte Obstteller (Melonen, Weintrauben, Pfirsiche) aufzutragen. Obst gilt als besonders verdauungsfördernd und ist ein beständiger Teil der orientalischen Gastlichkeit. Dazu gehören Servierteller und Obstbesteck, das sich auf einem Beistelltisch befindet. Eher zu den Appetitanregern gehören die in Essig und Estragon eingelegte Gemüsemischung (*Torshi*), eingelegte Salz-Dill-Gurken, saurer Joghurt (*Mast*), ein Getränk (*Dugh*) aus saurem Joghurt, der mit Wasser verdünnt ist und schließlich *Mast-o Khiar*, eine Art Joghurtcreme aus geriebenen Gurken und geriebener getrockneter Minze.

In Iran ist es üblich, beim Verzehr Löffel und Gabel zu benutzen, ein Messer gehört nicht zum traditionellen Gedeck, kann selbstverständlich auch benutzt werden.

Literatur Najmieh Batmanglij. Food for Life. Ancient Persian and Modern Cooking and Ceremonies. Washington [4]2011; Hushang E. Chehabi. The Westernization of Iranian Culinary Culture, in: Iranian Studies, Vol. 36, No. 1, March 2003, pp. 43–61. Oxford; Bert Fragner. Zur Erforschung der Kulinarischen Kultur Irans, in: Die Welt des Islams, Vol. 23-24,, S.320-360, Leiden 1984; Nesta Ramazani. Persian Cooking. A Table of Exotic Delights. Revised and Updated. Bethesda 2014; Louisa Shafia. The New Persian Kitchen. Berkeley 2013; Parvin Vormweg. Persisch Kochen. Gerichte und ihre Geschichte. Göttingen 2010

Personennamen

Unterscheiden sich in Iran in Vor- und Nachnamen, in Ehrennamen und Herkunftsbezeichnungen. Fast alle Namen sind entweder altiranischen Ursprungs oder islamischer Herkunft, christliche Namen werden von Armeniern verwendet. Vor- und Nachnamen werden Kindern bei der Geburt verliehen. Es gibt keine in

Deutschland vergleichbaren „Modenamen", die als Vornamen verwendet und in sogenannten „Namens-Hitlisten" erfasst werden. Die Einführung der Familiennamen 1919 erfolgte noch unter der Herrschaft der Qajaren und wurde später von Reza Shah (1925-41), im Rahmen seiner Modernisierungspolitik beibehalten. Vor Einführung dieser Regelung unterschied sich eine Person von einer anderen lediglich durch eine Kombination aus Präfixen und Suffixen, die dem Vornamen vorangestellt bzw. angehängt wurden, allerdings waren dadurch auch Verwechselungen häufiger möglich. Viele iranische Vornamen stammen aus dem Shahnameh (*Buch der Könige*) des persischen Dichters → Ferdowsi (940-1020), das um 1005 n. Chr. erschien und mit seinen 50.000 Doppelversen *das* iranische Nationalepos ist, es ist aufgrund seines Umfangs zugleich das größte Epos der Weltliteratur. Das Shahnameh schildert die Geschichte Irans von den mythischen Anfängen bis zum 10. Jahrhundert christlicher Zeitrechnung. Es ist vor allem bei eher säkular orientierten Iranern sehr beliebt.

Männliche arabische Vornamen	Weibliche arabische Vornamen
Abbas, Ali, Ahmad, Amir, Bassam, Hamid, Hassan, Hussein, Khan, Mohammed, Nabil, Rasul, Reza, Said, Sharif, Wahdat	Aida, Amira, Fatemeh, Namika, Nour, Rabia, Roya, Safiye, Sahar, Sakineh, Zahra

Männliche iranische Vornamen	Weibliche iranische Vornamen
Ardashir, Babak, Bahman, Borzin, Bijan, Daryush, Farhad, Freydoon, Kambiz, Khosrou, Kurosh, Mehrdad, Navid, Siamak, Soroush, Turaj	Arezou, Azar, Azadeh, Bahar, Bita, Fariba, Golnaz, Mahnush, Mandana, Mehrnaz, Mitra, Nasrin, Pari, Parvin, Souzan, Ziba

Tabellen: eigene Anfertigung

Die arabischen Vornamen wurden im Zuge der muslimischen Eroberung im 7. Jh. in Iran eingeführt. Sie verweisen auf den Propheten Mohammed und bedeutende Personen der islamischen Geschichte. Islamische Vornamen sollen dem Namensträger Schutz und Segen verleihen, wie Mohammed und dessen Zuschreibungen Ahmad (der Hochgelobte) und Amin (der Treue). Männliche Vornamen, die auf Verbindungen mit dem Namen Gottes (Allah) aus dem Koran zurückgehen: Feizollah (Gnade Gottes), Habibollah (Freund Gottes), Abdallah, Abdullah (Sklave Gottes), Abdarrahman (Diener des Barmherzigen), Gholamreza und besonders bei Schiiten Ali, Hussein, Hassan, Reza. Bekannte islamische Frauennamen sind Fatemeh (Tochter Mohammeds), Zohre (die Strahlende) und Sakineh (Tochter Imam Husseins).

An Familiennamen werden häufig Suffixe angehängt, die bestimmte Eigenschaften des Namensträgers zum Ausdruck bringen wie *Karimi* (großzügig), *Zahedi* (devot), als regionale Herkunftsbezeichnung dienen (*Hamadani, Tehrani, Shirazi*) oder bestimmte Berufsbezeichnungen ausdrücken wie Tabibi (Arzt) oder Kalantari (Kommissar).

Die häufigsten iranischen Familiennamen sind:

1. Ahmadi
2. Mohammadi
3. Karimi
4. Hosseini
5. Jafari
6. Sadeghi

Ehrenbezeichnungen werden vor oder nach dem Namen gesetzt. Religiöse Ehrennamen sind beispielsweise *Ayatollah* (Zeichen Gottes), *Hojatolleslam* (Beweis des Islam) und *Imam*. Personen, die an der Pilgerfahrt nach Mekka teilgenommen haben, dürfen sich als *Haji* bezeichnen. Pilger, die einen bestimmten Wallfahrtsort aufgesucht haben, werden z. B. *Mashadi* (Grab des Imam Reza in Mashad) oder *Kerbala'i* (Kerbala im Iran), genannt. → *Seyyid* ist die Ehrenbezeichnung für Abkömmlinge der Prophetenfamilie. Namenstitel wie *Darvish* (Anhänger eines Sufi-Ordens) oder *Mirza* (Person mit Bildung) sind heutzutage nicht mehr gebräuchlich.

LITERATUR Ferdinand Justi. Iranisches Namenbuch (*Ganjineh Namha-ye Irani*). Tehran 1978, Annemarie Schimmel. Von Ali bis Zahra. Namen und Namengebung in der islamischen Welt. Köln 1989.

INTERNETQUELLE http://forebears.co.uk/iran#surnames

Politisches System

Iran ist seit dem 01.04.1979 eine islamische Republik. In der Verfassung vom Dezember 1979 ist in Art. 12 der Islam als die offizielle Staatsreligion festgelegt. Die Verfassung schreibt ebenso die Vormachtstellung des schiitischen Klerus über die staatlichen Institutionen fest. Grundlage des iranischen Rechtswesens ist das islamische Recht der → Scharia. Unter der Monarchie war der *Code Napoleon* die Basis der iranischen Rechtsordnung. In der Verfassung mit ihren islamischen Prinzipien gibt es keine Trennung von Staat und Religion. Beide sind untrennbar miteinander verbunden.

Die staatstheoretische Begründung der Islamischen Republik ist das von Ayatollah → Khomeini entwickelte Konzept der Herrschaft des obersten Rechtsgelehrten, → „Velayat-e Faqih". *Velayat* kann auch im Sinne von Bevormundung verstanden werden. Es ist in der islamischen Welt bislang einzigartig. Khomeini entwickelte sein Konzept in den 1960er-Jahren im Exil als Gegenentwurf zu westlichen Herrschaftsmodellen. Ausgangspunkt hierfür ist die Überzeugung, dass nach schiitischer Glaubenslehre während der Abwesenheit des Zwölften Imams al-→ Mahdi, der als der Erlöser der Menschheit erwartet wird, ein religiöser Rechtsgelehrter als dessen Stellvertreter die Glaubensgemeinschaft (→ *Umma*) leiten müsse. Die Gläubigen dürften nicht sich selbst überlassen sein. Khomeini griff hiermit eine Tradition aus der Frühzeit des Islam wieder auf. Die Mehrzahl der (sunnitischen) Muslime lehnt diese Vorstellung rundweg ab.

Präsidenten

Der iranische Präsident wird alle vier Jahre nach dem Mehrheitsprinzip und in geheimer Wahl direkt vom Volk gewählt. Eine Wiederwahl ist zulässig, allerdings muss er im Anschluss daran für die Dauer einer Amtszeit auf eine erneute Kandidatur verzichten. Die Zulassung zur Wahl ist vom Votum des *Wächterrats* abhängig. Das Amt des Präsidenten ist nach dem des Revolutionsführers die zweithöchste politische Instanz in Iran (Art. 113 der Verfassung). Der Präsident hat bei der Besetzung der Ministerämter das Vorschlagsrecht, jedoch müssen die Kandidaten vom Parlament bestätigt werden. Er übt gleichzeitig im Ministerrat den Vorsitz aus. Dem iranischen Präsidenten obliegt die Kontrolle der Einnahmen aus dem Ölgeschäft, die etwa Dreiviertel aller Deviseneinnahmen des Staates beitragen. Er hat ferner den Vorsitz im Obersten Nationalen Sicherheitsrat, der für die Überwachung der staatlichen Aktivitäten in der Verteidigungspolitik, der Außenpolitik und für die Kontrolle der Geheimdienste zuständig ist. Auf zwei weiteren staatlichen Institutionen übt der Präsident einen erheblichen Einfluss aus:

- Management- und Planungsorganisation (MPO), die für den Entwurf der Wirtschaftspolitik verantwortlich zeichnet,
- Oberster Rat der Islamischen Kulturrevolution, der für Erziehungsprogramme und kulturelle Angelegenheiten zuständig ist.

Seit dem 03.08.2013 ist amtierender Präsident der schiitische Geistliche Hodjatolleslam Hassan → Rouhani (*1948), der aus der Parlamentswahl vom 14.06.2013 im ersten Wahlgang als Sieger hervorgegangen ist. Nach dem amtlichen Endergebnis entfielen auf Rouhani 18,6 Mio. abgegebene Stimmen (50,71 %). Er trat die Nachfolge von Mahmud → Ahmadinejad (2005–2013) an. Das Amt des Staatspräsidenten wurde 1980 von Ayatollah → Khomeini eingeführt.

Ministerpräsidenten von 1979 bis 1989	
Name	Amtszeit
1. Mehdi Bazargan	05.02.1979 - 06.11.1979
2. Mohammed Ali Raja'i	12.08.1980 - 04.08.1981 fiel einem Attentat zum Opfer
3. Mohammed Djavad Bahonar	04.08.1981 - 30.08.1981 fiel einem Attentat zum Opfer
4. Mohammed Reza Mahdavi-Kani	02.09.1981 - 31.10.1981
5. Mir Hussein Mousavi	31.10.1981 - 03.08.1989

Anmerkung: Das Amt des Ministerpräsidenten wurde am 3. August 1989 abgeschafft.

Tabelle. Eigene Anfertigung

Liste der Präsidenten	
Name	Amtszeit
1. Abolhassan Banisadr	04.02.1980 - 22.06.1981
2. Mohammed Ali Raja'i	02.08.1981 - 30.08.1981
3. Seyyid Ali Khamenei	13.10.1981 - 03.08.1989
4. Akbar Haschemi Rafsanjani	03.08.1989 - 02.08.1997
5. Mohammed Khatami	02.08.1997 - 03.08.2005
6. Mahmud Ahmadinejad	03.08.2005 - 03.08.2013
7. Hassan Rouhani	03.08.2013 -

Tabelle: eigene Anfertigung

Prostitution

(pers. faheshegi)

Im Sinne des außerehelichen Geschlechtsverkehrs ist sie nach islamischem Recht (→ Scharia) verboten. Sowohl die gewerbsmäßige Prostitution als auch der Umgang mit Prostituierten kann mit harten Strafen (Auspeitschen, Steinigung, Hängen) belegt werden. Nach der Islamischen Revolution wurden alle Bordelle in Iran geschlossen und viele Prostituierte durch die Todesstrafe hingerichtet. Im Islam ist die Ehe keine religiöse Verbindung zwischen Mann und Frau, sondern ein privatrechtlicher Vertrag auf der Grundlage des islamischen Rechts. Prostitution in diesem Sinne ist eine Rechtsverletzung und weniger ein moralisches Problem.

Unter → Schiiten gibt es mit der Institution der → Zeitehe (*Sigheh*) eine Sonderform des islamischen Rechts, die von Sunniten kategorisch abgelehnt wird. Für sie ist eine zeitliche Befristung der Ehe ausgeschlossen, da sie nicht dem Willen Allahs entspreche. Schiitische Männer dürfen demnach neben ihrer Ehe eine unbegrenzte Anzahl weiterer, zeitlich befristeter Eheverträge mit anderen unverheirateten Frauen abschließen, deren Dauer von einer halben Stunde bis zu 99 Jahren vereinbart werden kann und die nach Ablauf dieser Frist automatisch enden. Diese Form des „Ehevertrags" dient Prostituierten und ihren Freiern, um straffrei sexuelle Dienstleistungen anzubieten und in Anspruch zu nehmen.

In Iran wurde die Prostitution nach der Islamischen Revolution – trotz der Anwendung drakonischer Strafen und anderslautender Bekenntnisse der Regierung – keineswegs abgeschafft. Sie ist in den vergangenen Jahrzehnten zu einem allgegenwärtigen Problem geworden. Die Prostitution hat alle gesellschaftlichen Schichten erfasst. Nach offiziellen Schätzungen gingen 2002 allein in Teheran annähernd 300.000 Frauen der Prostitution nach bei einer Einwohnerzahl von ca. 12 Mio. Menschen. Über das wahre Ausmaß der Prostitution auch auf Landesebene lassen sich nur Vermutungen anstellen, da verlässliche Erhebungen nicht durchführbar sind. In der Hauptstadt sollen mehr als 35 illegale Bordellbetriebe arbeiten, die oft als Kosmetikstudios und Ähnliches getarnt sind. Unter der Regierung → Ahmadinejad erregte 2008 ein Sex-Skandal Aufsehen, als der damalige Polizeichef von Teheran, *General Reza Zare'i*, nach wochenlanger Observation in einem privaten Bordell bei einer Party mit sechs Prostituierten verhaftet wurde. Zare'i war durch seine ständigen Angriffe auf Verstöße gegen die islamische Kleiderordnung im iranischen Fernsehen landesweit bekannt geworden. Die Regierung versuchte den Skandal lange Zeit zu vertuschen, da vermutlich auch andere hochrangige Politiker und Kleriker im Rotlichtmilieu verstrickt sind/waren. Angeblich soll die iranische Polizei ebenso wie die Revolutionsgarden Schutzgelder von Bordellbetreibern kassieren.

Die Prostitution in Iran hat vor allem wirtschaftliche und soziale Ursachen. Massenarmut ist ein gravierendes Problem, ein Drittel der Bevölkerung lebt unterhalb der offiziellen Armutsgrenze. Einer aktuellen Statistik zufolge verfügen mehr als sechs Millionen Witwen über ein zu geringes Einkommen, um ihren Lebensunterhalt bestreiten zu können und fühlen sich von der Gesellschaft ausgegrenzt. Ein ähnliches Schicksal teilen geschiedene Frauen, die von ihren Ex-Ehemännern nicht mehr unterhalten werden. Ein aktueller Armutsbericht der Regierung enthüllt, dass viele verarmte Familien aus Not ihre minderjährigen Kinder, besonders ihre Töchter, an Menschenhändler (sex traffickers) verkaufen, die sie im Sex-Gewerbe einsetzen. Aus dem Bericht geht weiter hervor, dass das Alter der Kinder mittlerweile bei unter zehn Jahren liegt. Prostitution als „Nebenjob" betreiben vor allem junge Frauen aus allen Gesellschaftsschichten. Das Durchschnittsalter der Prostituierten ist in den letzten Jahren von 27 auf 20 Jahre gesunken. „Unter High-School-Studenten stieg Prostitution um 635 %. Und 90 % der Schulmädchen, die von zu Hause weglaufen, landen auf den Straßen, enden als Huren."

Die heilige Pilgerstadt Mashad, in die jährlich etwa 20 Mio. Pilger aus aller Welt zum Grabmal des Imam Reza reisen, gilt als „Mekka der Prostitution" in Iran. Besonders arabische Pilger nutzen die Institution der → „Zeitehe" (Sigheh), um ungestraft käuflichen Sex von jungen Iranerinnen in Anspruch zu nehmen. Angesichts der mit der Prostitution gestiegenen zahlreichen Infektionen mit HIV plante die Regierung die Einrichtung von „Häusern der Keuschheit" (Khaneh Efaf), eine Art staatlich beaufsichtigter Bordelle, um die Kontrolle über den Sex-Markt zu gewinnen. Allerdings scheiterte das Vorhaben am Widerstand des → Wächterrats.

LITERATUR Anschaffen im Namen Allahs. Huren im Tschador, in: Berliner Zeitung vom 11. August 2002; Marian Brehmer. Auf Tuchfühlung mit den Mullahs. Dokumentarfilm „Im Bazar der Geschlechter". Qantara vom 04. April 2013; Ralph Elger. Kleines Islam-Lexikon. Geschichte, Alltag, Kultur. München 2001; Werner Ende, Udo Steinbach. Der Islam in der Gegenwart. München 52005; Experts say generation gap leading cause of runaways, prostitution in Iran, in: The Guardian vom 10.Oktober 2014; Nazila Fathi. To Regulate Prostitution, Iran Ponders Brothels, in: The New York Times vom 28. April 2002; Parvaneh Masoumi. Iran's Failure to Combat Prostitution auf Iran Wire vom 27.02.2018; Yassser Okbi. Iran Regime trying to brush Prostitution under the Rug, in: The Jerusalem Post vom 21. Juli 2016;

Provinzen

(pers. pl. Ostan-ha)

Die Verwaltungsstruktur iranischer Provinzen nach dem letzten Zensus von 2011 umfasst 31 Provinzen mit 429 Verwaltungsbezirken (shahrestan-ha), die in 1057 Landkreise (Bakhsh-ha) aufgeteilt sind. Diese Landkreise sind weiter in 2589 Unterbezirke/Weiler (Dehestan-ha) aufgegliedert. Jeder Dehestan ist eine Ansammlung von Dörfern. Gegenwärtig gibt es in Iran 1245 Städte (Shahr-ha). Städte mit mehr als eine Million Einwohner sind Teheran, Mashad, Karaj, → Isfahan, Tabriz, → Shiraz, → Ahvaz und → Qom. In dem Zeitraum von 2011 bis 2016 wurden insgesamt 106 neue Städte gebaut.

Die 31 iranischen Provinzen			
Provinz	Fläche (km²)	Hauptstadt	Einwohner (2016)
Alborz	5.124	Karaj	2.712.400
Ardebil	17.799	Ardebil	1.270.420
Azerbaijan-West	37.411	Urumiyeh	3.265.219
Azerbaijan-Ost	45.650	Tabriz	3.909.652
Bushehr	22.742	Bandar-e Bushehr	1.163.400

Chaharmahal & Bakhtyari	16.327	Shahr-e Kord	947.763
Esfahan (Isfahan)	107.019	Isfahan	5.120.850
Fars	122.608	Shiraz	4.851.274
Gilan	14.042	Rasht	2.530.696
Golestan	20.367	Gorgan	1.868.819
Hamedan	19.368	Hamadan	1.738.234
Hormorgan	70.697	Bandar-e Abbas	1.776.415
Ilam	20.132	Ilam	580.158
Kerman	180.726	Kerman	3.164.718
Kermanshah	25.008	Kermanshah	1.952.434
Khorasan-e Razavi	118.851	Mashad	6.434.501
Khorasan-Nord	28.434	Bojnurd	863.092
Khorasan-Süd	150.797	Birjand	768.898
Khuzestan	64.054	Ahvaz	4.710.509
Kuhgiluh & Boyerahmad	15.504	Yahsuj	713.052
Kurdestan	29.137	Sanadaj	1.603.011
Lorestan	28.294	Khoramabad	1.760.649
Markazi	29.127	Arak	1.429.475
Mazanderan	23.842	Sari	3.283.582
Qazvin	15.567	Qazvin	1.273.761
Qom	11.526	Qom	1.292.283
Semnan	97.490	Semnan	702.360
Sistan-Balutchestan	181.785	Zahedan	2.775.014
Tehran	13.689	Tehran	13.267.673
Yazd	73.873	Yazd	1.138.533
Zanjan	21.773	Zanjan	1.057.461

Tabelle: eigene Anfertigung

Provinzen

Die iranischen Provinzen in alphabetischer Reihenfolge

1. Alborz	11. Ilam	21. Nord-Khorasan
2. Ardebil	12. Kerman	22. Ost-Azerbaijan
3. Bushehr	13. Kermanshah	23.Qazwin
4. Chaharmahal & Bakhtyari	14. Khorasan-e Razavi	24. Qom
	15. Khuzestan	25. Semnan
5. Esfahan (Isfahan)	16. Kuhgiluh & Boyerahmad	26.Sistan-Balutchestan
6. Fars		27. Süd-Khorasan
7. Gilan	17. Kurdestan	28. Tehran
8. Golestan	18. Lorestan	29. Yazd
9. Hamedan (Hamadan)	19. Markazi	30. West-Azerbaijan
10. Hormozgan	20. Mazandaran	31. Zanjan

Tab.: eigene Zusammenstellung

- Die *größten* Provinzen in Iran gemessen an ihrer Gesamtfläche in km²:

1. Sistan-Balutchestan - 181.785 km²
2. Kerman - 180.726 km²
3. Süd-Khorasan - 150.797 km²
4. Fars - 122.608 km²
5. Khorasan-e Razavi - 118.851 km²

- Die *kleinsten* Provinzen Irans (Fläche in km²):

1. Alborz - 5124 km²
2. Qom - 11.526 km²
3. Teheran - 13.689 km²
4. Gilan - 14.042 km²
5. Kuhgiluh & Boyerahmad - 15.504 km²

- Provinzen mit dem *größten* Anteil an der Gesamtbevölkerung (2016) sind:

1. Teheran - 13.267 Mio. Einwohner (16,6 %)
2. Khorasan-e Razavi - 6.434.501 Mio. Ew. (8,05 %)
3. Esfahan - 5.120.850 Mio. Ew. (6,41 %)
4. Fars - 4.851.274 Mio. Ew. (6,07 %)

- Provinzen mit dem *geringsten* Anteil an der Gesamtbevölkerung:

1. Ilam - 580.158 Ew. (0,73 %)
2. Semnan - 702.360 Ew. (0,88 %)
3. Kuhgiluh & Boyerahmad - 713.052 Ew. (0,89 %)
4. Süd-Khorasan - 768.898 Ew. (0,96 %)
5. Nord-Khorasan - 863.092 Ew. (1,08 %)

- Provinzen mit dem größten *Urbanisierungsgrad*:
1. Teheran –   21,0 %
2. Khorasan-e Razavi – 8,0 %
3. Esfahan –   7,8 %
4. Khuzestan –   6,0 %
5. Fars –   5,8 %

- Provinzen mit dem *größten* Anteil an ländlicher Bevölkerung:
1. Khorasan-Razavi – 7,8 %
2. Fars –   6,9%
3. Mazanderan –   6,5 %
4. Khuzestan –   6,1 %
5. Sistan-Balutchestan – 6,0 %

- Provinzen mit der *höchsten Geburtenrate* in % der Gesamtbevölkerung (Landesdurchschnitt 2016: 1,24 %):
1. Süd-Khorasan –   3,02 %
2. Bushehr –   2,41 %
3. Hormozgan –   2,39 %
4. Alborz –   2.37 %
5. Qom –   2,33 %

- Provinzen mit der *niedrigsten* Geburtenrate (in %):
1. Nord-Khorasan – 0,07 %
2. Lorestan –   0,07 %
3. Kermanshah –   0,22 %
4. Ardebil –   0,35 %
5. Gilan –   0,40 %

INTERNETQUELLE Statistical Centre of Iran. Selected Results oft he 2016 National Population and Housing Census. Tehran 2017; dies., Atlas of Selected Results oft he 2011 National Population and Housing Census. Tehran 2014.; https://www.amar.org.ir/english

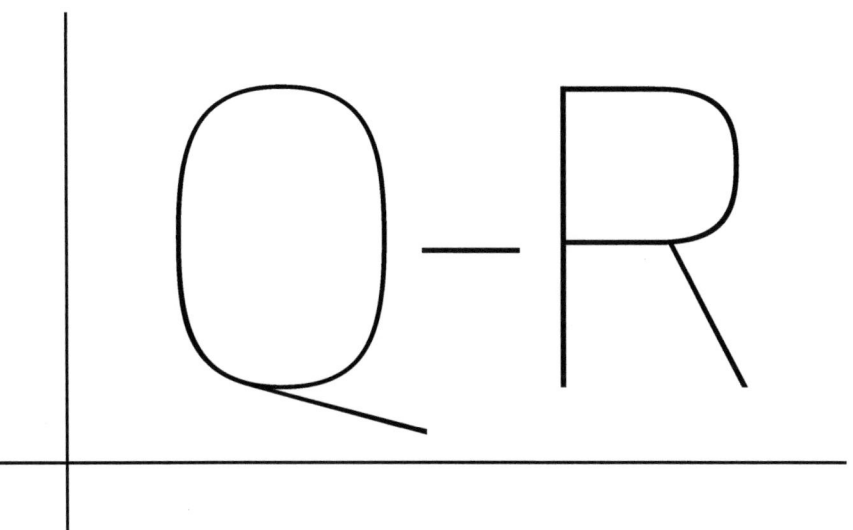

Qanate

Sind unterirdisch verlaufende Bewässerungskanäle, die das Grundwasser in den Schwemmböden (*Alluvialböden*) an Gebirgsfüßen anzapfen und unter Ausnutzung des natürlichen Gefälles über weite Strecken bis zu den Enden der jeweiligen Stollen an die Oberfläche leiten. Die Stollen der Qanate verlaufen so, dass ihre Neigung geringer ist als die natürliche Neigung des Geländes, sodass am Ende des Stollens das Wasser austreten und zur Versorgung von Siedlungen, Feldern und Gärten genutzt werden kann. Bis in die 1960er-Jahre versorgten noch ca. 38.500 Qanate iranische Städte und Gemeinden mit frischem Trinkwasser. Durch den Rückgang des Grundwasserspiegels infolge übermäßiger Nutzung und dem vermehrten Einsatz von Tiefbrunnenbohrungen ging die Zahl der funktionierenden Qanate seitdem rapide zurück, zumal deren Instandhaltung sehr aufwendig und kostenintensiv ist. Das System der unterirdischen Bewässerungskanäle erstreckt sich in Iran über eine Gesamtlänge von mehr als 160.000 km.

Die traditionelle Bewässerungstechnologie des Qanatsystems ist ein auf Nachhaltigkeit basierendes Wassergewinnungsverfahren, das seit Jahrtausenden in den Trockengürteln der Erde Verwendung findet. Qanate entstanden ursprünglich als Entwässerungskanäle in Verbindung mit dem Beginn des Bergbaus in der Gebirgsregion von Kurdistan im Westen des Iran, der Osttürkei und im Nordirak vor mehr als 2500 Jahren. Den ersten historischen Nachweis über ein Qanatsystem liefert um 714 v. Chr. ein Keilschrifttäfelchen an den Assyrerkönig *Sargon II.* (721–705 v. Chr.) nach dessen Feldzug gegen Urartu (*Urartäisches Reich*) und der Niederwerfung der Mannäer. Die Assyrer übernahmen die Qanat-Technologie zur Versorgung ihrer am oberen Tigris liegenden Städte mit frischem Trinkwasser. Vor dort gelangte sie zu den angrenzenden Medern, deren Hauptstadt Ekbatana (*Hamadan*) über Qanate mit Wasser versorgt wurde.

Unter den Achämeniden (550–331 v. Chr.) wurde diese Bewässerungstechnologie zunächst im gesamtem iranischen Hochland verbreitet. Mit dem Vordringen der achämenidischen Herrscher gelangte die Qanattechnik im Westen über Mesopotamien nach Kleinasien, Ägypten und Arabien, im Südwesten nach Khuzestan, in die Golfregien, im Osten bis in das Industal und über die Seidenstraße in die chinesische Provinz Sinkiang. Bereits beim Bau von *Persepolis* durch den Achämeniden *Dareios d. Gr.* 520 v. Chr. wurde die Wasserversorgung der Stadt und ihrer 15.000 Einwohner durch ein Qanatsystem sichergestellt. Die Verbreitung des Qanatsystems beförderte die Binnenkolonisierung im Reich (der Achämenidenkönige), indem es die Erschließung neuer landwirtschaftlich nutzbarer Flächen ermöglichte und somit zur Gründung von neuen Dörfern und Städten beitrug. Unter den iranischen Parthern und → Sassaniden wurde das Qanatsystem weiterentwickelt und ausgebaut. Mit der Expansion des Islam gelangte die Qanattechnologie schließlich unter örtlich verschiedenen Bezeichnungen über Nord- und Westafri-

ka (als *fughara*) nach Spanien (als *galerias*), Zypern und auf die Kanarischen Inseln. Spanische und portugiesische Konquistadoren brachten sie in die Neue Welt nach Mittelamerika, nach Mexiko, Chile und Peru.
Für die Anlage und den Unterhalt des Qanatsystems ist seit der Zeit der Achämeniden vor zweieinhalbtausend Jahren eine hochspezialisierte Berufsgruppe, die sogenannten *Muqanni*, verantwortlich. Der Beruf des Muqanni wird in den Familien weiter vererbt und ist wegen seiner gefährlichen Tätigkeit mit einer Reihe von Privilegien verbunden. Bei der Anlage eines neuen Qanatsystems bestimmen die Geländeverhältnisse und die Bodenbeschaffenheit die Länge der Stollen, die nur ein minimales Gefälle haben dürfen. Am Anfang wird ein „Mutterschacht" am Fuße des Gebirges in einer Tiefe bis zu 100 Metern bis zum Grundwasserhorizont ausgehoben. Von diesem Mutterschacht erfolgt der Vortrieb der unterirdischen Stollen oft über viele km, wobei in regelmäßigen Abständen, von wenigen bis zu 50 Metern, neue Schächte ausgehoben werden. Der Aushub erfolgt über die Schächte, die gleichfalls der Belüftung und dem späteren Instandhaltung dienen. Die Arbeit an den Qanaten ist extrem gefährlich, da die Stollen ohne Abstützung vorangetrieben werden. Lediglich bei den Schachtöffnungen erfolgt gelegentlich eine Armierung aus getrockneten Ziegelsteinen. Der Bau der Stollen wird nur mit Hacke, Handschaufel, einer Öllampe und einem Ledereimer ausgeführt, mit dem das ausgehobene Material durch den Schacht mittels einer Seilwinde an die Oberfläche befördert wird. Die Öllampe dient der Beleuchtung im Stollen und als Warnlicht, das bei Sauerstoffmangel erlischt. Bei der Arbeit im Stollen droht zudem ständig das Erdreich einzustürzen, am seltenen Kupfende oder bei der Verbindung mit anderen Qanatstollen Wassereinbruch, Schäden durch Erdbeben und oft auch Giftschlangen, die in den Schacht gefallen sind. Im zentralen Hochland von Iran erreichen einige Qanate Längen von bis zu 70 km. Die Anlage eines neuen Qanatsystems ist sehr kostenintensiv, häufig schließen sich die späteren Nutzer zusammen, um den Bau und den Unterhalt zu finanzieren. Die Wassernutzung erfolgt nach einem komplizierten Zuteilungssystem, das auf kommunaler Ebene geregelt und durch bestimmte Aufseher durchgeführt wird.
Die Qanattechnik bietet im Vergleich zu modernen Methoden der Wassergewinnung vor allen anderen eine Reihe von ökologischen Vorteilen. Beim Bau neuer und bei der Nutzung vorhandener Qanatstollen werden nur bislang ungenutzte Wasserressourcen erschlossen. Die natürlichen Grundwasservorräte werden nicht angetastet. Die Verluste durch Verdunstung liegen beim Qanatsystem bei ca. 10 %, Fluss- und Stauwasser erreichen dagegen 20–30 %. Die Nachteile liegen in den hohen Erschließungs- und Instandhaltungskosten infolge häufig nachbrechenden Trockenmaterials. Qanate können bei starker und/oder zu langer

Wasserentnahme austrocknen oder verfallen. Im Winter kann das Wasser wegen großer Mengen oft nicht genutzt werden. Auch führt zu schnell fließendes Wasser zur Erosion der Sohle und damit zur Beschädigung des Stollens. Der ökologische Vorteil wird dennoch das Überleben der Qanattechnik in Iran nicht sichern. Selbst der Einsatz moderner Techniken beim Schacht- und Stollenbau (Verlegung von Rohren) konnte den Rückgang dieses seit Jahrtausenden erfolgreichen Systems der Wasserversorgung nicht verhindern. Seit den 1970er-Jahren wurden zudem oft mit staatlicher Unterstützung verstärkt Tief- und Flachbrunnen gebohrt, um die Grundwasservorräte anzuzapfen. Auch der häufig illegale Einsatz von Motorpumpen, mangelnde Wartung und Versalzung infolge zu geringen Wasserdurchlaufs schädigten und verringerten die Zahl der funktionsfähigen Qanate.

Die anhaltende Wasserknappheit im Iran ist die Folge einer seit Jahrzehnten andauernden Fehlentwicklung in der Wasserwirtschaft, sie ist die Folge von politischen Fehlentscheidungen, wie die Errichtung von ca. 600 Staudämmen seit 1979, Fehlentscheidungen in der Landwirtschaft aufgrund politischer Vorgaben, Verschwendung von Trinkwasser und fehlendem Umwelt- und Problembewusstsein.

Iran leidet gegenwärtig unter der schwersten Dürre seit Jahren. Die jährlichen Niederschlagsmengen sind um mehr als ein Viertel zurückgegangen. Der *Urmia-See* in der iranischen Provinz West- und Ostazerbaijan, einst größter Binnensee im Iran und in den 1980er-Jahren zehnmal größer als der Bodensee, ist um 80 % seiner ursprünglichen Fläche geschrumpft und trocknet aus. Grund ist die übermäßige Wasserentnahme der Zuflüsse. Die ökologischen und gesundheitlichen Schäden für die lokale Bevölkerung sind irreparabel. Zwölf von 31 iranischen Provinzen sind in den nächsten Jahren von völliger Austrocknung bedroht und fast 90 % der iranischen Bevölkerung lebt in Regionen mit hohem/sehr hohem Wasserverbrauch.

LITERATUR Maysam Bizaer. Drought, inefficiency lead to major power shortage in Iran, in: Al-Monitor July 17. 2018: URL: www.al-monitor.com/pulse/originals/2018/07/iran-electricity-blackouts-drought-overconsumption-heat.html; Ali Akbar Dareini, Alexandra Rehn. Irans größter Binnensee wird zur Salzwüste, in: Die Welt vom 22.02.2014; Eckart Ehlers. Iran. Eine geographische Landeskunde. Darmstadt 1980; Paul Ward English. Qanats and Lifeworlds in Iranian Plateau Villages. Yale F&ES Bulletin 103, January 1997;Ulrich Gehrke, Harald Mehner (Hrsg.). Iran. Natur, Bevölkerung, Geschichte, Kultur, Staat, Wirtschaft. Tübingen/Basel 21976; Ann Katherine S. Lambton. Landlord and Peasant in Persia. London 1953; Dominik Peters, Christoph Sydow. Iran. Vor dem Hitzeschlag. Spiegel Online vom 29.07.2018, unter: http://www.spiegel.de/politik/ausland/iran-hitzewarnung-fuer-das-regime-in-teheran-a-1219998.html; Ali Ashgar Semsar Yazdi. Majid Labbaf Khaneiki. Qanat Knowledge: Construction and Maintenance. Dordrecht NL 2017;

Qeshm

Die größte iranische Insel im Persischen Golf, ca. 120.000 Einwohner (*Bandaris*). Die Insel liegt vor der Straße von Hormuz gegenüber den beiden iranischen Häfen *Bandar Abbas* und *Bandar Khamir*. Fläche 1491 km², die Länge ist 135 km, an ihrer weitesten Stelle ist sie 40 km breit, an der schmalsten Stelle 9,4 km. Der Hauptort Qeshm City im Osten der Insel ist 22 km von Bandar Abbas entfernt. Qeshm ist von Bandar Abbas mehrmals täglich mit regelmäßig verkehrenden Fähren zu erreichen, Dauer ca. 60 Minuten. Die Jahresdurchschnittstemperatur liegt bei 27 °C, die wärmsten Monate sind Juni bis August, die kühlsten Monate sind Oktober bis Januar. Die durchschnittliche jährliche Niederschlagsmenge beträgt 183 mm. Fischfang und -zucht, Bootsbau (Dhaus und kleinere Boote) und Handel die Haupterwerbsquellen der einheimischen Bevölkerung. Die Insel bietet dank der natürlichen Gegebenheiten (Mangrovenwald, Sandstrände, historische Baudenkmäler) auch Touristen interessante Ziele. Qeshm verfügt wie die gesamte Golfregion über beträchtliche Erdgas- und Ölreserven. Das auf Qeshm geförderte Gas wird in der örtlichen Gavarzin- Raffinerie primär für den heimischen Verbrauch verarbeitet. Die FTZ hat eine Fläche von 300 km², sie ist an das nationale Stromnetz angeschlossen und verfügt über Trafostationen zur Stromerzeugung sowie über einen lokalen Flughafen. Die Wasserversorgung erfolgt über lokale Wasserentsalzungsanlagen an der Küste und aus einigen örtlichen Quellen. Die kürzeste Entfernung zum iranischen Festland beträgt zwei km. Von Qeshm aus sind die Golfanrainerstaaten Oman (*Port Khasab* 60 km) und die VAE (*Port Rashid* 180 km) gut zu erreichen. Es gelten die üblichen Bestimmungen für die Freihandelszonen.

Informationen.: www.qeshm.ir;

Qom

Stadt in Zentraliran, ca. 158 km südöstlich der Hauptstadt Teheran gelegen und Bezeichnung für die gleichnamige Provinz (11.526 km², ca. 1.292.283 Einwohner). Qom ist mit ihren zahlreichen religiösen Seminaren und Hochschulen das wichtigste religiöse Ausbildungszentrum in Iran. Die Stadt entwickelte sich bereits im 8. Jh. zu einem religiösen Zentrum für Schiiten, als dort 816 Fatima (pers. *Fatemeh*) die Schwester des achten Imams der Zwölferschiiten, Ali Rida (pers. *Ali Reza*), starb. Die Safaviden (1502–1722) bauten im 17. Jh. dort ein Mausoleum über dem Grab der Fatima, das sich schnell zu einem bedeutenden Wallfahrtsort für → Schiiten aus aller Welt entwickelte. Qom gilt mit seiner theologischen Hochschule und den religiösen Seminaren – neben der irakischen Stadt Najaf – als das wichtigste theologische Ausbildungszentrum in Iran. In Qom haben die bedeutendsten schiitischen Theologen im Rang von Großayatollahs gelehrt, zu den bekanntesten ehemaligen Schülern gehörten → Ayatollah → Khomeini (1922) und der gegenwärtige „Oberste Führer", Ayatollah →Khamnenei. Neben ihrer Bedeutung als religiöse Ausbildungsstätte ist Qom ein wichtiges industrielles Zentrum im Bereich der Erdölindustrie. Die Stadt verzeichnet den höchsten Anteil an → Zeitehen in ganz Iran.

LITERATUR Eckart Ehlers. Iran. Grundzüge einer geographischen Landeskunde. Darmstadt 1980; Heinz Halm. Die Schia. Darmstadt 1988; Zohreh Sadeghi. Fatima von Qum. Ein Beispiel für die Verehrung heiliger Frauen im Volksglauben der Zwöler-Schia. Berlin 1996

Ramadan

(pers. Ramazan)

Fastenmonat und neunter Monat des islamischen Kalenders. Das Fasten (arab. → *saum*) zählt zu den → Fünf Säulen (Grundpflichten) des Islams und ist jedem gläubigen Muslim vorgeschrieben. Das Fasten als eine Form des Nahrungsentzugs ist eine gewollte und akzeptierte Entbehrung im Ramadan, es beginnt beim ersten Morgenlicht und endet bei Sonnenuntergang. Die Gläubigen verzichten tagsüber auf sämtliche Nahrung und Genussmittel ebenso wie auf den Geschlechtsverkehr. Im Ramadan soll Mohammed die göttlichen Offenbarungen erhalten haben. Das Fasten wird in Sure Zwei *Al-Baqara* (Die Kuh) des Korans vorgeschrieben:

„Ihr, die ihr glaubt, euch ist das Fasten vorgeschrieben wie schon denen vor euch – Vielleicht werde ihr gottesfürchtig! An einer bestimmten Zahl von Tagen (...) Der Monat Ramadan, in dem der Koran herabgesandt worden ist als Führung für die Menschen, klare Zeugnisse der Führung und Entscheidung – wer unter euch in dem Monat zu Hause ist, der soll in ihm fasten." (2:183/185).

Ausgenommen von dieser Verpflichtung im Ramadan sind kleine Kinder, Kranke, Stillende, Schwangere, Reisende und Schwerstarbeiter, die das Fasten zu einem späteren Zeitpunkt nachholen müssen. Der Fastenmonat beginnt mit der Bildung des Halbmonds und wird mit dem Fastenbrechen (arab. *Eid al-fitr,* türk. *Zuckerfest*) am Ende die vierwöchigen Fastenzeit abgeschlossen.

LITERATUR Ralf Elger (Hrsg.). Kleines Islam-Lexikon. Geschichte. Alltag. Kultur. München 2001; Werner Ende, Udo Steinbach (Hrsg.): Der Islam in der Gegenwart. München [5]2005; Gustave E. von Grunebaum. Muhammadan Festivals. London 1988; Richard Hartmann. Die Religion des Islam. Eine Einführung. Darmstadt 1987, Malise Ruthven. Der Islam. Eine kurze Einführung. Stuttgart 2000

Raisi, Seyyid Ebrahim, auch Raisol-Sadat

(*14.12.1960 in Noghan, Mashad)

Kleriker im Rang eines Hojatolleslam und seit seiner Ernennung durch den Obersten Führer → Khamenei (07.03.2017) Vorsitzender des Verwaltungsrats des Emam-Reza-Schreins → (*Astan-e Quds Razavi*) in Mashad. Die Stiftung ist eine der mächtigsten und reichsten religiösen Stiftungen (*waqf*) im Iran. Seit 2012 als Sonderstaatsanwalt am Gerichtshof für Religionsangelegenheiten. Raisi war der Gegenkandidat der Konservativen bei den Präsidentschaftswahlen von 2017 und unterlag dem Herausforderer → Rouhani mit insgesamt 38,28 % Stimmenanteil. Er gilt als der aussichtsreichste Kandidat für die Nachfolge von → Khamenei, der ihn wie sein Vorgänger im Amt → Khomeini seit den 1980er-Jahren protegiert und fördert. Die von Raisi auf seiner Homepage gemachten biographischen Angaben sind widersprüchlich und wurden von ihm nach öffentlicher Kritik mehrfach „korrigiert".

Nach dem Besuch der Grundschule besuchte Raisi das theologische Seminar in → Qom und erwarb nach eigenen Angaben den Grad eines Doktors der Jurisprudenz und der Grundlagen des islamischen Rechts an der Shahid-Motahari-Universität in Teheran. Kurz nach der Revolution (1980) wurde er von Ayatollah Beheshti zusammen mit 70 weiteren jungen Talenten ausgesucht, die in Crash-Kursen für „sensible" Aufgaben im Justizwesen vorbereitet wurden. Damit begann sein kometenhafter Aufstieg. Bereits 1980 wurde er Assistent des Staatsanwalts für den Bezirk Karaj und nur vier Monate später Staatsanwalt für die Bezirke von Karaj und Hamadan, die 300 km voneinander entfernt liegen.

1985 wurde Raisi stellvertretender Staatsanwalt am Islamischen Revolutionsgericht in Teheran, das für die Exekution von Tausenden von politischen Gefangenen verantwortlich war. Kritische Stimmen behaupten, dass dieses Revolutionsgericht damals praktisch die gesamte iranische Opposition liquidieren ließ. Allein im Jahr 1988 wurden nach Angaben von *Ayatollah Montazeri* 2800 bis 3800 Todesurteile vollstreckt. Die Vereinten Nationen und andere Menschenrechts-Organisationen beziffern die Zahl der Hinrichtungen auf mindestens 4.500-5.000 Tote. Raisi war eines von vier Mitgliedern des Komitees, das die Hinrichtungen anordnete. Die „rechtliche" Grundlage lieferten zwei → Fatwas (Rechtsgutachten) von Ayatollah Khomeini, bei dem Raisi ein besonderes Vertrauen genoss. Von Khomeini mit Sondervollmachten ausgestattet, wurde Raisi in die Provinzen Lorestan, Kermanshah und Semnan geschickt, um dort Recht zu sprechen. Im Jahr 1989 wurde Raisi vom damaligen Leiter der Justiz, Mohammed → Yazdi, für die Amtsdauer von fünf Jahren zum Generalstaatsanwalt von Teheran ernannt. Von 1994 bis 2004 war er außerdem Leiter der staatlichen Aufsichtsbehörde (*General Inspection Organization of Iran*) für die Sicherheitskräfte, Militär und Revolutionsgarden (→ Pasdaran).

Vom Leiter der Justiz, Ayatollah Hashemi → Shahroudi, wurde Raisi 2004 zu seinem Stellvertreter ernannt und behielt dieses Amt auch unter dessen Nachfolger Sadeq → Larijani bis 2014. Im Anschluss daran wurde Raisi von Larijani für zwei Jahre (bis 2016) als Generalstaatsanwalt von Iran berufen. Fast gleichzeitig (2012–2016) war er Vorsitzender des Aufsichtsrats der staatlichen Rundfunkanstalt IRIB.

Raisi wurde 2007 erstmals als Repräsentant der Provinz Süd-Khorasan in den → Expertenrat gewählt und 2016 erneut. Als Vorsitzender der Stiftung Astan-e Quds ist er Nachfolger des verstorbenen Abbas Vaez-Tabasi, der ein erklärter Gegner von Khamenei war. Raisi ist Verfechter eines ultrakonservativen religiösen Weltbildes, spricht sich für die strikte Trennung der Geschlechter aus und gilt als Hardliner und sieht sich als Vollstrecker des Erbes von Khomeini.

LITERATUR Ervand Abrahamian. Tortured Confessions. Berkeley/Los Angeles 1999; Thomas Erdbrink. Iran Has Its Own Hard-Line Populist. He's on the Rise. The New York Times, 18. May 2017; Saed Kamali Deghan. Ebrahim Raisi: the Iranian cleric emerging as a forerunner for supreme leader, The Guardian 9. January 2017

Alex Vatanka. The Supreme Leader's Apprentice is Running for President. Foreign Policy, 12 April 2017; unter: https://foreignpolicy.com/2017/04/12/irans-supreme-leader-has-picked-his-candidate-for-president/
Center for Human Rights, unter: https://www.iranhumanrights.org/2017/05/an-interview-with-scholar-and-historian-ervand-abrahamian-on-the-islamic-republics-greatest-crime/
What you need to know about presidential candidate Ebrahim Raisi. The Iran Project, 18. April 2017,
Eine regierungsfreundliche Darstellung: http://www.eslam.de/begriffe/r/raisi_ibrahim.htm

Rechtsschulen

(arab. pl. Madhahib, Richtungen)

In den islamischen Ländern orientiert sich die Rechtsprechung an unterschiedlichen Auslegungen des islamischen Rechts (→ *Scharia*). Es gibt insgesamt fünf verschiedene Rechtsschulen, die auf bestimmte Gründungsväter zurückgeführt werden und deren Namen sie tragen. In den mehrheitlich sunnitisch dominierten islamischen Gesellschaften werden vier Rechtsschulen anerkannt. Für die Sunniten war ab dem 11. Jh. das „Tor des Ijtihad", das heißt, die persönliche Auslegung des islamischen Rechts, abgeschlossen. Für die → Schiiten gilt das nicht. Dort kann ein Religionsgelehrter, der den Rang eines Mujtahed besitzt, das islamische Recht selbständig auslegen und → Fatwas (Rechtsgutachten) verfassen. → Zwölfer-Schiiten richten sich nach der Schule des *Jafar as-Sadiq* (†755), die → Zaiditen (Siebener-Schiiten) nach der Lehre des *Zaid ibn-Ali* (†740).

Die maßgeblichen vier sunnitischen Rechtsschulen sind:

1. *Hanafiten* (Hanafiya), nach ihrem Gründungsvater Abu Hanifa († 767), vertreten in den Kernländern des ehemaligen Osmanischen Reichs, Türkei, Syrien, Iran und Ägypten;
2. *Malikiten* (Malikiya), nach Malik ibn Anas († 795), vorwiegend in den nordafrikanischen Ländern vertreten;
3. *Shafi'iten* (Shai'iya), nach as-Shafi'i († 820), vorwiegend im Jemen, am Horn von Afrika und in Südostasien;
4. *Hanbaliten*, *(*Hanbaliya*)* nach Ahmad ibn Hanbal († 855), in Saudi-Arabien, Golfstaaten, teils in Syrien und Jordanien.

Zwei weitere, regional auftretende Rechtsschulen sind die der *Ibaditen* (Ibadiya) in Oman und einigen Ländern Nordafrikas und die der *Zahiriten* (Zahiriya), die praktisch, außer in der religiösen Literatur, erloschen ist.

Alle Rechtsschulen folgen einem jeweils eigenen Lehrsystem mit unterschiedlichen Grundsätzen in der Auslegung des Rechts (Systematische Rechtstheorie) und der religiösen Riten, die in der Praxis oft nur minimal divergieren. Unterschiede zwischen den einzelnen Rechtsschulen beziehen sich vorwiegend auf den Bereich des Gebets (Gebetsruf und -zeiten, rituelle Waschung).

Bei Schiiten kommt noch ein weiterer Aspekt hinzu, die Zusatzformel beim Gebetsruf *(Adhan)*: *„Ich bezeuge, dass Ali der Statthalter Gottes ist."* Gläubige Muslime obenso wie Staatengemeinschaften können sich einer bestimmten Rechtsauslegung anschließen, es gibt allerdings keine Verpflichtung dazu. Bestimmte islamistische Gruppen wie die Salafisten lehnen Rechtsschulen als unzulässige Neuerungen ohnehin grundsätzlich ab. Für sie gelten ausschließlich Koran und Sunna als Richtschnur.

LITERATUR Werner Ende, Udo Steinbach (Hrsg.): Der Islam in der Gegenwart. München 52005; Rüdiger Lohlker. Islamisches Recht. Wien 2012; Mathias Rohe. Das islamische Recht. Geschichte und Gegenwart. München 32011; Joseph Schacht. An Introduction to the Islamic Law. Oxford 1963; Silvia Tellenbach (Ed.): Strafgesetze der Islamischen Republik Iran. Berlin 1995

Revolutionsgarden → Pasdaran

Rial

Die iranische Landeswährung (Währungscode *IRR*) und offizielles Zahlungsmittel, die Untereinheit sind 100 Dinar. Der Rial löste 1925 die bis dahin gängige Währungseinheit → Tuman ab. Die Bezeichnung ist abgeleitet vom spanischen Real (königlich). Zehn Rial ergeben einen Tuman. Seit Dezember 2016 ist auf Beschluss der iranischen Regierung die alte Bezeichnung Toman wieder gültig, die bislang ohnehin im Alltag bei Preisangaben verwendet wurde. Da Banknoten weiterhin in Rial im Umlauf sind, muss eine Null gestrichen werden.

Iranischer Rial ist in Münzen und in Banknoten erhältlich. Im Umlauf befindliche Münzen sind: 50 Rial-, 100 Rial-, 250- Rial-, 500 Rial- und 1.000 Rial-Münzen.

Banknoten werden in 100 Rial-Einheiten, 200 IRR-, 500 IRR-, 1.000 IRR-, 5.000 IRR-, 10.000 IRR-, 20.000 IRR-, 50.000 IRR- und 100.000 IRR-Noten von der Zentralbank herausgegeben.

Es existieren in Iran drei parallele Wechselkurse des Toman: der offizielle Devisenwechselkurs, der Schwarzmarktkurs und der kaum noch relevante Referenzkurs. Die iranische Regierung legte mit Wirkung vom 10. April 2018 gegenüber dem US-Dollar einen festen Wechselkurs fest. Als Devisenkurs gilt: 1 EUR = 51709 IRR, das entspricht 5170 Tuman. Trotz einer positiven Wachstumsprognose für das laufende Jahr 2018 und gestiegener Einkünfte aus dem Export von Erdöl steigen die Inflation und damit der iranische Wechselkurs fast täglich. Ein Euro kostet im freien Handel Anfang Juli 2018 rund 10.500 Tuman.

In Iran können ausländische Kreditkarten und Reiseschecks nicht verwendet werden. Bargeldlose Zahlungen sind nur mit iranischen Kreditkarten möglich, die von den verschiedenen Kreditinstituten herausgegeben werden. Iran-Reisende müssen also genügend Bargeld mit sich führen. Vom Devisentausch auf dem Schwarzmarkt ist dringend abzuraten, zumal die Behörden den illegalen Geldtausch ständig beobachten.

INTERNETQUELLEN CentralBankoftheIslamicRepublicofIran,https://www.cbi.ir;https://www.tagesspiegel.de/politik/atomabkommen-mit-iran-internationale-warnungen-an-trump/21255208.html; https://www.bundesbank.de/Navigation/DE/Statistiken/Zeitreihen_Datenbanken/Makrooekonomische_Zeitreihen/its_details_properties_node.html?nsc=true&https=1&tsId=BBEX3.M.IRR.EUR.CA.AC.A01

Rouhani, Hassan

(*13.11.1948 in Sorkheh, Provinz Semnan)

Iranischer Kleriker und Politiker, seit dem 3.08.2013 siebter iranischer Staatspräsident. Rouhani bekleidet den mittleren Rang eines Hojatolleslams und besitzt den Grad eines Doktors der Rechtswissenschaftend der Glasgow Caledonian University (1999).

Rouhani wurde in eine religiöse Familie hineingeboren, der Vater war Händler und in Opposition zum Shah-Regime. Nach seiner Aubildung an einem religiösen Seminar in Semnan wechselte Rouhani nach → Qom und studierte dort sechs Jahre Rechtswissenschaften, er schloß das Studium als Rechtsgelehrter ab. Anschließend studierte er von 1969-1972 an der Universität in Teheran und beendete das Studium der Rechtswissenschaften. Zu Beginn der Proteste gegen den Shah ging Rouhani 1978 nach Paris zu → Ayatollah → Khomeini, um in dessen Islamischem Revolutionsrat mitzuarbeiten. Seine politische Karrriere begann nach der Rückkehr nach Tehran 1979 und Rouhani stieg dank der Unterstützung von Khomeini rasch in wichtige Ämter auf. Bereits 1980 wurde er Abgeordneter im iranischen Parlament und Mitglied der Iranischen Republikanischen Partei (IRP) bis zu deren Auflösung 1987. Rouhani wechselte in die neu gegründete Partei der „Vereinigung der kämfenden Geistlichkeit" von Ali Khamenei, der ihn von nun an protegierte. Zwischen 1983 bis 1989 bekleidete Rouhani wichtige politische Ämter im Obersten Verteidigungsrat und war stellvertretender Oberkommandiererender der iranischen Streitkräfte. Seit 1991 ist er im → Schlichtungsrat und seit 1998 Mitglied des → Expertenrats. Von Präsident Khatami wurde Rouhani 2003 zum Chefunterhändler bei den Atomgesprächen ernannt, trat jedoch 2005 unter Präsident → Ahmadinejad völlig überraschend von diesem Posten zuück. Sein Nachfolger wurde der heutige Parlamentspräsident Ali → Larijani. Seit 2013 ist Rouhani iranischer Staatspräsident, er wurde 2017 im Amt bestätigt. Rouhani gilt als reformorientiert, ist aber wie seine Vorgänger abhängig von der Gunst des Obersten Führers Khamenei.

Rushdie, Salman → Satanischen Verse, Die

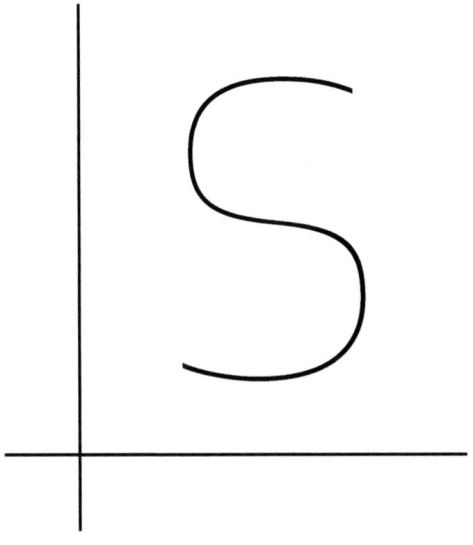

Safran

(pers. zafran, das Gelbe, lat. Crocus sativus)

Ist eine Krokusart mit violetter Blüte. Aus den Narben (Griffeln) dieser Blüte wird das gleichnamige Gewürz durch Trocknung gewonnen. Safran ist eine der teuersten Gewürzpflanzen der Welt. Die Pflanze stammt ursprünglich aus dem östlichen Mittelmeerraum und Kleinasien und wird heute vorwiegend in Iran, Kaschmir, Griechenland, Spanien und Portugal angebaut. Der beste und auch teuerste Safran stammt aus Iran. Um ein Kilo des Gewürzes zu erzeugen, ist die Menge von ca. 200.000 Blütennarben erforderlich. In seiner handelsüblichen Form wird das Gewürz in sehr geringen Mengen von wenigen Gramm verkauft. Safran behält bei sachgemäßer trockener und gut verschlossener Lagerung sein typisches Aroma über mehrere Jahre.

Safran besitzt ein unverwechselbares und sehr intensives Aroma und eine leuchtend gelbe Farbe. Für die Zubereitung von Speisen genügen wenige Safranfäden, die häufig in einem kleinen Mörser gemahlen und mit etwas warmem Wasser aufgelöst werden. Viele persische Gerichte sind ohne die Verwendung von Safran nicht möglich, der ihnen eine intensive gelbe Farbe und Geschmack verleiht. Verantwortlich für diese Eigenschaften sind drei Substanzen.

1. *Safranal* ist eine leicht flüchtige Substanz, die dem Gewürz einen kräftigen, aromatischen Duft verleiht,
2. *Picrocrocin* ist ein Bitterstoff, der einen bitter-süßen, rauchigen Geschmack erzeugt,
3. *Crocin* ist ein wasserlöslicher Stoff, der die leuchtend gelbe Farbe erzeugt, die Farb- und Aromastoffe sind nur in den Blütennarben enthalten, alle anderen Bestandteile der Blüten sind in dieser Hinsicht wertlos.

Eine weitere besondere Eigenschaft von Safran ist seine aphrodisierende Wirkung, die bereits im Altertum bekannt war. Wie viele andere Gewürze auch, hat Safran eine halluzinogene Wirkung. Eine größere Menge Safran kann für den Menschen tödlich sein.

LITERATUR Susanne Fischer-Rizzi. Das Safrankochbuch: Das Gold in der Küche. Aarau 52011; Rita Henss. Safran (kleine gourmandisen, Bd. 16). Wien 2017; Bill Laws. Zwiebel, Safran, Fingerhut. 50 Pflanzen, die unsere Welt verändert haben. Hildesheim 2014

Sanktionen

Aus dem Anhang V der VN-Resolution 2231 (2015) ergibt sich ein bestimmter zeitlicher Fahrplan, der letztendlich zu einer Aufhebung der Sanktionen gegen Iran führen soll.

1. Finalisation Day

Aufgrund des Wiener Abkommens (Atomvertrag) vom 14. 07.2015 zwischen den USA, Russland, China, Großbritannien, Frankreich, Deutschland (E3+3Verhandlungen) und Iran auf der Basis der Resolution UNSCR 2231 (2015) verpflichtete sich die Europäische Union, bis zum sogenannten Adoption Day am 18.10.2015, Rechtsakte zur Aussetzung bzw. Aufhebung von Wirtschafts- und Finanzsanktionen sowie Listen von Personen und Unternehmen zu veröffentlichen, die von den bestehenden Sanktionen betroffen waren.

2. Adoption Day

Der Adoption Day bezieht sich auf die Rechtswirksamkeit des JCPoA. Mit der Veröffentlichung des Beschlusses (GASP) 2015/1863 des Europäischen Rates vom 18.10.2015 (EU-Amtsblatt L 274/174) und der VO (EU) Nr. 2015/1861 bezüglich der Änderung der → Iran-Embargo VO (EU) Nr. 267/2012 und der Durchführungs-VO (EU) Nr. 2015/1862 zur Durchführung der Iran Embargo VO vom gleichen Tag (EU-Amtsblatt L 274/1, 274/161) hat die Europäische Union diese Verpflichtung erfüllt.

Nach Art. 2 UA 2 des Beschlusses (GASP) 2015/1863 gelten die Sanktionserleichterungen erst ab dem Zeitpunkt, an dem die Internationale Atomenergiebehörde (IAEO) dem UN-Sicherheitsrat bestätigt hat, dass Iran alle Maßnahmen gemäß Anhang V der Nummern 15.1 bis 15.11 des JCPoA erfüllt hat. Der Iran muss mit dem Rückbau des Nuklearprogramms beginnen (Abbau der Uran-Anreicherungskapazitäten).

3. Implementation Day

Am 16.01.2016 erfolgte die Bestätigung durch die IAEO, dass der Iran erste zentrale Schritte zum Rückbau seiner Atomanlagen umgesetzt hat. Zu diesem Zeitpunkt traten wesentliche Sanktionslockerungen in Kraft. Die Vereinbarung schafft eine Übergangssituation. Zum einen sollen die bestehenden Beschränkungen aufgehoben werden, zum anderen muss sichergestellt werden, dass der Iran die Auflagen des JCPoA erfüllt. Exporte und Dienstleistungen und deren Finanzierung, die den Wiedereinstieg des Irans in die Nukleartechnologie fördern könnten, unterliegen ab dem Implementation Day einer neuen Form von Verboten und Genehmigungspflichten.

4. Transition Day

Nach der endgültigen Bestätigung durch die IAEO, dass der Iran nukleares Material ausschließlich zu friedlichen Zwecken nutzt, oder spätestens nach acht Jahren erfolgt am Transition Day (2023) die Aufhebung der restlichen europäischen proliferationsbezogenen Sanktionen einschließlich der Listungen von Privatpersonen und Unternehmen. Davon unberührt bleiben die Sanktionen wegen Menschenrechtsverletzungen. Die iranische Regierung muss sich zu diesem Zeitpunkt um eine Ratifizierung des Zusatzprotokolls zum Nichtverbreitungsvertrag bemühen.

5. *Termination Day*

Am Termination Day, der voraussichtlich im Jahr 2025 ist, sollen die restlichen Sanktionen durch die Vereinten Nationen und die Europäische Union aufgehoben werden.

Unterdessen hat der amerikanische Präsident Trump am 08.05.2018 einseitig den Ausstieg der USA aus den Vereinbarungen mit Iran durch die Unterzeichnung des „National Security Presidential Memorandum" in Gang gesetzt. → Iran-Embargo

INTERNETQUELLEN Bundesamt für Wirtschaft und Ausfuhrkontrolle. Entwicklungen des Iran-Embargos. Eschborn 2017; German Trade & Invest (GTAI). Iran. Schwieriger Partner mit Potenzial. Bonn 2018;

Hinweis: Die Resolution 2231 (2015) ist über die Suchleiste auf der Website de Vereinten Nationen zu finden: http://www.un.org

Sassaniden

(pers. Sasaniyan)

Die letzte vorislamische persische Herrscher-Dynastie nach dem Ende der Parther (224 n. Chr.) und vor Beginn der arabischen Eroberung Irans im Jahr 642 (Schlacht bei Nihavand). Die Herrschaft der Sassaniden endete endgültig mit dem Tod des letzten Großkönigs *Yazdegerd III.* im Jahr 651. In der größten Ausdehnung erstreckte sich das Reich der Sassaniden über die heutigen Staaten Azerbaijan, Irak, Iran, Turkmenistan, Afghanistan und Pakistan. Über einen Zeitraum von mehr als 400 Jahren waren die Sassaniden in der antiken Welt die großen Gegenspieler des Römischen und Oströmischen Reischs (Byzanz), mit denen sie mehrere kriegerische Auseinandersetzungen (*Römisch-Persische Kriege*) führten. Zwischen den beiden antiken Großmächten gab es zwischen 387 und 540 auch eine langanhaltende Phase, in der beide Mächte friedliche Beziehungen zu einander unterhielten.

Der Name des sassanidischen Herrschergeschlechts geht auf den Ahnherrn *Sasan* zurück, der um 200 n. Chr. lebte. Als Gründer der neuen Dynastie gilt *Ardashir I.* (224-240), vormals ein Provinzfürst aus dem Süden Irans (*Persis*), der sich die innenpolitische Krise im Reich der Parther zunutze machte, deren letzten König, *Artabanos IV.*, 224 in einer Entscheidungsschlacht besiegte und anschließend dessen Thron bestieg. Um 226 eroberte Ardashir I. *Ktesiphon*, die damalige Reichshauptstadt der Parther, und baute sie zur Hauptstadt der Sassaniden aus. Als Herrscher einer neuen Dynastie legte er sich den Titel *Shahanshah*, König der Könige, zu. Mit der Namensgebung knüpfte er an eine „uralte Tradition" an, die Jahrhunderte später, von den → *Pahlavi* wieder aufgegriffen wurde. In der Folge gelang es Ardashir I. durch mehrere Kriege das sassanidische Reich weiter auszudehnen und nach Westen hin gegen die Römer zu stabilisieren. Nach dessen Tod trat sein Sohn *Shahpur I.* (240-270/72) die Nachfolge an und setzte die Expansion des Reichs unvermindert fort, dessen Grenzen im Osten erst am Indus endeten, während im Westen Kappadokien und Antiochia eingenommen werden konnten. Shahpur I. führte insgesamt drei erfolgreiche Feldzüge (Römisch-Persische Kriege) gegen die Römer, die gegen Iran wiederholt ins Feld gezogen waren. Beim dritten und letzten Feldzug wurde 260 in der Schlacht von Edessa (*Sanliurfa*) der römische Kaiser *Valerian* und sein Offiziersstab gefangen genommen und nach Ktesiphon gebracht. Valerian sollte aus dieser Gefangennahme nicht mehr frei kommen. Den Triumph über die Römer ließ Shahpur I. in einer Felseninschrift in *Naqsh-e Rostam* in der Nähe von Persepolis in den drei Sprachen, Mittelpersisch, Parthisch und Griechisch, verewigen. In Anlehnung an das Vorbild der Achämeniden unter *Kyros d. Gr.* übernahm Shahpur I. den Titel „König der Könige von Iran und Nicht-Iran", sein Macht- und Herrschaftsanspruch bezog sich auf das mythische *Eranshahr*, das Reich der Arier.

In der Regierungszeit von Shahpur I. wurde der Zoroastrismus (*Mazdaismus*), die ursprüngliche iranische Religion, auf Druck des sassanidischen Adels und des zoroastrischen Klerus zur Staatsreligion erhoben, zumal er im Wettstreit mit zahlreichen anderen religiösen Glaubensgemeinschaften (Manichäismus, → Juden, → Christen, Buddhisten) stand. Die christlichen Gemeinden lebten wie die übrigen Glaubensgemeinschaften lange Zeit völlig unbehelligt unter den Sassaniden. Das änderte sich allerdings, als die Christianisierung in Armenien, das nicht unter der Herrschaft des Sassaniden stand, und im Römischen Reich voranschritt und beide Reiche von den Sassaniden als Bedrohung Irans empfunden wurden.

Spätestens nach der „Konstantinischen Wende" im Jahr 313 galten die Christen als vermeintliche Sympathisanten der feindlichen Nachbarn im Westen und litten unter blutiger Verfolgung. Als auch in Byzanz Pogrome gegen die Christen ausbrachen, gewährte ihnen Shahpur I. Asyl. Als Reaktion auf die anhaltende Christenverfolgung trennten sich die christlichen Gemeinden von der Reichskirche und gründeten ihre eigene nestorianische (oströmische) Kirche, aus der die assyrische Kirchengemeinde hervorging. Über den gesamten Zeitraum der sassanidischen Geschichte wechselten sich Phasen der Toleranz gegenüber den christlichen Gemeinden mit denen ihrer Verfolgung ab. Im 4. Jh. wurde das sassanidische Reich im Nordosten Irans von den aus Zentralasien stammenden *Hephthaliten* wiederholt in kriegerische Auseinandersetzungen verwickelt. Zum Schutz gegen die ständigen Einfälle wurde die „Große Mauer in Gorgan", oft fälscherweise als „Alexanderwall" bezeichnet, errichtet. Die Mauer ist mit zahlreichen Festungen versehen und mehr als 200 km lang. Sie erstreckt sich vom Südosten des Kaspischen

Meeres bis zur Stadt *Gonbad-e Kavus* im Nordosten. Im Jahr 484 erlitten die Sassaniden gegen die Hephthaliten eine herbe Niederlage, bei der Großkönig *Peroz I.* 484 den Tod fand. Erst unter dem Sassaniden *Khosrow I.* (531–579) wurden die Hephthaliten 560 bei Buchara endgültig geschlagen. Unter der Herrschaft von Khosrow I. erlebte das sassanidische Reich eine Phase politischer Stabilität und Frieden und entfaltete seine größte Blüte. Der König mit dem Beinamen *Anushirwan* (mit der unsterblichen Seele) gilt als erfolgreicher Reformer der Verwaltung, als berühmter Baumeister und Förderer der Künste und der Wissenschaft.

Das mit seinem Gegenspieler, dem oströmischen Kaiser *Justinian* 532 vereinbarte Friedensabkommen (*Ewiger Friede*), wurde wenige Jahre später (540) von Khosrow I. wieder gebrochen und es kam erneut zu Kampfhandlungen zwischen Römern und Sassaniden, in deren Verlauf die Perser Syrien und Antiochia eroberten. Im Friedensvertrag von 562 verpflichteten die Römer sich zu Tributzahlungen an die Sassaniden. Die militärische Expansion unter Khosrow I. brachte im Süden 570 Oman und den Jemen unter sassanidischer Herrschaft und erleichterte somit die Kontrolle über die wichtigen Handelsrouten aus Südostasien (China).

Innenpolitisch war die Regentschaft von Khosrow I. wie die seiner Vorgänger und Nachfolger geprägt von ständigen Auseinandersetzungen zwischen den sassanidischen Adelsfamilien und dem zoroastrischen Klerus sowie von häufigen Thronwirren nach dem Ableben des Herrschers. Nach einer Revolte des Adels und des Militärs 590 unter General Bahram Chobin bestieg schließlich *Khosrow II. Parviz* (590–628) den Thron als letzter bedeutender Herrscher der Sassaniden. Khosrow II. war zunächst sehr erfolgreich bei seinen Feldzügen in Nordafrika (Syrien, Ägypten, dem heutigen Libyen) und dem Sudan. Der wieder aufgebrochene Zweifrontenkrieg gegen die Türken im Nordosten des Reichs und gegen das oströmische Reich von Byzanz überforderte allerdings das militärische Potenzial der sassanidischen Streitkräfte. Nach der Niederlage der Perser 627 bei Ninive gegen die Streitkräfte des oströmischen Kaisers *Herakleios* kam es zu einer Rebellion des sassanidischen Adels, die 628 zur Entmachtung und zur Ermordung des Königs führte. Innenpolitische Krisen und Thronwirren, aus denen wechselnde Herrscher hervorgingen sowie die beginnende arabische Invasion, besiegelten schließlich den endgültigen Niedergang der Sassaniden.

Als letzter Sassaniden-König bestieg *Yazdegerd III.* (632–651) den Thron und errang anfangs militärische Erfolge im Kampf gegen die Araber, die er 634 in der Schlacht bei Kufa (Irak) besiegte. Die arabischen Streitkräfte zogen sich nach Mesopotamien zurück. Dennoch war die Stellung des Königs wegen der ständigen innenpolitischen Auseinandersetzungen keineswegs gefestigt. Die Araber nutzten die Gunst der Stunde und siegten 636 am Fluss *Jarmuk* über das Heer des oströmischen Kaisers Herakleios. Dabei gingen die oströmischen Provinzen in Syrien und Palästina verloren. Zwei weitere militärische Auseinandersetzungen besiegelten schließlich das Schicksal des oströmischen Kaisers und das der Sassaniden. In der Entscheidungsschlacht bei Kadesia 638 gingen Ktesiphon und Mesopotamien endgültig verloren. Arabische Verbände eroberten 639 die persische Provinz Khuzestan und schlugen das Heer Yazdegerds III. 642 vernichtend in der Schlacht bei Nihavand. Yazdegerd III. selbst wurde 651 bei *Merw* im äußersten Nordosten des sassanidischen Reichs von einem Untergebenen ermordet.

Der Niedergang der letzten iranischen Dynastie der Sassaniden nach mehr als 400-jähriger Herrschaft ist nicht allein auf das Erstarken des Islams unter dem Kalifen *Umar* zurückzuführen. Es ist vor allem das Ergebnis eines massiven Verlusts der Autorität und des Ansehens der sassanidischen Könige seit Khosrow II. (590–628), die immer stärker in die Auseinandersetzungen zwischen den mächtigen aristokratischen Feudalherren und dem zoroastrischen Klerus hineingezogen wurden. Teile der sassanidischen Streitkräfte der Nordwest-Armee Azerbaijan kollaborierten mit arabischen Militärführern, umgekehrt arrangierte sich die sassanidische Aristokratie mit den arabischen Eroberern. Dennoch gab es bis weit in das 9. Jh. hinein in einigen Regionen Irans (Deylam) einen langanhaltenden Widerstand gegen die arabische Invasion.

LITERATUR Henning Bröm. Das Königreich der Sassaniden – Strukturen und Probleme aus althistorischer Sicht, in. Klio. Beiträge zur Alten Geschichte. Berlin 2008, Bd. 90, H. 2, S. 423–443; Richard N. Frye. The History of Ancient Iran. München 1984; ders., Persien bis zum Einbruch des Islam. Essen 1975; Theodor Nöldecke. Geschichte der Perser und Araber zur Zeit der Sassaniden. Aus der arabischen Chronik des Tabari. Leyden 1879; Hans Henning v. d. Osten. Die Perser. Essen o. J.; Klaus Schippmann. Grundzüge der Geschichte des Sasanidischen Reiches. Darmstadt 1990; Josef Wiesehöfer. Das antike Persien. Von 550 v. Chr. bis 650 n. Chr. Düsseldorf/Zürich 1998.

Satanischen Verse, Die

Titel eines Buchs des indisch-englischen Schriftstellers Salman Rushdie (* 19. Juni 1947 in Bombay, Indien), das nach seinem Erscheinen 1988 in der islamischen Welt heftige Proteste und gewalttätige Demonstrationen mit am Ende insgesamt 22 Toten verursachte. Vorausgegangen war eine → *Fatwa* (Rechtsgutachten) des iranischen Revolutionsführers Ayatollah → Khomeini, der in einer Radioansprache am 14.02.1989 Muslime in aller Welt zur Tötung des Autors aufforderte und zu diesem Zweck ein Kopfgeld in Höhe von 10 Mio. D-Mark auf ihn aussetzte und Rushdie quasi für „vogelfrei" erklärte. Khomeini begründete sein „Todesurteil" gegen den Autor mit der Behauptung, das Buch richte sich „gegen den Islam, den Propheten und den Koran", allerdings, ohne das Buch jemals gelesen zu haben. Die Existenz des Buches war bekannt geworden durch aufgebrachte Muslime, die sich an die Iranische Botschaft in London gewandt hatten. Der „Skandal" wurde zu einem Zeitpunkt publik, als die iranische Volkswirtschaft nach dem Ende des achtjährigen Krieges gegen den Irak (1980-88) praktisch zerstört und die iranische Gesellschaft den Verlust von mehreren Hunderttausenden Todesopfern zu beklagen hatte. In dieser instabilen innenpolitischen Situation konnte Khomeini sich als Sprachrohr und Verteidiger der Muslime profilieren und seine Position in Iran stabilisieren.

In Folge der Proteste kam es zu Bücherverbrennungen durch aufgebrachte Muslime in europäischen Städten, in Asien und in der islamischen Welt. In der iranischen Hauptstadt Teheran wurde die Britische Botschaft durch Demonstranten angegriffen. Es gab Bombendrohungen gegen die Fluggesellschaft British Airlines und Morddrohungen gegen Verleger und Übersetzer des Buches, die schließlich in der Ermordung des japanischen Übersetzers *Igarashi* im Juli 1999 in Tokio einen traurigen Höhepunkt fanden. Der Autor selbst musste nach Bekanntwerden der gegen ihn gerichteten Morddrohungen für Jahre untertauchen und wurde unter den Schutz der Polizei gestellt. In Pakistan kam es ebenfalls zu Toten bei Zusammenstößen zwischen Demonstranten und der Polizei. Nach den Todesdrohungen weigerten sich europäische Verlage zunächst, das Buch zu veröffentlichen, in London und New York (Viking-Penguin) war der Roman bereits erschienen. Mit dem zunehmenden politischen Druck durch die europäischen Regierungen und Protestnoten gerichtet an die iranische Regierung, schlossen sich in Deutschland 24 Verlage zu einer Verlagsgemeinschaft zusammen und veröffentlichten den Roman. Wegen der Androhung von Sanktionen gegen Iran bot der damalige iranische Staatspräsident → Khamenei schließlich an, Rushdie zu begnadigen, wenn er öffentlich bereue.

Der Titel des Buchs spielt auf eine Stelle im Koran an in Sure 53 (Vers 19 + 20), wonach dem Propheten vom Satan zwei Verse eingeflüstert worden sein sollen, was wenig später in der gleichen Sure (Verse 21-27) wieder aufgehoben wird. Die Handlung des Romans spielt im modernen Emigrantenmilieu der Asiaten in London und entwickelt in zwei Kapiteln eine Allegorie auf einen Propheten „Mahound", dem die Offenbarung Gottes zuteil wird, die ihm nicht vom Erzengel Gabriel (wie im Koran), sondern vom Satan selbst eingeflüstert wird. Dabei ist der fiktive Prophet Mahound unschwer als Mohammed zu erkennen, der und dessen Umfeld lächerlich gemacht werden. Der Roman ist „eine brisante Mischung aus Sakrileg und Sex", wie *Der Spiegel* (8/1989) schrieb und eine Blasphemie. Das Buch enthält außerdem provozierende Kommentare zu Politik, Moral und Kultur der westlichen und asiatischen Gesellschaften. Die Nachfrage war enorm, das Buch erschien in zahlreichen europäischen Sprachen und Auflagen. Salman Rushdie selbst distanzierte sich später von seinem Buch, drückte öffentlich sein Bedauern über die Todesopfer aus und bekannte sich zu den Werten des Islam. Dennoch muss er weiterhin unter Polizeischutz an unbekannten Orten leben.

Der oberste Führer des Iran, Ayatollah → Khamenei, erneuerte 2005 unterdessen die Fatwa Khomeinis. Sie ist bis heute gültig.

LITERATUR Almut Cieschinger. Rushdie-Affäre. Der Dichter und sein Henker. Der Spiegel 13. September 2009; Salam Rushdie. Die Satanischen Verse. Artikel 19 Verlag. o.O. 1989; Rushdie-Affäre. Der Spiegel Nr. 9, 27. Februar 1989

Seyyid

(arab. Herr, Seyyida für Frauen; pers. Seyyid bzw. Seyyideh)

Ehrenbezeichnung für Personen, die ihre Herkunft auf die Prophetenfamilie zurückführen (können). Ihnen wird in den islamischen Gesellschaften ein besonderer sozialer Status zugeschrieben. Im Iran gilt die Bezeichnung *Seyyid* nur für die direkten Nachkommen des Stammvaters der Schiiten, → Ali ibn Abi Talib und seiner Frau Fatima, Tochter des Propheten Mohammed. Als äußeres Erkennungsmerkmal tragen Seyyids als Religionsgelehrte einen schwarzen Turban (*Ammameh*) und eine braune oder schwarze Robe (*Aba*). Der schwarze Turban soll an das Martyrium von → Hussein in der Schlacht bei Kerbala erinnern und symbolisiert gleichzeitig die Verwandtschaft mit den Imamen. In Iran sind viele Ayatollahs als Seyyids mit der Prophetenfamilie verwandt. Alle anderen Ulama tragen einen weißen Turban. Nach Auskunft des Leiters der *National Organization for Civil Registration* sind ca. sechs Millionen Iraner aufgrund ihrer Herkunft als Seyyids einzustufen

Die Mehrheit der iranischen Seyyids ist arabischer Herkunft und sind Abkömmlinge des arabischen Stammes der *Banu Hashim*, ein Clan der in Mekka zur Zeit des Propheten herrschenden *Quraish*. Ihre Vorfahren sind während der Herrschaft der Safaviden zwischen dem 15. bis 17. Jh. aus den heutigen arabischen Ländern Syrien, Südlibanon, Bahrain und dem südlichen Irak nach Iran eingewandert. Als unter den Safaviden der schiitische Islam (→ *Zwölferschia*) offiziell zur Staatsreligion erhoben wurde, orientierte sich die iranische Bevölkerung noch mehrheitlich am Islam sunnitischer Prägung. Um die Konversion der Bevölkerung zum schiitischen Islam zu erreichen, wurden schiitische Religionsgelehrte (*Ulama*) aus den benachbarten arabischen Regionen eingeführt. Die Mehrheit dieser Ulama waren Seyyids und lehrten die Doktrin der Zwölferschia.

Seyyids genießen im Alltag eine Vielzahl von Privilegien, was bei vielen Iranern für Verärgerung sorgt. Der Ehrentitel eines Seyyids wird sowohl in männlicher als auch in weiblicher Linie vererbt. In arabischen Ländern wacht ein Beamter über den rechtmäßigen Anspruch auf den Titel. Die meisten Seyyids leben in Saudi-Arabien, in Iran ist ihre Zahl nach der Revolution von 1979 rasant gestiegen.

Bekannte Nachnamen von Seyyid-Familien in Iran sind: Husseini, Mousavi, Kazemi, Razavi, Tabataba'i, Hashemi, Hassani, Emami, Ladjevardi, Zaidi, Imamzadeh.

LITERATUR Werner Ende, Udo Steinbach (Hrsg.). Der Islam in der Gegenwart. Bonn 2005; Marimotu Kazuo (Ed.). Seyyids and Sharifs in Muslim Societies. The Living Links to the Prophet. London 2012;

Schatt al-Arab

(arab. Küste der Araber, pers. Arvandrud)

Ist ein Fluss zwischen dem Irak und Iran, der über weite Strecken die natürliche Grenze zwischen beiden Staaten bildet. Iraner nennen den Schatt al-Arab dagegen *Arvandrud*. Der Name wurde unter dem → Pahlavi-Regime als offizielle Bezeichnung eingeführt, ist aber wesentlich älter und vermutlich → sassanidischen Ursprungs. Ein Fluss mit dem Namen Arvandrud wird bereits in dem iranischen Königsepos *Shahnameh* des Dichters → Ferdowsi aus dem Jahr 1.000 n. Chr. verwendet. Der Schatt al-Arab/Arvandrud entsteht auf irakischem Staatsgebiet beim Zusammenfluss von Euphrat und Tigris etwa 60 km nordwestlich der irakischen Stadt Basra. Der Fluss ist 193 km lang und mündet 50 km unterhalb von → Abadan in den Persischen Golf. Sein südlicher Verlauf bildet zugleich die Grenze zwischen Iran und Irak. In der Vergangenheit kam es wiederholt zwischen Iran und Irak zu Streitigkeiten über den Grenzverlauf, der in mehreren Verträgen vereinbart wurde, die 1969 von dem damaligen Shah-Regime jedoch aufgekündigt wurden. Erst 1975 einigten sich beide Staaten im Abkommen von Algier über die Talweglinie als Grenzverlauf. Die Vereinbarung wurde 1980 zu Beginn des Iran-Irak-Krieges (1980-88) von der irakischen Regierung unter Saddam Hussein aufgekündigt, nach dem Ende des Krieges, den keine der Parteien gewinnen konnte, wieder hergestellt.

LITERATUR Eckart Ehlers. Iran. Grundzüge einer geographischen Landeskunde. Darmstadt 1980; Henner Fürtig. Kleine Geschichte des Irak. Von der Gründung 1921 bis zur Gegenwart. München 2003; Ulrich Gehrke, Harald Mehner (Hrsg.). Iran. Natur. Bevölkerung. Geschichte. Kultur. Staat. Wirtschaft. Tübingen/Basel 21976; Bernhard Zand. Pulverfass am Schatt al-Arab. Der Spiegel 28.03.2017

Scharia

(arab. der vorgeschriebene Weg)

Ist die Gesamtheit aller göttlichen Gebote, wie sie im Koran und in den → Hadithen festgelegt sind. Im modernen Sprachgebrauch bezeichnet der Begriff das islamische Recht. Die Scharia wird heute vor allem mit drakonischen Strafen, den Körperstrafen wie Auspeitschen, Amputieren von Gliedmaßen, Enthaupten oder das Steinigen gleichgesetzt. Sie beinhaltet jedoch ein viel umfassenderes juristisches Konzept, das von den verschiedenen islamischen → Rechtsschulen zum Teil unterschiedlich ausgelegt wird. Grundlage der Scharia sind moralische Wertvorstellungen und Normen und nicht abstrakte Rechtsvorstellungen oder -konzepte wie sie in westlich orientierten Gesellschaften üblich sind.

Im Zuge der islamischen Eroberungen war es erforderlich geworden, für die alltägliche Rechtspraxis ein einheitliches Recht zu entwickeln. Diese Aufgabe wurde von den → Ulema (Religionsgelehrte) übernommen, die eine eigenständige Rechtswissenschaft (Fiqh) entwickelten, welche sämtlichen Fragen der Gläubigen beantworten sollte. Die Scharia hat den Anspruch, alle Bereiche des menschlichen Lebens wie das Persönlichkeits- und Strafrecht sowie die Speiseverbote und die Beziehung des Menschen zu Gott (Allah) zu regeln.

Die Scharia unterscheidet zwischen dem, was:

- verpflichtend
- empfohlen
- erlaubt (neutral)
- geduldet (nicht verboten)
- zu unterlassen und
- verboten (haram) ist.

In den Verfassungen verschiedener islamischer Staaten wird die Scharia heute als *eine* Quelle der Rechtsprechung akzeptiert, sie koexistiert mit einer aus Europa übernommenen Gesetzgebung. Dies sind jene Staaten, die unter europäischer oder osmanischer Herrschaft standen. In einigen anderen islamischen Staaten wie Iran, Saudi-Arabien, Oman, Pakistan, Sudan und Afghanistan wird die Scharia, von wenigen Ausnahmen abgesehen, als alleinige Quelle der Rechtsordnung angesehen.

Eine Kernforderung islamischer Fundamentalisten (Salafisten, al-Qaida, ISIS bzw. Islamischer Staat u. a.) ist die Forderung nach einer Re-Islamisierung orientalischer Gesellschaften auf den Grundlagen der Scharia. Auffälligstes Merkmal der Scharia in europäischen Gesellschaften ist die Einhaltung der islamischen Kleiderordnung bei Musliminnen (→ Kopftuch, Tschador, Abaya) in der Öffentlichkeit.

LITERATUR Ralf Elger (Hrsg.): Kleines Islam-Lexikon. Geschichte. Alltag. Kultur. München 2001; Werner Ende, Udo Steinbach (Hrsg.). Der Islam in der Gegenwart. München 52005; Rüdiger Lohlker. Islamisches Recht. Wien/Stuttgart 2011; Tilman Nagel. Das islamische Recht. Eine Einführung. Westhofen 2001; Mathias Rohe. Das islamische Recht. Geschichte und Gegenwart. München 2011; Eduard Sachau. Das Recht der Scharia. Frankfurt/M. 2004; Joseph Schacht. An Introduktion to Islamic Law. Oxford 1964

Schiiten

Die Wurzeln der Schiiten reichen zurück bis auf den Streit um die Nachfolge des Propheten Mohammed, der 632 starb und zu Lebzeiten keine eindeutige Nachfolgeregelung hinterließ. Das Gros seiner Anhänger votierte damals für eine von der Gemeinschaft der Gläubigen (→ Umma) zu wählende Führung, die der vier Rechtgeleiteten Kalifen. Durch die Wahl fühlten sich die nahen Verwandten Mohammeds um ihre Rechte betrogen. In mehreren kriegerischen Auseinandersetzungen formierten sich die Schiiten als deren Partei (*Shi'at Ali*), während sunnitische Dynastien das Kalifat stellten und das arabische Weltreich begründeten und führten.

Die schiitische Minderheit spaltete sich in verschiedene Strömungen auf (→ Fünfer,- Siebener- und → Zwölferschiiten). Historisch bedeutsam im Rahmen der Geschichte der Schiiten wurden die sogenannten Siebener-Schiiten, auch als → Ismailiten bekannt geworden. Sie sind davon überzeugt, dass sie beim Übergang vom sechsten auf den siebten Imam als rechtmäßige Erben des Propheten übergangen wurden. Gegen diese in ihren Augen ungerechte Vorgehensweise entwickelten die Ismailiten eine Form der Kriegführung, die aus dem Verborgenen heraus ihre Gegner durch gezielte Anschläge in aller Öffentlichkeit tötete. Die Sekte der (→ Assassinen) entwickelte bereits sehr früh eine Geheimlehre, die ihre Anhänger in der islamischen Welt verbreiteten. Die Assassinen hatten eine straffe Organisationsform, ihre Anhänger waren den Führern zu absolutem Gehorsam bis hin zur Selbstaufgabe als Märtyrer verpflichtet, denen das Paradies versprochen wurde. Das historische Beispiel der Assassinen dient heutigen islamistischen Selbstmordattentätern als Vorbild.

Sunniten	Schiiten
Vier rechtgeleitete Kalifen: Abu Bakr, Umar, Uthman, Ali ibn Abi Talib	Ali ist der legitime Nachfolger Muhammads
Drei Quellen religiöser Normen: Koran, Sunna, Hadithe	Vier Quellen religiöser Normen: Koran, Sunna, Hadithe und der Konsens der Imame als Quellen religiöser Normen
Vier Rechtsschulen: Hanbaliten, Malikiten, Hanafiten, Shafiiten	Eine Rechtsschule: Jafariten
Der Koran ist das geoffenbarte Wort Gottes	Der Koran ist erschaffen, nicht geoffenbart
Schiiten gelten als Abtrünnige	Sunniten gelten als das gemeine Volk
	Taqiyeh oder Ketman (Verbergen des wahren Glaubens)
Unterschiedliche religiöse Bräuche und Normen	

Tabelle: eigene Anfertigung

LITERATUR Werner Ende, Udo Steinbach (Hrsg.). Der Islam in der Gegenwart. München 52005; Heinz Kalm. Die Schia. Darmstadt 1988

Schlichtungsrat

(pers. Majma'-e Tashkhis-e Maslehat-e Nezam)

1986 per Dekret von Revolutionsführer Ayatollah → Khomeini ins Leben gerufen. Innerhalb des iranischen Staatswesens kommt diesem Gremium eine Schlüsselrolle zu. Es fungiert gleichsam als Mediator und Schlichter zwischen dem Parlament und dem Wächterrat und besitzt die letzte Entscheidungskompetenz in allen Streitfällen. Gesetze, die den Schlichtungsrat passiert haben, können von keiner anderen Institution mehr blockiert werden. Dieses 35-köpfige Gremium setzt sich aus Vertretern der Regierung zusammen, aus ehemaligen Politikern, Mitgliedern des Wächterrates und den ehemaligen Chefs der Sicherheitskräfte. Sie werden unterschieden in ständige Experten, deren Amtszeit fünf Jahre dauert und in variable Experten, deren Amtszeit nach drei Jahren ausläuft. Die Mitglieder des Schlichtungsrates werden vom „Obersten Führer" ernannt. Mindestens einmal im Monat kommen dessen Mitglieder zusammen, sie entscheiden per Mehrheitsbeschluss.

Shahada

(arab. Zeugnis)

Glaubensbekenntnis und eine der → fünf Säulen des Islams. Die Shahada ist die sehr persönliche Bestätigung eines Muslims, nur dem einen Gott dienen zu wollen. Im Koran wird die Shahada an zwei Stellen erwähnt: in Sure 37:35 und in Sure 47:19. Zum Muslim wird jemand als Kind muslimischer Eltern oder durch Konversion, wenn eine Person in Anwesenheit zweier Muslime als Zeugen das islamische Glaubensbekenntnis ausspricht:

„Ich bezeuge, dass es keinen Gott außer Allah gibt und dass Mohammed sein Gesandter ist."

Auf Arabisch lautet die Formel:

„La ilaha illah(u) Muhammadun rasulu 'llah", es gibt keinen Gott außer Allah und Muhammad ist sein Prophet.

→ Schiiten fügen häufig noch hinzu:

„Ali ist der Freund Gottes."

Dieses Dogma wird täglich mehrmals durch den Gebetsrufer (Muezzin) in den Moscheen verkündet.

LITERATUR Der Koran, übersetzt und eingeleitet von Hans Zirker. Darmstadt 22007; Werner Ende, Udo Steinbach /Hrsg.). Der Islam in der Gegenwart. München 52005; Ralf Elger (Hrsg.). Kleines Islam-Lexikon. Geschichte. Alltag. Kultur. München 2001; Adel Theodor Khoury. Ludwig Hagemann. Peter Heine (Hrsg.). Islam-Lexikon. Geschichte. Ideen. Gestalten. Freiburg 1991;

Soleimani, Qassem

Seit 1998 Brigade-General und Oberkommandierender der Al-Quds-Einheit, eine Division der iranischen Revolutionsgarden → Pasdaran (IRGC), die außerhalb des Iran (Afghanistan, Irak, Jemen, Syrien und Libanon) Spezialeinsätze durchführt. Nach eigenen Angaben kontrolliert Soleimani „*die Politik Irans gegenüber dem Irak, dem Libanon, dem Gazastreifen und Afghanistan.*" In einer SMS aus dem Jahr 2008 an den damaligen ranghöchsten amerikanischen General im Irak, David Petraeus, schrieb Soleimani, „*jeder Botschafter in Bagdad ist ein al-Quds-Mitglied. Und derjenige, der ihn ersetzen wird, ist ebenfalls ein al-Quds-Mitglied.*"

Nach Angaben aus amerikanischen Sicherheitskreisen unterstützt die Al-Quds-Einheit terroristische Organisationen weltweit und wurde erstmals am 23.05.2011 und in den folgenden Jahren von den USA wiederholt „under the Iran, North Korea, and Syria Nonproliferation Act" durch das „U. S. Department of the Treasury's Office of Foreign Assets Control" (OFAC) mit Sanktionen (Executive Order 13224) belegt (*Specially Designated Nationals List*). Die Europäische Union (EU) hat sich diesem Vorgehen angeschlossen.

Soleimani wurde 1957 in Rabord in der Provinz Kerman im Südosten des Iran geboren und soll nach der Grundschule in Kerman zunächst als Bauarbeiter und ab 1975 bei der regionalen Wasserbehörde gearbeitet haben. Über eine angebliche Beteiligung an Protesten gegen das damalige Shah-Regime gibt es keinerlei Hinweise. In den späten 1970er-Jahren soll Soleimani bei Moscheebesuchen einen Wanderprediger namens Hojja Kamyab kennengelernt haben, der aus dem religiösen Umfeld des späteren Obersten Revolutionsführers Ali → Khamenei stammte. Kurze Zeit nach der Islamischen Revolution 1979 schloß sich Soleimani den neugegründeten Revolutionsgarden (Pasdaran) an und durchlief dort eine militärische Grundausbildung. Anschließend wurde er in Iran auf „spezielle Missionen" geschickt und war 1979/80 an der Niederschlagung der Rebellion der Kurden in Mahabad (Nordwestiran) beteiligt, was seiner militärischen Karriere einen Schub verlieh. Nach dem Ausbruch des Iran-Irak-Krieges (1980–88) kämpfte Soleimani bis zum Ende des Krieges an „allen Fronten und in allen Schlachten". Diese Kriegserfahrung soll einen tiefen Eindruck auf ihn hinterlassen haben.

Nach dem Ende des Kriegs kämpfte Soleimani im Osten Irans an der Grenze zu Afghanistan erfolgreich gegen afghanisch-iranische Drogenkartelle und wurde 1998 zur Kommandeur der al-Quds-Einheit befördert, die für „spezielle Auslandsoperationen" vorgesehen ist. Unter dem Kommando von Soleimani wurde die Zusammenarbeit mit den schiitischen Milizen im Libanon (→ Hezbollah) und im Irak weiter ausgebaut ebenso wie mit der sunnitischen → Hamas im Gaza-Streifen. Seitdem sind libanesische Hezbollah-Kämpfer im syrischen Bürgerkrieg zur Unterstützung des Asad-Regimes gemeinsam mit iranischen al-Quds-Einheiten im Einsatz. Die iranische Regierung verfolgt das Ziel der Schaffung einer „Widerstandsachse" Iran-Irak-Syrien-Libanon, die sich gegen den erklärten „Erzfeind" Israel und seinen Verbündeten die USA richtet. Das ferne Ziel ist die Eroberung von Jerusalem (arab. *Al-Quds*), nach iranisch-arabisch-palästinensischer Lesart als Akt der „Befreiung", von der israelischen Besatzungsmacht.

Nach der US-Invasion in den Irak verübten von Iran finanzierte schiitische Milizen gemeinsam mit Angehörigen der al-Quds-Brigaden zahlreiche „blutige (Vergeltungs-) Attentate gegen US-Militärs" und gegen irakische Sunniten. Der Einfluss Irans im Irak ist indes viel weitreichender. Soleimani soll ebenso bei der Besetzung wichtiger politischer Ämter innerhalb der irakischen Regierung mitentscheiden. Als 2011 im benachbarten Syrien der Aufstand gegen Asad begann und die syrische Armee die Kontrolle über das Land zu verlieren drohte, veranlasste Soleimani den Transport von zehntausenden von schiitischen Milizionären aus dem Iran (→ Basij), aus dem Libanon und dem Irak nach Syrien, wo sie an Kampfhandlungen gegen die Aufständischen unter iranischem Kommando teilnahmen. Ohne massive iranische und russische Unterstützung wäre ein Überleben des Asad-Regimes nicht möglich gewesen.

Als Vertreter der iranischen Außenpolitik im Mittleren Osten ist Soleimani allein dem Obersten Führer Khamenei verantwortlich, der ihn 2005 als einen „lebenden Märtyrer der Iranischen Revolution" bezeichnete. Soleimani gilt als absolut loyal → Khamenei gegenüber.

LITERATUR Ali Alfoneh. Worse than a sore loser, chief commander of Iran's al-Quds-Force is a bad winner, The Arab Weekly, 24 June 2018, unter: https://thearabweekly.com/worse-sore-loser-chief-commander-irans-al-quds-force-bad-winner;

Martin Chulov. Qassem Soleimani: the Iranian general ‚secretly running' Iraq, The Guradian, 28 July 2011; Dexter Filkins. The Shadow Commander. Qassem Soleimani ist he Iranian operative who has been reshaping the Middle East. Now he's directing Assad's war in Syria. The New Yorker, 30 September 2013; Ali Mamouni. The Enigma of Qassem Soleimani And His Role in Iraq, Al-Monitor 13 October 2013; Martina Sabra. Der Mann hinter den Kulissen. Porträt: Qassem Soleimani, in: Qantara vom 16.07.2014, unter: http://de.qantara.de/inhalt/portraet-qassem-soleimani-der-mann-hinter-den-kulissen; https://www.iranwatch.org/iranian-entities/irgc-quds-force

Stiftungen → Auqaf

Taleghani, Ayatollah Mahmud

(*05.03.1911 Galird bei Taleghan, Provinz Alborz)

Taleghani war ein schiitischer Religionsgelehrter (*alim*) und Reformgeistlicher und gilt als der große moderate Gegenspieler des späteren Revolutionsführers Ayatollah → Khomeini, der ihn als einen missliebigen Konkurrenten betrachtete. Das Leben dieses Geistlichen stand von Beginn an im Zeichen politischen Wirkens. Während der von Khomeini 1963 im Zuge der Landreform von Shah Mohammed Reza Pahlavi angezettelten Unruhen wurde Taleghani erstmals verhaftet und zu vier Jahren Gefängnis verurteilt. Kurz nach seiner Haftentlassung wurde er wegen seiner unbeugsamen Haltung erneut zu weiteren zehn Jahren Haft verurteilt und erst 1978 vom letzten iranischen Premierminister Jafar Sharif Emami angesichts der sich anbahnenden Revolution freigelassen. Bis zu seiner Freilassung hatte er mehr als 15 Jahre seines Lebens in Gefängnissen verbracht. Bereits in den 1950er-Jahren unterstützte Taleghani den späteren Premierminister Mohammed Mossadegh bei dessen Plänen für die Verstaatlichung der iranischen Erdölanlagen.

Nach dem vom britischen Auslandsgeheimdienst MI6 und der CIA organisierten und durchgeführten Staatsstreich (Operation Ajax), der den jungen Shah Mohammed Reza → Pahlavi erstmals an die Macht brachte, wurde Taleghani verhaftet. Taleghani gehörte 1957 zusammen mit dem späteren ersten Ministerpräsidenten nach der Revolution, Mehdi → Bazargan und dem iranischen Soziologen Ali Shariati, zu den Mitbegründern der *Nationalen Widerstandsbewegung* und gründete 1961 die *Iranische Freiheitsbewegung*. In den 1970er-Jahren lebte er in Zabol im Südosten Irans (Sistan-Baluchestan) und danach in Kerman in der Verbannung.

Ayatollah Taleghani war über die Jahrzehnte der eigentliche Motor des Aufstands gegen das Shah-Regime. Vielen Iranern gilt er als *der* Führer der Islamischen Revolution bis zur Rückkehr Khomeinis aus seinem französischen Exil im Februar 1979. Taleghani versuchte zeitlebens schiitische Glaubensinhalte mit marxistischen Ideen zu verschmelzen und vertrat eine konsequent progressive linksgerichtete Haltung. Das von ihm propagierte Prinzip der Volkssouveränität stand dabei im krassen Widerspruch zu den Plänen Khomeinis. Nach der Revolution wurde Taleghani von Khomeini zum ersten Freitagsprediger von Teheran ernannt und leitete bis zu seinem plötzlichen Tod am 9. 09.1979 den neugegründeten → Expertenrat. Nur drei Tage später beschloss die Expertenversammlung Khomeinis Konzept der „Herrschaft des Obersten Rechtsgelehrten" (→ Velayat-e Faqih) als zukünftige Regierungsform. Die wahren Umstände, die zum Tod von Ayatollah Taleghani geführt haben, sind bis heute ungeklärt. Seine beiden Söhne behaupteten damals, er sei ermordet worden.

LITERATUR Mark Bowden. Guests oft the Ayatollah. The Iranian Hostage Crisis: The First Battle in America's War with Militant Islam. New York 2006; Hans-Peter Drögemüller. Iranisches Tagebuch. 5 Jahre Revolution. Hamburg 1983

Teheran

(pers. Tehran)

Hauptstadt der Islamischen Republik Iran sowie der gleichnamigen Provinz. Die Stadt liegt am Südrand des → Alborz-Gebirges auf dem zentraliranischen Hochlandplateau und am Nordrand der Wüste *Dasht-e Kavir* auf einer Höhe von 1191 Metern über dem Meeresspiegel. Das Stadtgebiet umfasst eine Fläche von 707 km², die der Metropolregion 13.692 Quadratkilometer. Nach dem offiziellen Zensus von 2016 beträgt die Gesamtbevölkerung der Stadt 8,7 Mio. Menschen, inoffiziell ist sie um ein Vielfaches höher. Die Provinz Teheran wird von 12,2 Mio. Menschen (2016) bewohnt. Stadt und Provinz, beherbergen zusammen ein Viertel der Gesamtbevölkerung Irans. Teheran weist nach der Stadt → Qom (95,2%) den höchsten Urbanisierungsgrad (92,8%) in ganz Iran auf. Auf einem Quadratkilometer leben 890 Menschen.

Über Herkunft und Bedeutung des Namens existieren unterschiedliche Auffassungen. Sie reichen von „warmer Ort" (Tir-an) bis „unter Ray" in Anspielung an ihre geographische Lage als unmittelbar nördlich der Stadt *Ray* (das antike Rhages) gelegen. Ray war bis zu seiner Zerstörung durch die einfallenden Mongolen 1228 die alte Hauptstadt der Meder.

Teheran ist der wirtschaftliche, politische und kulturelle Mittelpunkt Irans und durch eine Kombination verschiedener hochrangiger Funktionen gekennzeichnet. Sie ist das Zentrum von Verwaltung und Regierung, das dominierende Handelszentrum und der größte Industriestandort des Landes, das internationale → Banken-, Versicherungs- und Konzernzentrum, größter Teppichhandelsplatz der Erde und nicht zuletzt der bevorzugte Residenzort der nationalen Elite. Alle Teile Irans sind von der Hauptstadt Teheran direkt oder indirekt abhängig. Das war nicht immer so.

Auf der Konferenz von Teheran (28.11. bis 01.12.1943), an der J. Stalin, W. Churchill und F. D. Roosevelt teilnahmen, wurde die von Stalin geforderte Errichtung einer zweiten Front in Europa durch Landung alliierter Truppenverbände in der Normandie und in Südfrankreich im Sommer 1944 mit der gleichzeitigen sowjetischen Offensive koordiniert, die sowjetische Beteiligung am Krieg gegen Japan in Aussicht gestellt und die „Westverschiebung" Polens zugunsten der Sowjetunion geplant.

Über die Vorgeschichte von Teheran ist wenig bekannt. Die früheste Erwähnung stammt von *Ibn al-Balkhi* (Ebn al Balki), der in seinem Buch über die Geschichte der Provinz → Fars (*Fars-nameh*), verfasst zwischen 1108–1116 n. Chr., den Ort als eine kleine Ansiedlung beschreibt, die zehn km nördlich von Ray lag und bekannt für ihren Gartenbau war. Die frühen Bewohner sollen in den Vorgebirgen in Höhlen gelebt haben.

Die Stadt-Geschichte von Teheran beginnt 1554 unter dem Safaviden-Herrscher *Shah Tahmasp I.* (1514–76). Zu der Zeit wurde der Ort mit einer Stadtmauer umgeben, versehen mit 114 Wachtürmen (analog zu den 114 Suren des → Korans) und einem Wassergraben. Innerhalb der Stadtmauer wurde ein zentraler Marktplatz (*Basar*) angelegt mit einem linearen Grundriss, auf dem die Läden sich aneinander reihten. Dahinter entstanden mit der Zeit Warenhäuser. Die Stadt hatte in ihren Mauern damals Platz für mehr als 100.000 Einwohner, eine Größe, die allerdings erst im 19. Jh. erreicht wurde. Sein Nachfolger *Shah Abbas d. Gr.* (1571–1629) ließ Straßen und Alleen anlegen, dennoch blieb Teheran als Residenz für die Safaviden nur von untergeordneter Bedeutung. Deren eigentliche Hauptstadt war und blieb *Qazvin*, die 150 km nordwestlich von Teheran gelegen war.

Unter dem Qajaren *Agha Mohammed Khan* wurde Teheran 1795 zur Residenz und Hauptstadt gemacht und löste damit → Shiraz ab. Die Stadt lag in der Mitte der West-Ost-Achse des Persischen Reiches, hatte ein mildes Klima und gute Böden. Aus wirtschaftlicher und strategischer Sicht war sie eher unbedeutend. Die Stadtfläche umfasste vier Quadratkilometer, war in fünf Stadtteile aufgeteilt, nur teilweise bebaut, hatte 3.000 Häuser und war von einer Mauer umgeben. Innerhalb der Stadtmauer mit ihren sechs Stadttoren beherbergte Teheran 30 Moscheen und Koranschulen, es gab kaum befestigte Straßen, die eine Verbindung zur Zitadelle und den Stadttoren herstellten. Den weitaus größeren Teil nahmen Gärten, Parks und Felder ein. Von den 15.000 Einwohnern waren 3.000 Soldaten.

Der Aufstieg von Teheran zur Metropole begann erst zu Beginn des 19. Jahrhunderts unter *Naser ad-Din Shah* (1848–96). Um 1857 wurde mit dem Ausbau der Stadt nach europäischem Vorbild begonnen. Die alte Befestigungsmauer wurde eingerissen, der funktionslose Schutzgraben mit dem Material des geschleiften Mauerwerks aufgefüllt. Breite Ausfallstraßen und ein Straßenring entlang der alten Stadtmauer sollten das Wirtschaftsleben in der Stadt begünstigen. In den Jahren zwischen 1868 und 1874 wurde ein neues Befestigungssystem errichtet mit nunmehr zwölf Stadttoren und einer Gesamtlänge von 16 km. Die Stadtfläche wurde auf 20 Quadratkilometer erweitert, was einem Verfünffachen des ursprünglichen Stadtgebietes entsprach. Bereits 1869 ergab eine Volkszählung die Einwohnerzahl von 155.000 Menschen, wenige Jahrzehnte (ab 1900) später war Teheran die größte Stadt in Iran. Im Jahr 1873 brach *Naser ad-Din Shah* zur ersten Europa-Reise eines persischen Monarchen auf und besuchte unter anderem auch Berlin, wo er vom deutschen Kaiser empfangen wurde. Die auf der Reise gewonnenen Eindrücke fanden ihren Niederschlag in der Stadtarchitektur.

Im Oktober 1925 wurde der letzte Qajarenherrscher *Ahmad Mirza Shah* vom iranischen Parlament nach einem Militärputsch abgesetzt und der ehemalige Kommandeur einer Kosackenbrigade, *Reza Khan* (1925-41), im Dezember zum Shah ernannt. Mit der Thronbesteigung Reza Khans, dem Begründer der → Pahlavi-Dynastie, begann die planmäßige Industrialisierung und Modernisierung des Landes, so vor allem der Ausbau der Infrastruktur. Noch 1925 war mit dem Abriß der Altstadt begonnen worden, 1930 wurde ein Gemeinde-Gesetz erlassen, das als Grundlage für die Realisierung einer ersten städtebaulichen Gesamtplanung diente. Für den Bau großer Straßen musste die alte Stadtmauer weichen.

Mit dem Bau der Transiranischen Eisenbahn (1927-38) unter der Leitung eines dänisch-schwedischen Konsortiums (Kampsax) wurde die Hauptstadt Teheran im Norden mit dem Kaspischen Meer und im Süden mit dem Persischen Golf verbunden. Die Eisenbahn wurde 1939 eingeweiht und diente während des Zweiten Weltkriegs als Transportweg für die Alliierten Streitkräfte. Unter Reza Shah Pahlavi veränderte sich auch die Stadtstruktur von Teheran in schnellen Schritten. In den folgenden Jahren wurden verschiedene Ministerien und andere öffentliche Gebäude (Bahnhof, Gerichtsgebäude, Universitätsgebäude für Medizin und Recht, Campus der Universität) errichtet. Die „neue dominierende Architektur" brach mit der Tradition und kopierte einen europäischen Stil, den sie mit „neo-achämenidischen Einflüssen" kombinierte. Die Moderne hatte Einzug gehalten.

Die Kriegsjahre brachten trotz der offiziell verkündeten Neutralität Irans eine Zäsur in politischer und wirtschaftlicher Hinsicht. Die beiden Großmächte Großbritannien und die Sowjetunion zwangen Reza Shah Pahlavi am 25. August 1941 zur Abdankung und deportierten ihn ins Exil nach Südafrika. Als sein Nachfolger wurde sein Sohn *Mohammed Reza Shah Pahlavi* (1941-79) am 17. September 1941 vereidigt. Die beiden Mächte teilten Iran in drei Zonen ein: die nördliche Zone wurde von den Sowjets verwaltet, die südliche Zone mit den Erdölgebieten fiel an die Briten. Unter iranischer Verwaltung blieb ein schmaler Streifen in der Mitte.

Nach Kriegsende lag die iranische Wirtschaft vollständig am Boden und konnte nur mit amerikanischer Wirtschaftshilfe wieder in Gang gebracht werden. Dank der gestiegenen Einnahmen aus der seit 1951 verstaatlichten Erdölindustrie und dem Tourismusgeschäft erlebte Teheran in den 1960er-Jahren einen regelrechten Bauboom. Das iranische Parlament verabschiedete 1968 einen auf 25 Jahre angelegten Masterplan für Teheran.

Zur Stadt gehören zwei Flughäfen, der frühere Mehrabad International Airport wird seit 2014 nur noch für Inlandsflüge verwendet und der Emam → Khomeini International Airport, ca. 50 km außerhalb von Teheran ist ausschließlich für internationale Flüge.

Mit Unterstützung ausländischer Planer wurden ehrgeizige städtebauliche Projekte in Angriff genommen. Es wurden Bildungs- und Gesundheitseinrichtungen, Sport- und Freizeitanlagen gebaut. Die Stadt wuchs in der Fläche wie in der Höhe. Im Norden entstand ein neues Stadtzentrum, im Westen wurde eine neue Siedlung (*Shahrak Ekbatan*) angelegt. Die bekannteste und längste Straße (19 km) Teherans ist die *Khiaban-e Valiasr* (früher: Khiaban-e Pahlavi). Sie führt vom Bahnhof im Süden von Teheran zum Meydan-e Tajrish im Norden. Unter Reza Shah ausgebaut, bildet sie die Hauptachse der Stadt und teilt diese in einen westlichen und einen östlichen Teil. Nach der Islamischen Revolution wurde sie wie viele Straßen umbenannt. *Valiasr* ist arabischen Ursprungs und bedeutet „Prinz der Zeit", eine Anspielung an den Verborgenen Zwölften Imam *Mohammed* → *al-Mahdi*. Die fortschreitende Urbanisierung, etwa 70 % aller Iraner leben in Städten, läßt auch die Hauptstadt ständig weiter wachsen. Allein im Norden sind ihr durch das Alborz-Gebirge natürliche Grenzen gesetzt.

Nach dem Tod von Ayatollah Khomeini 1989 wurde etwa zehn km südlich von Teheran mit dem Bau eines riesigen Mausoleums, dem Aramgah-e Emam Khomeini, begonnen. Der Schrein liegt an der Strecke vom Flughafen Emam Khomeini International Airport und beherbergt heute das Grab Khomeinis und das seines zweiten Sohns Ahmad. Die Anlage befindet sich weiterhin im Bau. Der gesamte Komplex wird sich nach seiner Fertigstellung über 20 km erstrecken. Geplant sind ein Universitäts- und Tourismuszentrum sowie eine Einkaufspassage. Der Schrein ist in Form eines großen rechteckigen Platzes angelegt und ähnelt damit der Anlage einer Moschee. Wegen seiner farbigen Beleuchtung ist er besonders nachts weithin sichtbar.

LITERATUR Heinz Gaube. Iranian Cities. New York 1979; Lawrence Lockhart. Persian Cities. London 1960; Thomas Meyer-Wieser. Architekturführer Iran. Teheran/Isfahan/Shiraz. Berlin 2016; Martin Seeger. Teheran. Eine stadtgeographische Studie. Wien/New York 1978

Trauermonate → Ashura

Tschador → Hejab

Tuman → Rial

Turkmenen

Sind die direkten Nachfahren der *Oghuzen*, die im 10. Jh. aus der Altairegion stammend die Dynastie der *Seljuken* (1040-1194) errichteten und weite Teile Irans beherrschten. Die Mehrheit der Turkmenen lebt heute in der Republik Turkmenistan, kleinere Volksgruppen in Nordwestiran (Golestan) sowie in der Turkmenensteppe in Khorassan (Ostiran), in Nord-Afghanistan und West-Usbekistan. Turkmenen leben in der Türkei, Syrien, Irak, Jordanien und Russland. Sie sind wie die Kurden sunnitische Muslime und in Klans und Stämmen organisiert und unterscheiden sich sowohl in ihrer Physiognomie (größere Statur, mongolische Gesichtszüge) als auch in ihrer Kultur von anderen ethnischen Gruppen in Iran. Die Sprache ist eng verwandt mit dem Osmanisch-Türkischen (Altaische Sprachfamilie). Turkmenen waren bis ins 19. Jh. hinein als kriegerische Reiternomaden gefürchtet. Vor ihren Überfällen suchten iranische Städte Schutz durch die Anlage mächtiger Befestigungsanlagen. Alte historische Berichte beschreiben sie als kriegerisches Volk, das neben der Viehhaltung von Überfällen auf Karawanen und vom Sklavenhandel lebte. Durch die Ausweitung der Landwirtschaft im 20. Jh. sind viele Turkmenen sesshaft geworden, betreiben häufig weiterhin ihre Pferdezucht. Sie sind berühmt für ihre Knüpfteppiche (Buchara-Teppiche). Auf die Forderung nach mehr politischer Autonomie nach der Islamischen Revolution reagierte die iranische Regierung mit militärischem Druck. Vielen Iranern gelten Turkmenen als räuberisch und unberechenbar, nicht zuletzt aufgrund der historischen Erfahrungen, zumal ihre mobile Lebensweise ohnehin als suspekt erscheint.

Ulama

(arab., Gelehrte, sg. Alim, im Sinne von Wissender)

Der Begriff hat eine rein religiöse Bedeutung und bezeichnet islamische Religionsgelehrte. In den islamischen Gesellschaften sind sie ein eigener Berufsstand. In der islamischen Welt gibt es keine der katholischen Kirche vergleichbare einheitliche Organisationsform wie den Klerus. Als Gelehrte galten in der Frühzeit des Islams Personen, die den → Koran rezitieren und die → Hadithe (Aussprüche des Propheten) auswendig konnten. Heute muss ein angehender Geistlicher das Studium der Traditionswissenschaften des Islams, Offenbarung und Auslegung des Korans, Hadith-Studien, Studium des islamischen Rechts (*Fiqh*) und der Philosophie sowie der arabischen Sprache, absolvieren.

Die Formalisierung des islamischen Bildungswesens in den Ländern des sunnitischen Islams erfolgte erst im 13. Jh. im Osmanischen Reich. Der Besuch von Schulen (Madrasa) mit einer festgelegten Hierarchie der Lehrenden und einem geregelten Prüfungswesen wurde obligatorisch für die Anerkennung als Gelehrter. Die Einrichtung der religiösen Seminare (*Madrasa*) band die Ulama an eine bestimmte Einrichtung und sorgte dafür, dass die Religionsgelehrten sich nun nicht länger der Kontrolle durch einen säkularen Herrscher entziehen konnten. Zu den heute bedeutenden islamischen Lehreinrichtungen zählt grenzübergreifend die al-Azhar-Universität in Kairo und die Qarawiyin Hochschule in Fes (Marokko). Wer als

Absolvent einer dieser Hochschulen sein Studium beendet hat, kann als Imam (Vorbeter und Leiter) oder Muezzin (Ausrufer) oder Prediger einer → Moschee tätig werden, als Lehrer oder Jurist in den Staatsdienst wechseln. Ihre gesellschaftliche Stellung in den islamischen Ländern ist heute sehr unterschiedlich. Generell ist eher ein signifikanter Verlust von Autorität und Einfluss der Ulama festzustellen. Ulama haben keine politischen Ämter inne und nehmen selten zu tagespolitischen Themen öffentlich Stellung.

Im Vergleich zu den sunnitischen Ulama ist die Stellung der schiitischen Religionsgelehrten in Iran anders. Dort üben sie einen starken politischen Einfluss auf ihre Anhängerschaft aus. Schiitische Gelehrte im Rang eines → Ayatollah verstehen sich als Stellvertreter des Verborgenen Imams al-→ Mahdi, für den sie während der Dauer seiner Abwesenheit das Amt des religiösen und weltlichen Herrschers beanspruchen. Dank ihrer Einkünfte aus den religiösen Stiftungen (→ Auqaf), den obligatorischen → Zakat-Steuern und den religiösen Schreinen (Aramgah) verfügen die Ulama über beträchtliche finanzielle Mittel, was sie von staatlicher Unterstützung unabhängig macht. Schiitische Gelehrte wie z. B. → Khomeini sind oder waren zudem seit Generationen Großgrundbesitzer, weshalb sie in Opposition zu der im Rahmen der → Weißen Revolution des Shahs begonnenen Landreform standen. Die Landreform sah eine Umverteilung des Landes von Großgrundbesitzern an kleinere Landarbeiter vor in einer Zeit (1961), in der 75% der arbeitenden Bevölkerung Irans in der Landwirtschaft beschäftigt waren, von ihren Einkünften jedoch kaum leben konnten.

Schiitische Ayatollahs haben im Verlauf der iranischen Geschichte wiederholt in die Politik der Monarchen eingegriffen (Konstitutionelle Revolution von 1905, Tabakprotest) und so politische Veränderungen herbeigeführt. Ihren Höhepunkt erreichten diese Interventionen in der vorrevolutionären Phase 1978 und während der islamischen Revolution, die 1979 letztendlich zum Sturz der Monarchie und zur Errichtung der Islamischen Republik unter der Führung von Ayatollah Khomeini (1902-89) führte. Als sein Nachfolger im Amt ist seit 1989 Ayatollah Ali → Khamenei. In dieser Funktion ist er nicht nur die höchste geistliche, sondern auch die oberste politische Instanz, Oberbefehlshaber der iranischen Streitkräfte und das Staatsoberhaupt des Iran.

LITERATUR Hamid Algar, Religion and State in Iran, 1785-1906: The Role of the Ulama in the Qajar Period. Berkeley 1980; Nikki R. Keddie (Ed.): Scholars, Saints, and Sufis. Muslim Religious Institutions since 1500. Berkeley 1978; Michael M. J. Fischer. Iran. From Religious Dispute to Revolution. Cambridge, MA. 1980; Roy Mottahedeh. Der Mantel des Propheten oder das Leben eines persischen Mullah zwischen Religion und Politik. München 1987

Umma

(arab. (Glaubens-)Gemeinschaft, Volk)

Bezeichnet die Gemeinschaft aller Muslime unabhängig von ihrer spezifischen Zugehörigkeit zu einer bestimmten Ausrichtung des Islams. Nach dem → Koran gilt die islamische Gemeinschaft als ein Volk, das aus allen anderen Gemeinschaften hervorragt. Die Umma ist die geistige und kulturelle Heimat aller Muslime. Sie ist das Symbol für die Einheit Gottes. Muslime sind Angehörige des *Dar al-Islam* (Haus des Islams). Es ist Pflicht der Umma, für die Verbreitung des Islams zu sorgen, bis die Gemeinschaft die gesamte Menschheit umfasst.

„Ihr seid die beste Gemeinschaft, die für die Menschen hervorgebracht worden ist. Ihr gebietet das Rechte, untersagt das Verwerfliche und glaubt an Gott. Wenn die Leute der Schrift glaubten, wäre es besser für sie. Unter ihnen sind Gläubige, die meisten von ihnen aber sind Frevler." (Koran 3:110, nach H. Zirker)

Die islamische Gemeinschaft in Medina zu Lebzeiten des Propheten Muhammad, und für eine kurze Zeit nach dessen Tod unter der Leitung der sogenannten vier rechtgeleiteten Kalifen, gilt Muslimen bis heute als der Urtyp aller Gemeinschaften und das Idealbild der Umma. Mit dem *Schisma* und der Aufspaltung der ursprünglichen Glaubensgemeinschaft in die beiden konkurrierenden Zweige der Sunniten und Schiiten zerbrach die Umma. Vielen Muslimen gilt die Umma als beste aller möglichen Lebensweisen, weshalb sie auf deren Wiederherstellung hoffen. Nach islamischem Selbstverständnis gilt in der Gemeinschaft der Muslime allein der Wille Gottes. Die gesamte Lebenswirklichkeit wird von Gottes Vorstellungen von einer gerechten Gemeinschaft bestimmt. Der Prophet Muhammad ist der Verkünder der göttlichen Botschaft.

Der Gebrauch der arabischen Sprache bei allen religiösen Handlungen ist ein weiteres Merkmal der Verbundenheit. Die Aufnahme in die Umma geschieht bei Kindern von Muslimen bei der Geburt. Nicht-Muslime werden durch das Aussprechen der → *Shahada* in Gegenwart von zwei muslimischen Zeugen verbindlich Mitglied der islamischen Gemeinschaft. Ein Austritt (→ *Apostasie*) aus der islamischen Glaubensgemeinschaft oder ein Wechsel zu einer anderen Religion ist Muslimen untersagt. Die Umma versteht sich auch als eine staatenübergreifende politische Gemeinschaft, daher gilt ein Austritt als Hochverrat, der mit der Todesstrafe geahndet werden kann. Die Loyalität von Muslimen zu ihrer Umma ist stärker ausgeprägt als gegenüber anderen Formen der staatliche Organisation.

Lit.: Werner Ende, Udo Steinbach. Der Islam in der Gegenwart. München ⁵2005; Tilman Nagel. Staat und Glaubensgemeinschaft im Islam. Zürich 1981; A. Hourani: Arabic Thought in the Liberal Age. Oxford 1962

Verschwörungstheorien

Sind Versuche, schädliche oder ungewollte soziale Ereignisse oder Konsequenzen den Aktivitäten bestimmter Personen oder Gruppen zuzuschreiben, deren Wirken zielgerichtet und konspirativ ist und einem meist illegalen oder illegitimen Zweck dient. In Iran sind Verschwörungstheorien populär und allgegenwärtig. Sie sind leicht zu instrumentalisierende Erklärungsmuster und werden wie feste Überzeugungen gehandhabt. Konspiratives Denken ist kein typisch iranisches Phänomen. In allen Gesellschaften versuchen Individuen oder Gruppen, historische oder politische Ereignisse mithilfe verschwörungstheoretischer Argumente zu erklären. Die Erscheinungsformen und die Art ihrer Verbreitung spiegeln in gewisser Weise auch den Entwicklungsstand (vormodern vs. modern) einer bestimmten Gesellschaft wider. Bei Verschwörungstheorien ist nicht der Wahrheitsgehalt einer Aussage entscheidend/wichtig, sondern deren Plausibilität. Während in westlichen Gesellschaften konspiratives Denken meist in Zeiten allgemeiner Unsicherheit oder Verunsicherung, in Kriegszeiten, bei Revolutionen oder in wirtschaftlichen Krisenzeiten, auftritt und meist auf Randgruppen beschränkt bleibt, ist es in Iran omnipräsent und omnipotent.

Konspiratives Denken beschränkt sich nicht auf eine bestimmte gesellschaftliche Gruppe, sondern durchzieht das gesamte politische Spektrum von den Royalisten über die Nationalisten, Kommunisten bis hin zu den Khomeinisten. Die meisten dieser Theorien basieren auf einem einfachen Dualismus, demzufolge die Welt zwischen guten und bösen Mächten aufgeteilt ist, wobei das Böse den Lauf der Welt bestimmt. Verschwörungstheorien sind das treibende Moment (in) der Geschichte, die von dämonischen Kräften mit transzendenter Macht in Bewegung gesetzt wird. Ein besonderes Merkmal des konspirativen Denkens ist der Kampf um die Deutungshoheit, um die richtige Interpretation der Großen Theorie der Konspiration. Viele der in Iran gängigen Verschwörungstheorien sind zu einem guten Teil auf die historischen Erfahrungen der vergangenen zwei Jahrhunderte zurückzuführen.

In der ersten Hälfte des 19. Jhs. verlor Iran in drei verlustreichen Kriegen (1804-13; 1826-28: *Russisch-Persische Kriege*; 1856/57: *Britisch-Persischer Krieg*) große Teile seines ursprünglichen Staatsgebietes im Norden und im Kaukasus. Das Land erlebte im frühen 20. Jh. drei Militärputsche unter imperialem Einfluss (1908: Bombardierung des neu konstituierten iranischen Parlaments durch eine Kosackenbrigade unter Beteiligung zaristischer Offiziere; 1921: Sturz der iranischen Regierung durch den Militärputsch von Reza Shah und seiner Kosackenbrigade mit Unterstützung durch britische Offiziere und 1953: Sturz der Regierung von Premier Mossadegh durch einen Putsch, organisiert von CIA und dem brit. MI6-Geheimdienst). Populär sind zwei Kategorien von Verschwörungstheorien:

1. Theorien, die an den Einfluss imperialer Großmächte glauben,
2. Theorien, die an den Einfluss satanischer Mächte glauben.

Zu den prominentesten Theorien zählen:

- Verschwörungstheorien, die den ehemaligen Kolonialmächten vorwerfen, Iran ausgebeutet und das iranische Volk zu unterdrückt zu haben (England, Russland);
- Verschwörungstheorien, die den Briten vorwerfen, den letzten Qajarenherrscher übervorteilt (Tabakmonopol, Erdölkonzession) und zu haben, um sich den Reichtum Irans zu sichern ;
- Verschwörungstheorien, die der CIA vorwerfen, die demokratisch gewählte Regierung Mossadegh gestürzt zu haben und die iranische Politik seitdem zu beeinflussen;
- Verschwörungstheorien über Mächte, die mit dem Satan im Bunde stehen (Freimaurer, Kommunisten, KGB, Zionisten, Baha'i);
- Verschwörungstheorien über den Einfluss der USA, Israel, Saudi-Arabiens (Isolierung Irans im Mittleren Osten, Angst vor einer Umzingelung) und der Vereinten Nationen (im aktuellen Atomstreit).

Für → Ayatollah Khomeini war die Bedrohung Irans und der islamischen Welt durch ausländische Mächte ein reales Szenario. In seinen Büchern und bei seinen öffentlichen Auftritten beschwor er die fortwährende Gefahr, die von einer sogenannten *Fünften Kolonne* ausging. Die kolonialistische Verschwörung sei für den Niedergang der islamischen Welt verantwortlich, eine verzerrte Darstellung des Islams habe zu Verwerfungen und zur Spaltung der Muslime in Sunniten und Schiiten geführt. Der Westen habe jahrzehntelang Orientalisten in die islamischen Länder geschickt, um Islam und → Koran falsch zu interpretieren und die Muslime mit säkularen westlichen Ideologien (Sozialismus, Liberalismus, Nationalismus und Monarchismus) zu infiltrieren. Besonders die Briten hätten immer wieder versucht, das Land in innenpolitische Krisen zu stürzen, so z. B. während der Konstitutionellen Revolution 1905.

Auch im Verlauf der Islamischen Revolution sah er die ganze Welt gegen den Iran. Marxisten und Royalisten hätten die noch junge Republik gefährdet und die nationalen Minderheiten im Land aufgewiegelt, sodass diese Autonomiebestrebungen entwickelten. Es gab praktisch nichts und niemanden, der nicht von Khomeini verdächtigt wurde, dem Islam und Iran schaden zu wollen. Erwartungsgemäß fiel diese Form der Paranoia nicht nur bei den Unterstützern Khomeinis auf fruchtbaren Boden. Jede iranische Regierung seit 1979 hat sich bislang dieses Mittels bedient. Generell wird jedem Andersdenkenden mit dem Vorwurf der Konspiration begegnet, was letztendlich jede Form von Repression rechtfertigt. Eine der häufigsten Anschuldigungen gegen Regimegegner ist der Vorwurf der Spionagetätigkeit für das Ausland, ein Verdacht, der unter keinen Umständen zu widerlegen ist und mit der Todesstrafe geahndet wird.

Konspirative Erklärungsansätze helfen Politikern, ihre Politik schon im Ansatz zu legitimieren und Entscheidungen lassen sich im Nachhinein leichter rechtfertigen. So im Fall des iranischen Atomprogramms, das aus Angst vor einer militärischen Auseinandersetzung mit den USA und Saudi-Arabien entwickelt wurde. Verschwörungstheorien liefern vor allem Argumente, die zum Überwinden des politischen Gegners erforderlich sind. Genauso wichtig wie ihre politische ist ihre soziale Funktion. Verschwörungstheorien erzeugen ein Gefühl der Gemeinschaft, der Solidarität, indem sie einen Konsens der Meinungen über scheinbar unerklärliche Phänomene schaffen. Ihre psychologische Funktion besteht darin, dass sie individuellen Ängsten eine nachvollziehbare Bedeutung geben.

Lit.: Michael Butter. Wer regiert wirklich die Welt? Internationale Gesellschaft für Politik, 8. Mai 2017; Karl Hepfer. Verschwörungstheorien. Eine philosophische Kritik der Unvernunft. Bielefeld 2015; Daniel Pipes. Verschwörung. Faszination und Macht des Geheimen. München 1998

Velayat-e Faqih

Herrschaft des anerkannten Rechtsgelehrten. Seit 1979 steht ein schiitischer Geistlicher an der Spitze des Staates. Er wird von einem → Expertenrat aus 86 Geistlichen auf Lebenszeit gewählt (Art. 107 der Verfassung). Der Expertenrat hat ferner die Befugnis, den obersten Revolutionsführer zu überwachen und ihn ggf. auch wieder abzusetzen. Seit → Khomeinis Tod 1989 hat dieses Amt Ayatollah Ali → Khamenei inne. Das Amt des Revolutionsführers ist nach der Verfassung (Art. 110) mit einer fast grenzenlosen Machtfülle ausgestattet. Der Revolutionsführer legt die Richtlinien für die iranische Innen- und Außenpolitik fest und kann über ein Veto quasi alle politischen Entscheidungen widerrufen. Er ist ferner der Oberbefehlshaber der Streitkräfte und der Sicherheitsorgane. Er kann den Kriegszustand ausrufen oder den Friedenszustand. Der Revolutionsführer ernennt oder entlässt:

- den Oberbefehlshaber der regulären Armee und der Sicherheitskräfte
- den Justizminister
- den Oberbefehlshaber der Revolutionsgarden (*Pasdaran*)
- den Vorsitzenden der staatlichen Rundfunk- und Fernsehanstalten (IRIB)
- die sechs geistlichen Rechtsgelehrten des Wächterrats
- die → *Imame* der Freitagspredigten in ganz Iran.

Ihm direkt unterstellt ist ein auf vier Jahre gewählter Staatspräsident, der als Leiter der Exekutive die Minister ernennt. Nach der Verfassungsreform von 1989 wurde die Stellung des Präsidenten gestärkt und das Amt des Premierministers abgeschafft.

Alle staatlichen Institutionen sind nach einem dualistischen Prinzip organisiert. In der Justizverwaltung urteilen neben den regulären Gerichten sog. Revolutionsgerichte. Für die Landesverteidigung existieren neben der regulären Armee seit 1979 die Revolutionsgarden (→ *Pasdaran*). Dem → Parlament (*Madjles-e Shura-ye Eslami*) gegenübergestellt wurde der → Wächterrat (*Shura-ye Negahban*), der quasi als Oberhaus fungiert. Der Wächterrat prüft die vom Parlament verabschiedeten Gesetze auf ihre Konformität mit der Verfassung und dem islamischen Recht. Bei Streitfällen kann ein Schlichtungsrat (*Majma'e Tashkis-e Maslehat-e Nezam*) einberufen werden.

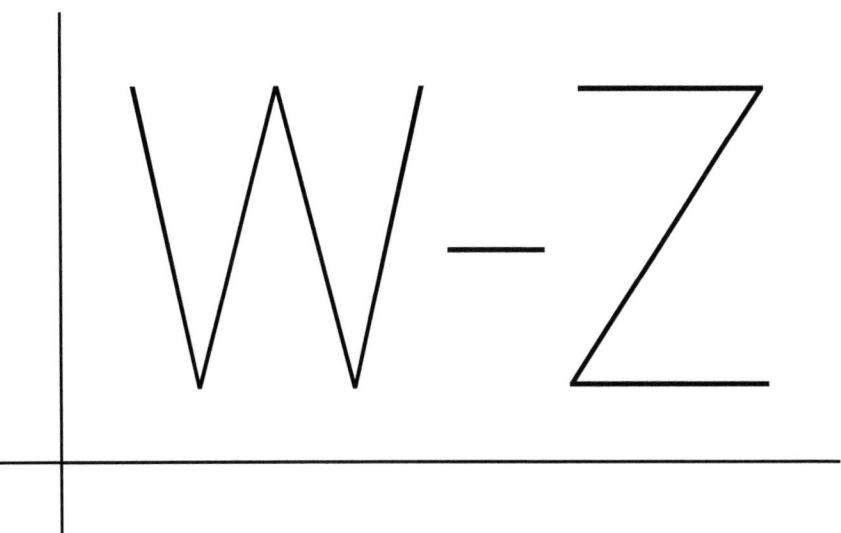

© Springer Fachmedien Wiesbaden GmbH, ein Teil von Springer Nature 2019
M. Gorges, *Kleines Iran-Lexikon*, https://doi.org/10.1007/978-3-658-23698-4_13

Wächterrat

(Shura-ye Neghaban)

Eine der einflussreichsten Institutionen innerhalb des politischen Systems. Er setzt sich aus zwölf Mitgliedern zusammen, darunter sind sechs geistliche und sechs weltliche Juristen. Die geistlichen Mitglieder entsendet der Revolutionsführer direkt in dieses Gremium, während die übrigen sechs Mitglieder auf Vorschlag des Justizministers aus einem Kreis von zwölf Kandidaten ausgewählt werden. Die Amtsdauer beträgt jeweils drei Jahre und kann um weitere drei Jahre verlängert werden.

Der Wächterrat überprüft die vom → Parlament verabschiedeten Gesetze auf ihre Konformität mit der islamischen Verfassung und der islamischen Lehre. Treten Widersprüche auf, wird ein Gesetzesvorschlag abgewiesen und dem Parlament zur Revision erneut vorgelegt. Eine weitaus bedeutendere Funktion des Wächterrats ist die Entscheidung über die Zulassung von geeigneten Kandidaten zu den Wahlen. Iraner, die also für ein politisches Amt kandidieren, müssen sich einer Überprüfung durch den Wächterrat auf ihre persönliche/politische Eignung unterziehen. Weibliche Kandidaten haben demnach kaum Chancen auf einen Abgeordnetensitz im iranischen Parlament. Eine eher konservative Ausrichtung bei der Besetzung dieses Gremiums sorgt also letztendlich für ein mit konservativen Politikern besetztes Parlament, das nicht nur die politische Diskussion bestimmt, sondern auch die aktuelle Tagespolitik. Schließlich befindet der Wächterrat über das Wahlergebnis.

Währung → Rial

Wasser → Qanate

Weiße Revolution

(pers. Enghelab-e Sefid)

Oberbegriff für ein von Shah Mohammed Reza → Pahlavi 1963 beschlossenes, 12 Punkte umfassendes wirtschaftliches und soziales Reformprogramm, das anfänglich als „Weiße Revolution" und nach der Entlassung von Premierminister Amini (1962) als „Revolution des Shahs und des Volks" (*Enghelab-e Shah va Mardom*) umgesetzt wurde. Die ersten sechs Punkte seines Reformprogramms ließ sich der Shah in einer Volksbefragung am 26.01.1963 (6. Bahman 1341) mit einer überwältigenden Mehrheit bestätigen.

Bestandteile dieses Programms waren:

1. Landreform
2. Verstaatlichung des Waldbesitzes
3. Privatisierung staatlicher Industriebetriebe
4. Beteiligung der Arbeiter am Gewinn
5. Reform des Wahlgesetzes (einschl. Wahlrecht für Frauen)
6. Alphabetisierung der ländlichen Bevölkerung durch „Schaffung einer Armee des Wissens"

In den folgenden Jahren von 1964-67 wurden weitere sechs Punkte festgelegt:
1. Verbesserung der medizinischen Versorgung durch Bildung eines „Gesundheitskorps" (1964)
2. Bildung eines Dorf- und Entwicklungskorps (1964)
3. Einrichtung von Dorfschiedsgerichten („Häuser der Gerechtigkeit") 1965
4. Verstaatlichung der Wasserressourcen (1967)
5. Aufbauprogramm zwecks Verbesserung des Lebensstandards (1967)
6. Reform des Verwaltungs- und Erziehungswesens (1967)

Jahre vor Beginn des anspruchsvollen Reformprogramms waren wiederholt Reformen versprochen, jedoch nie realisiert worden. Den vermutlich entscheidenden Anlass brachte schließlich die wirtschaftliche, politische und soziale Krise, die Iran in den Jahren 1960/61 erfasst hatte. Nach dem Ende der Mossadegh-Ära und dem Staatsstreich von 1953 (Operation Ajax) war es dem Shah mithilfe der Armee und mit US-amerikanischer Unterstützung gelungen, das Land nach einem Jahrzehnt der innenpolitischen Unruhe zu stabilisieren. Das gelang nur durch die konsequente Unterdrückung jeglicher Opposition und mit „vorbereiteten Kandidatenlisten" für die 1960 anstehenden Wahlen.

Die ersten sechs Punkte des Reformprogramms wurden noch unter Premierminister *Ali Amini* erarbeitet, dem der Shah am 11.11.1961 den Auftrag erteilt hatte, ein entsprechendes Programm zu erarbeiten. Kern dieses Programms bildeten eine Landreform und ein Wahlrecht für Frauen. Zu Beginn der geplanten Landreform war Iran ein reiner Agrarstaat, in dem 75 % der arbeitenden Bevölkerung in der Landwirtschaft tätig waren. Etwa 50 % der landwirtschaftlich nutzbaren Fläche befanden sich im Eigentum von Großgrundbesitzern, deren Grundbesitz über Besitzurkunden verbrieft war, die sich allerdings nicht auf ein bestimmtes, vermessenes Grundstück bezogen, sondern auf ganze Dörfer und das dazu gehörende Land. Weitere 20 % waren im Besitz der religiösen Stiftungen (→ *Auqaf*), 10 % befanden sich in staatlichem Eigentum und weitere 10 % waren Eigentum freier

Bauern. Die Großgrundbesitzer mussten nun einen Teil ihres Grundbesitzes an den Staat verkaufen, der es dann zu einem wesentlich niedrigeren Preis an die verarmten Bauern verkaufte. Die Bauern konnten vom Staat gewährte günstige Kredite in Anspruch nehmen, wenn sie bereit waren, sich zu landwirtschaftlichen Genossenschaften zusammenzuschließen.

Im Zuge der Landreform wurden in einem ersten Schritt 500.000 ha des bebaubaren Ackerlandes an 30.000 mittellose Bauernfamilien und kleine Landarbeiter vergeben. Gegen diese Form der staatlichen Enteignung wehrten sich der schiitische Klerus unter Führung des späteren Revolutionsführers Ayatollah → Khomeini im Verein mit den Großgrundbesitzern. Nach einer Rede Khomeinis am 05.06.1963 kam es in → Qom, → Teheran, → Shiraz und Mashad zu gewalttätigen Protesten, die von der Regierung unter Einsatz der Armee beendet wurden. Khomeini wurde als Aufrührer verhaftet und zu einer Gefängnisstrafe verurteilt. Dennoch brachte ihm dieses Ereignis landesweite Aufmerksamkeit ein und steht am Anfang seiner politischen Karriere, die 1979 in die Islamische Revolution mündete und letztendlich zur Machtübernahme führte.

Ebenso auf Ablehnung stieß bei der schiitischen Geistlichkeit das Wahlrecht für Frauen, das mit ihren konservativen Vorstellungen von der Rolle der Frau in Ehe und Gesellschaft kollidierte. In diesem Punkt wurden sie von den Basarhändlern und einer breiten Schicht in der Bevölkerung unterstützt. Am 27.02.1963 erließ der Shah schließlich ein Dekret, mit dem Frauen das allgemeine und freie Wahlrecht zugestanden wurde.

Im Rahmen des Programms zu Alphabetisierung der Landbevölkerung wurde 1963 im Parlament ein Gesetz verabschiedet, mit dem junge Wehrpflichtige beiderlei Geschlechts nach dem Abitur zu Hilfslehrern einer „Armee des Wissens" (*Sepash-e danesh*) ausgebildet wurden. Die jungen Leute wurden anschließend auf die Dörfer geschickt, wo sie Dorfschulen einrichteten und die lokale Bevölkerung im Lesen und Schreiben unterrichteten.

Neben der Verbesserung der schulischen Infrastruktur verabschiedete das Parlament ein weiteres Gesetz zum Aufbau einer Gesundheitsarmee (Sepah-e behdasht), die auf dem Land eine medizinische Grundversorgung aufbauen sollte. Dazu wurden junge wehrpflichtige Mediziner vom Dienst in der Armee freigestellt und auf dem Land eingesetzt.

Ein weiterer Eckstein des Programms der Weißen Revolution war die Einrichtung einer Armee für den Wiederaufbau von Dörfern und die Verbesserung der dörflichen Infrastruktur (*Sepah-e tarvij va abadani*). Das Gesetz wurde am 09.02.1965 verabschiedet. Wehrpflichtige wurden in Kooperation mit dem Landwirtschafts- und dem Wohnungsbauministerium darin ausgebildet, bei der Modernisierung der Landwirtschaft und dem Bau von Schulen und Bädern zu helfen.

Insgesamt führte das Programm der „Weißen Revolution" zwar zu punktuellen Verbesserungen im Bildungsbereich und in der medizinischen Versorgung in den ländlichen Regionen. Dennoch blieb das Bildungsniveau gerade der ländlichen Bevölkerung hinter den Erwartungen zurück und Maßnahmen zur Verbesserung scheiterten häufig an lokalen Widerständen, die tief in der archaisch-patriarchalischen Gesellschaftsstruktur verankert waren. Das Programm scheiterte auch wegen der einsetzenden Landflucht zu Beginn der 1960er-Jahre, denn trotz der gestiegenen Einnahmen aus dem Ölgeschäft wurden keine strukturellen Verbesserungen der Lebensverhältnisse auf dem Land erreicht.

LITERATUR Ulrich Gehrke, Harald Mehner (Hrsg.): Iran. Natur. Bevölkerung. Geschichte. Kultur. Staat. Wirtschaft. Tübingen/Basel 21976; Robert Graham. Iran. Die Illusion der Macht. Berlin 1979; Fred Halliday. Iran-Analyse einer Gesellschaft im Entwicklungskrieg. Bremen 1979; Eric J. Hooglund. Land and Revolution in Iran 1960-1980. Austin 1982; Bahman Nirumand. Persien. Modell eines Entwicklungslandes oder die Diktatur der Freien Welt. Reinbek 1967; Mohammed Reza Schah Pahlawi Aryamehr Kaiser von Iran. Die soziale Revolution Irans. Düsseldorf/Köln 1967; ders., Antwort auf die Geschichte. Die Schah-Memoiren. München/Berlin 1979; Ulrich Planck. Iranische Dörfer nach der Bodenreform. Sozialorganisation und Sozialökonomie. Wiesbaden 1973

Wirtschaft

Die iranische Volkswirtschaft ist weiterhin sehr stark vom Export von Erdöl und Erdgas abhängig und im Vergleichsjahr 2016/17 (iranisches Jahr 1395: 21. bis 20.03.) um 10,8 % gewachsen. Das kräftige Wachstum ist auf die Steigerung der Ölförderung nach der Lockerung der Sanktionen im Januar 2016 zurückzuführen. Ohne den Ölsektor stieg das BIP nur um 6,2 %. Das Bruttoinlandsprodukt (BIP) des Iran betrug 2016/17 rund 420 Mrd. US$ und lag damit um ca. 55 Mrd. US$ höher als im Vorjahreszeitraum. Die Landwirtschaft steigerte ihr Wachstum um 3 % auf 11,6 %, die verarbeitende Industrie um 6,5 % und der Dienstleistungssektor verbesserte sich um 5,7 %. Lediglich die Baubranche ging um -11,3 % zurück. Umgerechnet auf die Bevölkerungszahl ergibt sich geschätzt für 2016/17 ein Bruttoinlandsprodukt pro Kopf von 5270 US-Dollar.

Iran verfügt mit 21,8 Milliarden Tonnen Rohöl über die viertgrößten nachgewiesenen Erdölreserven weltweit und ist 2016 mit einer Ölproduktion von 216,4 Mio. Tonnen der sechstgrößte Ölförderer und der siebtgrößte Exporteur von Erdöl. Das Außenhandelsvolumen Irans hat sich seit Lockerung der Sanktionen 2016 kräftig gesteigert. Vor allem der Export von Rohöl und petrochemischen Erzeugnissen konnte stark erhöht werden. Iran exportierte 2016/17 Waren im Wert von 83,9 Mrd. US$ und importierte umgekehrt Güter im Wert von 63,1 Mrd. US-Dollar. Die iranische Handelsbilanz weist damit seit langem wieder einen Überschuss von gut 19 Milliarden US-Dollar aus. Trotz der Lockerung der Sanktionen konnte China seine Position als wichtigster Handelspartner (25 % Anteil) weiter aufrechterhalten, dennoch sind die Ausfuhren rückläufig. Deutschland bleibt im EU-Vergleich weiterhin wichtigster Lieferant.

Ausfuhren wichtiger Lieferländer nach Iran 2013 bis 2016 (in Mio. US$)

	2013	2014	2015	2016
VR China	14.037	24.340	17.831	10.8
VAE	17.866	17.035	10.814	6.4
EU 28	7.233	8.522	7.154	8.2
Deutschland	2.444	3.175	2.331	2.5
Korea	4.481	4.162	3.731	3.5
Türkei	4.193	3.886	3.664	2.7
Indien	5.434	4.404	3.127	

Tabelle: eigene Darstellung; Quelle: www.gtai.de

Zu den Haupteinfuhrgütern nach Iran zählen Maschinen (14,6%), Elektrotechnische Erzeugnisse (9,6%), Getreide (8,8%), Eisen und Stahl (5,5%), Fahrzeuge (5,4%), und Kunststoffe mit 4,4 %.

Der positive wirtschaftliche Trend nach Lockerung der Sanktionen hat sich im Laufe des Jahres 2017 wieder abgeschwächt, die ausländischen Investitionen in die iranische Industrie blieben hinter den Erwartungen vieler Iraner zurück. Im Dezember 2017 und im Januar 2018 reagierte die iranische Bevölkerung mit heftigen Protesten auf die unverändert schlechte wirtschaftliche Gesamtsituation mit steigender Inflation und Arbeitslosigkeit. Die Schätzungen für das Wirtschaftswachstum gehen nur noch von einem Anstieg des BIP zwischen drei und 4 % aus. Die iranische Regierung hatte mit einem durchschnittlichen Wachstum von 8 % im Zeitraum von 2016/17 bis 2021/22 gerechnet. Die Arbeitslosequote stieg 2016/17 offiziell um 1,4 % auf 12,4 %, sie dürfte insgeheim viel höher liegen. In der Altersgruppe bis 29 Jahre beträgt die Arbeitslosenrate 25,9 % (plus 2,6%), mindestens 10 % der erwerbsfähigen Iraner sind unterbeschäftigt. Jährlich treten 1,2 Mio. Schul- und Hochschulabgänger auf den Arbeitsmarkt. Nach Angaben der iranischen Regierung wurden in den letzten Jahren jedoch nur 0,7 Mio. neue Stellen geschaffen. In 26 % aller städtischen Haushalte waren 2016/17 sämtliche Mitglieder erwerbslos, etwa ein Drittel aller Iraner lebt unterhalb der offiziellen Armutsgrenze. Das durchschnittliche Monatseinkommen für einen 3,3-Personenhaushalt lag 2016/17 bei 897 US-Dollar.

INTERNETQUELLEN Statistical Center of Iran, unter: www.amar.org.ir; Germany Trade & Invest, unter: www.gtai.de;

Wirtschaftszonen

Sind räumlich abgegrenzte Areale mit bestimmten rechtlichen und administrativen Vorteilen für ausländische Investoren. Die ersten Pläne einer Ansiedlung von dezentralen wirtschaftlichen Entwicklungszentren in Iran wurden bereits unter der Regierung des früheren Monarchen Mohammed Reza Schah → Pahlavi entwickelt (*Imperial Government of Iran. Plan and Budget Organization: National Spatial Strategy Plan. Tehran 1976*). Durch den Regimewechsel nach der Islamischen Revolution 1979 wurde deren Realisierung ausgesetzt. Erst nach dem Ende des Iran-Irak-Krieges (1988) und angesichts der desolaten gesamtwirtschaftlichen Lage entwickelt die iranische Regierung Pläne für die Errichtung von Sonderwirtschaftszonen in ausgewählten Regionen. Der erste Fünfjahresplan zur wirtschaftlichen Entwicklung des Landes wurde unter der Präsidentschaft von *Akbar Hashemi Rafsanjani* 1990 entworfen. Das erklärte Ziel war die Schaffung international wettbewerbsfähiger Rahmenbedingungen für ausländische Investitionen in ausgewiesenen Sonderwirtschaftszonen. Rechtliche Grundlage für die Einrichtung der → Freihandelszonen (*Free Trade Zones*) ist das iranische Verwaltungsgesetz von 1993, *The Law on the Administration of the Free Trade/Industrial Zones* (Amtsblatt Nr. 14150 v. 7. Okt. 1993). Das Gesetz regelt den allgemeinen Status der Freihandelszonen und legt die Rahmenbedingungen für die wirtschaftlichen Aktivitäten fest.

Jede FTZ ist als staatliche Kapitalgesellschaft mit Sonderstatus organisiert, für deren Kapital zeichnet die iranische Regierung. Die Regelungen und Bestimmungen für Staatsunternehmen auf dem Festland gelten in den FTZ nicht. Jede Gesellschaft wird von einem Vorstand aus drei bzw. fünf Mitgliedern geleitet und ist dem Hohen Rat der Freihandelszonen (High Council of Free Trade-Industrial Zones) verantwortlich. Der Hohe Rat entscheidet auch über die Zusammensetzung des Vorstands. Die FTZ können Tochtergesellschaften gründen, selbständig Verträge mit in- und ausländischen Investoren abschließen und entscheiden selbst über die Vergabe von Aufträgen. Den FTZ obliegt ferner die alleinige Genehmigungskompetenz für die Aufnahme einer wirtschaftlichen Tätigkeit durch einen ausländischen Investor in einer Freihandelszone. Bezüglich der Wahl der Gesellschaftsform für ein ausländisches Unternehmen gelten die gesellschaftsrechtlichen Bestimmungen des Festlands. Das gilt ebenso für den gewerblichen Rechtsschutz (Marken und Patente). Lediglich die Registrierung ist in der jeweiligen FTZ vorzunehmen. Freihandelszonen bieten ausländischen Investoren zahlreiche Investitionsanreize, die wichtigsten zusammengefasst:

- Steuerbefreiung für die ersten 15 Jahre nach Beginn der Geschäftstätigkeit
- Keine Beschränkung der Beteiligung bei Joint Ventures
- Freier Transfer bei der Ein- und Ausfuhr von Kapital und Nettogewinnen

- Visumbefreiung und vereinfachte Erteilung von Aufenthaltsgenehmigungen
- Erleichterungen bei Arbeits- und Sozialgesetzbestimmungen (Kündigung von Arbeitsverträgen)
- Zollbefreiung beim Transfer von Halbfertigprodukten auf das Festland
- Zollbefreiung bei Ein- und Ausfuhren aus Regionen außerhalb der Freihandelszone
- Qualifiziertes Fachkräftepersonal auf allen Professionalisierungsstufen
- Ausreichende Kapazitäten an Rohstoffen, Energie-Ressourcen wie Öl und Gas
- Markt (Zentralasien) mit über 400 Mio. Menschen

Die sieben Freihandelszonen sind:

- *Qeshm* ist die größte Insel im Persischen Golf an der Meerenge von Hormoz
- *Kish* ist die Vorzeige-Insel im Persischen Golf, Tourismushochburg
- *Chabahar*, Irans einziger Tiefseehafen im Persischen Golf (Sistan-Balutschistan)
- *Aras* in Nordostazerbaijan an der Grenze zum Kaukasus
- *Bandar-e Anzali* in Nordiran am Kaspischen Meer
- *Arvand* in Südiran (Khuzestan) am Persischen Golf
- *Maku* im Westen Azerbaijans unmittelbar an der türkischen Grenze

Die FTZ liegen an strategisch günstigen Orten. Jede Freihandelszone steht im Wettbewerb mit den übrigen und setzt eigene Schwerpunkte im Hinblick auf die anzusiedelnden Industrien und Unternehmen.

In den vergangenen Jahren wurden weitere Sonderwirtschaftszonen (special economic zones) ausgewiesen. Dazu zählen:

- *Arg-e Jadid* im Südosten Irans, Nähe zu Kerman
- *Assaluyeh* am Persischen Golf, Provinz Bushehr
- *Bandar-e Amirabad* am Kaspischen Meer
- *Bandar-e Bushehr* im Süden Irans am Persischen Golf
- *Bandar-e Shahid Rajaee* am Persischen, Straße von Hormuz
- *Lorestan* in Westiran
- *Payam Airport* in Zentraliran, in der Nähe von Teheran
- *Persian Gulf*, Straße von Hormuz
- *Salafchegan* in Zentraliran, in der Nähe von Ghom

- *Sarakhs* in Nordostiran
- *Shiraz* in Südiran
- *Sirjan* im Südosten Irans
- *Yazd* im Osten Irans

LITERATUR Khatib-Shahidi, D. S.: Ausländische Investitionen in den Freihandels- und Industriezonen des Iran, in: RIW 1998, H. 11, p. 864; https://www.investiniran.ir/en

Wochentage

Die iranische Woche (*hafteh, sieben*) hat sieben Tage. Sie beginnt mit dem Samstag und endet mit dem Freitag (Jom'e). In der Islamischen Republik Iran beginnt das Wochenende Donnerstag gegen Mittag und dauert bis Samstagabend. Die einzelnen Wochentage sind:

- Freitag: Jom'e
- Samstag: Shanbeh
- Sonntag: Yek-Shanbeh
- Montag: Do-Shanbeh
- Dienstag: Se-Shanbeh
- Mittwoch: Chahar-Shanbeh
- Donnerstag: Panj-Shanbeh

Der Freitag (*Jom'e*) ist nach islamischer Zählweise der Tag der Versammlung. Die Gläubigen sind aufgerufen, dem Freitagsgebet in der Freitags-Moschee zu folgen und öffentlich und beten.

Yazdi, Ayatollah Mohammed Taqi Mesbah,

(*02.07.1931 in Isfahan*)

Der Vater Sheikh Ali Yazdi war oberster Mullah und Freitagsprediger der Moschee in → Isfahan. Einer der Gründer und Sekretär des Lehrer-Seminars in → Qom und Leiter des Imam-Khomeini-Instituts dort. Yazdi gilt als extrem fundamentalistischer Gelehrter und geistiger Mentor des ehemaligen iranischen Präsidenten Mahmud → Ahmadinejad. Er gilt ebenfalls als Leiter der Hojjahtieh-Gesellschaft, auch Geheimgesellschaft, die eine extrem fundamentalistische Ausrichtung der Scharia vertritt und auf die Wiederkehr des → Mahdi (des Zwölften Imams) hinarbeitet. Vor der Revolution war Yazdi Leiter der Büros von → Khomeini in Qom und startete seine politische Karriere erst unter dem Nachfolger Khomeinis, Ali

→ Khamenei. Yazdi hatte eine Reihe wichtiger Funktionen inne, darunter als Leiter der Justiz von 1989 - 1999 und als Vorsitzender des einflussreichen Expertenrats von 2015-16, für den er nach den Wahlen von 2016 nicht mehr nominiert wurde.

Zanganeh, Bijan Namdar,

*(*15.03.1953 in Kermanshah)*

Studium an der Universität in Teheran. Seit 2013 amtierender Minister für Erdöl im Kabinett von Staatspräsident Hassan → Rouhani und in dieser Funktion zuständig für die Überwachung der staatlichen Ölpolitik. Das Erdöl ist nach wie vor die wichtigste Einnahmequelle Irans. Das Amt des Ölministers hatte Zanganeh bereits von 1997 bis 2005 unter der Regierung von Staatspräsident Mohammed Khatami inne, war Minister für Energie von 1988 bis 1997, davor Minister für Landwirtschaft von 1983-88. Zanganeh ist der Minister mit der längsten Amtstätigkeit in Iran. Dem → Schlichtungsrat gehörte er von 1997 bis 2011 an.

Zagros-Gebirge

Das größte Gebirge in Iran mit einer Gesamtlänge von 1500 km. Der Gebirgszug verläuft in Nordwestiran von Ostanatolien kommend entlang der irakischen Grenze Richtung Osten und setzt sich im südostiranischen Bergland fort bis zur Straße von Hormuz am → Persischen Golf. Anders als das nördlich verlaufende → Alburz-Gebirge ist das Gebirgssystem des Zagros breiter und erreicht in einigen Gebirgsketten eine Breite zwischen 200 bis 300 km mit teilweise stark unzugänglicher Struktur. Die Gebirgszüge reichen stellenweise über 4.000 Meter hinaus. Sein höchster Gipfel in der Nähe von → Isfahan ist der *Zard Kuh* mit einer Höhe von 4550 Metern, der häufig noch in den Sommermonaten auf seiner Spitze mit Schnee und Eis bedeckt ist. Südlich von → Shiraz flacht der Zagros auf ca. 4.000 Meter stufenweise ab und bildet zum Persischen Golf hin immer niedriger werdende Stufenketten, die in die südiranische Küstenebene auslaufen.

Das Zagros-Gebirge umfasst in seinem westlichen und südlichen Verlauf das zentrale Hochland des Iran und weitere große Binnenbeckenräume um die Städte Kermanshah, Hamadan, → Isfahan, → Shiraz und Nairiz. Entstanden ist der Zagros durch die Kollision der eurasischen und arabischen Kontinentalplatte im Verlauf der Alpidischen Orogenese. Erste, durch Bodenfunde und sumerische und akkadische Quellenzeugnisse nachweislich überprüfbare Besiedlungsformen im Zagros-Gebirge reichen zurück bis in das zehnte Jahrtausend v. Christus. Um diese Zeit fällt auch die Domestikation von Ziegen durch die frühen Bewohner, die um diese Zeit bereits Landwirtschaft betrieben und dort (*Haji Firuz Tepe und Godin Tepe*) zwischen 5400 und 3500 v. Chr. auch den Anbau von Wein. Im Altertum diente das Zagros-Gebirge als natürliche Grenze zwischen den großen Reichen der Römer und Byzantiner und den Reichen der Parther, den → Sassaniden und den Safaviden im 16. Jahrhundert. Das Gebirge wird seit früher Zeit bis heute von Nomadenvölkern wie den Bakhtiari, Qasqa'i, Kurden, Luren und Arabern saisonal oder ganzjährig aus Lebens- und Wirtschaftsraum genutzt.

LITERATUR Eckart Ehlers. Iran. Grundzüge einer geographischen Landeskunde. Darmstadt 1980; Ulrich Gehrke, Harald Mehner (Hrsg.). Iran. Natur, Bevölkerung, Geschichte, Kultur, Staat, Wirtschaft. Tübingen/Basel 1975.

Zaiditen

Auch → Fünfer-Schia und ein Zweig der → Schiiten, der sich auf den Sohn des vierten schiitischen Imams, Zaid ibn Ali († 740), zurückführt. Sie unterscheiden sich von den beiden anderen schiitischen Gemeinschaften, den Siebener-Schiiten (→ Ismailiten) und den → Zwölfer-Schiiten, in wesentlichen Punkten in Bezug auf die Imamatslehre und das islamische Recht (→ Scharia). Sie stehen damit den Sunniten näher als anderen schiitischen Richtungen. Der für die Zwölferschia so wichtige Aspekt der temporären „Verborgenheit" des → Mahdi und seine erwartete Rückkehr als Erlöser der Menschheit am Ende der Zeit und seine Rolle als Endzeitherrscher, sind nicht Teil der zaiditischen Glaubenslehre. Für die Zaiditen ist Voraussetzung für das Imamat die Zugehörigkeit zur Familie des Propheten. Ein Imam muss neben den erforderlichen geistigen Fähigkeiten, wie literarische Bildung und vertiefte theologische Kenntnisse (im islamischen Recht, Fiqh), auch bereit sein, für die Herrschaft und um das Amt und dessen Erhalt zu kämpfen. Besonders in den beiden letzten Aspekten unterscheiden sich Zaiditen von den übrigen Schiiten. Er muss ferner über eine Reihe besonderer Fähigkeiten verfügen (rechtschaffen, mutig, freigebig). Anders als bei den Zwölfer-Schiiten und anders als es der Name suggeriert, ist die Anzahl der → Imame bei ihnen nicht begrenzt. Zaiditen verfügen zudem auch über eine eigene Rechtsschule (Mu'tazila). Die Führung der islamischen Gemeinschaft ist demzufolge nur den Nachkommen des Propheten Mohammed über dessen Enkel Hassan und → Hussein vorbehalten, die als gleichberechtigt gelten. Die Glaubensgemeinschaft der Zaiditen lebt seit dem 9. Jh. im Jemen, wo ihre Imame bis 1962 ein selbständiges Fürstentum (zaiditisches Imamat) unterhielten. Im Jemen stellen sie 50 % der Bevölkerung. Im aktuellen Bürgerkrieg im Jemen erhalten sie militärische Unterstützung von den iranischen al-Quds-Brigaden.

LITERATUR Ralf Elger (Hrsg.): Kleines Islam-Lexikon. Geschichte. Alltag. Kultur. München 2001; Werner Ende, Udo Steinbach(Hrsg.): Der Islam in der Gegenwart. München ⁵2005; Heinz Halm. Die Schia. Darmstadt 1988; Wilferd Madelung. Der Imam al-Qasim ibn Ibrahim und die Glaubenslehre der Zaiditen. Studien zur Geschichte und Kultur des Orients. Bd. 1. Berlin 2014

Zakat

(arab. Reinheit, Zuwachs)

Eine der → fünf Säulen des Islams und bezeichnet eine für alle Muslime verpflichtende Abgabe eines bestimmten Teils ihres Besitzes an Hilfsbedürftige meist in Form von Bargeld oder Lebensmitteln. Die Höhe des Zakat kann variieren und ist abhängig von den jeweiligen Umständen. Demnach kann sie zwischen fünf und 10 % betragen. Der normale Prozentsatz bei Obst und Getreide betrug 10 %, konnte sich allerdings auf 5 % reduzieren, wenn zur Herstellung künstliche Bewässerung erforderlich war. Nach den Vorgaben des Korans gibt es bestimmte Kategorien von Empfängern.

„Die Almosen sind nur für die Armen und Notleidenden, für die, die dafür arbeiten, und die, deren Herzen verbunden werden, für die Sklaven und die verschuldeten, für die auf Gottes Weg und den Reisenden. Eine Verpflichtung durch Gott!" (Koran 9:60).

Die Praxis der Erhebung der Zakat wird heutzutage regional unterschiedlich gehandhabt. Sie kann wie in Saudi-Arabien und in Pakistan „im Rahmen der gesamten Steuererhebung" abgeführt werden oder freiwillig erfolgen. Häufig wird der Zakat im → Ramadan und bei hohen religiösen Feiertagen in Form einer freiwilligen Abgabe an die Armen und Notleidenden geleistet und kann in Gestalt von Lebensmittel, Tieren oder Geld erfolgen. Viele Muslime sehen in der Einrichtung der Zakat eine frühe Form des modernen Sozialstaats.

LITERATUR Ralf Elger. Kleines Islam-Lexikon. Geschichte. Kultur. Alltag. München 2001; Werner Ende, Udo Steinbach (Hrsg.). Der Islam in der Gegenwart. München 52005; Der Koran. Übersetzt und eingeleitet von Hans Zirker. Darmstadt 22007; Adel Theodor Khoury, Ludwig Hagemann, Peter Heine. Islam-Lexikon. Geschichte. Ideen. Gestalten. Freiburg 1991;

Zeitehe

(pers. Sigheh, arab. Mut'a)

Besondere Form einer zeitlich befristeten Ehe, die in mehrheitlich von → Schiiten (→ Zwölfer- Schiiten) bevölkerten islamischen Gesellschaften ausgeübt wird. Sigheh wird auch als „Genussehe" bezeichnet, die *„nur auf kurze Zeit und ausschließlich zum Zwecke des geschlechtlichen Genusses geschlossen wird"* (Hans Wehr). Von anderen islamischen Glaubensgemeinschaften (Sunniten, → Alawiten, → Ismailiten, Drusen und → Zaiditen) wird sie dagegen abgelehnt. Die Ehe auf Zeit wird vorwiegend in Iran, im Irak und in Bahrain ausgeübt und kann für die Dauer von mindestens einer halben Stunde bis zu einer Höchstdauer von 99 Jahren eingegangen werden. Die Zeitehe ist aus schiitischer Sicht eine vertraglich geregelte Vereinbarung zwischen einem (verheirateten) Mann und einer unverheirateten Frau. Männer können beliebig viele zeitlich befristete Ehen, auch mit einer Nichtmuslimin (Christin, Jüdin), eingehen, die Beschränkung auf vier Ehefrauen gilt nur für unbefristete Ehen. Die erste Ehefrau muss über den abgeschlossenen Ehevertrag ihres Mannes nicht informiert werden. Bei Vertragsabschluß vor einem Geistlichen (→ Mullah) ist die Anwesenheit von Zeugen nicht erforderlich. Wichtig sind lediglich die Höhe der vereinbarten finanziellen „Entschädigung" für die Frau sowie die Laufzeit des Vertrags, der nach Ablauf der vertraglich vereinbarten Dauer automatisch endet. Eine Verlängerung ist erst nach einer Wartezeit von drei Monaten (zwei Monatszyklen der Frau) möglich, nach der eine Schwangerschaft der Ehefrau ausgeschlossen werden kann.

Die „Zeitehe" wurde vermutlich bereits in der altarabischen vorislamischen Stammesgesellschaft praktiziert und vom Islam als Rechtsinstitut übernommen, auch vor dem Hintergrund, dass muslimische Pilger oft wochenlang unterwegs waren und so in den Genuss kamen, sexuelle Beziehungen fernab ihrer Ehefrau eingehen zu können. Die entsprechende Legitimation für die Zeitehe gibt der → Koran (Sure 4: Vers 24), die von sunnitischen Rechtsgelehrten allerdings nicht geteilt wird. Der Ehevertrag ist nach sunnitischer Auffassung grundsätzlich nicht zu befristen:

„Erlaubt ist euch, dass ihr in ehrbarer Absicht mit eurem Vermögen darüber hinaustrachtet, nicht um Unzucht zu treiben. Gebet dann denen von ihnen, die ihr genossen habt, ihren Lohn als Pflichtteil! Es ist für euch kein Vergehen in dem, was ihr nach Berücksichtigung des Pflichtteils miteinander vereinbart."

Unter dem früheren Shah-Regime war die Zeitehe ebenso wie das Tragen des → Tschadors trotz „heftigster Proteste der iranischen Frauenorganisation" gesetzlich *nicht* verboten. Nach der Islamischen Revolution 1979 wurde die Ehe auf Zeit Teil des neuen islamischen Rechtssystems und blieb dennoch jahrzehntelang ein gesellschaftliches Tabu und stigmatisiert, weil sie von vielen Iranern als eine Form der legalisierten Prostitution angesehen wird. Nach dem Ende des Iran-Irak-Krieges (1980-88) wurde Sigheh zur Lösung der sexuellen Probleme von jungen Iranern und verbliebenen Witwen staatlicherseits empfohlen. Vor dem Hintergrund des rapiden Rückgangs der Geburtenraten drängen seit einigen Jahren der oberste Führer → Khamenei und andere schiitische Geistliche junge Iraner dazu, Ehen auf Zeit einzugehen, um dem demographischen Wandel Rechnung zu tragen. Das eigentliche Problem liegt jedoch woanders. Iran hat eine Gesellschaft, in der die Altersgruppe der unter Fünfunddreißigjährigen bei mehr als 70 % liegt. Viele junge Iraner sind nach der Ausbildung lange arbeitslos und können ihre Zukunftspläne nicht realisieren. Dazu gehört auch das Problem, dass Frauen und Männer ohne Ehe keine sexuelle Beziehung eingehen dürfen.

Um das Verbot des außerehelichen Geschlechtsverkehrs in eine legitimierte Bahn zu lenken, wird die Ehe auf Zeit von der Regierung angeraten. Befürworter der Zeitehe argumentieren, dass sie Frauen und Männer vor Strafverfolgung schütze und Frauen, anders als in einer außerehelichen Beziehung, Rechte gebe. Beide Vertragspartner haben überdies Vertragsfreiheit, Sinn und Zweck der Ehe werde vertraglich festgehalten, ebenso die Reglements für den Unterhalt. Die Frau könne innerhalb der Ehe auf Zeit weitere Ehen des Mannes rechtlich ausschließen, ein innerhalb der Zeitehe geborenes Kind gelte als eheliches Kind, das erbberechtigt und für das der leibliche Vater zum Unterhalt verpflichtet sei. Schon der damalige Präsident → Ahmadinejad rief junge Mädchen dazu auf, mit 16 Jahren zu heiraten, damit die Jugend sich „von Sünde und Versuchung" fernhalte. Das gesetzliche Heiratsalter für Mädchen in Iran beträgt 13 Jahre, bei Jungen sind es 15 Jahre. Mädchen können allerdings auch im Alter von neun Jahren verheiratet werden, wenn der Vater oder der Großvater väterlicherseits ihre Zustimmung erteilen. Auf dem Land sind derartige Heiraten weiterhin üblich. Bei der städtischen Bevölkerung ist das durchschnittliche Heiratsalter bei den Frauen auf 29 Jahre, bei den Männern auf 34 Jahre gestiegen. Dafür gibt es eine Vielzahl von Gründen, darunter wirtschaftliche als auch der Wunsch nach besseren beruflichen Perspektiven gerade bei jungen Frauen. Die Regierung versucht diesem Trend entgegenzusteuern, indem sie die Ehe auf Zeit als ein probates Mittel anpreist, mit dem sich die rigiden staatlichen Sanktionen auf eine legale Art und Weise umgehen lassen. Die städtische iranische Mittelschicht lehnt die Zeitehe dagegen ab. Für sie ist Sigheh eine legale Form der → Prostitution, die die Chancen von Frauen auf eine unbefristete Ehe insgesamt mindert, wenn nicht verhindert. Jungfräulichkeit gilt in Iran wie überall in der orientalischen Welt immer noch als ein Symbol für Keuschheit und die Ehre der Familie.

LITERATUR Edward Granville Browne. A Year Amongst the Persians. London 1950; Dietrich von Denffer. Mut'a – Ehe oder Prostitution? Beitrag zur Untersuchung einer Institution des šī'itischen Islam, in: Zeitschrift der Deutschen Morgenländischen Gesellschaft (1978), Bd. 128, S. 299-325; Werner Ende. Ehe auf Zeit (mut'a) in der innerislamischen Diskussion der Gegenwart, in: Die Welt des Islams N. S. 20 (1980), S. 1-43; Ramita Navai. Stadt der Lügen. Liebe, Sex und Tod in Teheran. Zürich/Berlin 2016; Wiebke Walther. Die Situation von Frauen in islamischen Ländern, in: Werner Ende, Udo Steinbach (Hrsg.). Der Islam in der Gegenwart. München ⁵2005, S. 635-681;

INTERNETQUELLE http://www.fr.de/politik/iran-vielehe-fuers-regime-a-965492

Zensur

Und Selbstzensur blicken in Iran auf eine lange Tradition zurück. Unter dem früheren Shah-Regime wurden Oppositionelle, dazu zählte jeder, der sich über die Monarchie und ihre staatlichen Institutionen kritisch äußerte, mit allen Mitteln verfolgt. Nach dem Sieg der Islamischen Revolution wurde diese Praxis nicht abgeschafft, sondern intensiviert. Die iranische Verfassung schreibt in Kapitel 3 vor:

„Die Inquisition der Gedanken ist verboten; niemand darf aufgrund seiner Überzeugung angegriffen und bestraft werden" (Grundsatz 23).

„Die Meinungsfreiheit in Publikation und Presse wird gewährleistet, es sei denn, die Grundlagen des Islam und die Rechte der Öffentlichkeit werden beeinträchtigt. Einzelheiten regelt das Gesetz" (Grundsatz 24).

„Die Regierung verpflichtet sich, „jede Art von Despotismus, Autokratie und Monopolismus zu beseitigen"(Kapitel 1, Grundsatz 3.6).

Nach den Prinzipien der Verfassung gibt es in Iran offiziell *keine* Zensur. In der Praxis gibt es das „Ministerium für Kultur und islamische Führung" (*Ershad*), das dem Präsidenten untersteht und dessen Aufgabe es ist, jede Form der (Meinungs-)Äußerung, die publiziert werden soll, vorab zu überprüfen und gegebenenfalls zu verbieten. Schriftsteller, Journalisten, Herausgeber, Künstler oder Regisseure, die publizieren wollen, unterliegen strengen Regeln und sind gezwungen, ihre Werke in Form von Druckfahnen oder Drehbüchern, Programmplänen, dem Ministerium zur Prüfung vorzulegen. Ohne vorherige Genehmigung des Ministeriums darf keine Veranstaltung durchgeführt und keine Publikation veröffentlicht werden. Die Behörde entscheidet nach eigenem Ermessen, ob ein Text, ein Film, eine Veranstaltung oder ein Kunstwerk als „unislamisch" einzustufen sei und kann Filme schneiden, Texte kürzen oder Veranstaltungen verbieten. Treten zu viele „Beanstandungen" auf, kann ein Werk dauerhaft und/oder vollständig verboten werden. Werke, die vom Ministerium vorher genehmigt und bereits gedruckt wurden, können nachträglich, „oft mit völlig willkürlichen Begründungen" wieder aus dem Verkehr gezogen werden.

Eine Entschädigung für Autoren oder Verleger sehen diese Maßnahme nicht vor. In Iran existiert zudem kein Urheberrecht. Vielen Schriftstellern, Künstlern und Publizisten sind diese Zensurkriterien bekannt, sie umgehen „kritische" Themen oder formulieren ihre Texte verklausuliert, um jegliche Zensurrelevanz zu vermeiden. Als zensurrelevant gilt jede Form von Kritik an der Regierung, sei sie in symbolischer oder verschleierter Form oder Kritik am Islam und seinen Repräsentanten, islamischen Symbolen, Regeln und alles, was als „unislamisch" verstanden werden könnte. Als verboten gilt ebenso die bloße Erwähnung von Alkohol, von Tanz, Sex, Geschlechtsorganen oder entblößten Körperteilen (sofern sie nicht in einem medizinischen Kontext stehen), Berührungen und jede Form des Körperkontakts zwischen Männern und Frauen, sofern sie nicht miteinander verheiratet sind. Die Dauer des Prüfungsverfahrens ist willkürlich und kann wenige Tage oder Jahre betragen, gelegentlich auch Jahrzehnte. Weil Presseorgane wie Tageszeitungen oder Zeitschriften sich einer langwierigen Prüfung nicht unterziehen können, sind die Redaktionen angehalten, sich diesen Regeln zu beugen.

Viele der zensierten Medien werden zunehmend über das Internet und in sozialen Medien verbreitet, auch wenn die Regierung ständig bemüht ist, diese Kommunikationskanäle zu blockieren.

LITERATUR Bahareh Ebrahimi. Texte ohne Kopftuch. Pressefreiheit in Iran, Frankfurter Allgemneine Zeitung 27. April 2016; Paul Anton Krüger. Warum Irans Regierung Angst vor Telegram-Chats hat. Süddeutsche Zeitung 4. Mai 2018; Shahriar Mandanipour. Censoring An Iranian Love Story: A novel. London 2011; Saad Nizami. Zensur in Iran, Telepolis 12. Juni 2010; INTERNETQUELLE https://www.heise.de/tp/features/Zensur-in-Iran-3385765.html?seite=all

Zoll- und Ausfuhrbestimmungen

Trotz der umfangreichen Lockerungen der Sanktionen seit dem 16. 01.2016 (*Implementation Day*) sind gegenwärtig nicht alle Waren und Güter für die Ausfuhr in den Iran zugelassen. Das Embargo gilt dessen ungeachtet weiter bis Oktober 2023 bzw. bis Oktober 2025. Eine Reihe von EU-Verordnungen regeln die Ausfuhrbestimmungen:

- Iran-Embargoverordnung (EU-Verordnung Nr. 267/2012), zuletzt geändert durch Durchführungsverordnung (EU) 2017/1124

Zu den allgemein exportkontrollrechtlichen Vorschriften zählen:

- Außenwirtschaftsverordnung (AWV)
- Gelistete Dual-Use-Güter des Anhang I der EG-Verordnung Nr. 428/2009
- Anti-Folterverordnung (EG-Verordnung Nr. 1236/2005)
- Feuerwaffenverordnung (EU-Verordnung Nr. 258/2012)
- Iran-Menschenrechtsverordnung (EG-Verordnung Nr. 359/2011), zuletzt geändert durch Durchführungsverordnung (EU) 2017/685

Für eine rechtsverbindliche Auskunft zu den einzelnen Zollbestimmungen ist es ratsam, die Website des deutschen Zolls (www.zoll.de) zu konsultieren oder Informationen telefonisch einzuholen. Weitere wichtige Auskünfte durch das Bundesamt für Wirtschaft und Ausfuhrkontrolle (BAFA), bei dem die Ausfuhr bestimmter Waren und Güter unter Umständen vorab beantragt werden muss (www.bafa.de/ausfuhrkontrolle).

Am 8. Mai 2018 unterzeichnete der amerikanische Präsident *Trump* ein „National Security Presidential Memorandum", mit dem unverzüglich Maßnahmen zur Wiederinkraftsetzung aller Iran-Sanktionen eingeleitet werden sollen (→ Iran-Embargo).

Zwölfer-Schiiten

Auch als Imamiten bezeichnet, ist mit ca. 170 Mio. Anhängern der zahlenmäßig größte Zweig innerhalb des schiitischen Islams. Sie sind Anhänger der Lehre von den zwölf → Imamen, beginnend mit dem Stammvater der → Schiiten, → Ali ibn

Abi Talib bis zum 12. Imam Muhammad → al-Mahdi (Der Verborgene Imam), der 874 von Allah zuerst in die „Kleine Verborgenheit" und später (941) in die „Große Verborgenheit" entrückt wurde, um ihn und die Gemeinschaft der Gläubigen vor den sunnitischen Widersachern zu schützen. Innerhalb der schiitischen Gemeinschaft stellen die Zwölferschiiten mit ca. 80 % die größte Gruppe, sie sind mehrheitlich vertreten in Iran, dort seit 1501 als Staatsreligion, im Irak, Azerbaijan und in Bahrain. Schiitische Minderheiten leben in Afghanistan, den arabischen Golfstaaten, Indien, im Libanon, Pakistan, Saudi-Arabien, Syrien, der Türkei und in den zentralasiatischen Staaten sowie auf allen Kontinenten. Anders als die → Ismailiten (Siebenerschiiten), die nur sieben Imame anerkennen und den → Fünferschiiten (→ Zaiditen) im Jemen, glauben die Zwölferschiiten, dass der zwölfte und letzte Imam auf eine geheimnisvolle Weise in der Großen Verborgenheit lebt und am Ende aller Tage auf die Erde zurück kommt. Mit der Rückkehr des Mahdi soll die Gerechtigkeit in der Welt wieder hergestellt werden. Das Amt und die Würde des Imams konnte nach dem Tod des Propheten Mohammed nur von Gott selbst weitergegeben werden und wurde über die Väter an die Söhne vererbt. Als der erste und einzige rechtmäßige Imam nach schiitischer Auslegung gilt Ali in Abi Talib, Schwiegersohn und Vetter des Propheten und der letzte der vier Rechtgeleiteten Kalifen. Die Imame gelten als unfehlbar, da sie von Gott angeleitet werden und besitzen gleichsam göttliche Eigenschaften, die sie für das politische und religiöse Amt gleichermaßen qualifiziert. Die schiitischen Ayatollahs sind in ihrer Eigenschaft als Rechtsgelehrte Stellvertreter des Verborgenen Imams auf Erden und sind befugt, eigenständige Rechtsentscheidungen zu treffen. Diese Vorgehensweise wird von Sunniten seit dem 12. Jh. kategorisch abgelehnt, ebenso wie die Doppelfunktion der Imame. Aus diesem Verständnis heraus entwickelte → Ayatollah → Khomeini sein Konzept des → Velayat-e Faqih, die Herrschaft des anerkannten (obersten) Rechtsgelehrten, das zur Legitimation seines Machtanspruchs und zur Grundlage der iranischen Verfassung nach de Islamischen Revolution wurde.

Zwölfer-Schiiten vollziehen wie alle gläubigen Muslime auch die Wallfahrt nach Mekka, allerdings besitzen die Gräber ihrer Imame Ali in Najaf (Irak), seines Sohns Hussein in Kerbala (Irak) und das Grab des siebten Imams Ali Reza in Mashad (Ostiran) für sie eine noch größere Bedeutung.

LITERATUR Werner Ende, Udo Steinbach. Der Islam in der Gegenwart. München [5]2005; Heinz Halm. Die Schia. Darmstadt 1988; ders., Die Schiiten. München 2005; ders., Das Reich des Mahdi. Der Aufstieg der Fatimiden (875–973). München 1991; Moojan Momen. An Introduction to Shi'i Islam. The History and Doctrines of Twelver Shi'ism. Yale 1987; ders., Shi'i Islam. A Beginner's Guide. London 2016; Mathew Pierce. Twelve Infallible Men. The Imams and the Making of Shi'ism. Cambridge, MA. 2016; Yann Richard. Der verborgene Imam. Die Geschichte des Schiismus im Iran. Berlin 1983;

Die Imame der Zwölfer-Schia

	Name	Todesjahr (nach Chr.)	Ort (Begräbnisstätte)
1	Ali ibn Abi Talib	661	Najaf (Irak)
2	Al-Hassan ibn Ali	669	Medina (Saudi-Arabien)
3	Al-Hussein	680	Kerbala (Irak)
4	Ali Zain al-Abidin	714	Medina
5	Muhammad al-Baqir	733	Medina
6	Jafar as-Sadiq	765	Medina
7	Musa al-Kazim	799	Kazimiya (Irak)
8	Ali ar-Rida	818	Mashad (Iran)
9	Muhammad al-Jawad	835	Kazimiya
10	Ali al-Hindi an Naqi	868	Samarra (Irak)
11	Al-Hassan al-Askari	874	Samarra (Irak)
12	Muhammad al-Mahdi	874/941 (entrückt)	„Große Verborgenheit"

Tabelle: eigene Anfertigung

Anhang

© Springer Fachmedien Wiesbaden GmbH, ein Teil von Springer Nature 2019
M. Gorges, *Kleines Iran-Lexikon*, https://doi.org/10.1007/978-3-658-23698-4

Anhang

Kleine Chronologie der Geschichte Irans
Das antike Persien

v. Chr.

5000	Früheste Zeugnisse prähistorischer Siedlungen in Iran
2700	Aufstieg der elamitischen Zivilisation in Südwestiran
2000-1000	Ankunft der ersten Stämme der Arier auf dem iranischen Hochplateau
800-600	Aufstieg und Herrschaft der *Meder*
1200	Zarathustra als Schöpfer der ersten Religion in Iran
559-330	Dynastie der Achämeniden
550	Der Perser *Kyros II.* (Kurosh) besiegt *Astyages*, den König der Meder und erobert die medische Hauptstadt *Ekbatana* (Hamadan)
547/46	Kyros II. erobert das Reich der *Lyder* (Westtürkei)
539	Truppen des Kyros nehmen *Babylon* ein, Befreiung des jüdischen Volkes aus babylonischer Gefangenschaft
530-522	*Kambyses II.* (Kambiz)
525	Kambyses II. erobert Ägypten
522-486	*Dareios I.* (Dariush) bezwingt die *Skythen*, erobert *Thrakien* und *Makedonien* und das *Industal*, lässt den Kanal zwischen Nil und dem Roten Meer bauen, errichtet *Persepolis* als Hauptstadt des persischen Reiches
486-465	Nachfolger wird sein Sohn *Xerxes I.*
333 v. Chr.	*Alexander der Große* besiegt den letzten persischen Herrscher Dareios III. bei *Issos*, erobert das persische Reich und zieht weiter bis Nordwestindien, Ende der achämenidischen Dynastie
323-129	Unter *Seleukos I. Nikator*, ein Feldherr Alexanders, wird Iran Teil des Seleukidenreiches
247	Die Parther unter *Arsakes* erobern Teile des Reiches der Seleukiden, Beginn der Dynastie der iranischen Parther
141-126	Die Parther unterwerfen *Westiran* und *Mesopotamien*, Eroberung des gesamten Perserreichs, Armeniens und der angrenzenden arabischen Gebiete n. Chr.
53	Die Parther besiegen den Römer *Crassus* bei *Carrhae*
224	Die Parther verlieren ihre Macht an die persischen Sassaniden
239/240	Einfälle der Parther in römische Gebiete, Beginn der römisch-persischen Kriege
259/60	*Shahpur I.* besiegt die Römer und nimmt den römischen Kaiser *Valerian* gefangen

602-28	Letzte große kriegerische Auseinandersetzungen zwischen Iran und *Byzanz*
642	Durch die muslimischen Eroberungen unter den *Kalifen Omar* endet die Herrschaft der Sassaniden Niederlagen der Perser bei *Qadissiya* (636) und *Nihavand* (642) Ermordung des letzten Sassanidenkönigs *Yazdegerd III.* Das Herrschaftsgebiet der Sassaniden wird Teil des Reiches der Kalifen.

Persien im islamischen Mittelalter

651-749	Herrschaft der muslimischen Umayyaden-Dynastie
750-1258	Kalifat der Abbasiden in *Bagdad*

Iranische Lokaldynastien unter dem Kalifat der Abbasiden

821-873	Taheriden (*Khorassan*)
867-911	Saffariden (*Sistan*)
892-999	Samaniden (*Khorassan und Transoxanien*)
927-1090	Ziyariden (*Tabarestan und Gorgan*)
945-1055	Buyiden (*Iran und Irak*)
977-1190	Ghaznawiden (*Khorassan*)
1008-51	Kakuyiden (*Zentral- und Westiran*)
1038-1194	Seljuken
1090-1256	Assassinen (Zentraliran)
1218-1353	Die Mongolen unter *Dschingis-Khan* (Temüdschin) erobern erstmals Iran, das in den folgenden Jahren unter die Herrschaft der Ilkhane gerät
1314-93	Mozaffariden (*Fars und Kerman*)
1370-1506	Timuriden unter dem Befehl des *Tamerlan* (Timur Leng) erobern Iran
1387-1501	Stammeskonföderation der Aq Qoyunlu (*Ostanatolien und Azerbaidschan*)
1380-1468	Qara Qoyunlu (*Azerbaidschan und Irak*)
1501-1736	Safaviden Gründung des ersten persischen Nationalstaats nach Jahrhunderten der Fremdherrschaft durch *Schah Ismail* (1488-1524), Schiismus wird zur offiziellen Staatsreligion.

1736-95	Afsharen
1747-85	Karim Khan Zand regiert Westiran (*Fars*)
	Aufnahme der Handelsbeziehungen mit England unter Karim Khan Zand

Iran in der Moderne

1785-97	Agha Mohammed Khan gründet die Dynastie der Qajaren, *Teheran* wird zur Hauptstadt
1804-13	Erster Persisch-Russischer Krieg
1813	Vertrag von Golestan, Persien verliert die Kaukasusprovinzen *Dagestan, Georgien, Darbend* und *Schirwan* an das Zarenreich
1826-28	Zweiter Persisch-Russischer Krieg
1828	Vertrag von *Torkmanchai*, Persien muss die Gebiete im Kaukasus (*Eriwan, Nahchiwan*) an Russland abtreten
1890-92	Tabakrevolte nach Vergabe der Konzession für Abbau und Vertrieb der gesamten Tabakernte an die britische Imperial Tobacco Company durch *Naser ad-Din Shah*
1892	Aufhebung der Konzession auf Druck der Bevölkerung
1905-1911	Konstitutionelle Revolution durch das iranische Volk führt zur Bildung eines Parlaments (1906) und einer neuen Verfassung, Konstitutionelle Monarchie wird als Regierungsform festgeschrieben
1907	Anglo-Russische Konvention Aufteilung Persiens in eine englische und in eine russische politische Einflusszone
1908	Entdeckung der Erdöllagerstätten durch die Anglo-Persian Oil Company
1909	Bürgerkrieg in Iran
1911	Militärische Intervention durch England und Russland

Iran unter den Pahlavis

1921	Sturz der Qajaren durch einen von England unterstützten Staatsstreich, der Kosakenführer *Reza Khan* (1878-1944) erobert *Teheran* und wird zunächst Kriegsminister
1926	Reza Khan krönt sich am 25. April zum Schah von Persien und begründet die Dynastie der Pahlavi (1926-1979)

Anhang

1935	Politik der Modernisierung und Säkularisierung Irans nach dem Vorbild des Staatschefs der Türkei, *Kemal Ata Türk*, Reform des Rechts,- Finanz- und Bildungswesens, keine politischen Reformen Umbenennung der vormals *Anglo-Persian Oil Company* (seit 1914 mehrheitlich im Besitz der britischen Regierung) in *Anglo-Iranian Oil Company* (AIOC)
1935	Iran wird zur offiziellen Staatsbezeichnung für Persien
1941	Einmarsch britischer und russischer Truppen in Iran, Alliierte zwingen Reza Schah Pahlavi wegen seiner Verbindungen zu Nazi-Deutschland zum Rücktritt
1944	Reza Schah stirbt im südafrikanischen Exil, Nachfolger wird auf Betreiben der USA und Englands sein Sohn Mohammed Reza (1919–1980) Gründung der kommunistischen *Tudeh*-Partei, die mit Unterstützung der sowjetischen Besatzung in *Azerbaidschan* und *Kurdistan* (Mahabad) eine autonome Regierung ausruft.
1946	Azerbaijan-Krise, Beginn des Kalten Kriegs
1949	Attentat auf Mohammed Reza durch kommunistischen Anarchisten, Verbot der Tudeh-Partei
1949	Gründung der Bewegung Nationalen Front durch den Politiker Mohammed Mossaddegh (1880–1967)
1951	Mossaddegh wird zum iranischen Ministerpräsidenten gewählt, Verstaatlichung der iranischen Ölquellen und der AIOC, seither unter dem Namen *National Iranian Oil Co.* (NIOC)
1952	Internationaler Boykott aller iranischen Ölexporte auf Veranlassung der britischen und amerikanischen Regierungen, schwere wirtschaftliche und innenpolitische Krise, drohender Staatsbankrott
1953	Abstimmung im Parlament über die Entmachtung des Schahs auf Veranlassung von MP *Mossadegh*, Auflösung des Parlaments, der Schah verlässt das Land, Putsch des Militärs auf Betreiben der amerikanischen CIA und des britischen MI5 durch Generals *Zahedi* (Operation Ajax), Mossadegh wird für drei Jahre inhaftiert und anschließend bis zu seinem Tod (1967) unter Hausarrest gestellt, Rückkehr von Schah Mohammed Reza Pahlavi und Übernahme der Macht.
1954	Ölabkommen mit internationalem Konsortium gegen Entschädigung (700 Mio. USD) der *Anglo-Iranian Oil Co.* Aufbauhilfe durch die USA, Parteiverbote und Verhaftungen Oppositioneller

1962 Gesetz für eine Bodenreform
1963 Die Weiße Revolution des Schahs,
gemäßigte Landreform, Maßnahmen zur Bekämpfung des Analphabetismus (Armee des Wissens), Verbesserung der Gesundheitsvorsorge, Aktives und passives Wahlrecht für Frauen, Beteiligung der Arbeiter am Gewinn der Fabriken,
Landreform stößt auf Ablehnung beim schiitischen Klerus.
1963 Die vom Geistlichen Ruhollah Khomeini, dem späteren Revolutionsführer, angezettelten landesweiten Unruhen gegen die Bodenreform fordern mehr als 9000 Tote,
Khomeini wird verhaftet und später ins Exil in die *Türkei* abgeschoben, ab 1965 ist er im *Irak* im Exil.
Gründung verschiedener Untergrund-Guerilla-Organisationen, die mit Anschlägen gegen das Schah-Regime kämpfen.

Die Revolution von 1979 und die Islamische Republik Iran

1978 Ein Presseartikel in der staatlichen Tageszeitung *Ettela'at* soll Khomeini diskeditieren und bewirkt genau das Gegenteil, landesweite Sympathien für *Khomeini*, auch von Seiten kritischer Intellektueller und Oppositioneller,
nach Demonstrationen in Qom, den ersten gegen den Schah seit 1963, zahlreiche Tote und Verletzte
Protestkundgebungen finden im 40-Tagesrhytmus statt (analog dem islamischen Trauerritus) und werden blutig niedergeschlagen,
Streiks der Bazarhändler (*Bazaris*), Streiks an den Universitäten, in der Ölindustrie,
die Volkserhebung kann weder durch die Militärregierung noch durch die Bildung einer neuen Regierung durch den Oppositionspolitiker *Shahpur Bakhtiar* aufgehalten werden,
1979 Schah Mohammed Reza Pahlavi verlässt am 16. Januar überstürzt das Land und flieht nach Ägypten ins vorläufige Exil,
Ayatollah Khomeini kehrt am 1. Februar nach fünfzehnjähriger Abwesenheit unter dem begeisterten Empfang von Millionen Menschen nach Iran zurück,
iranische „Studenten" besetzen am 4. November die US-Botschaft und nehmen deren Angehörige für 444 Tage (bis 20. Januar 1981) in Geiselhaft,

	Volksabstimmung für oder gegen eine „Islamische Republik Iran", Billigung der neuen Verfassung am 2. Dezember durch die Mehrheit der Iraner, die Verfassung schreibt die führende Rolle der Geistlichkeit (*Doktrin des Velayat-e Faqih*) fest.
1980	Ausrufung der *Islamischen Republik Iran* am 1. April, Beginn der *Islamischen Kulturrevolution*, das Ziel ist die vollständige Islamisierung der iranischen Gesellschaft, Ausschaltung aller regimekritischen Gruppierungen bzw. deren Vertreibung ins Ausland „Säuberungsaktionen" in Behörden, Universitäten und Schulen, denen alle ehemaligen Mitarbeiter des früheren Schah-Regimes zum Opfer fallen, gewaltsame Niederschlagung von ethnischen Minderheiten wegen deren Forderung nach politischer Autonomie.
1980-1988	Krieg zwischen Iran und Irak (*Erster Golfkrieg*) Einmarsch irakischer Truppen am 22. September in die Erdölprovinz *Khuzestan* im Süden Irans, Ziel ist die Destabilisierung des islamischen Regimes in Iran und die dauerhafte Besetzung der Erdölprovinz, der Krieg endet am 18. Juli für beide Seiten verlustreich mit Hundertausenden von Toten, das schiitische Regime in Iran geht gestärkt aus der Auseinandersetzung mit dem Irak hervor.
1989	Ayatollah Khomeini stirbt am 3. Juni, sein Nachfolger wird am 6. Juni *Ayatollah Seyyid Ali Khamenei*, neuer Staatspräsident wird *Ali Akbar Hashemi Rafsanjani* (bis 1997), Rafsanjani betreibt eine Politik der wirtschaftlichen Liberalisierung Irans, die ab 1992 jedoch erhebliche Rückschläge hinnehmen muss, Unruhen in der Bevölkerung nach dem Abbau staatlicher Subventionen in den Jahren 1992, 1994 und 1995.

Iran in der Phase nach Khomeini

1997	*Mohammed Khatami* wird am 23. Mai neuer Staatspräsident (bis 2005), Versuch einer Politik der vorsichtigen wirtschaftlichen Liberalisierung gegenüber dem Westen, Khatami initiiert den „*Dialog der Kulturen*" als einen Versuch der Verständigung mit den westlichen Ländern,

	politisch hat er wenig Spielraum, weil die Richtlinien der Innen- und Außenpolitik vom Revolutionsführer Khamenei bestimmt werden.
2005	*Mahmud Ahmadinedjad* wird am 3. August neuer Staatspräsident (bis 2013), Ahmadinedjad ist ein Vertreter des extrem konservativen religiösen Establishments (*Ossulgaran*) und vertritt eine stark nationalistisch gefärbte Position gegenüber dem Westen, die durch einen Konfrontationskurs in der Atomfrage, durch die Leugnung des Holocausts und durch antisemitische Tiraden gegen Israel geprägt ist, auf Druck der UN-Vetomächte und Deutschlands werden die Sanktionsmaßnahmen gegen Iran erheblich verschärft, Ahmadinedjads Amtszeit ist geprägt von Korruption und Nepotismus, die iranische Wirtschaft erleidet ihren bislang stärksten Niedergang.
2013	*Hassan Rouhani* wird am 3. August neuer iranischer Präsident und ist ein als gemäßigt geltender klerikaler Politiker, er verfügt über eine langjährige politische Erfahrung als Chefunterhändler bei den Gesprächen über das iranische Atomprogramm zwischen den Vertretern der EU (Großbritannien, Frankreich, Deutschland) und Iran, Rouhani unterhält enge Kontakte zum Staatsoberhaupt Khamenei und gilt gerade bei jungen Iranern als neuer Hoffnungsträger für eine Politik der Öffnung gegenüber dem Westen, die Erwartungen der iranischen Bevölkerung an Rouhani sind groß: mehr bürgerliche Freiräume und weniger staatliche Repression, Abbau der hohen Arbeitslosigkeit, ausländische Investoren und Know-how sollen ins Land geholt und die Privatisierung staatlicher Betriebe zügig umgesetzt werden,
2015	in seiner ersten Amtszeit erfolgt der Durchbruch in der Auseinandersetzung über das iranische Atomprogramm als nach 13 Jahren der Verhandlungen die fünf UN-Vetomächte und Deutschland am 14. Juli 2015 die Einigung im Atomstreit verkünden.
2016	Nachdem die Internationale Atomenergiebehörde (*IAEA*) am 16. Januar (*Implementation Day*) festgestellt hat, dass Iran die Auflagen des Atomabkommens erfüllt hat, werden die im Zusammenhang mit dem iranischen Nuklearprogramm verhängten Wirtschafts- und Finanzsanktionen außer Kraft gesetzt, die Sanktionen gegen Iran sollen über einen langen Zeitraum (bis 2025) sukzessive abgebaut werden.

Iran und die internationalen Sanktionen

- **1968:** Iran unterzeichnet den **Atomwaffensperrvertrag**, dieser
- Vertrag erlaubt:
  - die zivile Nutzung von Nuklearenergie
  - die dafür notwendige Forschung
  - die Urananreicherung
- **Internationale Atomenergiebehörde** (IAEA) in Wien kontrolliert die Einhaltung des Atomwaffensperrvertrags.
- **1990er-Jahre:** Beginn des iranischen Atomprogramms
- **2006:** UN-Sicherheitsrat erlässt die Resolution 1696, Iran wird darin erstmals aufgefordert, die Anreicherung von Uran einzustellen.
- Iran weigert sich unter Berufung auf den Atomwaffensperrvertrag.
- Beginn der Sanktionspolitik

UN-Resolutionen

- **24. November 2013:**
- Vereinbarung über Joint Plan of Action (JPOA) zwischen USA, Frankreich, Großbritannien, Russland, China, Deutschland (P5 + 1, auch als E3/EU 3) und **Iran**
- **Iran** erklärt den Stop und die freiwillige Beschränkung seines Nuklearprogramms.
- **20. Januar 2014:**
- E3/EU 3 beschließen die Begrenzung und teilweise Aussetzung des Embargos und der Sanktionen.
- Aufnahme von Verhandlungen über das Nuklearprogramm
- **2. April 2015:** Grundsätzliche Einigung
- **14. Juli 2015:**
- **Vereinbarung** über Joint Comprehensive Plan of Action (JCPOA) zwischen USA, China, Russland, Frankreich, England, Deutschland und der Hohen Vertreterin der EU für Außen- und Sicherheitspolitik, Mogherini, **(E3 + EU3 + 3).**
- Regelungen des JPOA gelten für die Übergangszeit bis zum Implementation Day des JCPOA weiter.

JPOA-Regelungen

EU:
- Lockerung und teilweise Aufhebung der Ein- und Ausfuhrverbote für folgende Güter:
- Petrochemie
- Gold und Edelmetalle
- Lockerung der Beschränkungen für den Zahlungsverkehr
- Keine neuen Sanktionen, die sich auf das iranische Nuklearprogramm beziehen.

USA:
- Aufhebung bestimmter Sanktionen für Nicht-US-Unternehmen, insbesondere aus der Automobilindustrie.
- Keine neuen Sanktionen, die sich auf das iranische Nuklearprogramm beziehen.
- Einrichtung eines „Financial Channel" zur Ermöglichung bestimmter Zahlungen.
- **Adoption Day am 18.Oktober 2015:**
- **JCPOA** tritt in Kraft
- **EU** und **USA** haben die erforderlichen gesetzlichen Maßnahmen zur Umsetzung ihrer Verpflichtungen getroffen.
- **Implementation Day am 16. Januar 2016:**
- **IAEA** bestätigt, dass Iran seinen Verpflichtungen nachgekommen ist.
- **EU:** Embargo und Sanktionen werden weitgehend aufgehoben.
- **USA:** Secondary Sanctions werden (dauerhaft) ausgesetzt.
- **Transition Day – voraussichtlich Oktober 2023**
- **EU:** Aufhebung der verbliebenen Sanktionen, insbesondere des Waffenembargos.
- **USA:** Gesetzliche Aufhebung der Secondary Sanctions.
- **UNSCR Termination Day – voraussichtlich Oktober 2025**
- **UN**-Sicherheitsrat stellt fest, dass das Atomprogramm des Iran nicht mehr auf der Agenda steht.
- **Snap-Back-Mechanismus:** aufgehobene Sanktionen können wieder in Kraft gesetzt werden, wenn gegen die Regelungen des JCPOA verstoßen wird.

- **Waffenembargo** bleibt für weitere fünf Jahre bestehen, wichtig wegen der Genehmigungspflichten nach Art. 4 EU-Dual-Use Verordnung für nicht gelistete Güter.
- **Handelsbeschränkungen** für Nukleartechnologie bleiben noch maximal 8 Jahre bestehen.
- Die Dokumente des JCPOA können unter folgendem Link heruntergeladen werden: http://eeas.europa.eu/iran/index_en.htm

Was sich nicht ändert

- **Art. 3 Dual-Use-VO**
  Genehmigungspflicht für alle von Anhang I der EU-Dual-Use-VO 428/2009 erfassten Waren (Hardware, Software, Technologie).
- **Art. 4 Dual-Use-VO**
  Genehmigungspflicht für alle nicht gelisteten Waren im falle möglicher militärischer Endverwendungen.
  Verwendungen im Zusammenhang mit ABC-Waffen/Raketen
- **§ 9 Außenwirtschaftsverordnung**
  Genehmigungspflicht für die Lieferung von Waren in Anlagen für kerntechnische Zwecke (auch zivile Anlagen).

Nützliche Informationen zum Thema Sanktionen

- Bundesamt für Wirtschaft und Ausfuhrkontrolle: www.bafa.de
- Germany Trade and Invest: www.gtai.de
- Auswärtiges Amt: www.auswaertiges-amt.de
- Iranische Botschaft: www.iranembassy.de

Nützliche Internetadressen

Offizielle Vertretungen

- Deutsche Botschaft in Teheran/Iran: www.Teheran.diplo.de/Vertretung
- Schweizerische Botschaft in Teheran: www.eda.admin.ch/tehran
- Österreichische Botschaft in Teheran: www.aussenministerium.at/tehran
- Iranisches Präsidialamt: www.president.ir/de
- Deutsch-Iranische Handelskammer zu Teheran: www.iran.ahk.de

Medien in Iran

- Iran Daily: www.iran-daily.com
- Islamic Republic News Agency: www.2.irna.ir/en
- Alternatives kritisches Nachrichtenportal: www.farsinet.com/news
- Iranisches Nachrichtenportal auf Deutsch: www.parstimes.com/gov_iran.html
- Central Intelligence Agency: www.cia.gov
- Exiliraner unter: www.iranian.com

Behörden und Organisationen in Iran

- Association of Plastic Industries: www.assoplast.com
- Association of Confectionary Manufacturing Companies: www.iranianacm.com
- Bandar Imam Petrochemical Company: www.bipc.org
- Bank Melli: www.bmi.ir/En
- Central Bank oft he Islamic Republic of Iran: www.cbi.ir
- Central Insurance of Iran: www.centinsur.ir
- Export Development Bank of Iran: www.edbi.ir
- Exporters Association for Mining, Industrial Products & Engineering Services: www.exami.com
- High Council of Free Trade-Industrial Zones/Presidential bureau: www.freezones.ir
- Government Trading Corporation: www.gtcir.com
- Industrial Development & Renovation Organization: www.idro.org
- Institute of Standards & Industrial Research of Iran: www.isiri.org
- Investment Organization: www.investiniran.ir/en
- Iran Chamber of Commerce, Industries & Mines: www.iccim.ir
- Iran Carpet Company: www.irancarpet.ir
- Iran Dairy Industries Society: www.ir-dis.ir
- Iran Petrochemical Commercial Company: www.petrochem-ir.net
- Iran Textile & Garment Industries Export Development Fund: www.expotextile.com

- Iran Trade Promotion Organization: www.tpo.ir
- Iran Yellow Pages: www.iranyellowpages.net
- Iran's Water Resource Management: www.wrm.ir
- Iran International Exhibition's Company: www.iranfair.com
- Iranian Information Centre of Food & Agriculture Trade: www.iranagrofood.com
- Iranian Society of Consulting Engineers (IRSCE): www.irsce.org
- Iranian Auto Parts Manufacturer's Association: www.iapma.ir
- Iranian Oil, Gas, & Petrochemical Products Exporters Union: www.opex.ir
- Iranian Association of Detergent, Hygienic & Cosmetic Industries: www.dhci.org
- Iranian Telecommunications Industries Syndicate: www.telecomsyndicare.ir
- Islamic Republic of Iran Customs Administration: www.irica.gov.ir
- Islamic Republic of Iran Shipping Lines: www.irisl.net
- Islamic Republic of Iran Airline: www.iranair.com
- Ministry of Commerce, Industry & Mines: www.mim.gov.ir
- Ministry of Energy: www.moe.gov.ir
- Ministry of Road & Transportation: www.mrt.ir
- Ministry of Economic Affairs and Finance: www.mefa.gov.ir
- National Petrochemical Company: www.nipc.net
- National Water & Waste Water Engineering Co.: www.nww.co.ir
- Oil Terminals Company: www.nioc-otc.ir
- Pistachio Producer's Co-operative: www.rppc.ir
- Power Generation & Transmission Management Co. of Iran (TAVANIR): www.tavanir.org.ir
- Statistical Centre of Iran: www.amar.org.ir
- Tehran Chamber of Commerce, Industry and Mines: www.tccim.ir
- Tehran Stock Exchange: www.tse.ir
- Telecommunication Company of Iran: www.tci.ir

Regionale Organisationen
- Arak Petrochemical Company: www.arpc.ir
- Azerbaijan (West) Commerce Organization: www.waco. Ir
- Chahar Mahal and Bakhtiari Commerce Organization: www.chbcommerce.ir
- Chabahar Free Zone: www.cfzo.ir
- Esfahan Petrochemical Company: www.epciran.com
- Kerman Commerce Organization: www.cokp.ir
- Kish Trade Promotion Center: www.kishtpc.com
- Kish Free Zones: www.Kish.ir
- Lorestan Commerce Organization: www.lorestancommerce.ir
- Qazvin Commerce Organization: www.qazvincommerce.ir
- Qeshm Free Area: www.Qeshm.ir

MIX
Papier aus verantwortungsvollen Quellen
Paper from responsible sources
FSC® C105338

If you have any concerns about our products,
you can contact us on
ProductSafety@springernature.com

In case Publisher is established outside the EU,
the EU authorized representative is:
**Springer Nature Customer Service Center GmbH
Europaplatz 3, 69115 Heidelberg, Germany**

Printed by Libri Plureos GmbH
in Hamburg, Germany